本书由开明慈善基金会学大教育集团个性化教育专项基金赞助出版

培根铸魂 启智润心

北京市第八十中学高水平社团巡礼

主 编｜田树林 刘 强

光明日报出版社

图书在版编目（CIP）数据

培根铸魂 启智润心：北京市第八十中学高水平社
团巡礼 ／ 田树林，刘强主编． - - 北京：光明日报出版
社，2021.9

ISBN 978 - 7 - 5194 - 6333 - 5

Ⅰ.①培… Ⅱ.①田…②刘… Ⅲ.①北京市第八十
中学—学生组织—发展—研究 Ⅳ.①G635.5

中国版本图书馆 CIP 数据核字（2021）第 186346 号

培根铸魂 启智润心：北京市第八十中学高水平社团巡礼

PEIGEN ZHUHUN QIZHI RUNXIN：BEIJINGSHI DIBASHI ZHONGXUE
GAOSHUIPING SHETUAN XUNLI

主　　编：田树林　刘　强

责任编辑：郭玫君　　　　　　　　责任校对：叶梦佳
封面设计：中联华文　　　　　　　责任印制：曹　诤

出版发行：光明日报出版社

地　　址：北京市西城区永安路 106 号，100050

电　　话：010 - 63169890（咨询），010 - 63131930（邮购）

传　　真：010 - 63131930

网　　址：http：//book. gmw. cn

E - mail：gmrbcbs@ gmw. cn

法律顾问：北京市兰台律师事务所龚柳方律师

印　　刷：三河市华东印刷有限公司

装　　订：三河市华东印刷有限公司

本书如有破损、缺页、装订错误，请与本社联系调换，电话：010 - 63131930

开　　本：170mm×240mm

字　　数：460 千字　　　　　　　印　　张：25.5

版　　次：2021 年 9 月第 1 版　　　印　　次：2021 年 9 月第 1 次印刷

书　　号：ISBN 978 - 7 - 5194 - 6333 - 5

定　　价：95.00 元

编 委 会

主　　编：田树林　刘　强
副 主 编：赵玉泉　骆玉香　李晓君　时芝玫
　　　　　霍　斌　宫　丹
编　　委（按拼音排序）：
　　　　　陈　曦　陈宇红　黄　斌　何　斌
　　　　　侯贵平　洪伟男　韩　旭　胡玉红
　　　　　琚　磊　贾志勇　石　岩　徐德义
　　　　　徐永陵　邢文泽　闫晓飞　肖　燕
　　　　　张　朋　赵胜楠　张　桐　张　韬
　　　　　甄雪晶

目　录
CONTENTS

第一章

我们的队伍向太阳

北京八十中金帆管乐团，

歌唱祖国，

扬帆为人民。

李岚星

二〇一一年一月十四日

北京首都机场

金帆管乐团和高中艺术实验班

金帆管乐团介绍：

北京市第八十中学金帆管乐团以"给你激情、给你力量，助你快乐、助你成功"为办团宗旨。2007年、2010年、2013年、2016年连续四届在教育部组织的全国中小学生艺术展演活动中荣获器乐组一等奖（管乐合奏第一名），作品《朝阳》《印象青春》《引航》获"优秀创作奖"，同时，被教育部授予"精神风貌奖"。出版了《乐魂——北京市第八十中学高中艺术实验班管理探究》《印象青春——北京市第八十中学高中艺术实验班文集》《引航——北京市第八十中学金帆管乐团文集》。其附属弦乐室内乐团曾参加北京国际青少年艺术周开幕式演出、北京市学生金帆艺术团建团20周年——扬帆远航文艺晚会演出。并在2010年1月23日参加国家大剧院小剧场举行的"海顿四重奏乐团与金帆团乐手面对面"交流活动。金帆管乐团和弦乐室内乐团曾与美国爱迪那高中管乐团、美国梅菲尔德乐团、美国南沃克里厦高中乐团、俄罗斯青年团等进行交流演出。2007年和2010年学校荣获北京市金帆艺术奖并被评为"全国艺术教育先进单位"，荣获"清华大学艺术教育中心艺术教育基地"称号。2011年11月2日，为庆祝中奥建交40周年暨北京市第八十中学成立55周年，金帆管乐团和弦乐室内乐团在维也纳金色大厅成功举办了"聆听金帆"专场音乐会。2013年10月30日，我校金帆管乐团铜管八重奏随北京市金帆艺术团赴首尔参加"2013北京－首尔友好交流年"闭幕演出。2013年12月11日，金帆管乐团和弦乐室内乐团应邀参加2014年国家大剧院青少年新年系列音乐会——我们梦想一定实现。2014年4月23日，我校金帆管乐团附属弦乐室内乐团，参加北京市第十七届中小学生艺术节室内乐展演，荣获一等奖。2015年4月20日，我校金帆管乐团，参加北京市第十八届中小学生艺术节器乐展演，荣获金帆团组金奖。2016年2月，金帆管乐团和弦乐室内乐团赴巴黎参加"你好2016"中国青少年联合国教科文组织总部专场演出。2017年，为庆祝北京市学生金帆艺术团成立30周年，金帆管乐团在国家大剧院成功举办"青春舞·金帆情"交响管乐专场音乐会。

田校长给高考成绩达优异的学生颁发"迷你乐器"

高中艺术实验班介绍:

高中艺术实验班成立于 2005 年,从培养学生个性特长需要出发,努力探索符合学生身心发展规律的培养模式,是为学生素质的全面提高搭建的平台。作为实施素质教育、探究艺术育人方法与作用的试验田,艺术实验班学生团结向上、积极进取,学习成绩优异,他们凭借艺术特长,升入重点大学的比例位居年级首位;由三个艺术实验班学生组成的金帆管乐团和弦乐室内乐团在北京市及全国的艺术竞赛中获得多项大奖,成为校园里一道亮丽的风景线,是我校素质教育的一个成功典范。

写给八十中金帆管乐团的话

北京市第八十中学金帆管乐团从成立的那一天起，就得到了学校领导和社会的大力支持、关注与呵护。在八十中的艺术楼里，有三个高中艺术班，由三个艺术班的 120 名学生组成八十中金帆管乐团和附属（弦乐）室内乐团，由胡玉红老师担任指挥。八十中管乐团多年来的成长，渗透了胡老师的心血、智慧和辛劳。

办团宗旨为给你激情、给你力量，助你快乐、助你成功。简言之：寓教于乐。

胡玉红老师一心扑在音乐教育事业上。在学生们的眼里，她是一位"严厉中透着和蔼，坚强中伴着温柔，一切为了学生、为了艺术班"的老师。有一位家长称赞胡老师是一个"可完全地赋予教育以完整意义的人民教师"。胡老师常对同学们说："做一件事，重要的不是结果，而是过程。""定好目标就去努力，只要快乐就行。不要急于求成，快乐地去做一件事本身就是成功。"

文如其人，乐如其人。作为一名乐团的指挥，当胡老师站在指挥台上，她的指挥节奏鲜明，线条流畅，她和同学们的演奏融为一体，音乐焕发着青春的气息和魅力。同学们在胡老师的指导下与乐团同步成长；胡老师也不断地随之成长，成为非职业管乐指挥中的佼佼者。

美妙的音乐，如阳光，如雨露，照亮、滋润着年轻人的心田。音乐使同学们更自信、更有理想和追求、更热爱生活，待人接物很大气，而且逆境商高、战斗力强……所有这些都是乐团同学们的切身感受。

近年来，有百余名八十中金帆管乐团的同学毕业后考取了清华大学、中国人民大学、北京航空航天大学和上海交通大学等理想的大学，有的还考取了中央音乐学院和北京电影学院等，走上了从事艺术的人生之路。八十中金帆管乐团已成为中学生"在阳光下成长"的一个大熔炉。

乐团的成长历程，同学们经历的磨砺和成功，无不跃然纸上，让我们强烈地感受到阳光般的笑脸和矫健的青春步伐。同学们不畏艰难、不怕坎坷、勤学苦练、团结勤奋，取得了一个又一个骄人的成果。

自 2003 年起，八十中管乐团被市教委命名为"金帆管乐团"，并连续多年夺得北京市中小学艺术节器乐比赛一等奖。2007 年 2 月，八十中金帆管乐团一举夺得全国第二届中小学艺术展演器乐组第一名。乐团 2008 年的香港之行，以及 2009 年在国家大剧院举办的"花样年华"青少年交响管乐音乐会都是同学们引以为豪的艺术历程。2010 年 2 月，又荣获全国第三届中小学生艺术展演管乐合奏第一名和"优秀创作奖"。这一次的"优秀创作奖"非同寻常——是为八十中金帆管乐团委约军乐团著名作曲家陈黔创作的《朝阳》而特别颁发的。

作为一个中学管乐团，委约作曲家为其创作富有标志性的交响管乐作品，在全国属于首创。《朝阳》一曲体现了八十中金帆管乐团的理想和风格，其获得的成功，生动地表明了，在我国以学生为主体，大为普及、推广管乐艺术的系统工程已迈进一个新的发展时期。

2011 年 11 月 2 日，北京市第八十中学金帆管乐团，由胡玉红老师执捧，在维也纳金色大厅成功地举办了"聆听金帆"音乐会，展现了当代中国青少年的风采和我国中学生管乐团令世人瞩目的艺术水平。

2013 年 2 月，乐团以一曲《印象青春》勇夺全国中小学生艺术展演三连冠。

我国现有管乐团约 5000 支，其中北京拥有约 500 支。首都已成为带动全国学生管乐团发展的引擎，而北京市第八十中学金帆管乐团仍是其中引人注目的排头兵。

邓小平同志倡导："教育要面向现代化，面向世界，面向未来。"据统计，在日本有两万多支管乐团，而在美国则约有四万支。无论是从数量、装备还是演奏水平等方面来看，我国与日、美等发达的管乐大国相比，都还存在着明显的差距，我们仍需义无反顾地继续团结奋进，努力拼搏，才能不断地争取更大的成就。因此，北京市第八十中学金帆管乐团的先进管理理念和经验，就更值得推广了。

卞祖善

2013 年 10 月 10 日　于北京

给你激情
给你力量
助你快乐
助你成功

柳娴题签

一、给你激情

金帆管乐团生活感言

2017届 何冠德（考入清华大学）

不知不觉间，三年的高中生活已经成为过去式。我在艺术班，在金帆乐团的生活也已画上句号。回首三年的乐团生活，从高一的懵懂，到高二的担当，再到高三的拼搏。每一个欢笑、感动、奋斗的瞬间都还历历在目。三年充实的乐团生活让我们领略了别样的风景，拥有了独特的成长轨迹。

有这样一种说法，从八十中金帆乐团走出来的同学，都或多或少会带有一种气场。这是因为三年的乐团经历和胡老师的教育潜移默化地影响着我们的性格。从入学伊始学跳《感恩的心》，到每一次教师节、家长会上的一句"我们真的真的很爱您"，我们学会了勇敢地去表达自己的情感；三年来大大小小的比赛演出，艺术楼的每一次唱歌展示和小品，让我们能够抬起头来，用自信的微笑面对舞台、面对生活；三年来每个晚例会，每一次罚站，每一回听到胡老师严厉但又切中要点的教导，都让我们学会如何去正确地认识和改正自己的问题、管理好自己的情绪。对我来说，这些大大小小的经历构成了我人生中最美好的三年，让我从一个有些木讷、拘谨的典型"学霸"渐渐地变成一个健谈、阳光、敢于表达的大男孩。

在乐团的三年里，胡老师的一句"做事要有一颗火热的心，一个冰冷的头脑"让我印象尤为深刻，这二者在乐团的生活中让我受益匪浅。火热的心指的是一种态度，是青年本就应该拥有的激情与力量，是面对困难与挫折时的乐观进取，是长久在心中植根的正能量。从高一入学起，这个团队迸发的激情就让我深受鼓舞，让长久以来课业给予的压力得以缓解。每当我在合唱时与大家唱出洪亮的歌声，在乐队中随着律动奏出优美的旋律时，一天积压的疲惫就会在活力四射的音乐中健康、快乐地释放，让我们重新充满前行的动力。每当我们齐声喊出"我们的队伍向太阳"这个响亮的口号时，我都会发自内心地觉得，这样激情似火的乐团生活才是我们这个年纪应该拥有的高中生活。

　　而冰冷的头脑，则包含着为人处事的智慧和遇事缜密而理性的思考，是一生都要不断学习的一门功课。八十中的金帆乐团与其他乐团不同，它不会上下各种事务都由老师们"包办"，有很多工作需要我们自己去完成。胡老师会给出一个方向，如何完成全凭自己的思考与判断，而"用脑子"则是她强调最多的一句话。而经营起一个乐团谈何容易，需要每一个环节都不出差错，甚至需要和很多社会上的成年人去打交道。我们就这样在一次次的活动中，学会了如何立体地去看待问题，如何将问题考虑全面，如何做到负责任、不忘事，如何与形形色色的人交流来往。胡老师让我们放手去做，从实践中获得经验教训，不断完善自己做人做事的方法，从而向着成为一名有责任心、社会化、高情商的成年人去努力。

　　我即将离开金帆乐团这个充满爱与归属感的团队，踏上新的旅程。又有新的血液要注入这个团队了。大家都是血气方刚、个性十足的青年，但请你们记住，这里从来不会扼杀你们的个性，而是让你去拥有更高的认知与能力，从而在未来更健康地发展你们的个性，以免误入歧途。高一的时候，你们可能会充满疑惑与不解，但不要冲动，要多看、多听、多学，去认识和理解这个团队和胡老师；到了高二，你们的任务繁重，要扛起这个乐团，多去做，少去说，一年之后，你会惊奇地发现，你们已经成为这个团队的主心骨，在各方面都会有很大的提升；等到高三，你们会开始懂得这个团队，懂得胡老师之前的用意，这时你们就可以多去表达自己的看法与见解，最为重要的是，请你们时刻保持好心态，心无旁骛地去拼搏高考，坚持坚持再坚持，踏实踏实再踏实。自己的未来掌握在自己的手中！

　　临行之际，我会再次品味这三年乐团生活的点点滴滴，秉承属于我们，属于八十中金帆乐团的"引航"精神，向着远方，昂首挺胸，自信地迈步前行。

　　我们的队伍向太阳！

图 1 - 1 田校长给凭借长号特长考入清华大学
计算机大类的何冠德颁发"迷你乐器"

致艺术班的一封信

2011 届 沈杞萌（考入清华大学）

时光流逝，转瞬之间，我已不是初入八十中的学生，而是一个将要离开"家乡"的"游子"，一个将要开始清华大学生活，与艺术班挥手告别的"孩子"。

在这个学校、这个集体，有太多回忆。它们不需要用照片抑或是视频来回忆，因为太过深刻，每每想起仍然记忆犹新。从第一次排练到毕业合影留念，从第一次进入宿舍到高考前的紧张复习，从第一次篮球赛的激动到刚进入高三时的茫然……即使时间的区间再小，都无法禁锢那些分分秒秒、点点滴滴。

在我的印象中，高一是学习的一年。所谓学习，当然有知识，但在这里指的更多的是技能。在这个集体，高一时有师哥师姐的呵护与照顾，作为注入集体的新鲜血液，唯一要做的就是多看少说。"说"永远解决不了根本问题，看在眼里、记在心里的事物，往往能带给你深刻的回忆与生活的技能。

高二则是一个承上启下的过程，也是锻炼能力的一年，既要将回忆与技

9

能传授给师弟师妹，又要给即将步入高考考场的师哥师姐们加油鼓劲。

　　高三毋庸置疑，是奋斗的一年。你若说高三艰苦，我绝对赞同。你若说高三快乐，我也不会反对。但在我看来，不论是艰苦还是快乐，都是值得收藏的回忆。强迫自己背课文的艰辛，同学间互相理解时内心的幸福，开会唱歌的快乐，看到答卷时内心无法抑制的小小满足或是失落，能有这么多情感交织在一起的一年，除了高三又去哪里找呢？忘不了，忘不了有时间就追着谷姐问问题，忘不了小本天天翻、天天看；忘不了，忘不了补完课仰望星罗棋布的天空，忘不了师弟师妹天天加油助威；忘不了，忘不了给豫姐送作业，更忘不了孙老师教给我们的每个句式……

　　三年走来，我们长大了，成熟了，而不变的是胡老师继续主动带艺术班的工作热情、任课老师的积极配合、中午艺术楼二层的乐器声和每天六点的晚例会。来去匆匆，人走了，带走了那些回忆、那些鼓励、那些期待。我们带走的太多，留下的却太少。如今，留下这篇文章，给那些还在奋斗的师弟师妹，给那些为了学生前途不辞辛劳的老师，给伴我度过成年前最后三年的八十中！

图1-2　田校长给凭借长号特长考入清华大学自动化专业的
沈杞萌颁发"迷你乐器"

致乐团与师弟师妹们的一封信

2016 届　张若愚（考入北京师范大学）

师弟师妹们：

　　转眼间三年的高中时光已经过去，我们也即将踏入大学的大门。无论我们有多么不舍，多么留恋这支队伍，我们也不得不离开去探索更加广阔的天地。回首三年高中生活，无不是我们美好的回忆乃至是一生的财富。所经历的、所学到的、所遭遇的，我们都不曾忘记。

　　还记得三年前我们刚刚踏入八十中校门，踏入艺术楼的那一刻，心中充满了激动，但同时也有着对未知事物的一丝丝恐惧。从第一次考核、第一次排练、第一次开会，到第一次罚站、第一次喝优酸乳，伴随着无数个第一次的是我们不断成长的历程。我们慢慢懂得责任心的意义，学会提高自己的文化修养，磨炼自己的自信心，学会感恩。高一时国家大剧院的演出，高二参加的北京市艺术节展演，还有每年的红五月合唱比赛，让我们感受到了这个团队蓬勃向上的激情与动力。一次次的活动与一次次的学习不仅让我们在三年里学到了很多为人处世的方法，更使我们的高中三年与众不同、充实异常。一路走来，我们甚至还没有意识到时间的流逝便已是毕业。但是这三年，我想我不曾遗憾。

　　我们的离开也意味着新鲜血液的注入，你们又长大了一岁。不论是高一、高二还是高三都将面临新的挑战。高一的师弟师妹们刚刚入学，对高中充满了好奇，不过这也意味着你们要学习的东西更多。在这个团队里，最需要的能力就是观察与倾听，看师哥师姐怎么做，听老师怎么说。要尽可能做到独立解决问题，不过千万不要逞能，自知不行要学会说"不"，必要时也要寻求师哥师姐乃至老师的帮助。不急不躁，低调学习，相信你们很快就能融入艺术班这个大集体。

　　高二的师弟师妹们，你们现在也成了前辈，并且身负乐团中流砥柱的重担。乐团的主要事物都将由你们负责，这是责任重大的一年。可能你们现在会抱怨自己支配的时间越来越少，但是回过头来却会发现这是你们最充实的一年。你们要准备音乐剧，帮助即将高考的高三的师哥师姐们分担压力，还要带并不是很熟悉各类事物的师弟师妹们。任务是艰巨的，但是我希望你们能够保持着乐观向上的心态来解决每一件迎面而来的困难，并且在事后总结经验教训，提升自己的能力，这将会是你们进步的绝佳机会。

相较高一、高二，高三的师弟师妹们任务最明确也最艰巨，那就是高考。在这一年中，除了学业任务之外，乐器专业水平的提升同样重要，同时这也将铸就一个与众不同的高三。你们比起其他高三学生要付出更多的时间来学习以弥补外出考试和练乐器的时间，但这也给你们提供了更多的机会。你付出的有多少，就会有多少回报等着你。放平心态，不攀比，不矫饰，踏踏实实走好每一步能够使你们以更好的状态来面对一次又一次的挑战，最终定能攀上属于自己的高峰！

高中三年是大家拉开差距的三年，同时也是能够大踏步进步的三年。在这三年里，你并不是要和别人一较高下，而是和自己做斗争，使今天的自己比昨天的自己更加自信，然后用今天的汗水去换取明天更好的自己。某个称号或某个职位或许只是一个阶段性的目标，但是做好自己、完善自己是可以追逐一生的目标。不要害怕付出，因为这份付出定会在未来使你快乐。

要离开这支队伍了，心里百感交集。我因为在这支向上的队伍里成长了三年而感到高兴，也因为即将离去而感到伤感。人总是要走的，可是精神是永存的。愿我能够秉承着这支队伍积极的精神一直走下去，让它时时刻刻提醒着我，使我不敢对自己有所懈怠。为什么它的精神使我如此留恋？因为这支向太阳的队伍的精神是永远向前的啊！

图 1-3　张若愚凭借小号特长考入北京师范大学化学专业

给艺术班弟弟妹妹们的一封信

2014 届　杨思晓（考入北京外国语大学）

作为一名刚刚毕业、即将步入大学校园的学生，对已经流逝的高中生活、对已经挥别的胡老师、我的师弟师妹，我的心里有不舍，也有祝福。不舍我们共同走过的一寸寸美好时光，不舍你们的一张张青春笑脸，祝福艺术班的前程更加美好，祝福你们的前路更加平坦。

在艺术班度过的三年，是改变我人生轨迹的三年。人生道路本来就如同交错的树枝，没有人的轨迹是一条直线，然而我相信，在艺术班的三年，是一次对你们的修整，用刀削去旁枝错杂，使树干直立生长。这之中的修剪也许伴随着疼痛，但疼痛过后就是成长，这样的一棵大树，谁又能比它长得高、长得好呢？如果艺术班的你们每个人都能成为这样的大树，茁壮成长，汇聚成参天的森林，又会形成怎样的景象？又会引来怎样艳羡的目光？

孔子有言："逝者如斯夫，不舍昼夜。"意思是指时光易逝，提醒我们珍惜时间，把握光阴。你们在艺术班的日子，只剩下三年、两年、一年，让自己变成一棵规整、繁茂的大树，就要从现在做起了。我接下来的建议希望能对你们有所帮助。

首先，请你们了解自己。所谓"知者无惑"，了解自己是最难的，但只有了解自己，了解自己的优势、弱点，清楚地知道自己的思维特点、性格习惯，才能扬长避短、厚积薄发、充分发力。不光在人生中是这样，在高考上也是如此。在学习的过程中，你要通过一次次的练习、考试，了解自己的特点，培养自己的考试习惯，你是擅长知识记忆，还是思维活跃？考试时习惯快速应答，还是慢速仔细？你需要不断拷问自己、反思自己，全面地分析自己、窥探自己、观察自己，在细节处了解自己。当然，了解自己是一个漫长的过程，在了解自己的道路上，还有胡老师与你们相伴，也许她比你更了解你。在迷茫的时候，请她来帮你规划，使你开化，用胡老师成熟智慧、有阅历的长远眼光启迪你、引导你。有良师相伴，是一件有福气的事情，请你们在这三年好好珍惜。

其次，请你们相信自己。做到了了解自己，相信自己也就不难了。你们是幸运的，你们是优秀的。你们有美妙的音乐相随，你们有智慧的良师相伴，你们有一届届师哥师姐关注着你们。你们爱音乐，你们不孤独。在别人为了难以提高的分数焦头烂额的时候，你们有高雅、灵动的音乐解放心灵，你们在排练厅挥洒自如，你们在台上英姿勃发，你们手中的乐器就是陪伴你们多年的朋友，那一串串音符是你们内心的表达，这是别人所羡慕的，这是别人所没有的。长时间的音乐熏陶，给了你们青春的独特气质，给你们年轻的生命注入了激情和活力，让你们在同龄人中与众不同。胡老师的谆谆教诲、生动的举例、幽默犀利的话语，让你们变得深邃、成熟，使你们的眼中有着同龄人所没有的光彩。拥有这些，你们怎么能不自信？怎么能不为自己、为艺术班而骄傲？希望你们今天在艺术班所拥有的一点一滴，都能化为你们未来前行路上的勇气和力量，在今后的人生中鼓舞你们勇往直前。

　　最后，请你们守住自己。三年的生活浮浮沉沉，没有人可以一帆风顺，但以人生的角度放大来看，高中三年也许只是短短一段，是那样的平和与安静。但看破世事、波澜不惊，这是中年人才应有的态度，青年人应当有青年人的尖锐和朝气。少年老成，这并不值得追求。所以，请不要惧怕犯下错误，在这三年，还有胡老师帮你们耐心地纠正，请相信，任何时候老师都是以长者的眼光看待你们的，年轻人的错误在老师那里，算不上是错误，老师只希望你们完善自己，走得更好，走得更远。那止水一般、风浪俱息的宁静舒坦，还是留待中年以后再说吧。在你们人生的早晨，在你们扬帆待发的清晓，希望你们遇上不可避免的、挫人锐气的难题时，能够有足够的勇气和智慧，去面对、去克服、去化解、去包容，像一个艺术班训练出来的永不屈服的军人。

　　我期待着——

　　艺术班的大树早日成材、成器，

　　艺术班的森林愈发茂密、繁盛。

图 1-4　杨思晓在北京市学生金帆艺术团成立 25 周年艺术教育峰会上演讲

致艺术班

2012 届 张瑞东（考入上海交通大学）

三年前的夏天，一封沉甸甸的录取通知书让我们相聚在八十中，加入了这个积极进取的团队。三年的时间见证了乐团的蓬勃发展，更见证了我们的成长！

站在毕业的路口，我难忘乐团生活的点点滴滴。那明亮宽敞的排练厅，常回荡着我们悠扬的乐曲；每天晚自习前的例会，我们了解国内外大事，高声唱出一首首动听的歌曲；乐团自编的集体舞，激扬了我们的青春。在迎战高考的艰难岁月中，学弟学妹喊出的一声声"师哥加油，师姐加油"，激励我们不断攀登知识的巅峰；他们用心折出的一只只金帆，给予我们最美的祝愿；他们精心编排的节目，使我们学习的压力充分释放。这些点滴，早已在我心中留下深深的烙印，成为一辈子珍藏的记忆。

站在毕业的路口，我难忘乐团追求卓越的精神。回眸在校的三年，是不平凡的三年，给我至为深切的感动。我清楚地记得，在上海东方艺术中心，经过数月的刻苦训练，我们完美奏响了《朝阳》，捧回全国展演的金杯，一同分享成功的喜悦。我清楚地记得，在著名的音乐殿堂——金色大厅，那个美丽的夜晚，向世界发出"中国声音"的自豪。我还清楚地记得，在大礼堂举办的合唱比赛上，我们的队伍一登场便引来热烈掌声。在一个又一个活动中，我们不畏困厄，勇于直面前所未有的机遇和挑战，用自己的智慧、才干和行动为母校、为乐团增光添彩，谱写了动人篇章。

站在毕业的路口，我要向我深爱的八十中金帆乐团，向辛勤培育我们的老师，向默默支持我的朋友致以最衷心的感谢！正是胡老师的谆谆教导，造就了这群个性鲜明却又不事事张扬的优秀青年，而您为学生毫无保留的付出也感染了我们，让我们也拥有强烈的责任感。正是各位老师孜孜不倦地传授知识，使我们拥有智慧、善于思考、求知向学，点燃了我们探求真理的激情。

师弟师妹们，作为你们的学长，我希望你们珍惜在校学习的宝贵时光，志存高远，精勤不倦。你们也即将面临高考的挑战，前行之路并非坦途，然而崎岖坎坷却是对人生的历练。只有坚守出发时的梦想，才能取得最后的成功。"江山代有才人出，各领风骚数百年"。属于你们的时代已经开启，愿你们做好准备迎击一切挑战，谱写属于你们自己的传奇！

我衷心地祝愿，八十中金帆乐团乘着音乐的翅膀展翅高飞，在各项赛事中摘金夺冠，创造新的辉煌！

高中感想

2012 届 赵烁（考入南开大学）

这是放假后第一次认真回顾我的高中生活，也是从现在开始认识到我已经和它分别了，而不是在等待假期的排练……

回头看看，总觉得回忆沉甸甸的，从第一天加入这个家庭就让我的生活多了一份幸福。它是一种力量，在失意时给你激情，在无助时给你力量，永远在背后助你快乐、助你成功。

在高一，最年轻最天真的时候，在畏惧胡老师的时候我们依然快乐，在贪婪地吸收来自团队的幸福的同时，也总要做些新鲜的、日后看来极可笑的怪事！我记得那时做事总要小心翼翼，这里的要求十分严格，但是还好有师哥师姐时刻提醒，才使我能尽快适应。

到了高二，承担着管理乐团的重任。渐渐地，我看事情的角度发生了转变，慢慢听懂了胡老师的谆谆教诲，慢慢懂得以团队利益为最大利益的含义，也开始学会体恤高三师哥师姐，学会耐心教导高一的学弟学妹，把自己的感悟用心告诉他们，特别想让他们珍惜那些或多或少被我浪费掉的美丽年华。也似乎懂得了胡老师的良苦用心，渐渐习惯了暴露在严厉责骂外的浓浓的爱和担心。慢慢地从高一不懂事的孩子，变得开始学会为今后做打算，为自己的进一步发展做准备。

不知不觉到了高三，辛苦和煎熬无须多说，但是在这个特殊的团队，我感觉不到伴随高三到来的焦虑，因为我们每个人都有确定的奋斗目标，加上胡老师永不放弃的支持，我们不曾想过放弃。最让我难忘的莫过于师弟师妹们每天声嘶力竭的加油声，现在想想仍然很震撼，每天有他们的陪伴，再痛苦的时光也会坚持过去，看到他们我总在反思自己高一高二时的行为，我想如果有机会再回到高一高二，我一定会加倍为高三的师哥师姐加油呐喊，因为他们真的很棒。我会倍加珍惜在这里共同奋斗的感觉，无论在任何时候永远有巨大的力量支持着我前进。

到了现在，只有给建议的机会了。首先，记住最重要一点，听胡老师的，哪怕是生活的小细节，它们都会影响最后的结果，胡老师的责骂、玩笑、开导都是她在尽心尽力为我们好，是真的担心我们吃亏。不要总是想亲身体验所有事情，多听少动，多听少说。其次，虽然生活很重要，但是千万别忘了学习，不要依靠高三的放手一搏，那样会使自己步履维艰，生活的诱惑永远在更新，这是考验。最后，作为艺术特长生，我深知乐器的重要，这会为我们高三减轻不少的压力。

在这里，我体会到了每一步脚踏实地、每一刻谦虚谨慎的重要性，作为过来人，我真心希望学弟学妹们珍惜这里的生活，把你们最美的年华放在这里，一定会让它多一份光辉。

美丽三年

2012 届　周一鸣（考入浙江大学）

高中三年的时光是充实而美丽的，作为八十中金帆管乐团中的一员，我们到上海参加了全国中小学生器乐展演，参加了北京市金帆艺术团比赛，还去了维也纳金色大厅，这些非同寻常的经历让我的青涩渐渐褪去，一步步走向成熟。

当然，这三年对我影响最大的还是乐团的胡老师，她的教育令我受益匪浅。初进到高中时，我觉得她管得太严、太宽，并且总告诉我们不要多说话，要用眼睛去观察，用心去体会。但随着我的逐渐成长，我发现这些还是很有用的。比如，在上海我就因为多说话而惹上了"小是非"。如果当时的我能够听取胡老师的意见，多观察少说话，也许就不会惹下麻烦。所以，我建议师弟师妹们，尽量多听取胡老师的意见，因为你们见识得少、阅历得少，而胡老师比你们更有阅历，更有社会经验，听取她的建议会让你们少吃亏。

乐团的生活是多姿多彩的。每个晚上我们都可以唱歌跳舞，在课余时间还可以在乐团活动，享受音乐的快乐；同时，我们在胡老师的带领下，以乐团的身份参加学校的各种活动，更好地完成学校的任务，这都是别的班所不能及的。我们也因此拥有了更多的活力，从而可以更好地投入到学习之中。但是由于在乐器方面投入太多，学习时间有所减少，所以我们不得不规划好时间，只有这样，我们才能按时完成老师布置的任务。但是，高一高二这样的生活却使得我们高三的学习变得更有效率，让我们能够游刃有余地面对高考。

高中的学习生活并不十分轻松，必须每时每刻都投入万分的努力。经历过高三的我们已经体会到高一高二的重要，所以希望师弟师妹们抓紧学习，不要有丝毫的懈怠，为你们高三的学习打下良好的基础，不要在高三的时候再追悔莫及。如果你们能够三年如一日地刻苦努力，好成绩并不是遥不可及的。

三年的时光转瞬即逝，现在的我已经离开了高中，走向了大学。每个人一生之中只有这一次高中三年，只有一次经历 16 岁、17 岁、18 岁青春岁月的机会。这三年的时光是宝贵的、精彩的，我会将这美丽的三年永远珍藏在心间。

难忘的回忆

2012 届　王慈（考入中国人民大学）

高中三年的学习、生活已成为我永远难忘的回忆，难忘老师为我们辛勤操劳的身影，难忘同学们相处的快乐时光，难忘大家在乐团生活的点点滴滴。例会、排练、比赛、演出，甚至是批评都记录了难以忘却的瞬间，无须多少言语，因为所有经历过的人都会将它铭记。

能成为北京市第八十中学金帆乐团的一名成员对我来说再幸运不过了！因为这个团队就像一个大家庭，从进入乐团的那天起，就有师哥师姐对我们的照顾，使我们能更快地适应新的生活，作为乐团的一员，每个人都会"劲往一处使"，团结理所当然地成了我们的代名词，这样的团队是最强大的，令所有人羡慕。在这种强大的力量作用下，我们创造了一个又一个的奇迹！与此同时，这个大家庭给予我们的太多太多：它丰富了我们的高中生活，给予了我们同龄人少有的经历，拓宽了每个人的视野，三年的乐团生活以它独有的方式让我们融入其中，每天的晚例会那战斗般的声音让我们在一天学习之后又重新获得了激情与力量，平时的排练与师弟师妹们精心准备的一台台节目更是让我们快乐。身处如此的集体，怎能不成功呢？

在这个看似有些严格的"家"，让每个孩子都懂得了许多，培养了良好的团队意识、严谨的做事和学习态度，它让我们学会适应、热爱生活、懂得感恩。在这个大家庭中我收获了自信、绽放了激情、汲取了力量、得到了快乐，一步步走向成功。

图1-5 张瑞东、赵烁、周一鸣、王慈同学凭借特长加分
分别被上海交通大学、南开大学、浙江大学、中国人民大学录取

二、给你力量

李沛鸿妈妈为《引航》文集写的序

五月底时，拿到了艺术班孩子们的文章，二十几万字通篇读下来竟已到了六月。孩子们的文字，有的略显稚嫩，有的却刻意成熟；有的简简单单百十字，有的则洋洋洒洒千字文。但无论是何种，每个孩子都那么真实地讲述着在艺术班的经历，表达着自己的对老师、对伙伴、对乐团、对音乐充满热忱的爱。这许多久违了的"真"与"情"让人无法一扫而过，而是要细细地品读、慢慢地回味，然后就是久久地思考，思考艺术班的教育给了孩子们什么，它是怎么打造出这么多懂得感恩、传递爱、珍视团队又充满激情与快乐的孩子的。

不难发现，"感恩"这个词几乎出现了在每个孩子的文章里，他们感谢老师的教导，感谢家长的鼓励，感谢同伴的帮助，感谢志愿者的付出，他们感谢开车的司机、清洁工阿姨、打饭的师傅……这些看似琐碎的流水账似的记录，实则表现出一种美好的生活态度和优秀的人格特质。他们没有无视或是理所当然地享受别人的善意与帮助，而是善良地体会别人对自己的好，并真心表达感谢，这是多少孩子或是成年人所缺乏的。更让人欣喜的是，他们不仅懂得感恩，更懂得要把感恩之心传递出去。他们会微笑致谢，他们会以小礼物表达谢意，他们还会大声传达感激之情。有个孩子在文章中写道："传递出我们感恩的心，人们又反馈给我们更多的爱与赞赏。这种人与人之间信任与爱的循环，直到今日还让人记忆犹新。"

一直觉得乐队是个很神奇的存在，它可以演奏出或优雅或激昂的乐曲，但无论曲调多么天马行空，演奏起来却都要遵守最严格的规则，一个节拍一个音调都不能出错，而且每段旋律，每个和音都需要各种乐器的配合才能完成，哪怕是少了那几声锣响也不能呈现出完美的音乐。能在乐队中演奏这些乐器的孩子们真的非常幸运，在这个倡导自我个性突显的时代，他们有更多机会体会规则秩序的重要性，能切身理解团体利益大于个体的意义，更能享受团结协作带来的成果。看着孩子们文章中传达出的对团队的热爱，作为团队一员的那种责任感与荣誉感，那种对团队深深的归属感和被团队需要的自豪感，是多么让人欣慰。更让人动容的是这个团队的孩子能真心为别人的成功而感到高兴，因为他们明白每个人都对团队负有责任，只有每个人的演奏成功整个乐曲才能成功，在舞台上时他们没有了自我，他们都是一个"人"，只有一个名字——八十中金帆管乐团。

从孩子们的文字中深感"学音乐的孩子更加坚韧"。长年累月、每日不断的枯燥基本功训练，乐曲中自己演奏部分的几百次甚至上千次的练习，还有为了乐曲完美呈现的一次次合练，有的嘴吹出泡，有的手磨出茧，他们都坚持下来，这样的孩子们让人赞叹。如果担心孩子这样会不会叫苦，那真是多余了，看看孩子们满篇洋溢着的快乐，和小伙伴们一起学习、一起排练、一起吃苦、一起成功，学音乐的孩子不仅更坚韧，他们也更有激情、更快乐。他们的激情来自对音乐的热爱、对成功的渴望，更自来他们那位充满激情的胡老师——一位爱音乐、爱孩子、爱生活而且总能金句不断的老师。她的自信、豁达感染着孩子们，她对生活、对人生的态度影响着孩子们。"以约束为前提的自由，无须提醒的自觉，植根于内心的修养，为他人着想的善良""做事要有火热的心和冷静的头脑"，这是很多孩子文章中引用的胡老师的话，这是在教导孩子们如何做人，也只有先做好一个人才能做好所做的事。能有这样的老师陪伴三年，孩子何其有幸，家长何其放心。有一位这样的老师带领一群这样的孩子，他们能有那么灿烂的笑脸，有那么激情四射的高中生活，是多么幸福、多么难得的事情！

无论是学过的心理学还是亲身经历都告诉我，中学时代一个好老师的作用超过父母，如果再能有一些志同道合的小伙伴一起成长那更是意义深远，艺术班恰让这两者都得到了实现。在这里，孩子们不仅学习了音乐，更学习到了文化，提高了修养，培养了良好的价值观和人生态度。今后，也许没有几个孩子真正从事音乐专业，但相信他们在艺术班这三年的所学所见，必将会影响他们的一生。孩子们在文章的最后总是会写出艺术班的口号——"我们的队伍向太阳"。你们不仅要向着太阳，更要像太阳，几十个小太阳合成一个炽热的大太阳，照亮着彼此，也温暖着彼此。愿你们无论现在还是未来，都能怀着一颗赤诚的心去面对一切，无论生活带来的是酸甜还是苦辣，都能笑着去品尝。青春的号角已吹响，向着美好的未来扬帆起航吧！

（李沛鸿考入中央音乐学院）

放飞理想　脚踏实地
2006 级包磊嵬的妈妈

　　我真的难以想象，一个 18 年前生下来只有 4 斤 7 两的小女婴如今迈进了驰名中外的北京大学的校门。无论这个刚生下来的小女婴她是多么弱小，都丝毫没有减少我对她寄予的无限希望，希望她健康、快乐、幸福地成长，也希望她有所成就！而究竟怎么样才叫有成就，那个时候的我还没有想好。

　　她 4 岁了，除了快乐地成长，该学点什么了，懂得美好、建立自信和综合素质的培养是孩子健康成长的基础。我们给她选择了钢琴，从此无冬历夏，每个星期都要去上钢琴课，一直坚持了 10 年，风雨无阻，其中有过酷暑寒冬的挥汗与战栗，有过被呵斥时的忍受与屈辱，有过获得成长的惊喜与享受。其间，她又在幼儿园学了小提琴，从此，孩子的业余艺术学习，有了更多的内容，也有了更多的辛苦和快乐。学琴的路一直走到了高三，才结束了每周一次快快乐乐背着琴、挤着公共汽车独自去老师家上课的经历，琴随着她逐渐地长大。

　　小学二年级，学校乐团让有兴趣的孩子报名，4 岁就开始了钢琴与小提琴学习的她觉得自己有一身的本事，于是兴冲冲地报了名，沮丧的是，乐团是民乐团，她的本事无用武之地。为了不打击她的积极性，我们同意并为她报名了打击乐。没想到老师将她分配去拉大提琴，误打误撞的结果就是，就此她与大提琴结下了不解之缘，快乐并艰苦，理想与努力的征程开始了。

　　一开始的几年，无论是几分之几的琴，弱小的她与大提琴站在一起，总是大提琴高过她，看着她独自背着大提琴、书包，拎着饭兜和琴谱的小身影，真的很心疼，后来我从她的作文里才知道，为此她摔过很多次跟头，当她半天爬不起来时总感到很无助。她几个按弦的手指总是裂着大口子，一碰弦就钻心地疼，尤其是冬天，总得买一种特别的胶布将手指缠上，但她从未说过，这个孩子真是一个特别能吃苦、特别能忍受的孩子。指导老师是个严格、亲和、艺术水准很高的人，她很爱孩子，在她的指导下，孩子小学一毕业就通过了中央音乐学院大提琴九级的考试，为她选择中学打下了良好的基础。

光有音乐特长是远远不够的，孩子的情操和学习好是助她健康成长的基础。一上学，我们就教育她，不说谎、不拿别人的东西是每个好孩子应当有的道德底线；上课要认真听讲，因为知识是从老师的讲课中获得的。上初中后，我们对她的要求是，一天要比一天有进步，一个学期要比一个学期的成绩好；高中了，我们给她的告诫是，你的命运掌握在自己手里，实现理想的路在自己的脚下。我们从未要求她当班里的第几名，但我们一直要求她要努力！因为一切美好的东西都是要经过自己的努力才可能获得的。我们十分欣喜地看到，孩子是踏踏实实地做出了自己的努力的，在学习生活中一步一个脚印地前进，在不断进步着。

我们最庆幸的是她的高中是在八十中度过的，至今为这个选择欣慰不已！选择八十中就是听到了这样的话：我们要把艺术特长生培养成做人、学习、乐器都好的孩子，我们看重特长，更注重特长生的全面发展。特长生们在艺术班里得到了学校最好的教育与关爱。这是将特长生们都编到一起的高中艺术班，这是一个生动活泼的班集体！在老师们精心打造和管理下，孩子们在这里幸福地成长着，生活与学习都十分充实愉快，除了每天紧张的学习外，孩子们在乐团中还要练习各自的特长乐器，还要在一起排练许多乐曲，参加一些演出，还要学习唱歌和合唱，每天甚至还要跳跳舞、游戏一番。

永远应当感激的是乐团的胡老师，选择八十中在很大程度上是奔着胡老师对孩子的那份敬业、那份关爱和那种严格管理而去的。我们与胡老师是朋友，短信是我们沟通经常采用的方式，孩子们在八十中快乐健康地成长着，情商教育是他们经常挂在嘴边的话，听得出来，他们有一个热情、快乐的集体，艺术班对于他们就像是一个温暖的家，他们各科老师就是他们如同亲人般的家长。在这样的环境里，孩子学会了很多很多：怎样去做人，怎样去感恩，怎样才能实现自己的梦想，等等。我们也欣喜地看到了孩子的变化，感受到了孩子的成长。在参加的许多次家长会上，孩子们都会给我们唱一首《感恩的心》：

感恩的心　感谢有你
伴我一生　让我有勇气做我自己
感恩的心　感谢命运
花开花落我一样会珍惜

听到这些，每个家长都收获了很多感动、很多喜悦。

在八十中的最后一年，是最紧张、忙碌、拼命和释放全部聪明才智的一年，几乎没有了节假日。按照学校和老师的部署，孩子们投入到紧张与繁重的高考备战之中，一模、二模、报名、填志愿，如同置身于没有硝烟的战场，提心吊胆，战战兢兢，生怕报错了志愿，生怕孩子发挥失常……害怕的事情实在太多，我相信孩子们的压力比我们还大，毕竟是他们在考试。

没有哪个人能随随便便成功，一分耕耘一分收获，要想放飞理想，一定要脚踏实地地努力！

对八十中，我们有太多的感激，难忘那美丽的校园，难忘那如同朋友般的老师，难忘那校园中荡漾的欢声笑语。乐团伴随着他们学习，乐魂伴随着他们成长！

如今，女儿进入了北京大学，实现了她的理想，但这仅仅是她人生中的一步，她的面前还有很长很长的路要走，没有哪一步不需要努力。让我们继续祝福她吧！

图1-6　包磊嵬同学凭借大提琴特长考入北京大学文学专业

李程妈妈的一封信

胡老师：

您好，写这封信只是想感谢您这三年来对李程的培养与提携。这三年把李程交给您，我们放心、安心，而且三年之后的今天，我们都看到了李程的成长与成熟，经过您三年的教导，他知道了感恩、知道了男人的责任、知道了做人的道理。

我们都很清楚，李程是个有点缺少灵性的孩子，可是经过高中三年后，我们发现他变得懂事了，变得会读人了，变得能揣测到人心了。这一切的变化都是由于您的诲人不倦、您的言传身教，对您的言行的耳濡目染，让他也在悄悄地转变着。您充满无限正能量的教诲，让他也变得充满了正义，让他也慢慢变得自信起来……您率领着由一群这样朝气蓬勃的孩子组成的团队，在艺术的道路上积极地探索着，在知识的海洋中快乐着遨游着，在枯燥的空气中享受着独有的明媚阳光……我们不由得羡慕着这群孩子，嫉妒他们能够生活在这样的团队中，恨自己当年没有遇到这样的恩师。

您的严厉批评、与您的无碍沟通、与您的朝夕相处逐渐让他能够成为您的左膀右臂，这三年的成长将会影响他今后的一生，我们很欣慰，欣慰我们选对了高中，找对了恩师，三年的时光一晃而过，还记得我们当初中考前来与您谈孩子签约时的场景，公正、严谨、聪明、雷厉风行的一位女老师让我们记忆犹新，三年过去了，您还保持着原有的风格，您还保持着青春的气息，而我们却轻松收获了一个日渐强大的儿子。

再多的话也难表我们的心意，只想对您说：您辛苦了，谢谢您！

（李程凭借小号特长考入天津大学）

朱淳虎父母的一封信

尊敬的胡玉红老师：

您好！

今天提笔在这里写下这封信，是怀着感激、感恩的心情的，真诚感谢您这两年来对朱淳虎的培育、教诲和倾情付出，使他从一个不太懂事的小孩成长为一个逐渐能适应社会的阳光大男孩。他每每回到家与我们交谈的最多的是，您给予他们的在人生、人性、为人处世、适应能力等诸多方面胜似父母般的谆谆教诲，这些都让他受益匪浅。朱淳虎可以如数家珍般地复述您的经典教诲，对您的崇拜超越过往。他多次告诉我们，对您的批评，他心悦诚服，真心接受，也感激不尽。

这次出于对家庭未来的考量，朱淳虎非常不舍地要离开他眷恋的学校和集体，还有他万分敬仰，坦言未来的路上很难一遇的恩师——胡玉红老师，他是真真正正的不舍！他向我们表明，明年的今天他要用优异的录取通知书回来参加毕业典礼，亲自从您的手中接过迷你乐器，并希望他的经历能被您收录至您的新书中。

胡老师，遇见您是孩子的幸运，也是我们家长的福气。我们携孩子在这里鞠躬感谢！并希望您给予孩子的教诲能持续发酵，影响他的一生。再次感恩，感谢！

朱淳虤父母（朱淳虤赴加拿大留学）

2015 年 6 月 22 日

三、助你快乐

金帆情，伴我行

——2017 届艺术班毕业感言

何冠德：

请紧跟金帆管乐团的步伐，在这三年，不断地学习"做人"这一核心内容。多听、多学、多思考，脚踏实地，戒骄戒躁。用心去做好每一件事，学好每一科知识，练好每一个音符。调整好心态，抓住语数外，把握住与大学签约的机遇。成为一个做人好、学习好、乐器好的"三好生"，收获更阳光的自己，走向更美好的未来！

（何冠德同学凭借长号特长，被清华大学计算机大类录取）

徐亚辰：

做人是根本，是素养的体现。只有我们对世界报以善良和真诚的态度，世界才会回馈给我们美好与幸福。做人好既是对自己的一种要求，也是收获幸福的最好方式。学习是人生中必不可少的一部分，它能开阔眼界、磨炼毅力、提高心智。成绩可以较准确地反应学习成果，也是公平竞争的标杆。我们必须拿出全部努力，为自己搏一把。从拿起手中的乐器开始，我们的生活就注定会比他人多一份快乐、多一种色彩。曾经，我们通过自身努力，感受音乐的魅力。现在，乐器是我们手中的武器。多少普通学生连争取加分的机会都没有，我们应珍惜世界为我们打开的这扇特殊的门。脚踏实地地去努力吧！以实力为根基，要相信，幸运女神终将眷顾你。

（徐亚辰同学凭借打击乐特长，被北京师范大学物理学专业录取）

乔润祺：

在八十中金帆管乐团三年的生活让我学到了很多，也懂得了很多。其中贯彻三年的就是"三好"。其中放在首位的就是做人好，它是一切之本，想要把事做好，就要先学好做人。

放在第二位的是学习好，作为一名学生，学习也是必不可少的，即将踏入高三的师弟师妹们，这一年对你们来讲是十分重要的，你们的首要任务就是学习。

第三是乐器好，在乐团三年，我相信大家的乐器水平都会有很大的提高，到了高三，你们将面对特长生签约，保持一个好心态是十分重要的，有了签约会让你们在之后的学习生活中感到更有劲儿，也会为你们的高考提供一些便利。但是，如果没有签约，也不要泄气，因为你们还有一个学期的时间可以努力学习，相信你们一定能达到自己的目标！

（乔润祺同学凭借次中音号特长，被北京邮电大学电子信息专业录取）

董冠霆：

在八十中金帆管乐团度过的三年时光令我最为珍视，因为我经历了同龄人无法想象的丰富多彩的乐团生活，收获了阳光与自信。而乐团的"三好"原则，便是引领我们笔直、健康成长的根源之一。"三好"首先是做人好，这是我们一辈子都需要不断学习的东西，它是"三好"的基石，也是一切成功的基石，没有人愿意与一个恶人为伍，所以做人一定要敢担当，有责任心！其次便是学习好，高考是高中生的首要目标，学习别太急于求成，但也要有底线，听胡老师的话，从语数外突破！乐器好居"三好"最后一位，但也至关重要，它是艺术班同学独有的优势，坚持用心练乐器，争取在高三签上约，它将成为你步入理想大学的一大助力。希望师弟师妹能在金帆乐团度过美好无悔的青春！

（董冠霆同学凭借大号特长，被北京邮电大学电子信息专业录取）

赵宁：

三年的乐团生活真的很丰富、很精彩。三年的乐团生活也教会了我很多很多，乐团要求的"三好"我始终铭记在心——做人好、学习好、乐器好。

这"三好"排在首位的也是最重要的便是做人好。三年的生活就像正余弦三角函数图像似的，有起有伏，有高峰也有低谷，正是这样的起起伏伏才磨炼了我的意志，使我内心变得强大起来，乐团生活的点点滴滴，细心去想会收获到很多。胡老师每晚六点给我们开的例会内容很丰富，会上的内容正是教我们如何做人，如何待人接物，相信在未来的路上，用得到的地方会很多。做人好这一点也是最重要的，做人好了，心态便会好，心态好了才可能有下面两个好。

排在第二位的则是学习好，这里指的学习好不单纯指的是考出的分数高，而是学到老师教给我们的书本以外的内容。每个学科都有学科的特色，学习老师对待学科的思维方式是最重要的。如果领会了老师的意图，从更高的角度看待学科，学起来便会轻松些。另外，语文、数学、英语对艺术班每个学生来说都是很重要的，因为它不仅跟高考挂钩也和高水平艺术团学校招生有关，如果乐器水平达到了要求却因为这三科成绩不够好被筛选掉，岂不是很可惜。

"三好"中排在最后一个的便是乐器好。把这点排在最后并不是意味着它不重要，而是相对于前面两点来说它排在第三位，要想乐器演奏水平高就一个字——练。而练习乐器并不意味着每天都要练七八个小时，而是要用心去练。可以把一首很难的作品拆分成一段一段的，每天练习一小段，每段要练习得精益求精，最后把所有的小段拼成一首曲子，再去一遍一遍过，找不足并改正。技术提高了，剩下的便是心态了。很多人关键时刻演奏失误并不是技术没达到，而是心态出了问题。音乐是美好的东西，它是我们学习生活的调剂品，练习乐器目的性不要太强，不要太功利，心里不要想太多东西，做到心无杂念享受音乐带来的快乐，这样心态便会好了。

这三点如果全都做到不是件容易的事情，但每个人都要去努力，可能在过程中会受到挫折，但要有愈挫愈勇的心，把所有的能量攒到一起，为接下来的生活奋斗、拼搏！请记住，我们的队伍向太阳！

（赵宁同学凭借小号特长，被北京科技大学工商管理专业录取）

徐鸣阳：

做事先做人，拥有正确的人生观、价值观，树立诚信、友善的社会意识，是做人的基本要求，而且人的品格会通过日常行为一点一滴地表现出来，伴随一生。

终身学习，是这个信息时代的基本生存状态，犹如吃饭睡觉。学习好，不仅仅是能考上大学，更重要的是能具备系统的学习方法和思维方式，以及知行合一的学习态度。

我们手中的乐器，是音乐的载体，我们用心练习、用心演奏、用心感受、用心爱它，从中体会音乐的美妙，升华我们的艺术境界，自然享有更完美的人生。

（徐鸣阳同学凭借黑管特长，被北京交通大学理科实验班类录取）

王泽：

高中三年乐团青葱岁月，我收获了能够受益终生的财富，这便是做人的原则以及正能量的指引。不同于三尺讲台上的教导，做人的教育来源于生活中的言传身教与点点滴滴的细节之中。受恩勿忘，施恩勿念。

把学习当作一种积极的习惯，而非负担。怀着谦逊的态度，乐于思考，面对问题迎难而上，在这个过程中，不断充实自己的内心，使自己成长，使自己更加强大！

音乐是我们情感的寄托，乐器也是我们独有的释放压力的出口。享受音乐，用心去爱它，坚持做到最好，更是一个人坚韧与责任心的体现。面对签约，请保持好心态，抓住属于自己的任何一个机遇。怀揣不灭的信念，迎光辉岁月，书灿烂诗篇！

（王泽同学凭借打击乐特长，被中国地质大学（北京）会计学专业录取）

图 1 - 7　田校长给考入清华大学、北京师范大学、北京邮电大学、
北京科技大学等重点大学的同学颁发"迷你乐器"

向青春践行

——2019 届艺术班毕业感言

褚淇泓：

Action speaks louder than words.

刘航宇：

但行好事，莫问前程，立德立言，无问西东。希望大家努力学习，不负
岁月。

王睿琪：

三年高中生活，我从一个不太自信的小女孩成长为一个遇事从容大方，面
对生活自信昂扬的大姑娘。每次登台，每一次为大家服务，都让我不断进步，
让我找到了归属感及自我价值的体现。在这里，有来自师哥师姐、师弟师妹们

的关心，来自老师的正确引导，以及小伙伴们的陪伴，这些都如同家一般温暖着我。这三年我过得无比充实，也感受到了时光的转瞬即逝。感谢艺术班，感谢这三年我遇到的所有人。也希望师弟师妹们珍惜在艺术班的时光，踏实地前进，达到自己的目标！

傅朗玥：

三年的金帆生活，我真的收获了很多很多。从高一的懵懂无知到高三的平和坚定，三年风风雨雨、起起伏伏，金帆乐团给了我无数快乐美好的回忆和实用的为人处世之道，更教会了我以好心态面对人生一切。而同时，金帆也以独特的标准来（"三好"——做人好、学习好、乐器好）要求我，使我成为一名全面发展的学生。我仍记得充满我们欢歌笑语的201，溢满歌声的203，还有乐声悠扬的205……永远感谢八十中，感恩金帆，是你给了我最美好的三年，我将带着满满的回忆，带着爱与希望，走向人生的下一站。

李霄龙：

三年前，我充满期待地来到了这个温暖的集体，加入了这个大家庭，在肥沃的土壤中茁壮地成长；两年前，我们迎来了自己的师弟师妹，我们是艺术团的顶梁柱，撑起一片天空；一年前，我们是即将上战场的勇士，一路的披荆斩棘让我们获得了很多人生感悟，造就了今天的我们。三年的点点滴滴，历历在目。真心感谢每一位老师，每一位同学，感谢你们一直以来无私地奉献自己。我们虽离开了母校，却仍心系八十中。愿我们一起努力，为了明天而奋进！加油！我们的队伍向太阳！

徐鹏宇：

白驹过隙一眨眼，回首已是三年。无论是舞台上的表演，还是舞台下的排练，一路走来，太多的欢笑和泪水。"终于还是走到这一天，用汗和泪写下永远。"永远的团队，不变的信念。请容许我再说一句：我们的队伍向太阳。

张文殊：

狭路相逢，勇者胜。只有拥有激情与力量，才能享受快乐与成长。平日的奋力拼搏方能带来金字塔上的闪耀，三年的跌跌撞撞才能体会艺术班的魅力。前方的路依旧漫长，何不扬起一片孤帆，载着恩师与伙伴的教导，凭借八十中金帆乐团的雄厚力量，向着太阳启航呢？

王海滨：

眨眼间，三年的金帆生活给我留下了快乐，也让我在各方面成长。合眼回忆，伙伴们的击掌、老师的教诲、鸣奏的乐器、行走的铅笔依然历历在目；有演出后的满足和成就感，也有犯错后的反思。带着满满的爱与感恩，感谢恩师们的指引，感谢朋友们的陪伴。今后我也要继续向前而行。我们的队伍向太阳。

杨玉婷：

在这个激情似火的团队中我收获了别样的成长轨迹。每一寸行过的河山，每一段经过的寒暑，每一天流尽的汗水，每一次飞扬的笑语。在这里我切身体会到成功来源于点滴的积累，也在一次次磨砺中不断告诉自己，放平心态，纯粹地去做一件事，不掺杂功利心。战胜高考只是个阶段性的目标，而不断提高认知、完善自我才是人生最长远、最诗意的追求。在离别之际，我想感谢所有人的包容、付出和陪伴，也希望师弟师妹们把握当下，心无旁骛地备战高考。少年人拥有最炽热的血液和希望，我们的队伍向太阳！我们的青春也因此而闪耀！

徐圣杰：

来到金帆团已有三个春夏秋冬，从巴黎、青岛再到上海滩上的一幕幕都令我无比难忘，金帆团在我心中已然刻下了深深的烙印，如今要步向人生新的起点，我会始终带着金帆团给予我的勇气和力量勇往直前。三载的光阴似箭，万分的不舍终将化为心中的坚定与对下一个目标的无限憧憬。愿金帆团的明天更加美好、更加辉煌。我们的队伍向太阳！

延兴宇：

仰望天空时，什么都比你高，你会自卑；俯视大地时，什么都比你低，你会自负；只有放宽视野，把天空和大地尽收眼底，才能在苍穹泛土之间找到你真正的位置。无须自卑，不要自负，坚持自信。

王怡然：

2016 年踏入八十中的大门，便梦想着三年学成能有所回报，是不留遗憾的分数，是梦寐以求的高校，抑或是自身点滴汇聚的成长……万分感激我的八十中，我的恩师、我的伙伴、我们的艺术班，是他们照亮着我前方的征途，用自己的一言一行来包容、教诲、温暖着我。我将锲而不舍，砥砺前行。也愿师弟师妹不负众望，再创辉煌！

李泽伦：

在这个团结一致的队伍中，在这个朝气蓬勃的大家庭中，不知不觉间我也成了毕业生的一员。三年的乐团生涯，使我受益匪浅。是这里教会我立身做人、踏实务实、待人感恩……这些思想将时刻提醒我，做一个正直、坚韧、善良的人。与此同时，不断进取的生活态度，让我在学习与拼搏的时光中，拥有紧咬目标、坚持不懈的动力。感恩母校，感恩乐团，感恩与我相遇的每个人。"未尽人事，勿怨天命。不道苦楚，莫问前程。"愿我们无论奔赴何方，都秉持着在这里学习到的精神与品质，一往无前，再接再厉。再次高呼，我们的队伍向太阳！

张竞一：

高考成绩公布，志愿填报完成，转眼间三年的高中生活已经结束了，看着高考成绩与志愿，回望整个高中生活，我没有一丝遗憾与后悔：全是与宿舍伙伴的美好日常，与乐队的默契配合，老师亲切和善的笑脸，高中这三年满满的全是爱。

安彤：

三年很快也很幸福，有快乐，有泪水，也有爱，我们一起努力，朝着梦想奔跑！我们的那些付出也终会在未来的某一刻给我们一个回报。在这里的三年我们成了最好的我们，度过了无怨无悔的青春！

叶天阳：

心向太阳，你便能感受到它的烈火和热情，把它融入你的生活，一切便会变得阳光向上。成功不是一蹴而就的，需要你倾注你的坚持、你的热情和你无怨无悔的人生年华。

李沛鸿：

到了一个终点，必然会有一个新的起点，金帆团三年半的生活如今就来到了终点。三年半里，老师们的教诲，同学间的情谊都化为我高中生活里最美好的回忆。在这些回忆里，我不断成长，逐渐成为一个更加健全的人，也感谢所有人在三年半里的陪伴，使我拥有了如此幸福的三年。我们一起欢笑一起奋斗，享受着一起吃苦的幸福。但没有不散的筵席，我们也将各奔东西，要相信有更好的未来在迎接我们。或许等到我们年老再聚会时，回忆起这高中的三年，定会泪流满面吧。

李乐雅：

找到自己的努力方向，好好学习，心怀理想，脚踏实地。愿大家都能在自己擅长的领域追求卓越，创造辉煌！

付镜晓：

定好目标，并坚定地朝着它前进。

图1-8　田校长给考入北京师范大学、北京交通大学、北京大学医学部等
重点大学的同学颁发"迷你乐器"

向阳而生，青春启航

——2020 届艺术班毕业感言

王梓轩：

回首往日，白驹过隙，三载光阴。如今，留下恩师们的谆谆教诲、同学间的相互鼓励与乐队奏响的天籁之音伴我继续前进。愿我们能心怀感恩，砥砺前行；愿金帆团热情永驻，未来可期。我们的队伍向太阳！

刘映含：

严于律己，宽以待人，做最本真的自己！

崔诗典：

心之所向，素履以往，生如逆旅，一苇以航，希望师弟师妹们珍惜时光，不负韶华。

温晓然：

六年的金帆生活将成为我永生难忘的美好回忆！在这里，我感悟良多；每一个精彩纷呈的舞台，每一支熠熠生辉的金帆，每一句饱含热情的"我们真的很爱你"，都让我不断领悟着团队精神、乐团传承、感恩之心的崭新内涵。在这里，我收获满满；"向前看"的积极生活态度，"多想少说"的谨慎行事准则，还有乐团三好之首——"做人好"，成为一个有责任心、使命感并且社会化的善良之人。愿艺术班的每一份子都能在金帆团无限激情与力量的感染下，将自己的人生道路走得稳健铿锵！我们的队伍向太阳！

关明奕：

开心难忘又收获满满的三年！

王以恒：

坚定地走自己的路，适合自己的才是最好的！

张凯龙：

君子讷言敏行。定好目标，低头去做，勇往直前，记住短暂的努力不一定会有立竿见影的成功，但持久的努力终能换来无悔的青春。穷且益坚，不坠青云之志；老当益壮，宁移白首之心！

张尔赫：

做人善良谦谨为第一，求知勤奋不懈为第二，奏乐激情满怀为第三。三年来谨记乐团"做人好，学习好，乐器好"的"三好标准"，并将之作为自己的奋斗方向，才可在机会来临时不与它擦肩而过。时时紧随集体的步伐向上而行，将未来把握于自己手中，定下目标并心无旁骛地去实现，让我们在人生更高处再见！

孙行健：

无论在何时，都不要忘记定下清晰的目标，怀着坚定的信念，昂首阔步地前进。不要质疑自己所付出的努力，开花结果的一天就在眼前！

姚一然：

想要改变自己的未来，只有坚定地向着目标前进。自律和坚持，对自己"狠"一点，会让一个人变得更加优秀，遇见更好的自己。

李泽原：

三年的高中时光，让我更清晰地认识到：一个明确的目标，一股坚持不懈向理想奋斗的拼劲，一种对做事充满信心的态度，将使我们永远走在进步的道路上。

谢西迪：

在艺术班的三年时光里，老师们日积月累的教育与引导以及我们面对的一次次考验与磨炼，都让我变得更加自信和阳光。艺术班这个温暖的大家庭，也让我体会到了一个优秀团队的力量。感恩在艺术班的相遇，这段日子注定是让我受益终生的。希望师弟师妹们永远充满激情，每天都要让自己进步一点点。三年之后，你一定会见到一个更加真实、更加优秀的自己！

周泽夫：

人总在经历中成长，回望三年，感恩这场美丽的相遇。高考亦如人生，靠得住的只有你的努力。想要就去努力，不好就去改变。心如止水地学习，不留余力地拼搏，不为懒惰找借口，无悔就是最好的结果。

杨皓景：

三年里，我收获了满满的学识、为人处世的能力以及无数美好的回忆。学会感恩，追求卓越，永葆自信，珍惜身边的一切。愿大家能努力学习，不负青春，永远向前。

朱鲲鹏：

Despise the enemy strategically and attach importance to the enemy tactically.

宛栩宁：

不要让生活挫伤了锐气，致使错失了改变的勇气。但行好事，哪怕风雨，莫问前程。

徐畅：

感恩这三年来遇到的每个老师和同学，这将会是我非常美好的回忆。天高任鸟飞，振翅须趁早！加油，我们的队伍向太阳！

祁佳雨：

这可能是我成长最迅速的三年，如何立身，如何做人，三年的教育让我们从平面人到立体人，从对未来的迷茫到坚定地向着目标前行。我得到了直面失败的勇气，学会了接受自己的平庸，但又不可过于知足，依旧需要逆流而上。我们之所以是"特殊"的一届只是我们经历了更多，而我更愿意称之为"时代的烙印"，这三年所有的收获已经丰满了我们的羽翼，所有这些将是我们一生的财富，让我们有能力去打造属于自己的人生。

徐司原：

高考结束，与其说是走到了终点，不如说是从候场区走到了起点，名为人生的比赛才刚刚开始。这三年，我在金帆团学到的坚持的精神、做事的智慧使我受益无穷。只要心向太阳，便永远都不会疲惫。我们的队伍向太阳！

谷奇：

与其担忧未来，不如拼尽全力向前跑，喜欢就坚持吧！

李兰若：

三年时光飞逝，转眼间，我已经从一个不太懂事，有时还有点爱玩闹的小姑娘，变成了一个自信满满、才华横溢的准大学生。还记得第一次训练，师哥师姐们热情洋溢，让我在走进这个大家庭的第一天，就感受到了无尽的温暖。篝火、月夜、时代、耶堂，每一次演出，每一次比赛，都见证着我们的成长，也告诉我们坚持才是胜利的根本。我相信在这三年学到的一切，都会在未来的人生中有所体现，我也永远都会记得我们共同走过的这段"专属时光"。感谢缘分让我们在这里相遇，我爱艺术班！我们的队伍向太阳！

张莱恩：

要找到适合自己的方向，朝着那个方向努力，好好学习，定好目标，脚踏实地。愿大家都能在自己擅长的领域追求卓越，创造辉煌！

戴录佳：

三年的时光转瞬即逝，在艺术班这个朝气蓬勃、活力四射的大家庭中，我从懵懵懂懂的少年蜕变成有担当、敢于面对的男子汉。三年的高中学习和生活使我明白了做人要不卑不亢、戒骄戒躁，最重要的是时刻怀有一颗感恩的心。人生中最美好的高中时光能在这个集体、大家庭中度过，我无比幸福。如今，我们将要各奔西东，愿每一个人前程似锦，不负韶华；愿每一个人的梦想都将得以实现！我们的队伍向太阳！

陶庆恩陆：

刚入学时，那个连自己的箱子都找不到的我，如今已成为一个有明确目标、独立自主的大男孩了。三年里经受过的历练，当时认为苦，现在觉得甜。能够加入如此优秀的团队，成为其中的一员，扩大眼界，提升修养，磨炼自我意志品质，我感到十分光荣。未来还有很长的路要走，学不可以止。锲而不舍，金石可镂。前途无量，扬帆远航！

杨光：

在金帆乐团点点滴滴的指引和陪伴下，我渐渐从懵懂走向成熟，并找到了属于自己的人生方向。随着音乐的涌动交织，不知不觉来到了高中的终点，这亦是未来的起点。感恩所有老师同学的帮助，愿师弟师妹再创金帆辉煌。The fruits of your efforts are never late.

图1-9　田校长给考入北京航空航天大学、北京理工大学、北京邮电大学、外交学院、南开大学等重点大学的同学颁发"迷你乐器"

《引航》的故事

何冠德：

迎着轻柔的海风，伴着白茫茫的水雾，我们迎来了一场洋溢着幸福和爱的展演之行。

作为展演之地的青岛，不仅有海滨城市的独特美景，更有让人赞叹的人们，带给我们别样的感受。为了展演的成功进行，不知有多少人在为我们付出：有自始至终陪伴着我们的志愿者哥哥；有细心安排我们食宿的酒店工作人员；还有彩排展演时认真负责的工作人员。正是他们周密的策划、不辞辛劳的工作，以及对我们全心全意的支持，使我们在青岛的排练、演出、参观都十分顺利。他们用自己的爱心和汗水，为我们的展演之行带来了温暖，让我们的心中充满了幸福和感动。同时我们也用自己的行动来感谢他们的辛勤付出，除了对组织安排的积极服从配合，还会适时当面表示谢意，或是送出一个小小的礼品，这些都传递出我们感恩的心，而青岛的人们又反馈给我们更多的爱与赞赏。这种人与人之间信任与爱的循环，直到今日还让人记忆犹新。

我们这次展演的曲目是《引航》，展演前很长时间的排练，使它优美的旋律铭刻在了我们每一个人的心中，在乐团这个大家庭中留下了一抹独特的痕迹。13 号展演当晚，当我们奏响《引航》，随着乐音缓缓流动在宽阔的音乐厅中，无数回忆浮现在我的眼前，如影历历：有初来高中时，听说要参加全国展演的兴奋；有法国归来时，备战青岛展演的决心；有下课时立刻排练的紧张；有胡老师办公室里每天响起的钢琴声和乐器声；有弦乐同学对我们无私的帮助；有出行前家长、老师真挚的祝福……《引航》就像是一本书，载满了我们在乐团生活中的一点一滴，是我们师生共同历经风雨后的结晶。我仿佛和大家融为了一体，忘记了上台前的紧张，忘记了乐器上的些许生疏，只是用音乐静静地诉说着我们的故事。在乐团两年来，我们参加过各种大大小小的演出，而那晚的演出，却是我们全体演员，倾尽自己的全心，用爱来完成的。我们用自己最真诚的声音、最投入的演奏，将属于我们的《引航》，展示给了青岛，展示给了全中国。那短短的八分钟内，我的内心只有两个字——幸福！

此时此刻，《引航》对我来说，已经不只是一个管乐作品了，它已经化为一种精神。那是我们统一的服装，是我们整齐的队伍，是我们的一句句"您辛苦了"，是我们团结拼搏的汗水，是我们奏出的优美乐音，是在我们内心中一点一点逐渐生根发芽的爱。这也正是乐团带给我的最大的财富，让我一生也无法忘怀。

随着闭幕式最后一声乐音回荡在青岛大剧院，我两年的乐团生活也圆满地落下了帷幕。在接下来的一年里，我会秉承引航精神，迎接新的挑战！感谢所有为我们辛勤付出的人！感谢所有和我一起拼搏的同学们！感谢胡老师！为我带来了这两年充满爱与幸福的乐团生活。我爱乐团！我爱金帆！我们的队伍向太阳！

王泽：

4 月 12 日，我们来到青岛参加全国第五届中小学生艺术展演活动。4 月 13 日晚上，青岛大剧院音乐厅，八分钟的管乐作品《引航》完美演绎，获得了最热烈的掌声。这对我们来说，是十分自豪的！

4月13日，这是最重要的一天，因为当晚，我们要参加器乐展演。晚上六点，我们准时从酒店出发，七点整，到达青岛大剧院。在等待的时间中，我们每一个人的心中都充满了忐忑不安。但是，我们在正式展演前的互相加油鼓劲，我们知道，要相信自己，相信伙伴，相信团队的力量是多么大！这些，使我们多了一分笃定，少了一分压力。上场之前，我们一直默念的就是胡老师反复强调的"冰冷的头脑，火热的心"，台上，我们享受着，将我们自己的故事讲述给全国的观众听。最终，不负众望，完美演绎了《引航》！

《引航》是我们北京市第八十中学金帆乐团这个大家庭的故事。回忆起《引航》陪我们走过的日子，从我刚拿到谱子时的紧张不安，不相信自己可以将那6小节的架子鼓一个人完整打下来，到当晚我的完美演出，它见证了我的付出、进步与成长。在台上八分钟的《引航》是我们汗水与泪水的宣泄，同样也是我们每一个人内心情感的交融。能够将我们自己的故事汇聚的《引航》演奏给全国观众听，这是无比光荣的！

在这次展演活动中，我的感受很深。我对得起一直以来坚持的练习，脚踏实地的付出，量变终究能引起质变。在这次青岛之行中，我们同样收获了不少感动。时时陪伴我们的志愿者哥哥，以及酒店的服务人员，还有展演时帮助我们的器乐老师们，忘不了上台之前你们的鼓励，忘不了你们的热情，也忘不了你们对我们的热心帮助……这些，仿佛都是用行动告诉我们"向善"对一个人来说，是多么重要。正如我们乐团的口号一样，我们的队伍向太阳！

也许，以后再来青岛，我第一个想起来的是《引航》的旋律，还有这次展演的点点滴滴。因为，青岛有我们的付出与微笑，爱在青岛，难以忘怀！

李沛鸿：

青岛之行已经接近尾声，本次出行不同于法国演出，这次是参加全国第五届中小学生艺术展演。参加完这次展演，我们团就参加展演满四次了，3年后的第六届就要把机会让给其他学校，我们八十中不能参加了，6年后的第七届才能继续参加，所以这次展演的意义格外重要。

为了这次展演，我们足足准备了一个多月，只为了在4月13日和16日的晚上表演到最好。在这一个月中，胡老师和大家不知付出了多少努力，每天加班加点地排练，每个首席专门去练独奏……13号晚上，曲子一结束，从台上下来的那一瞬间，我的眼眶不禁湿润了——我们的努力没有白费。曲子所有难点都没有出错，所有人都在与胡老师配合着，将曲子的内涵展现给了台下的观众，让他们知道了我们的青春正在扬帆起航!

这次出行除了演出对于我来说是一次锻炼,演出之外的所有时间更是对我的一次挑战。就像胡老师说的:我们素质的体现不仅是在台上的那七八分钟,更是在演出之外的每时每刻。这次胡老师还安排了我带队,我是真有点紧张的,经常去咨询师哥,担心自己出差错。对于胡老师的要求我也去尽力做到最好,几天下来觉得自己又成长了。我自己也总结了一句话:在做一个领导者之前先做一个优秀的执行者。现在我的任务就是做一个优秀的执行者,将领导者的指令尽力做到最好,如果说我能做到这一点,这便是成长。

每一次出行都是一次锻炼,每一次锻炼都是一次成长,我要将自己成长所得到的好习惯带给我们团队。一个团队的精神是不会磨灭的,在今后的道路上,我还需继续努力,使自己不断进步,与团队共同进步。向着太阳进发!

徐亚辰:

此次青岛之行,我感受到的是人与人之间的真情,学会的是与人交流的方式。每个人都有感受美的权利与能力,我也深深地被志愿者和后台工作人员的热情帮助和无私付出感动。我们都是青少年,在青岛,因为真情的凝聚,我们成了亲人。可是如果只停留在感觉到,而没有下一步是不行的。情感是一个链条,把每个人连在一起,把世界连在一起。在感受到真情的同时,也应该把自己的情感传递出去,给人反馈,让对方知道我体会到了你对我的爱,让对方知道我们懂感恩。如果只是单方面接受情感,那么情感的链条就断了。

记得在203开会的时候,胡老师把手伸出来、和身边的同学击掌,说:"你们要有反应!"我知道,这个世界一直充满爱。可如果只是在心里体会,而没有一点反应,不表达出去是没用的。站在对方的角度上看,会以为我们麻木、没有感情。对方会失落,会认为自己的付出徒劳无功。从为我们不辞辛劳付出的志愿者哥哥身边经过时点头微笑,对为我们开车的司机叔叔大声说一句"谢谢",对帮助过我的老师和工作人员说一句"您辛苦了",不止这些,生活中还有很多小细节。这些都是一种反应,虽然简单,但其中包含的真情是一种直达内心的力量。我们的队伍向太阳,太阳总是无私地照耀着大地,为我指明方向。我想,在我接受阳光、接受别人的情感时,我自己也应该做些什么,起码情感的大链条不能在我这断了。其实我一直能感受到这个世界的爱,我一直能感受到人与人之间的真情,在别人帮助我时,我的心里也是暖暖的。现在,我又学会了在感受到的同时,也把自己的真情传递出去。让世界充满爱!

董冠霆：

随着全国第五届中小学生艺术展演闭幕式的落幕，我们此次的青岛之行也渐入尾声。这次展演圆满成功，与大家坚持不懈的努力是分不开的。

记得展演当晚，我紧张不已，随着胡老师上台，《引航》的前奏响起，我的心也不禁提到了嗓子眼，这首曲子我们都太熟悉了，每到一个独奏，我都不自主地为他们暗暗鼓劲。台上真的很短暂，但它展示的却是我们台下不尽的汗水结晶。随着音乐戛然而止，我的脑中仿佛一片空白，接着便是紧张的撤台，所有人的脸上都挂着喜悦与难以掩饰的激动，但胡老师的一句话把我们从中拍醒，"展演还没有结束"。是啊，展演还未结束！清醒的我们便再次回归现实，排成整齐的方队，乘车回宾馆。

通过这次青岛展演，我收获到的是一句话——好与艺术是无限的，是不封顶的。虽然我们的团队受到了志愿者与老师们的赞美，但远远不够，我们还能够更好，我相信在胡老师的带领下我们会更加优秀，最终迈向辉煌。《引航》是一种精神，虽然我们高二的乐团排练生涯将告一段落，但我坚信，带着引航精神，我们在即将迎来的高三学习中，定能乘风破浪，剑指美好未来！《引航》更是一种只属于我们的难忘记忆，其中的酸甜苦辣，只有我们明白，它值得我们珍藏永远。

《引航》引领我们，驶向光明未来！

赵宁：

在春意盎然的四月，我怀着比较沉重的心情和我们"向着太阳"的队伍来到了一个美丽的城市——青岛。

与以往不同，这次来到青岛，我无心欣赏这里的美景，取而代之的是莫名的紧张。因为在13号晚上我们就要代表北京市在青岛音乐厅表演我们的节目，在这首曲子中我有两段独奏，而且这两段独奏的难度都不小。

13号用过晚饭后，我们坐上了大巴，踏上了我们的征程！我坐好后，就有人从我身边走过并轻轻拍拍我的肩对我微笑，也有人轻轻地说道"加油"，在那个时刻我不知该用什么词形容我内心的感受，我的心情是那样的复杂，但是我知道我不可以再多想了，因为那样会给自己无形中增添许多压力，于是我闭上了眼睛……11号展演作品《引航》！当大号深沉的低音响起来，我知道这关键的8分钟开始了！神奇的事情发生了，当我听见长笛、双簧管和中音号的独奏都完美地呈现后便不再紧张，与之相反，心中凝聚了一股力量，借着这股力量，我和低音单簧管用心"交流"，用感情完成了我的第一段独奏，当我听到自己的号声回荡在音乐厅内时，内心无比幸福、无比高兴。但我知道，我还不能松懈，后面还有一个"高山"等着我去爬。

辉煌的号角声过去后是欢快的旋律，胡老师用欢快有力的指挥手法带着我进入了我的第二段独奏，当自己融入音乐后，身体不由自主地随着它动了起来，之前紧张的心情也随之消散，第二段独奏完成了，我的内心无比喜悦，演奏的每一个音符都是活泼跳跃的！随着音乐的流动，曲子中合唱的部分到了，在那个时刻脑海里突然一片空白，接着大脑里闪现了一张张画面——乐团一次次的排练，每天六点胡老师给我们准时开例会，中午、晚上马克和胡老师风雨无阻地帮我练习独奏以及同学们鼓励我时那一张张笑脸，啊！一时之间情绪达到了高潮！浑身起了幸福的鸡皮疙瘩，鼻子也感到酸酸的，内心火辣辣的，那一刻我认为我是最幸福的人！在青岛音乐厅我们师生不仅展演了《引航》，而且把内心中满满的爱带到这里与每一个人交流。

展演结束后，我们离开了那里，在回宾馆的路上，回想起往日的一点一滴，我突然明白了许多，其实很多东西都是相同的，平日里做事情如同练习独奏一样，只要踏实下来一点一点坚持，时间久了便会有质的飞跃，平时功夫要是下得深，学会有责任心，关键时刻就不会掉链子，任何时候内心都不能浮躁，那会毁了很多东西，要学会管理自己的情绪，不能过于情绪化。可以有火热的心但要有一颗冰冷的头脑！凡事要多用大脑思考，要带着责任心去做事！同时还要学会感恩，真的很感谢胡老师，当一个团队有一个优秀的引航者时，整个团队便有了战斗力。同样我也很感谢身边的每一个同学，在你们的陪伴与鼓励下我成长了，也得到了幸福。有你们每一个人我真的很幸运！我爱这个集体，爱艺术班，爱我的学校，爱北京，爱中国，爱生活！现在青岛对于我来说不只是一个美丽的城市了，它让我成长了许多。在这里种下了属于我一生永远的回忆，在这里有一个队伍创造了传奇！这个队伍时时刻刻向着太阳奔跑！

乔润祺：

"青岛展演，再创辉煌。"这句口号现在通过每一个人的努力变成了现实。我们出色地完成了展演，展示出了我们的风采，给青岛人民留下了好印象！

还记得这次展演的准备是从预选赛开始的，从预选赛，到录像，再到展演，这一步步走来，正是每个人的汗水与付出，才有了现在好的结果。在这次展演中，我还在开头有一段独奏。从拿到曲子的第一天起，我就开始练习，到胡老师的办公室里练习独奏，用手机录下来晚上听，这一步步走来，只有经历了才能体会其中的艰辛。后来，遇到瓶颈期，胡老师和马克还是耐心地帮助我。最后谱子早已印在心中，每次吹这段旋律，真正走进了内心。而在这次展演中，当轮到我独奏时，回想这一路走来的汗水和付出，我下定决心一定要吹好，要不然我对不起每一个人，对不起这个团队，我大口吸气，注意音准，最终完美地演绎了出来。演奏完成后，我感觉眼眶有些湿润，这一路走来真的很不容易，感谢胡老师，感谢马克，感谢每一位付出过的人。

通过这次展演，在形象上，我也有所提高，每次排练，我不再像以前一样，好好坐一会，趴一会，而是一直挺直腰板，做什么事都不会像以前那样懒散，在素质上提高了许多。我们的团队在台下也是十分优秀，不管走到哪里，我们都排成整齐的队伍，在吃饭时也不讲话，得到了很多人的赞扬。记得在彩排时，我们吃完晚饭正准备回音乐厅，一个人走了过来问道："是北京八十中的吧?"当听到这句话时，心中一种自豪感油然而生，我为我的团队骄傲，感谢我的团队!

同时，在这次演出中，还要感谢和我们一同战斗的志愿者、酒店的工作人员，以及台下的工作人员，正是他们的带路才使我们顺利到达每一个地方，正是他们的付出才使我们的伙食特别好，也正是他们的付出才使我们的上下台十分顺利。谢谢!

然而，闭幕式演出，也好似我们的闭幕式演出，这可能是高二的我们最后一次跟随这个团队演出。我真的舍不得，舍不得这个团队，舍不得每一个人，这一次次的演出使我们成长了，但是转眼间我们就要离去，相信我们的乐团还会再创辉煌，同时，我们将面临新的挑战——高考，我们会继续努力，在学习上再创辉煌! 我们的队伍向太阳!

徐嘉鸿:

一个团队，一个信念，一种态度，一种心声，换来一次成功。

4月12日，我们带着《引航》来到青岛，在青岛大剧院参加全国中小学生第五届艺术展演活动和闭幕式的汇报演出。在老师的带领和大家的默契配合下，我们成功地演绎了乐曲，讲述了我们的故事，完成了我们的任务，实现了我们的心愿。

4月13日　艺术展演

这是来到青岛的第二天。

换上演出服、化好妆、装完乐器、对好音、完成了一遍遍的彩排后，59人静候上场。"下面请欣赏11号作品：《引航》。"我们走上舞台，台下的所有评委和观众目不转睛地看着我们的一举一动，大家心里都默默重复着胡老师嘱咐我们的一句话："上台准备好了就看指挥台，一定要专注，只有脑子里装着满满的《引航》，才能把音乐演绎到最好。"于是我心里开始重复着旋律，嘴上露出微笑，等待故事开始。

不知道这短短的几分钟是如何度过的，回过神来的时候台下已爆发出了雷鸣般的掌声。我知道，我们成功了。依然是整齐大方的鞠躬，依然是谦和礼貌、有条不紊地下台，每个人都情不自禁地露出微笑，心里只装着满满的幸福。

幸福之中我明白了一个道理：成功不在于力量的大小，而在于专注得有多久。

4月16日　闭幕式汇报演出

又是忙碌的一天。

今天北京市第八十中学代表北京市参加全国中小学生第五届艺术展演活动闭幕式，汇报演出在青岛大剧院隆重举行。本次汇报演出的节目是由在展演中表现优秀的团队带来的，我们的《引航》以开篇"序"的形式呈现给观众。

车台缓缓向舞台中央移动，八根柱子上闪烁着星星，泛着微弱的湖蓝色光芒，时隐时现；胡老师自信潇洒地拿起指挥棒，轻轻地打着节拍，此刻，灯光渐起，聚焦到谱台上，我们深吸一口气，一连串清脆的声音渐渐响起。又是那熟悉的旋律、熟悉的回音、熟悉的微笑、熟悉的气息、熟悉的掌声、熟悉的感动、熟悉的场景、熟悉的故事。

艺术作品奖

穿着华丽的演出服，手中紧握着奖状，等待上台。我将光荣地代表北京团上台领取艺术表演奖，这是一份殊荣，是我们的骄傲。

走上台阶，微笑地面对观众；自信地向舞台中央走去，高举奖状，挥手示意。灯光聚焦到舞台中央，聚焦到奖状上，聚焦北京，聚焦《引航》，掌声和欢呼声充斥整个大厅，回音缭绕在我的耳旁。想起大家的微笑，想起那日复一日的努力，想起所有人专注的脸庞，我知道，此刻的胜利已不单单属于我们59个人，它还属于和我们一起见证《引航》成长的每一个人，它还属于为我们付出过的每一个人，它还属于为我们加油喝彩的每一个人，它还属于这里，属于这个美丽的夜晚。

看着手中微微反光的奖状，感觉它好像变得沉了许多，它就像我们的一面镜子，永远见证着我们的辉煌。

　　青岛，这个空气中散发着潮湿海水淡淡咸味儿的地方和《引航》好像不期而遇，渐渐融合了在一起。每个人都把这种感觉藏在心中，藏在那个最不容易触碰到的地方，等待站上舞台，等待音乐响起，等待回忆开始，等待薄雾消散，等待阳光普照，等到微笑扬起，再把珍藏在心里的感觉轻轻地捧出来，修饰着每一个音符，填充着每一个节拍，完成着每一次律动，演绎着我们的故事，那是一个美好的故事、一个动人的故事、一个精彩的故事、一个值得回忆的故事。

　　耳旁又想起那熟悉的旋律，我知道，我们的队伍向太阳！

**图 1-10　金帆管乐团参加全国第五届中小学艺术展演，
在青岛大剧院奏响青春赞歌《引航》**

四、助你成功

金色大厅扬起"金帆"
——北京市八十中学金帆乐团维也纳金色大厅音乐会

　　为庆祝中奥建交 40 周年暨北京市第八十中学成立 55 周年，维也纳当地时间 11 月 2 日晚，我校金帆乐团在金色大厅成功举办了"聆听金帆"音乐会，吸引了维也纳当地千余名观众到场观看。

作为中奥建交 40 周年的文化交流活动，当晚演出的节目既有中国名曲，也有奥地利的经典歌曲，更有莫扎特、柴可夫斯基等大师的作品。我校金帆乐团的 80 名团员与奥地利宫堡茨克尔亨儿童合唱团及维也纳国家歌剧院芭蕾舞学校学生同台表演，珠联璧合，将演出推向高潮。这场音乐会不仅给到场的观众奉献了一场精彩绝伦的艺术盛宴，更推动了中奥两国青少年的文化艺术交流。维也纳市长霍伊普尔在致音乐会的贺词中表示：两国在各领域广泛开展活动，他作为市长，特别高兴维也纳的观众能有机会欣赏到中奥两国青少年联袂演出的音乐会。

音乐会以金帆乐团演奏的三首大合唱曲目《呼伦贝尔大草原》《飞来的花瓣》和《歌唱祖国》开始了上半场的演出。这三首歌曲既表现出了茫茫草原的豪迈，又唱出了对老师的爱，而《歌唱祖国》更是引起了台下华人的共鸣，很多人轻声伴唱表达着对祖国的依恋和热爱。随后，我校弦乐室内乐团演奏了中外曲目《嬉游曲》、《春》（第一乐章）、《秋》（第三乐章）、《良宵》以及《亨德尔大协奏曲》等，赢得了台下阵阵掌声。

下半场演出以金帆交响管乐团为主，演出曲目有《红旗颂》《聚变》《七夕》《朝阳》《北京喜讯到边寨》等。演奏《花之圆舞曲》时，维也纳国家歌剧院芭蕾舞学校的八名成员在一旁翩翩起舞，以肢体语言展现着温柔的旋律。结束曲目是《茉莉花》，一串串中文歌词从宫堡茨克尔亨儿童合唱团成员的口中唱出来，将整场音乐会推向了高潮，演出在观众的热烈掌声中落下了帷幕。

此次金帆乐团的维也纳之行不仅展现了乐团学生的优秀素质，体现了当代中学生的风采，让学生开阔了眼界，增长了见识。在与他人合作的同时得到了宝贵的演出经验，更促进了两国青少年之间文化与艺术的交流，为推动中奥两国友好发展增光添彩。

金帆乐团此次在金色大厅的演出获得了极大的成功，也受到了国内主流媒体的高度关注，演出结束的第二天，奥地利电视台、《光明日报》、光明网、《人民日报》、中国经济网、中国教育网等纷纷刊登了金帆乐团在金色大厅演出的相关消息。

图 1 - 11 2011 年为庆祝中奥建交 40 周年暨北京市第八十中学成立 55 周年，金帆管乐团和弦乐室内乐团在维也纳金色大厅成功举办了"聆听金帆"专场音乐会

八十中金帆管乐团参加"我的艺术梦"
——"2013 国家大剧院青少年艺术周"音乐会

2013 年 6 月 10 日，北京市第八十中学金帆管乐团、室内弦乐团在国家大剧院音乐厅与北京市第十二中学金帆民乐团、第一〇一中学金帆交响乐团一同上演了一场精彩绝伦的青少年音乐会。八十中时主任带领新教师研修班现场观看。

北京市第八十中学金帆管乐团演奏了四个曲目，第一首《D 大调嬉游曲》第一乐章是由弦乐室内乐团演奏的。这首莫扎特创作的古典主义中的"轻音乐"是清新而可爱的，此曲淋漓尽致地表现出了作曲家自由、热情的天性。

第二首是管乐合奏《征程》，其主题是表达对勇者、勇敢精神的赞颂。

第三首《聚变》第二乐章是来自多首民谣中的缓慢抒情片段汇总。柔缓美妙的音乐仿佛让人置身于云雾缭绕般的梦幻仙境，而大段的独奏也是最能体现乐团音乐功底的地方。

在完美的演绎中，音乐会也来到了高潮部分——第四首压轴曲目《印象青春》。

这四首风格迥异的曲目，不但充分展现了北京市第八十中学金帆管乐团学生驾驭不同种类的乐曲的能力，而且灌注了管乐团师生深厚的情感，已经融入了他们生活的点点滴滴。在技巧娴熟的前提下，用情感驾驭音乐，就赋予了音乐鲜活而富有激情的生命力。在观众的掌声中，他们诠释着自己的别样青春！为"青少年艺术周"闭幕画上了精彩一笔。

图 1-12　金帆管乐团参加"我的艺术梦"——"2013 国家大剧院青少年艺术周"音乐会

八十中金帆管乐团赴首尔参加"2013 北京-首尔友好交流年"闭幕演出

2013 年 10 月 28 日，北京市第八十中学金帆管乐团铜管八重奏接受北京市教委演出任务，随北京市金帆艺术团赴首尔参加"2013 北京-首尔友好交流年"闭幕演出。北京市教委体美处王军处长带领金帆艺术团，于 10 月 30 日晚，参加了在首尔世宗文化会馆大剧场隆重举行的由北京市和首尔市共同主办的"2013 北京-首尔友好交流年"闭幕演出。金帆艺术团由北京二中和劲松四小的金帆舞蹈团、人大附中金帆弦乐团、北京十二中的金帆民乐团等多个团队的160 多名学生组成，节目包含传统与现代元素，展示了中国当代青少年的蓬勃朝气和艺术造诣。北京市第八十中学金帆管乐团表演的铜管八重奏《水上音乐》改编于德国作曲家亨德尔的《水上音乐组曲》，表现了英国国王乘船游览泰晤士河的情景。学生的精彩演出及在首尔期间高素质的表现受到了领导好评。

时任北京市副市长杨晓超、北京市教委主任线联平、首尔市副市长金尚范以及韩国各界友人、旅韩华侨华人、留学生、新闻媒体记者千余人观看了演出。演出在《北京欢迎你》的欢快音乐和全场演员的激情欢呼中落下了帷幕。

图 1 - 13　金帆管乐团赴首尔参加"2013 北京 - 首尔友好交流年"闭幕演出

八十中学金帆乐团"我们梦想一定实现"
专场音乐会圆满成功

2013 年 12 月 11 日，北京市第八十中学金帆乐团参加"2014 国家大剧院青少年新年系列音乐会"——"我们梦想一定实现"专场演出。这份新年礼物也蕴含着国家大剧院 6 年来用艺术反哺大众、共享艺术殿堂的浓浓情意。

"我们梦想一定实现"专场音乐会是一场囊括不同时期、不同地域、不同音乐风格的演出盛宴。我校金帆乐团的小演奏家们既演奏了莫扎特的《嬉游曲》《小夜曲》等高雅、庄重的古典主义时期作品，又吹奏了《庆典》《亚伯兰的追求》《晴朗天空》三首现代交响管乐作品，同时表演了欢快、优美、耳熟能详的《卡门序曲》《喀秋莎》，以及充满民族气息、脍炙人口的《良宵》，最后全场观众及师生高唱《红星歌》《我们梦想一定实现》，再一次将音乐会推向了高潮，动人的音乐宛若天籁，让现场观众如痴如醉。

《红星歌》和八十中校歌《我们梦想一定实现》的曲作者傅庚辰老先生也到现场观看了演出，孩子们充满激情的表演及真挚的问候让傅老感慨万千，他的心灵与孩子们的心灵通过一座音乐的桥梁，走向彼此。不知不觉中，他的眼中充满了激动的泪水。

曲终时，在经久不息的掌声中，孩子们返场演奏了家喻户晓的《拉德斯基进行曲》，鲜明的节奏和旋律让全场观众为之振奋，全场沉浸在激昂的音乐中拍起手来，随着观众热烈的掌声，音乐会圆满地落下了帷幕。

在这场音乐会中，孩子们收获了感动，收获了成长，相信这将在他们的人生中添上精彩的一笔，刻在他们的记忆中，无法抹去。

图 1-14　金帆管乐团在国家大剧院举办"我们梦想一定实现"专场音乐会

图 1-15　金帆管乐团的小演员为校歌的曲作者傅庚辰献花

八十中金帆乐团赴巴黎联合国教科文组织总部
参加"你好，2016"中国青少年专场演出

2016 年 2 月，"中欧知名高中校长论坛"在联合国教科文总部召开。北京市第八十中学校长田树林、北京 101 中学校长、英国伊顿公学校长、法国亨利四世高中校长等六十位嘉宾出席本次研讨活动，并致辞、作主题演讲。此次论坛为期两天，取得了圆满成功！

随后，巴黎时间 2 月 16 日晚，来自北京第八十中学金帆乐团的同学们与北京二中金帆舞蹈团等一流基础教育名校艺术团的学生一道，在巴黎联合国教科文组织总部献上了一台"你好，2016"专场演出。中国驻法大使、中国驻联合国教科文组织大使、各国使节及法国民众到场观看了演出。

第八十中学金帆乐团的同学们作为唯一受邀的乐团，用几首中外乐曲为晚会拉开序幕，给工作和生活在法国的祖国亲人送去了慰问，向法国人民传递友情，与在场的各国朋友一同欢庆中国新年的到来。管乐团的同学们带来了《幸福的格物》《像花儿一样》两首中国曲目，柔和轻快的曲调令观众心驰神往；弦乐室内乐团的同学们则带来了《如歌的行板》《良宵》这两首经典曲目，一曲奏毕，余音绕梁。同学们精湛的演出和良好的精神面貌博得了台下观众的阵阵掌声。

随后，同学们放下乐器，重返舞台，为晚会献声。校歌《我们梦想一定实现》，不仅寄托了孩子们对于未来乐观积极的态度，也将"中国梦"传到了美丽的巴黎；而那首早已传播在世界每一个角落的中国名曲《茉莉花》则在徐嘉鸿同学的领唱下，娓娓道来，让观众们聆听了中国的声音。

晚会的最后，同学们走上舞台，与联合国教科文组织协会世界联合会名誉主席陶西平及田树林校长等领导一起合影留念，同学们青春的面庞被定格在这一刻。"我们的队伍向太阳""我爱中国，我爱北京，我爱八十中"这几句响亮的口号被同学们喊出，令大家印象深刻。

此次演出充分展现了中国当代青少年的精神风貌及中国中小学文化艺术教育的丰硕成果，同时也折射出中华民族深厚的艺术文化底蕴。而此次展演在联合国教科文组织总部举行，也是在世界最具政治文化影响力的舞台上展示中国传统文化的独特性和多样性的大好机遇，这些青少年在联合国的舞台上向全世界展示中国作为拥有 5000 多年文明的古国的雄姿与海纳百川的气魄。

图 1 – 16 金帆管乐团赴巴黎参加联合国教科文组织总部
"你好，2016"中国青少年专场演出

图 1 – 17 弦乐室内乐团在"你好，2016"联合国教科文组织总部演奏《良宵》

图1-18　金帆乐团与联合国教科文组织协会世界联合会名誉主席陶西平
及田树林校长等领导合影留念

八十中金帆管乐团勇夺全国展演"四连冠"

　　2016年4月11日，全国第五届中小学艺术展演在青岛正式开幕，为期6天的展演活动有来自全国各省区市的共计7100余名师生参加。本届展演活动的主题是"阳光下成长"，以育人为宗旨，让更多学生提高审美和人文素养，同时培养青少年健康的审美情趣和良好的艺术修养，展示校园文化，促进学校美育改革发展。

　　北京市第八十中学金帆管乐团历经层层选拔，于2016年4月13日晚，在青岛大剧院奏响青春赞歌《引航》，完美的演奏和整齐的台风获得了各界的好评，摘得"管乐合奏第一名"的桂冠，并获得"优秀创作奖"，问鼎管乐"四连冠"。正值北京市第八十中学六十周年华诞，同学们在青岛扬帆起航，为母校献礼。

　　这一次，北京市第八十中学金帆管乐团代表北京市参加管乐项目展演。同学们心怀美好，用音乐与歌声将爱传播到青岛，将爱留在青岛，更将北京市中学生的良好精神风貌和艺术才华展现给青岛人民以及来自全国各地的演出团体。

　　《引航》意为在老师们的春风化雨下，在金帆乐团的温暖下，书写美好青春，畅想美好未来，扬帆起航。同学们为在场观众完美演绎了心中对青春的赞美和对未来的美好期盼，诠释了美好的青春，展现了新一代中学生的靓丽风采。一曲奏毕，当乐曲的余音还在音乐厅内回响，台下雷鸣般的掌声已如潮水般涌现。

　　展演结束后的第二天，同学们在组委会的安排下，参观了"学生艺术实践工作坊和艺术作品展"。走进展厅，能够观赏到小作者们捕捉的自然之美，领略到青少年们再现的生活之美和心灵之美。他们用敏慧的心灵、聪明的才智、灵巧的双手，为大家展示了传承中华传统文化艺术的生动实践。随后，同学们又参观了极具青岛特色的青岛啤酒厂，在讲解员生动的讲解下，同学们了解了青岛啤酒的历史和企业文化。下午，我们来到青岛实验小学这所百年老校，观看小朋友们活泼生动的表演，并为合唱团的小朋友贴上了我们八十中的校徽。

　　16 日晚，全国第五届中小学生艺术展演活动闭幕颁奖晚会在青岛大剧院歌剧厅举行。教育部副部长郝平出席并宣布本届展演活动闭幕。闭幕式优秀节目的展示部分，北京市第八十中学管乐团以气势恢宏的管乐合奏《引航》作为序曲开场，寓意在青春的惊涛骇浪里，迎着滚滚波浪，乘风起航，展现中小学生专业性的表演和活力四射的青春面貌，共同吹响青春的集结号，引航学校美育。

　　此次活动为期 6 天，不仅体现了金帆乐团师生的优秀素质，展示了八十中学子健康向上的青春风采，更让学生们开阔了视野，提高了团队精神，在与他人合作的同时得到了宝贵的演出经验，收获他人温暖与爱的同时学会了珍惜，学会了感恩。《引航》是所有人辛勤付出后收到的一份最满意的答卷。师生们将爱播撒在青岛，将美好传递给青岛，我们携爱而来，又满载爱而归，我们的队伍向太阳！

图 1-19　2016 年 4 月金帆管乐团勇夺全国展演管乐"四连冠"

图 1 – 20　金帆乐团徐嘉鸿同学在全国第五届
中小学生艺术展演颁奖晚会上代表北京团领奖

八十中金帆管乐团赴清华大学参加第四届北京国际青少年艺术周
——管乐嘉年华活动

　　2016 年 10 月 24 日—30 日，"第四届北京国际青少年艺术周——管乐嘉年华"盛大举行，来自 4 个国家的管乐大师、6 支青少年管乐团队和 16 支北京大中小学生管乐团队将举行 5 种类型共 26 场次的丰富多彩的管乐活动，为大家奉献为期一周的管乐饕餮大餐。

　　2016 年 10 月 24 日晚，"第四届北京国际青少年艺术周——管乐嘉年华"活动在清华大学新清华学堂拉开帷幕，本次活动由中共北京市委教工委、北京市教委主办，北京学生活动管理中心等单位承办。北京市教委主任刘宇辉出席并宣布活动开幕，荷兰指挥尤普·波尔斯托尔代表国外参演团队致辞。时任文化部对外文化联络局副局长翟德玉、北京市第八十中学校长田树林、中国管乐学会主席于海等相关艺术专家和 6 支国外青少年管乐团队、北京部分大中小学校师生千余人参加开幕式。在开幕式上，北京市第八十中学金帆管乐团为观众带来了《节日序曲》《引航》《花之圆舞曲》三首曲目。悠扬柔美的曲调令观众心驰神往，欢快鲜明的节奏感染着在座的每一个人。在欢腾活跃的气氛中，"第四届北京国际青少年艺术周——管乐嘉年华"活动正式开幕！

随后，10 月 28 日晚，北京市第八十中学金帆管乐团再次来到清华大学，与波兰克拉科夫维涅瓦青年管乐团的学生们一同在新清华学堂为观众献上了一场管乐嘉年华交流音乐会。首先，由波兰克拉科夫管乐团为观众带来了多首国外曲目，并以《骄傲的克拉科夫》一曲为晚会拉开序幕。随后，八十中金帆管乐团的同学们带来了《幸福的格物》等中外曲目，同学们精湛的演出和良好的精神面貌博得了台下观众的阵阵掌声。金帆管乐团的返场曲《像花儿一样》的轻快节奏感染并带动着每一个观众一起拍手欢呼，将交流晚会推向高潮。

晚会的最后，中外管乐团的演员们一齐在舞台中央合影留念，大家灿烂美丽的笑容被定格在了这一刻。"Welcome to China, welcome to Beijing, welcome to No. 80 High School！"伴随着这几句响亮的口号，此次演出交流专场音乐会也圆满落下帷幕。

这次交流活动不仅促进了两国感情，更使参演的同学在过程中收获了温暖与感动，我们带着爱与真诚前往，最终也满载着幸福归来，本次管乐嘉年华的目的绝不在于乐团技术的较量，而是向大家展示出一群不同国籍、年龄相仿的青少年所应有的活力与自信，或许我们的语言并不相通，但仍可以用音乐表达出最真挚的情感与爱，正如那句人们常说的——"音乐无国界"！

图 1-21　金帆管乐团在"第四届北京国际青少年艺术周——管乐嘉年华"开幕式上演出

八十中金帆管乐团在国家大剧院成功举办
"青春舞·金帆情"交响管乐音乐会
——暨献礼北京市金帆艺术团成立30周年

2017年6月19日上午，北京市第八十中学金帆管乐团在国家大剧院音乐厅举办了以"青春舞·金帆情"为主题的交响管乐音乐会，旨在展示学校美育成果及金帆团师生艺术素养，并且作为国家大剧院"青少年普及音乐会"，为青少年音乐的继承与发扬起到积极作用。该场音乐会圆满举办，受到了多方人士及央视媒体的关注，产生了强烈反响。时任北京市体美处王军处长、首都文明办卜秀均副主任、北京市学生活动中心张京华副主任及1800名观众观看了演出。

一首意境深远、感染力极强的管乐合奏《智慧之海》为音乐会拉开了帷幕，该曲营造了海上不同的景象，交织的绚烂旋律尽显辉煌之势。随后，管乐团又演绎了两首中国乐曲——《庙会》《青春之舞》。《庙会》旋律欢快喜庆，尽显中国特色；《青春之舞》改编自新疆民歌，旋律耳熟能详，带动起了音乐厅里的气氛。

一曲毕，管乐合奏上半场结束，北京市第八十中学弦乐室内乐团的同学们依次登上舞台，带来了莫扎特的《小夜曲（第一乐章）》与《良宵》。《小夜曲》整曲悠扬悦耳、优雅清新，洋溢着斑斓的色彩和蓬勃的青春气息。《良宵》具有"东方小夜曲"的美称，在娓娓道来的宁静中，观众感受到了那流淌于学生心底的幸福和希望。

随后，金帆管乐团师生们再次登场，带来了《引航》《茉莉花》《向月》《童趣》四首优秀中国作品。《引航》寓意在青春的惊涛骇浪里，迎着滚滚波浪，乘风起航，共同吹响青春的集结号。《茉莉花》改编自脍炙人口的江苏民歌，乐声委婉中带着刚劲，细腻中饱含激情，飘动中蕴含坚定。《向月》讲述了人类千百年来对月亮的向往以及向宇宙进军的不懈努力，温婉清新的旋律中诠释了太空深邃之美。《童趣》曲风清丽活泼，勾勒出孩童间玩耍的场景，尽显孩子们的真善美。曲毕，余音绕梁，掌声雷鸣。

随着掌声渐弱，一首长号合奏的《我和你》伴随着轻轻吟唱与诗朗诵缓缓响起，诉说了金帆人的金帆情，音乐会渐入尾声。最后，金帆管乐团演奏校歌《我们梦想一定实现》，全场高唱，同学们双双起舞，点燃青春之舞，展现少年风采。

此次活动不仅展现了金帆乐团师生的优秀素质，展示了八十中学子健康向上的青春气息，更诉说了一代代金帆人对于音乐的热爱，体现了青少年音乐教育的传承与发扬。北京市第八十中学金帆乐团师生的精神风貌必将成为一面风帆，引领一代代青少年扬帆起航，金帆团的口号"我们队伍向太阳"也一定会感染并号召更多人，将八十中金帆管乐团积极向上的精神传承下去，推动青少年素质教育的发展。

图 1-22 金帆管乐团在国家大剧院成功举办"青春舞·金帆情"

我校金帆管乐团参加北京市学生
金帆艺术团三十周年教育教学成果展示活动

2017 年 12 月 28 日 19：30，"静静地绽放——北京市学生金帆艺术团三十周年教育教学成果展示"在新清华学堂正式拉开帷幕。本次活动旨在展现中国青少年学生良好的文化素养和精神风貌，同时让我们年轻一代带怀着满满的爱与幸福，感谢三十年前德艺双馨的老艺术家们。

展示活动分为六个部分，北京市教育委员会主任刘宇辉作为"第四讲——美的风帆引领"的主讲人，将艺术教育这三十年来的砥砺前行向大家娓娓道来，并对日后艺术教育的前景做了美好的展望。北京市第八十中学金帆管乐团的同学们作为唯一受邀的管乐团，用一首脍炙人口的《篝火》拉开了"美育第四讲——美的风帆引领"的序幕。跳跃的音符，轻快的旋律，让人听了动感十足，活力四射。

同学们向观众们完美表达出了心中的热情，诠释了青春的活力，展现出了年轻一代金帆人的靓丽风采！一曲奏毕，余音绕梁，掌声雷鸣。同学们以精湛的演出和良好的精神面貌为北京市学生金帆艺术团三十岁的生日献上贺礼。晚会的最后，同学们走上舞台，与领导们合影留念，同学们芳华正好，定格在这一刻。

后台备场过程中，同学们安静有序，无论走到哪里，都不留下来任何垃圾，这些细节令人印象深刻，充分展示出我校金帆管乐团高素质、高水平的团队作风。

此次活动不仅体现出我校金帆管乐团师生的高素质，展现出了八十中学子绽放的青春，更让我们在团队中丰富了自己的演出经验，在收获了他人的包容与爱的同时学会感恩、学会吃苦。同学们把青春与热情挥洒在清华，将爱与美好传递下去，为即将结束的 2017 年增添了一抹别样的色彩。我们的队伍向太阳！

图 1-23　金帆管乐团参加北京市学生金帆艺术团三十周年教育教学成果展示活动

同舟共济金帆情　沪上杨浦展风采
——金帆管乐团赴上海参加"中华杯"中国第十二届优秀管乐团队展演

北京市第八十中学金帆管乐团继勇夺教育部组织的全国展演四连冠的辉煌之后，今年劳动节又赴上海参加了"中华杯"中国第十二届优秀管乐团队展演，被授予此次展演最高荣誉——"示范乐团"称号。2018 年 4 月 29 日晚，在复旦大学正大体育馆，我校金帆管乐团的小号手在中国管乐学会主席于海先生指挥下，同来自全国各地的 3600 余名乐手成功创造又一"世界基尼斯中国之最"——最多省市管乐团共同演奏国歌。

4 月 30 日，我校金帆管乐团在杨浦大剧院展演中演奏了指定曲目《康定情歌》和自选曲目《月夜》。两首曲目风格迥异，《康定情歌》旋律悠长婉转，柔和的曲调流露出浓郁的情意；《月夜》节奏俏皮灵动，民族风与拉丁风相辅相成，炽烈的音符荡漾出澎湃的力量。同学们通过乐声传递的情感与正能量引起了全场非同凡响的共鸣，听众们更是为团队迸发的激情，为青春洋溢的美好鼓掌！展演中场休息，两位评委教授激动地快步走下台阶与我团指挥合影，并对我团的演奏给予了高度赞扬。

演出后，同学们参观了同济大学、上海博物馆、中共一大会址。在黄浦江上坐游船时暴雨突至，同学们纷纷换上红雨衣，走下游船，走在大街小巷，化身上海滩上一道亮丽的风景线。大家在老师的带领下秩序井然，树立了良好的八十学子形象，更向许多外国友人展现出了中国学生的大方开朗。

此次实践活动中，同学们不仅提高了个人技术水平，也在一次次的排练磨合中学会了更好地与他人合作，增强了团队凝聚力，更在团队出行时，深刻地体会到负责任、顾大局的重要性。无须提醒的自觉，为他人着想的善良，同学们在同行老师们的带领下，将八十学子的精神风貌与艺术才华更好地展现给了上海人民以及来自全国各地的演出团体。我们的队伍向太阳！

图 1-24　金帆管乐团赴上海参加"中华杯"中国第十二届优秀管乐团队展演

八十中弦乐合奏参加
"北京市第十九届学生艺术节室内乐展演"获金奖

2016 年 11 月中旬，由市教委主办的"北京市第十九届学生艺术节"正式拉开帷幕。来自本市中小学及中等职业学校的同学们纷纷在国家图书馆音乐厅这美妙辉煌的舞台之上，展现了一场精彩绝伦的艺术盛宴。北京市第八十中学弦乐合奏获得金奖。

2016 年 11 月中旬，北京市第八十中学弦乐合奏前往国家图书馆音乐厅参加"北京市第十九届艺术节——室内乐展演"活动。在舞台上，同学们献上了一场以"阳光下成长"为主题的艺术饕餮盛宴。北京市第八十中学弦乐合奏的同学们为到场的音乐名家、评审及观看演出的师生们演奏了《莫扎特525弦乐小夜曲》和《如歌的行板》两首经典的古典名著。同学们上场时挺拔的身姿，阳光般的笑容立刻吸引了场内的所有人。运用自如的琴弓在琴弦上跳跃，小巧又极富颗粒性的音符组成了一首生动活泼的《小夜曲》；《如歌》旋律柔美又略带忧伤，同学们的身体随音乐的发展轻轻摆动，用流动的乐章将音乐厅内的倾听者们瞬间带到了另一个安静人心的环境，悠扬婉转的琴音在音乐厅中回旋荡漾，余音绕梁。演出完毕，专家对音乐韵律及同学们的专业技能均给予高度的赞赏，表达了对同学们的认可与鼓励。专家点评完毕，同学们用那青春又富有朝气的一句"亲爱的老师们，谢谢您的精彩点评，我们真的真的很爱您！"表达了对专家的热情指导及场内所有倾听者的感恩和爱意，在一片热烈的掌声中，同学们也为自己的倾情演出画上了完美的句号。

以"阳光下成长"为主题的北京市第十九届学生艺术节，同学们在参与的过程中收获了幸福、收获了快乐，带着满满的爱奔向明天，我们的队伍向太阳！

图1-25 弦乐合奏参加"北京市第十九届学生艺术节室内乐展演"获金奖

八十中金帆管乐团在"北京市 第二十届学生艺术节金帆团展演"中获得金奖

2017年4月17日，北京市第二十届中小学生艺术节拉开帷幕，全市约130万学生参加了本次活动，众多团队以展演为契机，互相交流、学习。

北京市第八十中学金帆管乐团于2017年4月19日参加此次学生艺术节金帆组展演，在金帆音乐厅奏响《智慧之海》《童趣》。乐团台上的高水准，台下的高素质，让人眼前一亮，从众多团队之中脱颖而出，我团动听的音乐真挚的情感让观众潸然泪下。

两首参赛曲目的风格迥然不同。《智慧之海》营造了海上不同的景象，交织的绚烂旋律，尽显辉煌之势；而《童趣》，曲风清丽活泼，勾勒出孩童间玩耍的场景，尽显孩子们的真善美。评委、观众们聆听到的，有对大海、对自然的赞美与敬畏，有演绎孩童嬉戏场景时的快乐。曲毕，余音绕梁，掌声雷鸣。专家点评后，学生们真诚地感谢专家。

台上光芒万丈，台下井井有条。演出前的校音由乐团学生直接负责，秩序井然；上台口，队列整齐，学生们在无声中散发出坚定与自信。

此次活动展现了北京市第八十中学金帆乐团师生的高素质，展示了八十学子的精神面貌。所有师生为此次展演付出了很多，同时也收获了很多，有宝贵的演出经验，有团队之间的合作，有日积月累脚踏实地的坚持。我们带着动听的音乐，将心中的美好传递下去，我们的队伍向太阳！

图 1 – 26　金帆管乐团在"北京市第二十届学生艺术节金帆团展演"中获得金奖

第二章

纳新创智　融变精匠

一、北京市第八十中学科技教育工作成果汇报

北京市第八十中学（以下简称"八十中"）是"全国十佳科技教育创新学校"，拥有两个"北京市金鹏科技团"，分别为机器人分团和电子与信息分团。还是"北京市科技教育示范校""翱翔计划基地校""北京青少年科技俱乐部会员单位""后备人才早期培养计划基地校""英才计划基地校""朝阳区科技教育示范校"，获批多个"朝英科技社团"。八十中科技教育成果居北京市前列，在全国有一定影响力。

（一）组织管理

1. 思想认识

全面贯彻党的十八大和各项重大会议精神，以马克思列宁主义、毛泽东思想、邓小平理论、"三个代表"重要思想、科学发展观为指导，深入贯彻习近平总书记系列重要讲话精神，认真落实党中央、国务院决策部署。坚持立德树人。把立德树人作为教育的根本任务，培养德智体美全面发展的社会主义建设者和接班人。遵循教书育人规律、遵循学生成长规律，以学生为主体，以教师为主导，用创新育人模式，培育和践行社会主义核心价值观，不断提高学生思想水平、政治觉悟、道德品质、文化素养，让学生成为德才兼备、全面发展的人才。

学生发展核心素养是当前推进教育改革的重要内容。核心素养回答了"培养什么样的人"的问题，建立学生核心素养旨在推进教育教学改革。如何将核心素养从一套理论框架，落实与推行到具体的教育和教学活动中去，进而真正实现其育人功能与价值，是教育领域面临的重大问题。核心素养是基于学生终身发展和适应未来社会的基本素养建立的，而非基于学科知识体系建立。学生的问题解决能力、创新精神、社会责任感等方面的素养不是仅靠某一个学科就

能够培养的，而是需要借助多学科、多种知识和多种能力的共同作用。我校开展科技教育活动，经过几十年的探索，已有自己独特的一套具体做法，形成了鲜明的办学特色。将国家课程和地方课程中有关科学领域、技术领域和综合实践活动领域的课程内容与学校科技教育项目内容进行有机整合，系统开发、实施创新教育类校本课程，对学生核心素养的提升起到了关键性的作用。

在学校办学目标、育人目标和发展战略的引领下，八十中科技教育全面开花，拥有几十个科技类学生社团，经过多年的探索，先后培育了机器人社团和电子信息社团两个高水平社团，以他们为引领带动全校科技教育发展。同时，对科技教育课程研发、课程管理、课程实施及课程评价等进行了整体设计与规划。八十中真正做到了"一人一天地"，实现了"面对禀赋各异的孩子:'容短促长'使每个学生成为最优秀的自己;面对资质不同的孩子:'动态分层'的校本课程满足不同学生的需求;面对各有千秋的孩子:'形式多样'的社团让学生都能找到自己的位置"的目标，科技教育各项都取得了优异的成绩。

2. 组织机构

八十中为提高学校科技教育工作管理水平，强化管理机制，加强对科技教育工作的协调与指导，在组织建设、队伍建设、科普活动和设施管理等方面建立健全了相应的组织机构。学校主管科技教育工作的副校长由全面主抓教学科研工作的领导担任，使科技活动和学校课程建设等工作能够得到很好的协调和横向直接的开展。我校成立了科技教育办公室，由专职教师任办公室主任，全面组织安排协调初高中各项科技工作，各校区的初高中部还分别配有科技主管;每一个科技活动或比赛项目，初高中均配有至少两名辅导员或管理教师。组织机构图 2-1 所示。

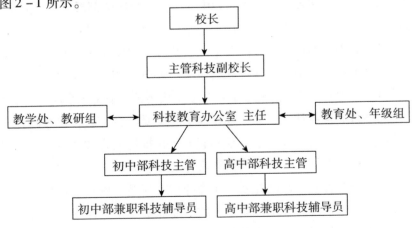

图 2-1　八十中组织机构图

3. 制度建设

学校制订了《"大学实验室及科研院所学生科研实践活动"导师协议》《特色科技月制度》《学生外出社会实践活动审批制度及组织实施方案》《学生外出参加科技竞赛制度》《学生科技社团管理制度》等三十余项科技教育工作管理制度，教师辅导有劳务，学生获奖有奖金。这些制度在规范教师辅导工作的同时，也保障了教师的相关利益，使教师更有积极性和工作依据。近几年，学校在教师职称评定工作中，除考察教师学科专业素养和教育专业素养外，还向长年参与、支持科技教育工作并有突出成果的老师倾斜。

4. 管理机制

我校的科技教育工作始终做到主要领导亲自抓，分管领导具体抓。根据《中华人民共和国国民经济和社会发展规划纲要》，学校科技教育办公室每三年制定一次科技教育工作发展三年规划，并将这些规划纳入学校六年整体办学规划当中，作为学校重点工作来抓。每学期我们能做到各个分校有计划、有总结、有反思、有提升，八十中每一个科技工作管理者都在其中得以成长和历练、钻研和奉献，促使八十中的科技教育越来越好。

（二）支持保障

1. 经费保障

八十中科技教育经费主要来源于两部分，一是由市、区上级主管部门专项拨款，二是学校自筹经费。主要用于：学校（科技教育研讨会、科普图书、展板及宣传材料制作、外聘专家辅导和讲座、学生科技节活动、各项科技比赛所需设备、科普设施建设与维护、科技专用教室建设与维护、外出比赛、会员单位协会会费等），科技辅导员（培训、会务、加班、考察、竞赛辅导、带领学生参加比赛和奖励等），学生（课题研究、外出比赛交通、宣传材料制作的展架及展板、奖励和奖品等）。2017—2018 学年度科技教育经费为 579.96 万元，2018—2019 学年度科技教育经费为 330.90 万元，2019—2020 学年度科技教育经费为 204.48 万元，总计 1115.34 万元。虽然从数据上看是逐年减少的，这既是受上级拨款大幅缩减的影响，也是积极践行国家提出的"过紧日子"的思想，但是从整体经费分配比例上看，学校依然力保科技教育工作不受太大影响。

2. 师资力量

八十中拥有一支优秀的教师队伍。通过教师自主发展研究中心、牛津大学八十中教师国际教育培训基地、首都师范大学八十中教师教育合作共同体、教育家成长工程、新教师研修班、读书节等组织和方式，教师专业化水平不断提升，现有正高级教师12人、在职特级教师50人、市区级骨干教师117人。我校师资力量雄厚，结构合理，完全能满足学校科技教育的各项教学工作。目前学校有专职科技教师2人，兼职科技教师已达到90余人，其中正高级教师5人、特级教师20人、市骨干18人、区骨干31人。由于这支队伍是由各学科的骨干教师组成的，针对人数多而杂的实际情况，我们制定了"实行目标管理，产生激励效应；搞好优化组合，达到互补效应；分层落实责任，争取共振效应；加强沟通协调，求得和谐效应"的管理办法，得到了全体老师的积极响应，取得了显著的成效。"一人一天地"的思想，不仅仅是对学生，学校也为每位科技教师创造机会，搭建平台，鼓励创新。无论哪一级单位组织的培训和学习，我们都推荐科技辅导员参与，甚至是非常珍贵的出国学习机会。有一个生物老师特别喜欢雨燕，我们专门为他建立了雨燕招引设备，他非常感动，很快就带领学生成立了以保护和招引雨燕为主题的科技社团，产出了大量的科研和科普成果。

3. 物质条件

八十中一校两址办学，主校区望京校区占地面积141亩，总体建筑为简洁明快的现代都市学府风格。主教学楼有标准教室36个和一个容纳400余人的多功能报告厅，很多精彩的科普报告或讲座都在这里留下印记；综合楼有天文台、天象厅、3D打印（增材制造）实验室、电子控制实验室、机械加工实验室、结构工程实验室、信息技术实验室、业余电台活动室专用教室和理化生实验室40多个。建有能容纳900人的礼堂，学校经常在这里组织大型科技活动展演等，能同时容纳两个年级的学生共同参与。近些年，学校的硬件建设步伐加快，得到了市区领导的大力支持，陆续建设了多个高端理科实验室，不仅满足日常教学需求，还为学生在此开展探究式学习和课题研究提供了丰富的资源。

表2-1　八十中科技教育场地汇总

序号	场地名称	场地面积（平方米）	主要用途
1	地理数字星球情景教室	90.00	地理学科探究
2	生物情景教室（4个）	400.00	生物探究
3	王选实验计算机教室	90.00	电子与信息
4	多媒体和云终端实验室	90.00	雏鹰、翱翔计划
5	网络安全重点实验室	90.00	雏鹰、翱翔计划
6	数学探究实验室	90.00	翱翔计划

序号	场地名称	场地面积（平方米）	主要用途
7	物理气垫导轨数字化实验	90.00	学科探究课程
8	史地教室	100.55	学生探究活动
9	信息教室（4个）	300.00	学生探究活动
10	植物组培实验室	76.34	学生探究活动
11	机器人教室（3个）	300.00	社团与竞赛
12	3D打印实验室	100.00	社团与竞赛
13	电子控制实验室（3个）	300.00	社团与竞赛
14	业余电台实验室（2个）	160.00	社团与竞赛
15	物理高端实验室（4个）	400.00	学生探究活动
16	化学高端实验室（4个）	380.00	学生探究活动
17	天文台	300.00	社团与竞赛
18	天象厅	150.00	社团与竞赛

4. 校外资源

八十中是北京市青少年科技俱乐部基地校、北京市科技后备人才早期培养计划基地校、北京市翱翔计划信息基地校、北京市英才计划基地校。主要活动内容是通过高校（如北京大学、清华大学、北京航空航天大学、北京师范大学、中国农业大学等）、科研院所（如中国科学技术大学、社会科学院等）和校外科技教育结合，使一部分学有余力、有志于科学研究和探索的青少年进入高校和科研单位的重点实验室，利用课余时间进行科学研究活动。同时我校也与校外博物馆、高校院所、科技企业、活动中心等建立了人才培养机制，面向各类学生开展科技教育活动，从而启迪学生的科学思维，激发学生对科学探索的兴趣，使学生接受科学精神、科学道德的熏陶，并掌握初步的科学研究方法和技能，培养具有创造精神和创造能力的高素质青少年人才。

表2-2 八十中科技教育资源单位汇兑

序号	资源单位名称	利用方式	利用时间	受益学生人数	所属项目
1	北京古观象台	提供参观学习、交流实践的机会	周末或节假日	3000	天文

序号	资源单位名称	利用方式	利用时间	受益学生人数	所属项目
2	北京市东城区青少年科技馆	聘请科技馆优秀教师和专家指导我校科技工作	周末或节假日	200	模型
3	中国科学技术馆	提供参观学习、交流实践的机会	周末或节假日	3000	模型、机器人
4	北京天文馆	提供参观学习、交流实践的机会	周末或节假日	3000	天文
5	北京动物园	提供参观学习、交流实践的机会	周末或节假日	3000	生命科学
6	北京教学植物园	提供参观学习、交流实践的机会	周末或节假日	3000	生命科学
7	中国电影博物馆	提供参观学习、交流实践的机会	周末或节假日	3000	电子与信息
8	北京索尼探梦科技馆	提供参观学习、交流实践的机会	周末或节假日	3000	机器人电子与信息
9	北京市朝阳区青少年活动中心	组织学生开展各项活动和学习，长年合作单位	周末或节假日	200	生命科学
10	北京蟹岛生态科普中心	提供参观学习、交流实践的机会	周末或节假日	300	生命科学
11	北京朝来农艺园	提供参观学习、交流实践的机会	周末或节假日	3000	生命科学
12	北京市植物园	提供参观学习、交流实践的机会	周末或节假日	3000	生命科学
13	北京市丰台区东高地青少年科技馆	聘请科技馆优秀教师和专家指导我校科技工作	周末或节假日	200	模型

序号	资源单位名称	利用方式	利用时间	受益学生人数	所属项目
14	北京麋鹿生态实验中心	提供参观学习、交流实践的机会	周末或节假日	1000	生命科学
15	北京工体富国海底世界	提供参观学习、交流实践的机会	周末或节假日	2000	生命科学
16	北京自然博物馆	提供参观学习、交流实践的机会	周末或节假日	5000	生命科学
17	国家博物馆	提供参观学习、交流实践的机会	周末或节假日	5000	综合
18	首都博物馆	提供参观学习、交流实践的机会	周末或节假日	3000	综合
19	华为集团	提供参观学习、交流实践的机会	周末或节假日	550	电子与信息
20	新华三集团	提供参观学习、交流实践的机会	周末或节假日	450	电子与信息
21	阿里巴巴集团	提供参观学习、交流实践的机会	周末或节假日	380	电子与信息
22	中国航天科技集团	提供参观学习、交流实践的机会	周末或节假日	140	机器人电子与信息
23	双鹤药业	提供参观学习、交流实践的机会	周末或节假日	300	生命科学
24	太极集团	提供参观学习、交流实践的机会	周末或节假日	400	生命科学

（三）实施渠道

1. 校本课程

八十中课程结构为三级立体分层，以面向全体学生的基础必修必选课程为核心，加强拓展延伸类和实践应用类选修课程的自主、选择、多元、开放。着力于学生全面而有个性的发展，着力于不同学生发展需要，着力于人才成长与社会发展需求的对接。学校在初一和高一分别开设了研究性学习课程，为必修课，每周每班一课时，需要完成开题展示、中期汇报和结题展示等环节，自主选择题目、分组、聘请指导教师，在教师指导下自主完成课题研究并撰写论文和研学手册。近几年为响应教育部号召，我校多次在寒暑假积极组织研学旅行活动，为学生设计丰富多彩的国内外路线，精心设计研学手册，选派最具经验的带队教师。我们已经做到"行前开题，行中学习，行后分享"的课程模式，为学生全面而有个性的发展搭建了很好的平台。

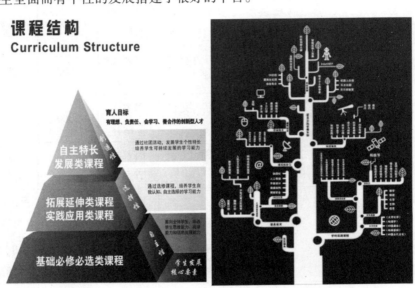

图2－2　八十中课程结构

学校将劳动教育与综合实践课程有机结合，注重培养劳动精神和劳动习惯，团队合作意识和动手实践能力。每个同学除了有指定的卫生区外，八十中还在食堂旁边和国际部外面开设了小菜园，用于学生种植，做植物学探究课题。还经常组织"走出去"的活动，例如到海南陵水实验基地实地进行水稻种植技术的学习和实践。劳动教育已经不仅仅是干农活、做卫生、帮老师送卷子等，新时期赋予它更深刻、更有价值的含义，要与先进的技术和生产劳动相结合。

通过对课程结构设计的改革，从而达到：优化国家课程，推进国家课程校本化；打造个性教育，推进学生课程个性化；构建校本课程，推进校本课程品牌化；重构评价体系，推进课程评价科学化。目前，学校开设的与科技教育有关的课程约20多门，形成了选修课、社团课、竞赛课的三级立体课程。另外，我校在周末，为学生开设了丰富多彩的科技课程，如 MEV 电动车、天文奥赛、以色列工程课、哈佛生物和化学课、共享单车课程等。学生利用网络平台进行自主选择课程，每周日到校上课。整个工作流程严谨有序，学期初提交各类型课程申请表，科技教育办公室进行过程性监督检查，并做好服务工作。教师需要提交一学期的授课教案备查，要具备完整和规范的教学资源，才能持续开设该课程。在八十中的课程设计当中，我们真正做到了"一人一天地"，只要学生感兴趣，我们就会充分挖掘校内外资源，为学生开设课程，提供教师指导，成立科技社团，我们相信星星之火可以燎原。

图 2 – 3　八十中课本教材

八十中以综合素质评价为基础，以优秀毕业生制度为导向，建立科技校本课程多元评价机制，注重过程性评价，注重学习态度和习惯养成，通过多元表彰机制、多元交流渠道、多元展示平台，为每个学生的发展提供体验成功的机会，并积极张扬学生的个性，让每个孩子的生命成长更加精彩。学校建立学生光荣册，将每个学年学生在不同领域取得的成绩登记入册，全校宣传并载入学校发展历史。学校建立了"八十素质之星"评选与表彰制度，对在科技等方面表现突出的学生进行全校表彰；学校建立了"优秀毕业生制度"，评选学校优秀毕业生金、银质奖章获得者，评价标准关注学生课程品德修养、课程学分、学科会考、社会实践（含公益活动）、个性潜能等方面，通过设定评价标准，引领学生发展，学校建立了优秀毕业生基础上的"感动80年度人物奖""博览群书奖""特长生全面发展奖""科技创新奖""学科竞赛奖""80英才奖"等学生奖，奖励各方面突出的学生。

2. 实践活动

八十中近几年每年都会组织全体学生开展形式多样的学生科技节活动，值得一提的是，我们的科技节都是与教研组合作完成，每次主题都不一样，由教研组根据本组学科特色设计完成。每年，我们还设计了丰富多彩的校内科普活动，这是由班级来主导设计的，每次选择一个班级来策划，极大调动了学生的积极性和参与度，也使活动更加有新意。每年各项校内外实践活动在30次以上，满足了不同科技领域学生的需求。

八十中校内现有机器人社团、天文社团、爱迪生发明社团、模型社团、服装社团、电子社团等30多个科技类社团，现有社员总数达千余人。这些社团主要利用午休或下午放学后、周末等时间开展活动和课程。作为北京市人才培养基地学校，积极参与北京市青少年科技俱乐部的活动和"北京市科技后备人才早期培养计划""英才计划"和"翱翔计划"，以及上级主管部门组织举办

图2-4　八十中丰富的社团活动

的各项科技教育活动。如俱乐部组织的"科研实践活动""野外考察""科学名家讲堂""校园科普""国际交流"等，尽可能多地选派优秀学生参加活动，可喜的是学生在各种活动中均有优异的表现。现在，八十中学生经常有机会同国内顶尖的科学家一起工作，得到他们面对面的指导，这让学生们终身受益。

3. 文化建设

八十中认为，科技教育文化建设分为内涵建设和外显建设。内涵建设是我校的科技教育理念，是在学校大的办学理念背景下产生的，与学校办学理念是相辅相成的。科技教育的三年规划，也是被纳入学校整理办学的六年规划当中的，并列为重点工作之一。八十中的科技教育不是科技教育办公室的事，不是几个科技老师的事，是全校师生共同参与的事，走进八十，就能感受到浓厚的科技氛围，工作和学习一段时间之后，每个人心中都有科学的种子在萌发。

学校的科技教育设施建设与环境建设可以说是校园文化建设的重要组成部分，是科技文化建设的外显部分。我校总是千方百计地为学生创设多背景、多渠道的科技文化环境和发展空间，大力营造学科学、用科学的氛围。如目前学校的诺贝尔文化景观大道、校园橱窗、科技展板、科技雕塑、广播台、网站、黑板报等，都从不同角度增进了学生对

图2-5 八十中特色"走廊文化"

科学的理解和认识。目前已经建成的"机器人教育走廊""信息文化走廊""天文走廊""科技荣誉走廊""电子与信息教育走廊"等特色走廊，八十中的"走廊文化"，是让每一面墙都能说话。这些都是学校最具特色的科技活动场所，我们将用情景式、沉浸式的教学模式激发着学生爱科学的热情。

（四）创新与特色

1. 工作创新——弘扬师者美情怀

（1）加强科技类课程集体备课，创新备课流程

①个人备课，形成"个案"；

②集体研讨，形成"初案"；

③完善整理，形成"定案"；

④结合实际，形成"特案"；

⑤教后反思，形成"补案"。

（2）改革科技类课程课堂教学，创新教学模式

①兴趣诱导：以发展为主旨，着眼于诱导，变"苦学"为"乐学"，使学生由"痛苦学"变成"快乐学"。

②思维引导：以学生为主体，着力于引导，变"死学"为"活学"，使学生由"被动学"变成"主动学"。

③难易疏导：以教师为主导，着重于疏导，变"难学"为"易学"，使学生由"孤独学"变成"合作学"。

④高效指导：以能力为主线，着手于指导，变"学会"为"会学"，使学生由"单一学"变成"全面学"。

（3）勇于探索实践，创新课堂特色

过去的科技教育课存在的问题是：要么老师"满堂灌"，要么学生"自己玩"。通过这几年的实践，我校科技教育活动的课堂教学发生了根本性的改变。形成了以"我的课堂我做主——自主学习的课堂，让课堂充满美丽色彩；一个好汉三个帮——合作学习的课堂，让课堂充盈智慧对话；打破砂锅问到底——探究学习的课堂，让课堂充斥探索激情；扬帆奋进新征程——勇于创新的课堂，让课堂洋溢创造气息；无限风光在险峰——亲身实践的课堂，让课堂放飞生命欢歌"为特征的真正意义上的高效课堂、生命课堂、生态课堂。

（4）以研促教，师生共育

教育科研是促进学校改革和发展的第一生产力，教师从事教育科研必须与教育教学工作实际紧密联系，才能有效地提高教学质量，教师参与教育科研是提高自身素质，由"经验型"向"科研型"转变的捷径，同时科研能力也是21世纪教师必备的素质。八十中一贯重视科技教师研究，因为科技教育工作有太多的案例和模式可以去分析和摸索，数据量丰富，典型突出，为学校每次做三年科技教育工作规划，提供了大量的参考。

2. 特色培育

以核心素养为理念，围绕学生培养目标，以整合为基本思路，以国家必修课程为主线，进行学科内、学科间系统整合；初中和高中、高中与大学部分课程的整合；中西方优势课程资源的整合；课内与课外的整合；校内与校外的整合；小课堂与社会大课堂的整合。我们通过特色课程对学生进行特色培育。

特色课程1：初中"张景中创新实验班"

2011年9月，我校以中国科学院院士张景中名字命名，在初中正式创办"张景中班"。通过整合课程资源，构建学科拓展、活动课程、科技课程、研究性学习课程等结构多元的创新人才培养的特色课程，改变教与学的模式，形成科学的评价体系，启发学生创新思维，实现培养学生的创新精神和创新人格，提升创新能力的目标。

特色课程2：初中"王选创新实验班"

2012年9月，我校以中国科学院院士王选的名字命名，在初中正式成立"王选班"。通过整合国内外优质教育资源，架构科学、有针对性的课程体系，以及信息奥赛课程，让更多的对信息技术有兴趣并有一定信息学基础的学生，以王选同志为榜样，在信息技术领域进行更加深入的学习和研究，从而培养具有计算机高素质的拔尖创新人才。

特色课程3："2＋4"特色学制班

面向初二年级学生，选拔具有创新意识和实践能力的学生直接进入高中部学习，通过初中和高中课程整合，设置具有鲜明学校特色的"2＋4"课程，经过高中四年学习，达到拔尖创新人才的培养目标。

特色课程4："3＋3"理科实验班

面向北京市初三毕业生，招收综合素质优秀、特长突出、品学兼优，并在文学、数学、物理、化学、生物、信息等方面有特殊潜质的学生，通过中考录取到我校学习。经过三年学习，达到拔尖创新人才的培养目标。

特色课程5：中英高中课程项目班

中英课程项目开办于2006年，在融合雅思和英国优质教育资源的同时，发挥八十中基础教育优势，把中西方文化有效结合。学生在学习国内高中课程的同时，也同时学习英国课程。自2006年项目开办至今，全部毕业生均以优异的成绩升入英国、美国、加拿大的大学。

特色课程6：中美高中课程项目班

中美课程项目开办于2010年，以中国高中核心课程为基础，通过引进美国大学先修课程（Advanced Placement）和国际IB等课程，让优秀高中生接受美国大学课程挑战，进一步激发中国优秀学生的学术潜力，不断丰富和完善高中课程，为优秀人才成长提供更加广阔的空间。目前，已有40多个国家的近3600所大学认可将AP学分作为其入学参考标准。国际化课程的引入，对科技教育工作来说是个新的角度和思路，让学生具备更广阔的国际视野，接收到全球最尖端的科技，让国内外学生的优势互补，增进国际关系，促进人类命运共同体的发展。

（五）教育成效

1. 学生成绩

近几年学生在各项科技比赛中成绩持续攀升。

2016—2017学年获奖情况：国际奖项46人次，国家级一等奖38人次，二等奖42人次，市级一等奖185人次。

2017—2018学年获奖情况：国际奖项54人次，国家级一等奖43人次，二等奖39人次，市级一等奖198人次。

2018—2019学年获奖情况：国际奖项75人次，国家级一等奖50人次，二等奖28人次，市级一等奖197人次。

2019—2020 学年获奖情况：国际奖项 29 人次，国家级一等奖 16 人次，二等奖 25 人次，市级一等奖 130 人次（第二学期受疫情影响很多比赛没有开展）。

2018 年 10 月 31 日至 11 月 4 日，第 70 届纽伦堡国际发明展（简称 IENA）在德国纽伦堡市展览中心举行，吸引了来自 4 个国家和地区的 800 多项发明创新作品参赛。八十中共有六项发明作品被推荐参加此次发明展，经过紧张激烈的展示、讲解和答辩，最终获得 3 金 2 银 1 铜的好成绩。

2019 年 4 月 27 日至 5 月 8 日，为期 13 天的巴黎国际博览会在法国巴黎凡尔赛门举行，拥有 118 年历史的列宾国际发明竞赛每年都在巴黎国际博览会期间举行，今年共有来自 20 余个国家和地区的 600 余项发明参与此次竞赛。八十中共有 7 项发明作品被推荐参加此次发明竞赛，最终获得 3 金 2 银 2 铜的好成绩。

2019 年 4 月 24 日至 30 日，经过 4 天激烈的比赛和各项答辩，八十中最终荣获组委会颁发的金奖和"Build Award"专项奖。八十中已经连续三次在 VEX 机器人世锦赛上获得金奖和专项奖。

2019 年 7 月，在世界机器人大赛总决赛中，我校李睿哲、马阳、熊致远、仝泰其、郝钰获得 VEX 机器人工程挑战赛一等奖，并获"最佳巧思"专项奖。

2019 年 11 月，八十中高三 4 班王一霖同学获得"明天小小科学家奖励活动"一等奖，并在 2020 年 5 月获得北京市科技创新市长奖，这是八十中的学生第五次荣获此奖项。

2. 教师成绩

我校科技教育教师团队是一支师德高尚、师风优良、师能精湛的优秀教师团队，他们正在与新课改同行，共同成长。"舍小家顾大家以校为家的敬业精神，培养热爱人生奠基人生的师表精神，勤思考善学习终身学习的刻苦精神，存小异求大同化异为同的合作精神，奔更高向更远志存高远的进取精神，求发展破陈规追求卓越的创新精神"的团队精神正在形成。一支"精于教学的能手，长于科研的好手，勇于创新的高手"的"三栖式"科技教育教师团队正在日趋成熟。在这三年中，获市二等奖以上奖项的教师有 87 人次，各科教师在各级刊物发表论文多篇。

3. 学校成绩

近三年来，八十中荣获多项集体成果奖。2017 年被北京市教委、北京市知识产权局授予"北京市中小学生知识产权教育示范学校"；2017 年—2019 年被授予"北京青少年信息学奥林匹克竞赛特别贡献奖"；2018 年被中国青少年科技中心授予"中国科协青少年交流活动示范基地"；2019 年被北京市教委授予"北京市科技教育示范学校"；2020 年 5 月被北京青少年科技中心授予"北京创客 12 + 基地"等。获市级和国家层面奖励共 10 项。

（六）辐射作用

1. 学校带动

近三年，我校经常性地举办、承办或参与科技教育活动、大赛，其宗旨和目的是为青少年科技爱好者搭建一个科技创新活动成果展示交流的平台，培养青少年的科学道德、创新精神和实践能力，提高他们的科学素质，从而推动创新型学校、创新型国家建设的进程。在 2018、2019 年，八十中连续两年承办北京市中小学生金鹏科技论坛，2020 年因疫情改为线上答辩。2018 年 11 月承办第二届一带一路国家青少年科学营与教师研讨大型国际科技交流活动，2017—2019 年三年都承办了北京市信息学奥林匹克竞赛，这些大型活动的举办都为学校的科技教育带来新的发展契机、发展动力和发展前景，同时也起到了一定的示范和引领作用。我们还与很多北京农村校、偏远地区薄弱校（贵州、云南）共办"大手拉小手"活动，共享科技教育资源，进行教育扶贫、科技扶贫。

图 2-6 第二届"一带一路"青少年创客营与教师研讨活动

2. 社会影响

2018 年我校参与录制了改革开放四十周年教育专题，中央电视台《新起点、新作为》的《教育强国》专题片拍摄，详细介绍了我校落实教育政策、发展学生综合素质教育的办学成果，该片在中央电视台教育专题播出，在全国具有一定的影响力。我校作为北京师范大学高级校长和教师研修基地，多次接待来自全国各地参加校长培训班的领导和老师来八十中检验科技教育工作，同时作为AP、A Level、IB 课程项目学校，也经常有来自国外的教育专家来我校交流探讨科技教育工作。我校学生的科技成果多次在朝阳有线、《北京科技报》、中学生时事报上报道或发表，详情见支撑材料 13。

综上所述，近年来八十中在科技教育工作中取得了一些成绩，既为新课程、新高考的全面改革注入了新的活力，也成就了一批中青年教师的快速成长，实现了"为学生成长奠基，为教师发展铺路，为学校腾飞助力，为课程改革添彩"的目标。但学校依然有很多值得反思的工作，值得提升的空间。我们将继续寻找志同道合的科技教育爱好者，把我们的目光伸向无边无际的海洋，把我们的心灵聚焦于头上的星辰脚下的大地，在科技教育这片神秘的丛林里继续寻找教学的规律，在科技教育这个奇异的城堡里继续为每一位教师，每一位学生开创新的天地！

二、望京初中科技教育校本课程建设

当今世界科学技术突飞猛进，国际竞争日趋激烈，抢占科学技术制高点已经成为各国发展的共识。2016 年 9 月《中国学生发展核心素养》总体框架正式发布。学生发展核心素养以培养"全面发展的人"为核心，即培养学生应具备的、能够适应终身发展和社会发展需要的必备品格和关键能力。培养初中学生的核心素养是提升我国人才培养质量、增强国家核心竞争力的要求。

中国基础教育正在迈入核心素养的新时代，核心素养亦成为校本课程建设的"靶心"。如何将核心素养转化为教育教学实践，是所有教师都要面对的考验。望京初中部科技教育工作以发展学生核心素养为根本，坚持"立德树人"的教育方针，以科技教育为突破口，挖掘地域资源，秉承我校"一木一自然，一人一天地"的教育理念，构建校本课程，通过科技教育校本课程的建设，发挥科技教育的优势，进行了相关校本课程建设的探索。

（一）课程目标

核心素养包括六大素养，其中之一就是实践创新。所以，提升初中生的核心素养势必要重视对学生实践创新能力的培养，这是国家对创新人才培养的需求，更是初中生终生发展的需求。

结合文献调研和教学实践，望京初中科技教育课程目标旨在提高学生的实践创新能力，具体表现是让学生：

拥有能够运用学科知识和技能，完成实际任务或解决实际问题的能力。

在学习学科知识解决学习和生活中实际问题的过程中，发挥自己的想象力，运用已有的知识信息，创造性地分析、解决问题，从而产生精神和物质成果。

经历科学实践过程，具有初步的科学探究能力，乐于参加与科学技术有关的活动，有运用研究方法的意识。

关心科学技术的发展，具有环境保护和可持续发展的意识，树立正确的世界观，有振兴中华、让科学服务于人类的使命感和责任感。

（二）课程架构

在众多的校本课程开发程序中，我们选择了经济合作与发展组织（OECD）提出的开发程序，它所提出的校本课程开发程序比较注重学生在学校课程方案中的重要性，共包含八大步骤，如图 2 - 7 所示。

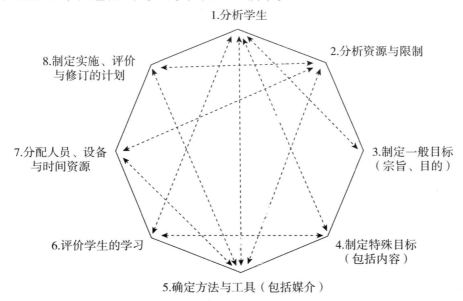

图 2 - 7　OECD 的校本课程开发程序

围绕培养学生实践创新能力的课程架构，没有一蹴而就的途径，也没有固定不变的法则。基于对已有文献的逻辑分析、对实践创新能力的深入理解以及对前期科技教育教学实践的反思，结合望京初中科技教育的实际情况，渗透跨学科融合的学习理念，我们提出了建立课程开发的四种途径，即以实践活动、项目、探究和问题解决为基础的学习，包括基于真实问题解决的探究学习、基于设计的学习、基于项目的学习等，强调学生在真实情景中的发展设计能力与问题解决能力。四种途径虽然按照并列序列进行陈述，但教育教学实施的过程其实是一个非确定过程，在设计和实施的过程中需要进行不断地调整和修改。

此外，望京初中科技教育校本课程是根据学校具体环境条件和师生的独特性与差异性，制定的具有个性和灵活性以及在统一基础上具有多样性的课程，开发从尊重学生、教师、学校的独特性出发，开发主体是教师，同时包括学生甚至家长以及社会资源等。

（三）课程内容

为达成课程目标，望京初中科学学科教师将多年来辅导课外兴趣小组、指导学生社团活动、开设选修课、指导科技竞赛活动、改进和增补课内实验的经验进行总结和再整合，通过选择、改编、整合、补充、拓展等方式，开发望京初中科技教育校本课程。课程内容可操作性强、趣味性足、具有代表性，且更有利于发展学生实践创新能力的内容。课程内容主要包括四种类型。

类型一：基于实践的科技课程

跨学科整合国家课程的教育资源，提高学生实践能力。通过挖掘初中科学教材，开发、设计小型的科学学科教学与科技教育结合的课程。这类课程与学科教学高度相关，侧重对学生实践能力的培养，一般在课下完成，或以选修课的形式开展。一个实践项目制作周期往往比较短，一至两天即可完成。有别于科学实验和小制作，教师在设计这类课程时，比较注重引导学生通过数学、信息技术、音乐、美术等方面的知识自主解决问题，完成项目，如《自制你的专属乐器》《自制水瓶琴》《自制温度计》《自制小孔照相机》《魔术存钱罐》《自制陀螺》《扬声器》《3D 投影》等。

类型二：基于项目的科技课程

科技比赛转变为科技校本课程。借鉴各级各类科技比赛内容，开发、设计更加开放、更加复杂的科技教育课程。这类课程涉及的学科知识很多属于学科的核心概念，学生需要运用科学、数学、工程、技术等知识完成项目。这类项目实施周期一般为一学期，可选择学校的选修课时间进行。在课程实施的过程中，教师指导学生制定计划，学生自主完成，对学生实践能力和创新能力的培养程度较深。由于课程内容的素材取材于成熟的比赛内容，比赛目标、材料选取、工具使用、比赛规则等均可借鉴。教师通过挖掘项目与学科教学的联系，找到改造项目突破点。教师在比赛要求的基础上，根据项目特点、学生特点，结合学科核心概念，适度进行学科教学，如《千机变》《过山车》《投石车》《木梁承重》《柿子脱涩》《形形色色的开关》《电动车的前世今生》等。

类型三：基于探究的科技课程

基于真实问题解决的探究学习。这类课程是针对学生在生活中遇到真实问题或自己的想法开发的科技教育课程。这种课程的模式为导师制，就某一具体问题，师生开展研究，导师对学生的研究主题不断引导，提出意见和建议，学生根据需要自主学习，自主探究，如《金鹏科技》《科技创新》等。

类型四：基于问题解决的科技课程

根据一个现实情境下的主题，明确问题、分析问题，提出解决问题的方案。这类项目涉及的问题往往跨学科程度较大，适合小组合作完成或者在假期完成。这类课程的设置不仅是为了更好地理解和应用学科知识，同时也是为了提高学生分析问题、解决问题的能力，为应对未来挑战做准备。教师在教学中通过生活实际引导学生发现问题、研究问题，提出创造性解决问题的方案。学生根据项目的任务进行调研、制订计划，分享交流、讨论等环节完成项目。这类课程的设计体现了学生将学到的知识服务于社会的方法、对社会提出的有益主张、对准未来社会的需要采取的措施等问题。如《节电我先行》、地铁列车模型创意主题、"Idea·生"科学创意汇主题、科学建议主题等。

（四）课程实施

在培养学生实践创新能力方面，科技教育具有打破学科领域边界的优势，在落实培养学生核心素养方面，科技教育不会像学科教育一样受限于线性知识体系、浅层学习以及情景固化这三类问题。核心素养的培养是一个循序渐进的过程，同样的实践创新能力的培养也是一个循序渐进的过程。因此课程实施的基本模式是"整体规划，进阶式教学"。所谓"整体规划，进阶式教学"指的是，从整体规划的角度出发，把学生初中阶段实践创新能力的培养分为初步建立阶段、养成阶段和发展阶段。以全员参与基于实践能力培养为第一阶段、部分学生参加基于项目的深度实践为第二阶段；再到个别学生自发参与的基于探究或基于问题解决的实践创新为第三阶段。因此望京初中科技教育校本课程的实施原则是"丰富灵活、以人为本、以学生的兴趣为选材依据"，通过选修课、课外活动课、社团活动、研究性学习等多种模式开展，帮助初中学生提高实践创新能力，提升核心素养。

类型一：基于实践的科技课程

各学科科学教师在实施科技教育过程中存在着诸多困难，但各学科科学教师普遍具有扎实的学科教育背景，有能力根据科学学科内容寻求与科技教育的交集，将国家科学学科课程开发成侧重实践的科技课程。

如《魔镜》《神奇的走马灯》《针孔照相机》《疯狂的陀螺》等基于实践的科技教育课程。《魔镜》需要学生运用光的反射、平面镜知识以及数学知识实现梦幻的魔术效果；《疯狂的陀螺》需要学生尝试通过运用科学探究技能发现影响陀螺转速的因素，从而解决陀螺转速的问题。

通过实践，老师们了解了一些工程、技术、数学、音乐、美术方面的知识；积累了组织学生开展短周期的科技教育活动的经验。通过课堂上对学生学习行为的观察，教师发现初中生实践能力较弱，这些基于学科教学的科技课程是学生需要的。在实践的过程中学生感受到了科学与生活实际的联系，享受到了实践的乐趣。虽然教师指导较多，学生还是可以在实践过程中不断创新。

类型二：基于项目的科技课程

以《投石车》项目为例。教师向学生提出制作的投石车能够完成的投射高度、远度及准度等要求。学生需要运用机械能以及机械能的转化等物理知识，还要结合工程设计原理进行设计、制作、调试、改进，对作品进行修改。学生的作品虽然到不了真实产品的程度，但作为模型已经具备了实际用途。学生制作的投石车、过山车、扬声器模型、飞机模型都在物理课上作为教具使用，学生设计的木梁，承重比可高达 $2.4kg/g$。除上述项目外，还有《柿子脱涩》，引导学生运用物理、化学、生物等知识探究"柿子脱涩"方法，解决校园中柿子成熟后脱落，影响校园环境，造成路面湿滑，导致常有同学、老师摔伤的问题。

通过实践，老师们了解并体验了工程设计流程、掌握了更多专业工具的使用方法，进一步深化了科学、数学、艺术等跨学科知识；积累了组织学生开展长周期的科技教育活动的经验。这种科技学习方式不是每个学生都需要的，只有感兴趣的学生才会参与，满足学生个性发展的需要，尊重和保护了学生的爱好，发现学生强项。在学生实践的过程中，学生感受到了挑战，但当一个作品从无到有，经自己的双手制作出来之后，学生感受到了创造的喜悦，感受到了创新的乐趣，同时也感受到了知识运用到实际中的力量。学生升到高中后依然会保持这种兴趣，这种感受为升入高一级学校奠定了兴趣爱好走向的基础。

类型三：基于探究的的科技课程

如张桐、姚威老师依据初中物理和初中化学以及工程、技术知识开发了《电动车的前世今生》。此课例结合能的概念、能量转化、电流电路等初中物理知识以及化学反应，由学生自主设计未来的车。

类型四：基于问题解决的科技课程

为了让学生更好地理解和应用学科知识，提高学生分析问题、解决问题的能力，为应对未来挑战做准备，我校开发了基于问题解决的教学案例。如张桐老师依据初中物理人教版教材第十八章电功率的内容开发了《节电我先行》。在教学的过程中，教师通过为家里买一个灯泡的生活场景，引导学生探究白炽灯、日光灯和 LED 灯耗能与亮度的关系，感受人们在节能环保上做出的努力。进而引导学生运用电动率和电能的知识，计算空无一人的教室所浪费的电能，最后引导学生提出节电建议，通过投票的方式选出最有创意的建议。与之类似，张桐老师、姚威老师还组织学生开展了科学建议主题活动：以"关注社会热点，科学表达主张"为主题，引导学生走出校园，关注社会，参加社会实践，主动地承担对社会的相关责任；地铁列车模型创意主题：为北京地铁交通出谋划策，畅想未来交通；"Idea·生"科学创意汇主题：鼓励学生观察生活，发现生活中的问题，提出问题，并通过讨论、科学研究等方式，提出自己解决该问题的 Idea（方法）。

所有参与项目的学生，都带着问题和任务调动各学科的知识，多感官参与，既动脑又动手，深入挖掘潜力，促进思维发展，各个学科融会贯通。因为需要综合各方面的知识，所以学生的实践能力和创新能力都得到了培养。

（五）课程成果

1. 撰写望京初中科技教育校本课程的教学设计方案、拍摄教学视频、开发教学资源、总结教学案例、汇总学生作品等。

2. 围绕科技校本课程研究撰写的论文、案例并进行交流。

2019 年 4 月，《基于核心素养的 STEM 跨学科整合与创新课程案例》：光明日报出版社《审辩式思维：创生激荡心灵的课堂》（ISBN 978 - 7 - 5194 - 4887 - 5）

2018 年 1 月，《太阳能发电》《风力发电》等十篇文章：科学普及出版社《中国科学技术馆物理实践课》（ISBN 978 - 7 - 110 - 09729 - 8/o. 187）

2019 年 11 月，《初中物理创新课堂教学实践》：在"2019 年度全国中学物理教学创新展示交流活动"进行了专题交流展示

2018 年 11 月，《以"手蓄电池"为例开展基于中国科技馆资源的科学活动的实践与研究》：中国物理学会物理教学委员会全国二等奖

2018 年 6 月，《小开关大世界》：北京市教育学会一等奖

2019 年 1 月,《初中物理与 STEM 教育的融合案例分析》:北京市教育学会教师发展研究分会一等奖

2017 年 12 月,《眼睛与眼镜》演示教具与学生实验改进:北京物理学会一等奖

2018 年 2 月,《中国科技馆资源在初中物理教学中的应用研究》:北京市朝阳区教育委员会一等奖

2019 年 9 月,《声音的特性》说课展示:朝阳区基础教育研究中心

3. 辅导学生参加围绕科技校本课程建设开展的科技比赛。

2018 年 11 月北京市中小学生科学建议奖活动,"科学建议奖"二等奖 1 人、三等奖学生及教师获奖情况如下:3 人;"建言献策"一等奖 3 人、二等奖 17 人、三等奖 29 人。

2018 年 7 月京港中学生地铁列车模型创意科技大赛,荣获"优秀组织奖",个人"设计"地铁项目一等奖 4 人、二等奖 8 人、"制作"地铁项目三等奖 3 人,"驾驶"地铁项目三等奖 8 人。

2018 年 11 月第 70 届纽伦堡发明展,金奖 1 人、银奖 2 人、铜奖 1 人。

2019 年 5 月全国科技活动周"未来工程师"博览活动"智能作品爱创造"项目中学组二等奖 1 人。

2019 年 5 月第十四届青少年未来工程师博览廊坊分会场暨京津冀未来工程师项目展示交流活动"千机变"项目中学组二等奖 3 人,"投石车"项目中学组三等奖 2 人,"过山车"项目中学组优秀奖 3 人。

2019 年 12 月第十一届北京市中小学生科学建议奖活动"科学建议奖"1 人、二等奖 1 人、三等奖 3 人;"建议献策"三等奖 1 人。

2019 年 11 月第 37 届北京中小学生科学创意表演大赛一等奖 10 人;"最佳表演奖"1 人。

2021 年 12 月第十一届北京市中小学生科学建议奖活动"科学建议奖"1 人。

2018 年 12 月姚威、张旭忠老师在第二届"一带一路"青少年创客营与教师研讨活动中获"优秀教师"称号。

2019 年 2 月张桐老师辅导吴晟辉、于冠霖参加全国青少年电子信息智能创新大赛(总决赛)获"全国优秀指导教师奖"。

2019 年 6 月姚威、张桐、张旭忠、王春霞老师在第十四届青少年未来工程师博览即京津冀未来工程师项目展示交流活动中获"优秀指导教师"称号。

2018 年 11 月张桐老师获"国际创意教师奖"。

（六）课程评价

以多元的评价方式促进课程的有效实施。实践是一个过程，没有量化指标，创新性具有很强的主观性，也没有评价标准。但评价依然能够对学生实践创新的成果起到反馈、激励作用。学生的成果可能是一个作品，也可能是一篇论文，还可能是一条建议或是一个设计。对不同类型的学生成果，可采取不同的评价方式。下面就本科技课程选用的一些评价方式进行介绍。

方式一：小组演讲＋投票。这种方式适合对设计、建议等具有创新性特征的学生成果进行评价，是一种学生比较喜欢的方式。如在《形形色色的开关》这节课中，教师让学生讲述自己小组的设计，全体学生以投票的形式来选出最受欢迎的设计。在学生演讲的过程中，学生能将其设计的初衷、用途以及特色尽情展示，一方面激发了学生创新动力，另一方面学生也增强了学生演讲、沟通和评估能力，展现了学生不同的侧面。

方式二：一人讲解＋投票。这种方式也适合对设计、建议等具有创新性特征的学生成果进行评价，评价过程较上一种方式更轻松、自由，更体现学生的个人意志。如在《节电我先行》这节课中，教师让小组一人"留守"讲述设计，其他成员流动到各个小组听取设计，将自己的票投给自己喜欢的设计。这种方式学生的自主性强，体现学生个性，也能从其他小组学习到优点，学生主动性及参与性较高。

方式三：微信群展示。这种方式适合对实践类作品的评价，也具有展示功能。如在《走马灯》这个实践活动中，学生将制作的作品通过微信平台在全班展示。分为"完成""成功""有特色"三个等级。"完成"是为了区分学生是否完成作品；"成功"用于评价学生对物理、数学等知识的掌握情况以及实践能力；"有特色"用于评价学生音乐、美术等方面水平以及创新能力，教师在群内发布评价，记录在学生平时成绩中。这种方式有利于满足学生展现自我的愿望。

方式四：小组竞赛。这种方式适合对课上实践类作品的评价。如在《电动车的前世今生》这节课中，课上教师设计了制作盐水小汽车的环节，制作结束，通过"哪辆车跑得远"，评价学生实践能力水平，这种即时评价方式有效地激发了学生的实践兴趣和实践效果。

方式五：参加校外比赛。这种评价对学生而言更公平、公正、更具有权威性。如在《科学建议》《地铁列车创意》等主题活动中，鼓励学生用撰写的论文去参赛，对学生创新实践形成较权威的评价。

三、白家庄初中科技教育校本课程建设

为贯彻落实教育部《基础教育课程改革纲要》的指示，秉承 20 世纪 80 年代获得首批科技教育活动传统校的优秀传统，领会 2006 年北京市教委设立"金鹏科技创新系列项目"的精神，为达成北京市第八十中学"有理想、负责任、会学习、善合作"的学生培养目标，我校结合白家庄校区实际情况，通过不断探索实践，继承与发展，研发科技教育课程。

（一）课程目标：

白家庄初中科技教育课程旨在培养学生的学习实践能力、社会责任感、环境意识及创新意识。

基础目标：学生通过参与不同类型的科技课程学习，学习兴趣不断成长，学习经验不断累积，能拥有适应终身学习的基础科学知识，掌握基本活动或研究技能和方法，拥有表达与交流能力、团队合作意识，具有初步的科学素养和良好的心理素质，逐步形成正确的世界观、人生观、价值观。

高阶目标：学生在家长教师和社会资源的辅助下，通过自主选择、自我研学实践，不畏困难和挑战，用创新性研究成果和优异竞赛成绩成为超越同龄人甚至成人的创新拔尖人才。能够把兴趣转化为特长，让特长成为未来科技专业人才的奠基石，为祖国培养"偏才"和"特才"。

（二）课程架构：

由于白家庄校区是 1956 年建校时的老校区，科技教育课程设置首先注重继承。

前有 2007 年刘锦程、2009 年赵冬杰、2013 年杨东麟同学获得全国创新大赛初中组一等奖，后有截至 2019 年校区多年协助承办北京市金鹏论坛终评现场答辩的大型市级科技活动实践经历，科技课题研究与发明项目课程一直延续。白家庄校区还保留了科技传统校"三模两电"中的无线电业余电台——这一使学生多年获得北京市"银帆奖"的优势项目课程。

除了"金鹏科技团"的机器人项目外，"金鹏科技创新系列项目"还包括全市学生科技活动中的青少年科技创新大赛、金鹏科技论坛、头脑奥林匹克竞赛、天文观测竞赛、智能控制（单片机）竞赛等。其中，由于客观原因导致头脑奥林匹克竞赛（OM）在京停止后，2013 年至 2019 年又开设了 DI 创新思维项目课程。

在保留优质课程资源的基础上，与时俱进地对课程进行建设，开发了 MEV 机动电能车学习项目课程、北斗领航活动课程、科幻画项目等课程学习。

（三）课程内容：

从学校初中部实际情况出发，结合学校、教师、学生的具体情况，整合校内外的人力资源，利用校外科技场馆和活动场所，辅以外聘专业教师和指导专家，形成八十中白家庄校区的特色科技课程。

1. 通识课程：以年级为单位

（1）专家科普讲座：属于高层次科普教育，由来自中科院、大学的讲师、教授，科技馆、学生活动中心的校外科技教育工作者和任职科技公司、从事国防安全或公众卫生安全工作的家长为学生们开拓更广泛与更深远的科技视角。如，《爱上这座城——故宫》《共为美好家园——科技赋能　践行低碳》等。

（2）科技课通识：对每年初一新生进行，使学生初步对不同的科技课程有所了解。

2. 专业课程：

（1）选修课：每周三、四，初一、初二全年级走班制

信息奥赛、机器人、多媒体制作、定向越野、天文、"我实践，我发现，我研究"、化学实验、英语科普剧、植物栽培、Python 人工智能、Scratch 人工智能等。

（2）社团课：选修课教师与学生双向选择，进一步进行专业学习和训练

包括机器人、天文、MEV 机动电能车、业余无线电通信、生活化学、科幻画、DI 创新思维等课程。

3. 实践课程：

（1）学生午间讲坛：与学科相结合，学生在校内自愿进行研究成果展示或者项目介绍。

（2）科普场馆或者教育基地参观：必修项目，每学期一次，学生利用校外科技教育场所资源学习，包括自然博物馆、科技馆、首都博物馆、国家博物馆等。

（3）科普实践活动：利用不同区县的优秀科技教育成果为学生进一步提升

搭建平台，选修项目择机进行，包括科技周、金鹏论坛、创新大赛、科学人讲坛等观摩学习。

（4）"大手拉小手"：以"我爱玩，我会玩——八十中带你玩"为口号，学生外出到朝阳各小学进行科普宣传。

（5）竞赛活动：学生竞技交流、展示自我的高端课程。分为小组合作式（如机器人、对讲机通信常规、对讲机通信应急、DI 创新思维、天文观测、MEV 机动电能车等）及个人项目（包括短波机上抓抄信号、课题研究、发明制作等）两种。

（四）课程实施：

科技主管：陈宇红

机器人社团辅导教师：李孟尧

MEV 机动电能车社团辅导教师：李智

天文社团辅导教师：赵胜楠

业余无线电业通信社团辅导教师：陈雅萍

定向越野社团辅导教师：崔永哲

科幻画社团指导教师：王国斌

北斗领航梦想活动辅导教师：郑富芳

摄影社团辅导教师：郝松

C&EP（生活化学）社团辅导教师：董宇清

课题指导和 DI 教师：陈宇红

（五）部分课程成果

陈宇红老师辅导学生来菀婷于 2016 年 3 月获得第 33 届北京学生科技节——第 16 届中小学生金鹏科技论坛一等奖、第 36 届北京青少年科技创新大赛优秀科技创新项目二等奖。

琚磊老师辅导学生司逸诚、李泽暄、郭子瑞、李则江、郭祺、刘一骏、梁越波、杨力玮获得 2016 年 3 月 FIRST 工程挑战赛北京选拔赛一等奖。

赵胜楠老师辅导学生张笑飞于 2016 年 4 月获得全国中学生天文奥林匹克竞赛二等奖，孙仁灏获得鼓励奖。

陈雅萍老师辅导学生于 2016 年 5 月获得中国 HAM 五五节——北京业余无线电交流汇竞赛团体第三名、千里传单团体第一名。

《中共中央关于制定国民经济和社会发展第十四个五年规划和二〇三五年远景目标的建议》提出"坚持创新在我国现代化建设全局中的核心地位，把科技自立自强作为国家发展的战略支撑，面向世界科技前沿、面向经济主战场、面向国家重大需求、面向人民生命健康，深入实施科教兴国战略、人才强国战略、创新驱动发展战略，完善国家创新体系，加快建设科技强国"，所以需要"造就更多国际一流的科技领军人才和创新团队，培养具有国际竞争力的青年科技人才后备军"，要"瞄准人工智能、量子信息、集成电路、生命健康、脑科学、生物育种、空天科技、深地深海等前沿领域"。领会精神，从"中国制造"到"中国创造"的时代已经来到，所以基础教育阶段的科技教育课程也需要继续再开发与建设，以适应时代的要求。

四、金鹏科技团——机器人分团

（一）机器人社团基本情况

作为融合科技知识培养、创造性思维训练及创造力开发的最佳载体，为提升我校学生创新实践意识，鼓励更多的机器人爱好者在信息技术、自动控制及机器人等科技领域的探索与学习，北京市第八十中学顺应时代创新需要、学生成长需要、学校科技特色发展需要，于2010年9月筹备创建了机器人社团。借助机器人的模型拼装、编程控制调试，学生可以在实践过程中去体验、去学习，掌握知识、不断创新并提高自身科技能力。

机器人社团成立之初以在初中阶段表现突出的科技特长生为主要成员，大部分为高中年级学生，每年社团学生人数在15名左右；经过多年以来对科技创新人才培养的研究和探索，社团成员逐渐发展成初中、高中、国际部学生共同参与的学校综合大型科技社团，每年9月通过社团招新吸纳新的热爱科技的学生加入，每年大约有35名新成员，形成了新老交替、"老带新"的良性科技人才培养模式。随着科技特长生招生政策的调整和数额压缩，近几年机器人社团大部分成员均来自对科技创新及人工智能感兴趣的学生，为学校科技人才培养搭建了广阔的舞台，真正实现了通过科技教育普及增强学生动手动脑、乐于交流、勤于探索、勇于实践、团结合作的能力。

（二）机器人社团发展阶段

1. 组建阶段

2010 年—2013 年作为机器人社团的创建阶段，克服了空间不足、人力物力财力有限的困难，从社团的学生选拔模式探索，到课程计划设置以及人才培养体系的构建，都经历了从无到有、从探索到慢慢成形的过程。机器人社团在刚组建时，北京的中学科技人才培养也处于一个空白的阶段，经过与其他兄弟院校的交流，先从科技特长生作为社团主力军的模式开始运行，遴选寓教于乐的科技竞赛项目，本着避免多而杂、力求少而精的原则，以单一竞赛项目为教学目标的载体，以日常学习训练为抓手，机器人社团初具规模。

2. 发展阶段

2013 年—2016 年作为机器人社团的发展阶段，经历了成员增多、项目增多、赛事增多的发展过程。经过机器人社团的组建阶段，积累了一定的经验，在社团规模和社团空间设计、课程组织设计以及赛事选择上都有了更多的参考依据。从而逐渐探索出一条适合我校机器人社团发展的道路，形成了发挥优势竞赛项目的引领作用，勇于尝试新的竞赛项目，构建硬件科技设备与编程课程相辅相成、常规科技课程与竞赛项目集训多位一体的社团发展新局面。

在机器人社团发展过程中，遇到了可选择竞赛项目繁多、学生参与竞赛的项目众多导致竞赛成绩平平的困难，通过科技教师们的教研与探索，逐渐改变了一人多赛的模式。通过每周一次的机器人社团常规课程，进行规范的学习过程记录，让学生撰写科技日志，选拔在合作精神和动手能力、应急应变能力方面表现比较突出的学生，每个竞赛项目都有专门的学生负责，每个选拔出来的学生在竞赛项目的参与度上都能持续两年以上，从而形成"老带新"的良性传承机制。

3. 稳定阶段

2017 年至今，是我校机器人社团的稳定阶段，经过了多年的努力，形成了一支师资力量强、学生有动力、团队有合作、竞赛有成绩的综合型科技社团。学生社团规模突破百人，竞赛项目涵盖国内知名的各大机器人赛事，常规课程有成熟的授课计划及课程体系，学生学习有明确的竞赛目标，每年都会制定年度科技学习及竞赛计划，并通过每次比赛的成绩得失，总结经验和教训，真正实现了以赛促学、以学优赛的正循环。

机器人社团历经十余年的发展过程，培养了一批又一批的科技创新人才，很多初创学员已经迈进大学校门或者踏上了工作岗位，但依旧把在校期间的科技创新兴趣延续到了自己所处的新环境，有的学生更把机器人相关的专业作为自己的大学专业，还有的学生从事了与科技创新相关的工作。机器人社团组建的初衷，就是通过科技创新改变学生的未来，让更多的学生在成长的关键期与机器人结缘，与科技创新成为好朋友。

（三）机器人社团课程体系

2017 年国务院印发《新一代人工智能发展规划》，建议实施全民智能教育项目，在中小学阶段设置人工智能相关课程，逐步推广编程教育。2018 年教育部印发《高等学校人工智能创新行动计划》，提出要加快构建高校新一代人工智能领域人才培养体系和科技创新体系，全面提升高校人工智能领域人才培养、科学研究的能力，为我国构筑人工智能发展先发优势和建设教育强国、科技强国、智能社会提供战略支撑。

我校自 2006 年就开始组建机器人兴趣小组，通过让学生接触人工智能，进行团队合作和动手创新，掌握学科学习之外的知识，提升学习的内驱力。机器人教育作为跨学科教育，不仅包括传统的基础理论、基本知识、基本技能的培养，还需要培养学生会思考、能实战、擅合作的精神与能力，归根到底就是要培养学生的竞争力和知识应用能力。为保障机器人教育的顺利开展，在学校课程设计过程中，机器人选修课程作为我校校本课程，位于学校整体课程拓展延伸和实践应用类二级课程体系结构中。

1. 为了人工智能后备人才的培养，我校又在选修课的基础上开设了机器人社团活动课、机器人竞赛课，由浅入深、相互促进，从而构建了三位一体的机器人教育课程模式。

（1）机器人选修课

该课程主要针对学生机械结构及动力学相关知识展开动手实践，通过课程学习，学生可以动手搭建模型，学习各种常见事物中的机械原理、基础数学和物理知识，课堂采用任务驱动的教学思路，实行无图纸化课堂和创意创新团队式学习模式，所有模型的设计与搭建都与现实生活相联系。

通过机械机构的创意创新设计，再利用马达、电池箱来调动学生对模型的积极性，学会合作、交流沟通的技巧，引导学生展开丰富的想象力与创造力，运用技能和知识一起来解决一些问题，培养他们解决问题的能力和获取新知识的能力，体会学习的快乐。

学习目标：学习机器人的工作原理、特征，学习一种编程软件，认识了解各种机器人各种结构及零件，探索基本的机械原理（齿轮、杠杆、滑轮、轮轴等）及传感器工作原理在机器人中的应用。

（2）机器人社团活动课

该课程在机器人选修课程的基础上难度加大，学生都是各班对科技学习有兴趣且表现突出的学生，搭建模型方面难度有增加，加入了简单程序编写、传感器的学习，让学生认识程序背后的逻辑，培养学生对于编程的兴趣，提升软件与硬件相结合的应用能力。

学习目标：培养学生创新思维、编程逻辑；通过编程语言和代码的基础学习，树立人工智能的社会发展意识，培养团队精神。学习机器人编程语言，能够自己独立搭建简单机器人并编写程序，使机器人能够完成指定任务，通过小组任务学习能够完成综合的机器人行动任务，并根据不同的图纸或者场地，随机设计不同的软件程序和机器人机械结构，通过小组之间的竞赛和切磋，使学生树立竞赛意识，并逐渐对机器人竞赛产生兴趣与参与的动力。

（3）机器人竞赛课

机器人选修课的目标是科技普及教育，机器人社团课程的目标是重点兴趣培养，机器人竞赛课程的定位是基于前两类课程的基础上，形成的以社团课程内容为基础，通过竞赛促进社团课程的内容更新，并进一步提升学生学习过程的积极性和目标性。通过不同机器人比赛项目的划分，对机器人社团的学生进行分组，按照双向选择的原则，划分不同的竞赛项目组。按照竞赛举办的时间周期进行课程安排，提前1~2个月进行竞赛集训，每一个竞赛项目的课程设置都是动态的，结合不同比赛任务进行前期的模拟训练，以期取得良好的竞赛成绩。

学习目标：学习机器人竞赛项目规则，根据学生特点组建竞赛队伍，分配不同任务，强调团队合作，自己编程、设计、搭建、调试竞赛机器人，按照竞赛计划进行竞赛系统训练，提升学生的逻辑思维、团队合作、智能应用以及随机应变的能力。

2. 我校机器人教育课程具有以下特点：

（1）在课程目标的设定上，聚焦育人目标，响应学生的发展需求，跨学科知识的应用与实践，关注对学生能力的培养。

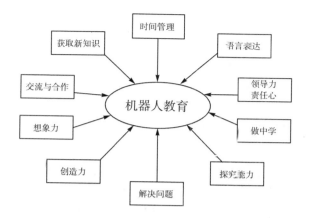

图 2-8　机器人教育与能力培养关系图

多领域、多学科相结合的教育活动

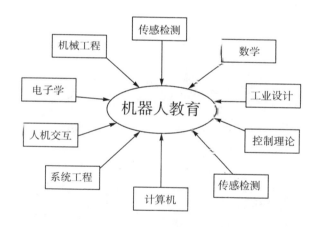

图 2-9　机器人教育与学科领域关系图

（2）在课程体系的构建上，既关注人工智能最前沿的发展，又立足学生知识与技能的实际应用，注重构建面向全体的普及性课程、面向群体的发展性课程和面向个体的创新性课程，给各类学生提供丰富的选择性，贯彻"一人一天地，一木一自然"的办学理念。

（3）在课程实施上，充分挖掘学生的潜力，学生也可以成为很好的助教甚至是优秀的课程教师，培养其领导能力和责任担当意识，发展学生核心素养。

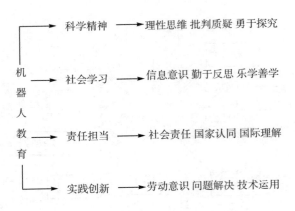

图 2-10 机器人教育与学生核心素养发展

（4）在课程资源建设方面，学校充分利用社会、网络资源、高校资源等为学生人工智能学习搭建了很好的资源平台，让学生能够方便、准确地获取相关知识。

图 2-11 机器人课程资源建设

（5）课程建设的主体是教师，学校构建了促进教师专业发展的支持制度和学校文化，促进教师专业自觉发展。

3. 课程着重培养学生以下几种能力：

（1）动手能力

机器人学习是一个完全由自己动手搭建、编程、调试、操作、运行的过程，对学生动手能力的培养比其他类型的方式更全面、更丰富也更有趣，深受学生们的喜爱，是培养学生动手能力的最佳途径之一。

（2）逻辑思维能力

机器人是通过一整套严密的程序来实现设计者的要求的。因此，只有经过严谨而周密的思考，编写出一套好的执行程序才能达成自己的设想，让机器人按照自己的意愿来行动。这种逻辑思维能力对孩子的智力发展非常重要，是机器人学习中最重要的一种能力培养。2017 年国务院在《新一代人工智能发展规划》中明确要求在中小学学习阶段开设编程课程，学习型机器人的逻辑编程软件不是生涩难懂的各种代码，而是形象易懂的图形化界面，使对孩子的逻辑思维训练变得更加容易。

（3）创造力

机器人学习的目的是培养"创造力"。因此，机器人学习的过程和结论都是开放式的，不同的学习者可以自行发挥自己的创造力，采取不同的方式来达成某一个目标，如何控制机器人完全取决于使用者自己的想法。这种创新的能力培养不是一般的学习方式所能达到的。

（4）科学素养

在机器人学习中，学生会综合学习到很多机械、电子、工程、系统、数学的概念和知识，同时会运用很多先进的传感设备来实现机器人的很多功能。这些现代和前沿的科学知识对于开阔学生的眼界，提升他们的科学素养都是非常有益的。

（5）意志品质

学习机器人有一个由易到难、由浅入深的过程。在学习的过程中，需要不断地去尝试，在失败中不断提高能力去获得成功。同时，可以跟家长和同伴一起互动，交流学习，协作去完成一些项目。这些都是在培养学生迎难而上的坚定信念、质疑探索的科学态度、严谨求真的踏实作风和协同合作的团队精神。

（6）分析问题、解决问题的能力

机器人的学习是一个探索进步的过程，当遇到问题的时候，只有认真分析找出问题的原因才能不断改进方法去获得成功。这个过程就是帮助学生提高分析问题、解决问题的能力的过程，而且学生们非常愿意去尝试和接受这种改变。

（7）探索能力

在机器人学习过程中，会遇到很多困难和问题，需要学生不断去尝试新的方法，采取新的措施去获得满意的结果，这是一个不断试错—修正—再试—再改的过程，探索的过程本身就是在培养一种科学探索的精神和科学探索的能力，让孩子在不知不觉中得到锻炼和提高。

（四）机器人社团管理模式

八十中机器人社团在专业老师的指导下，推进学生社团自主管理。纪律章程、团员的招募、活动的组织全由社团成员讨论协商，学生在自我监督、自主管理的过程中，其自律性、自觉性、积极性都得到了很大的提升，增强学生的责任意识，引导学生学会自我成长的担当，达到立德树人的目标。社团每学期都会制订相关的社团发展规划，总结这一学期的工作，并定期召开小组会或全体会进行研究。现已形成约 40 名学生的稳定梯队。

在社团建设中，八十中实行"以老带新"、项目自主管理的模式。我校目前开展的 VEX EDR、VEX IQ、FLL、Make X 等机器人项目，每年由初二年级的学生负责招募新成员，然后对新成员进行测试和面试，根据新成员的不同特点分配到各个项目团队中，让有经验的学生与新学生组建团队，发挥老社团学生的经验优势，让新社团学生尽快融入团队。等老队员升入毕业年级后，新成员已逐渐发展成社团主力成员。

在项目分配上，为了满足学生多元化需求，会根据其特点给该同学分配主要任务，激发学生的专有潜质。例如以前小学参加 FLL 项目的同学，在项目分配中会继续分配到 FLL 项目团队，这样该同学在此团队中还可以继续学习并带领新的成员开展活动，达到"以老带新"的目的。我校地处望京科技创业园区，附近有陈经纶中学分校、望京实验学校、陈经纶嘉铭分校、白家庄小学、南湖东园小学、花家地实验小学等优质资源。几个学校的机器人教师通过线上交流的方式相互学习，我校机器人社团定期与邻近学校举行机器人友谊交流赛。通过比赛，大家都能发现自己的优点和不足，取长补短，促进望京学区学生机器人竞赛水平的提高。通过友谊交流赛，学生能够根据所发现的问题和缺点，及时更改方案，取长补短，以取得更好的效果。在与其他学校交流的同时，我校作为完全中学，也同其他学校建立了人才选拔机制，进而发现小学生优质特长生源，根据项目发展及学生特点制定长期发展计划，为我校机器人后备人才培养储备梯队。

为了能够给社团搭建更好的学习发展平台，我们积极有效利用校外资源单位的场地、设施等，开展面向学生的科技实践活动，与北京航空航天大学机器人研究所、哈尔滨工业大学机器研究所、北京理工大学、北京工业大学等实验室开展工作，学生可以充分利用借助高校和科研院所资源，得到专家团队的指导，同时也可以使用实验室更专业的技术设备。

在取得机器人比赛优异成绩的同时，我校社团多数毕业生也在其他科目的学习中取得了优异的成绩，其中初中90%的学生升入人大附中、北京四中、八十中、北京陈经纶中学等北京市重点高中，还有的同学直接升入我校"2＋4"特色学制班学习。很多高中毕业的社团学生在大学中继续学习人工智能相关专业，目前从我校机器人社团毕业的学生中选择理工类的学生在60%左右。在我校早期毕业的社团学生中，已经有部分学生从事人工智能的相关工作或科研工作。机器人社团在满足其兴趣开展的同时，也为其职业生涯规划引领了方向。

北京市第八十中学机器人社团章程
第一章　总则
第一条　社团性质

本社团全名为"北京市第八十中学机器人社团"，是以校内对科学与技术、工程感兴趣的学生为基础创建的社团组织，接受八十中科技办公室直接领导和统一管理。

第二条　社团目的

为广大爱好人工智能的同学搭建一个学习、交流、参与竞赛、共同成长的平台。

第二章　社员
第三条　社员资格

（一）申请资格

本校在籍学生，对人工智能有浓厚兴趣的学生均可申请加入。

（二）审核成员准则

有足够的热情和自信、善良、文明、有责任感、努力上进，遵守中学生守则和本社团章程并且能够通过所申请的社团的面试考核。

第四条　社员的权利

（一）获取参加本社团的培训班和举办的活动的资格。

（二）社团的选举权和被选举权。

（三）各分社所规定的其他权利。

第五条　社员的义务

（一）遵守本社团章程，接受本社团领导。

（二）积极参加本社团的活动，听从社团安排。

（三）对外积极树立本社团的良好形象，宣传本社团的社团宗旨。

（四）各分社所规定的其他义务。

第三章　组织机构

第六条　组织机构

本社团设指导教师一名、社长一名、副社长一名，任期一年。

第七条　社长产生办法

（一）第一届社长由指导教师直接选任。

（二）其余界别由指导教师提名（不少于3个），全体社员投票决定。

（三）副社长由社长提名（不少于5个），全体社员投票决定。

（四）换届选举一般在每年的9～11月选择适当的时间举行。社长、副社长选举在同一次全体会议上完成。

（五）任职期间，因各种原因造成社长、副社长空缺需要增补成员的，按照以下办法产生：社长由指导教师临时任命，副社长由社长临时任命。在最近一次全体会议上进行通告，或由组织与宣传分社向各个分社传达。

第四章　管理制度

第八条　每学期全体成员大会

学期初召开全体大会：社长发言，布置本学期社团活动及招生内容。表彰与奖励上学期社团所取得的成果。

第九条　学期末全体成员大会

社长做学期工作总结报告，做假期活动安排。各分社代表发言，安排各分社假期活动。

第十条　有以下行为的社员，将直接开除社团成员身份：

（一）组织的活动违背社团章程。

（二）在社团内部拉帮结派，造成社团内部不团结的。

（三）将社团经费作不当使用的。

（四）作风不正派，严重影响学校社团名誉的。

（五）累计三次无故不参加社团举办的活动或会议的。

（六）以社团名义谋一己之利的。

（七）私自在规定之外的时间及地点活动的。

（八）未能及时上交论文、作品与参赛表格的。

（九）违反其所在分社所规定的其他情形。

（十）有其他严重违反社团宗旨、影响社团活动正常进行的行为。

第五章　社员义务

第十一条　八十中学生凡承认并遵守本章程，方有资格成为本社成员。

第十二条本社员应拥护共产党，热爱祖国，遵守我国宪法及法律，遵守学校规章制度，热爱本社，热爱科技，热爱生活，积极进取，服从领导。

第十三条　按时参加本社各项活动，完成本社安排的任务。特殊情况不能参加者，应按规定请假。无故缺席者按相关规定处理。

第十四条　社内成员应互相帮助，努力做好成员间的关系，相互学习、交流，并且爱本社，做好宣传工作。

第十五条　未经社长、指导老师同意，不允许做有损本社利益的事。

第十六条　爱护本社公共财产，维护本社声誉。

第六章　附则

第十七条　本章程解释权归北京市第八十中学机器人社团所有。

第十八条　社团章程的修改由社长与指导教师完成，经校方批准后向全体社员公示。

第十九条　本章程自批准之日起实施。

机器人社团的保障措施有：

1. 经费保障

为保障人工智能教育课程的顺利实施和开展，除北京市、朝阳区给予的金鹏团专项发展资金（每年 25 万元）外，在学校的整体预算中还设有科技教育专项资金来支持金鹏团的发展。

2. 人员保障

为保障人工智能教育课程的顺利实施，我校望京校区、白家庄校区均有机器人课程专职教师。我校张朋老师总体负责金鹏团初高中机器人教育管理，其中张朋老师主要负责望京校区高中部机器人课程、社团和竞赛活动，琚磊老师负责望京校区初中部机器人课程、社团和竞赛活动，李孟尧老师负责白家庄校区机器人课程、社团和竞赛活动，学校每年都会支持几位老师参加中国青少年机器人竞赛、北京学生机器人智能大赛、北京青少年机器人竞赛等赛事组委会组织的培训班交流活动。我校张朋老师是朝阳区机器人校外教研组核心人员、北京学生机器人智能大赛（市教委主办）、北京青少年机器人竞赛（市科协主办）技术委员会成员，并在竞赛中担任裁判工作。李孟尧和琚磊两位老师均为朝阳区优秀青年教师、朝阳区青少年机器人竞赛优秀辅导教师。

3. 物质条件保障

为保障人工智能教育课程的顺利实施，我校在望京校区和白家庄校区均有完备的人工智能实验室。学校成立了机器人教育中心，建有人工智能实验室（3个，每个100平方米）、3D打印工作室（100平方米），还有一个人工智能成果展示区（100平方米），用于机器人学习、研究、制作、试验，现有乐高机器人教育器材25套，VEX IQ机器人教育器材30套，VEX EDR机器人教育器材25套，人工智能交互机器人5套，WER教育机器人器材5套，学校每年会投入一定经费用于机器人教育器材的更新和维护。

图2-12　八十中机器人实验室

4. 校外资源保障

为保障人工智能教育课程的顺利实施，每年至少聘请校外指导专家5人以上，建立由北京航空航天大学、北京理工大学、北京工业大学以及八十中机器人社团校友、学生家长组成的校外导师团队，协助推进机器人项目建设与发展。八十中地处望京科技创业园区，借着有利的地理条件，科技园区的阿里巴巴、360等科技公司也为学生开展外出学习提供了便利的条件。

（五）社团学生成果

1. 社团近几年获得了以下荣誉称号

表2-3　八十中机器人社团所获荣誉称号

序号	时间	荣誉	授予单位	级别
1	2017.3	北京青少年机器人教育基地	北京青少年科技中心	市级
2	2020.10	全国青少年人工智能创新人才培养基地	中国教育信息协会教育分会	国家级

续表

序号	时间	荣誉	授予单位	级别
3	2021.5	小平科技创新实验室	中国共产主义青年团中央委员会	国家级
4	2021.5	北京市中小学生金鹏科技团	北京市教育委员会	市级

八十中机器人社团曾参与美国著名教育家马扎诺团队、国家"一带一路"校长访问团、IB项目评审团、全国各省优秀教师培训班到访时的展示活动等百余次，接待国内各省区市校长访问团、教育专家几十次，重点实验室开放接待学生和家长近万人次，产生了良好的社会影响。2018年11月国家"一带一路"青少年创客营与教师研讨活动在八十中举行，八十中机器人社团的教师和学生为来自世界各地的青少年们提供了丰富的机器人创客营活动，成为创客营上最受欢迎的课程，在全国以及国际上都产生了极大的影响。

2. 学生获奖情况

表2-4 八十中机器人社团学生获奖情况

时间	竞赛名称	参赛学生	奖项	获奖项目	获奖级别
2016.2	朝阳区青少年机器人大赛	许梦睿	一等奖	VEX	区级
2016.2	朝阳区青少年机器人大赛	陈冠中	一等奖	VEX	区级
2016.2	朝阳区青少年机器人大赛	秦建	二等奖	VEX	区级
2016.2	朝阳区青少年机器人大赛	郭坦	二等奖	VEX	区级
2016.2	朝阳区青少年机器人大赛	李子暄	二等奖	VEX	区级
2016.2	朝阳区青少年机器人大赛	王万蕊	二等奖	VEX	区级
2016.2	朝阳区青少年机器人大赛	丁笑尘	三等奖	VEX	区级
2016.2	朝阳区青少年机器人大赛	陈凯铭	三等奖	VEX	区级
2016.2	朝阳区青少年机器人大赛	芦山	三等奖	VEX	区级
2016.2	朝阳区青少年机器人大赛	王昱婕	一等奖	机器人创意	区级
2016.2	朝阳区青少年机器人大赛	徐凯赓	二等奖	FLL	区级
2016.2	朝阳区青少年机器人大赛	许毅	二等奖	FLL	区级
2016.2	朝阳区青少年机器人大赛	刘凯威	二等奖	FLL	区级
2016.2	朝阳区青少年机器人大赛	张悦	二等奖	FLL	区级
2016.2	朝阳区青少年机器人大赛	马阳	三等奖	FLL	区级

时间	竞赛名称	参赛学生	奖项	获奖项目	获奖级别
2016.2	朝阳区青少年机器人大赛	赵翊博	三等奖	FLL	区级
2016.2	朝阳区青少年机器人大赛	朱睿	三等奖	FLL	区级
2016.3	第16届北京青少年机器人竞赛	芦山	一等奖	VEX	市级
2016.3	第16届北京青少年机器人竞赛	陈凯铭	一等奖	VEX	市级
2016.3	第16届北京青少年机器人竞赛	丁笑尘	一等奖	VEX	市级
2016.3	第16届北京青少年机器人竞赛	王昱婕	一等奖	机器人创意	市级
2016.4	FLL 机器人世锦赛北京选拔赛	张悦	一等奖	FLL	市级
2016.4	FLL 机器人世锦赛北京选拔赛	徐凯赓	一等奖	FLL	市级
2016.4	FLL 机器人世锦赛北京选拔赛	刘凯威	一等奖	FLL	市级
2016.4	FLL 机器人世锦赛北京选拔赛	许毅	一等奖	FLL	市级
2016.4	FLL 机器人世锦赛北京选拔赛	丁笑尘	一等奖	FLL	市级
2016.4	FLL 机器人世锦赛北京选拔赛	翁子乔	一等奖	FLL	市级
2016.4	FLL 机器人世锦赛北京选拔赛	淡然	一等奖	FLL	市级
2016.4	FLL 机器人世锦赛北京选拔赛	赵翊博	一等奖	FLL	市级
2016.4	FLL 机器人世锦赛北京选拔赛	马阳	一等奖	FLL	市级
2016.4	FLL 机器人世锦赛北京选拔赛	朱睿	一等奖	FLL	市级
2016.6	FLL 机器人世锦赛中国公开赛	张悦	三等奖	FLL	国家级
2016.6	FLL 机器人世锦赛中国公开赛	徐凯赓	三等奖	FLL	国家级
2016.6	FLL 机器人世锦赛中国公开赛	刘凯威	三等奖	FLL	国家级
2016.6	FLL 机器人世锦赛中国公开赛	许毅	三等奖	FLL	国家级
2016.6	FLL 机器人世锦赛中国公开赛	丁笑尘	三等奖	FLL	国家级
2016.6	FLL 机器人世锦赛中国公开赛	翁子乔	三等奖	FLL	国家级
2016.6	FLL 机器人世锦赛中国公开赛	淡然	三等奖	FLL	国家级
2016.6	FLL 机器人世锦赛中国公开赛	赵翊博	三等奖	FLL	国家级
2016.6	FLL 机器人世锦赛中国公开赛	马阳	三等奖	FLL	国家级
2016.6	FLL 机器人世锦赛中国公开赛	朱睿	三等奖	FLL	国家级
2016.7	第16届中国青少年机器人竞赛	王昱婕	二等奖	机器人创意	国家级
2016.7	第16届中国青少年机器人竞赛	陈凯铭	三等奖	VEX	国家级

续表

时间	竞赛名称	参赛学生	奖项	获奖项目	获奖级别
2016.7	第16届中国青少年机器人竞赛	郭坦	三等奖	VEX	国家级
2016.7	第16届中国青少年机器人竞赛	芦山	三等奖	VEX	国家级
2016.7	第16届中国青少年机器人竞赛	李子暄	三等奖	VEX	国家级
2016.8	第七届中国青少年机器人竞赛活动	陈凯铭	一等奖	VEX	国家级
2016.8	第七届中国青少年机器人竞赛活动	芦山	一等奖	VEX	国家级
2016.8	第七届中国青少年机器人竞赛活动	王万蕊	一等奖	VEX	国家级
2016.8	第七届中国青少年机器人竞赛活动	赵翊博	二等奖	VEX IQ	国家级
2016.8	第七届中国青少年机器人竞赛活动	马阳	二等奖	VEX IQ	国家级
2016.8	第七届中国青少年机器人竞赛活动	左佳麟	二等奖	VEX IQ	国家级
2016.10	北京市海淀区IQ机器人邀请赛	司逸诚	亚军	VEX IQ	市级
2016.10	北京市海淀区IQ机器人邀请赛	李则江	亚军	VEX IQ	市级
2016.10	北京市海淀区IQ机器人邀请赛	郭子瑞	亚军	VEX IQ	市级
2016.10	北京市海淀区IQ机器人邀请赛	刘一骏	亚军	VEX IQ	市级
2016.10	北京市海淀区IQ机器人邀请赛	司逸诚	一等奖	VEX IQ	市级
2016.10	北京市海淀区IQ机器人邀请赛	李则江	一等奖	VEX IQ	市级
2016.10	北京市海淀区IQ机器人邀请赛	郭子瑞	一等奖	VEX IQ	市级
2016.10	北京市海淀区IQ机器人邀请赛	刘一骏	一等奖	VEX IQ	市级
2016.10	北京市海淀区IQ机器人邀请赛	李睿晢	一等奖	VEX IQ	市级
2016.10	北京市海淀区IQ机器人邀请赛	丰雨泽	一等奖	VEX IQ	市级
2016.10	北京市海淀区IQ机器人邀请赛	段亚中	一等奖	VEX IQ	市级
2016.10	北京市海淀区IQ机器人邀请赛	慈瑞熙	一等奖	VEX IQ	市级
2016.10	北京市海淀区IQ机器人邀请赛	李沄暄	二等奖	VEX IQ	市级
2016.10	北京市海淀区IQ机器人邀请赛	郭祺	二等奖	VEX IQ	市级
2016.10	北京市海淀区IQ机器人邀请赛	杨剀玮	二等奖	VEX IQ	市级
2016.10	北京市海淀区IQ机器人邀请赛	梁越波	二等奖	VEX IQ	市级
2016.10	北京市海淀区IQ机器人邀请赛	赵翊博	二等奖	VEX IQ	市级
2016.10	北京市海淀区IQ机器人邀请赛	马阳	二等奖	VEX IQ	市级
2016.10	北京市海淀区IQ机器人邀请赛	朱睿	二等奖	VEX IQ	市级

续表

时间	竞赛名称	参赛学生	奖项	获奖项目	获奖级别
2016.11	北京市学生机器人智能大赛	陈冠中	一等奖	VEX	市级
2016.11	北京市学生机器人智能大赛	吉诺	一等奖	VEX	市级
2016.11	北京市学生机器人智能大赛	王万蕊	一等奖	VEX	市级
2016.11	北京市学生机器人智能大赛	芦山	三等奖	VEX	市级
2016.11	北京市学生机器人智能大赛	陈凯铭	三等奖	VEX	市级
2016.12	亚洲机器人锦标赛	陈凯铭	金奖	VEX	国际级
2016.12	亚洲机器人锦标赛	芦山	金奖	VEX	国际级
2016.12	亚洲机器人锦标赛	吉诺	金奖	VEX	国际级
2016.12	亚洲机器人锦标赛	陈冠中	金奖	VEX	国际级
2016.12	亚洲机器人锦标赛	赵翊博	银奖	VEX IQ	国际级
2016.12	亚洲机器人锦标赛	马阳	银奖	VEX IQ	国际级
2016.12	亚洲机器人锦标赛	朱睿	银奖	VEX IQ	国际级
2016.12	亚洲机器人锦标赛	李睿哲	银奖	VEX IQ	国际级
2016.12	亚洲机器人锦标赛	丰雨泽	银奖	VEX IQ	国际级
2016.12	亚洲机器人锦标赛	段亚中	银奖	VEX IQ	国际级
2016.12	亚洲机器人锦标赛	慈瑞熙	银奖	VEX IQ	国际级
2017.2	朝阳区青少年机器人大赛	陈冠中	二等奖	VEX	区级
2017.2	朝阳区青少年机器人大赛	吉诺	二等奖	VEX	区级
2017.2	朝阳区青少年机器人大赛	秦祚延	二等奖	VEX	区级
2017.2	朝阳区青少年机器人大赛	芦山	三等奖	VEX	区级
2017.2	朝阳区青少年机器人大赛	陈凯铭	三等奖	VEX	区级
2017.2	朝阳区青少年机器人大赛	张悦	一等奖	FLL	区级
2017.2	朝阳区青少年机器人大赛	徐恺赓	一等奖	FLL	区级
2017.2	朝阳区青少年机器人大赛	许毅	一等奖	FLL	区级
2017.2	朝阳区青少年机器人大赛	许德昀	三等奖	FLL	区级
2017.2	朝阳区青少年机器人大赛	孙楚玄	三等奖	FLL	区级
2017.2	朝阳区青少年机器人大赛	尹纪童	三等奖	FLL	区级
2017.2	朝阳区青少年机器人大赛	孙静含	三等奖	FLL	区级

续表

时间	竞赛名称	参赛学生	奖项	获奖项目	获奖级别
2017.2	朝阳区青少年机器人大赛	辛广宜	二等奖	FLL	区级
2017.2	朝阳区青少年机器人大赛	陈朴宁	二等奖	FLL	区级
2017.2	朝阳区青少年机器人大赛	骆镜宇	二等奖	FLL	区级
2017.2	朝阳区青少年机器人大赛	师成	二等奖	FLL	区级
2017.3	北京市青少年机器人大赛	张悦	二等奖	FLL	市级
2017.3	北京市青少年机器人大赛	徐恺赓	二等奖	FLL	市级
2017.3	北京市青少年机器人大赛	许毅	二等奖	FLL	市级
2017.3	北京市青少年机器人大赛	尹纪童	二等奖	FLL	市级
2017.5	FLL 机器人北方区选拔赛	辛广宜	二等奖	FLL	市级
2017.5	FLL 机器人北方区选拔赛	孙静含	二等奖	FLL	市级
2017.5	FLL 机器人北方区选拔赛	尹纪童	二等奖	FLL	市级
2017.5	FLL 机器人北方区选拔赛	师成	二等奖	FLL	市级
2017.5	FLL 机器人北方区选拔赛	许德昀	二等奖	FLL	市级
2017.5	FLL 机器人北方区选拔赛	孙楚玄	二等奖	FLL	市级
2017.5	FLL 机器人北方区选拔赛	骆镜宇	二等奖	FLL	市级
2017.5	FLL 机器人北方区选拔赛	杨超然	二等奖	FLL	市级
2017.5	FLL 机器人北方区选拔赛	陈朴宁	二等奖	FLL	市级
2017.5	FLL 机器人北方区选拔赛	邹承时	二等奖	FLL	市级
2017.5	FLL 机器人北方区选拔赛	许毅	二等奖	FLL	市级
2017.5	FLL 机器人北方区选拔赛	徐恺赓	二等奖	FLL	市级
2017.5	FLL 机器人北方区选拔赛	张悦	二等奖	FLL	市级
2017.5	FLL 机器人北方区选拔赛	吉诺	二等奖	FLL	市级
2017.5	FLL 机器人北方区选拔赛	尚瑞琦	二等奖	FLL	市级
2017.5	FLL 机器人北方区选拔赛	岳明朗	二等奖	FLL	市级
2017.5	FLL 机器人北方区选拔赛	周天悦	二等奖	FLL	市级
2017.5	FLL 机器人北方区选拔赛	高磊	三等奖	FLL	市级
2017.5	FLL 机器人北方区选拔赛	刘宇恒	三等奖	FLL	市级
2017.5	FLL 机器人北方区选拔赛	姚珺文	三等奖	FLL	市级

时间	竞赛名称	参赛学生	奖项	获奖项目	获奖级别
2017.5	FLL 机器人北方区选拔赛	王秋然	三等奖	FLL	市级
2017.5	FLL 机器人北方区选拔赛	徐天齐	三等奖	FLL	市级
2017.5	FLL 机器人北方区选拔赛	魏梓阳	三等奖	FLL	市级
2017.5	FLL 机器人北方区选拔赛	熊博涵	三等奖	FLL	市级
2017.7	FRC 中美国际机器人挑战赛	丁笑尘	金奖	FRC	国际级
2017.7	FRC 中美国际机器人挑战赛	陈浩铭	金奖	FRC	国际级
2017.7	FRC 中美国际机器人挑战赛	张雪妍	金奖	FRC	国际级
2017.7	FRC 中美国际机器人挑战赛	刘绍轩	金奖	FRC	国际级
2017.7	FRC 中美国际机器人挑战赛	张雨靖	金奖	FRC	国际级
2017.7	FRC 中美国际机器人挑战赛	马阳	金奖	FRC	国际级
2017.7	FRC 中美国际机器人挑战赛	尹纪童	金奖	FRC	国际级
2017.7	FRC 中美国际机器人挑战赛	司逸城	金奖	FRC	国际级
2017.10	亚洲机器人锦标赛中国区选拔赛华北区赛	许梦睿	一等奖	VEX	省市级
2017.10	亚洲机器人锦标赛中国区选拔赛华北区赛	邹晓天	一等奖	VEX	省市级
2017.10	亚洲机器人锦标赛中国区选拔赛华北区赛	马铠睿	一等奖	VEX	省市级
2017.10	亚洲机器人锦标赛中国区选拔赛华北区赛	侯承言	一等奖	VEX	省市级
2017.10	亚洲机器人锦标赛中国区选拔赛华北区赛	张开伦	一等奖	VEX	省市级
2017.10	亚洲机器人锦标赛中国区选拔赛华北区赛	张铮	一等奖	VEX	省市级
2017.10	亚洲机器人锦标赛中国区选拔赛华北区赛	吴俊辉	一等奖	VEX	省市级
2017.10	亚洲机器人锦标赛中国区选拔赛华北区赛	陈冠中	一等奖	VEX	省市级

时间	竞赛名称	参赛学生	奖项	获奖项目	获奖级别
2017.10	亚洲机器人锦标赛中国区选拔赛华北区赛	杨超然	一等奖	VEX	省市级
2017.10	亚洲机器人锦标赛中国区选拔赛华北区赛	辛广宜	一等奖	VEX	省市级
2017.10	亚洲机器人锦标赛中国区选拔赛华北区赛	孙静含	一等奖	VEX	省市级
2017.10	亚洲机器人锦标赛中国区选拔赛华北区赛	孙楚玄	一等奖	VEX	省市级
2017.10	亚洲机器人锦标赛中国区选拔赛华北区赛	骆镜宇	一等奖	VEX	省市级
2017.10	亚洲机器人锦标赛中国区选拔赛华北区赛	师成	一等奖	VEX	省市级
2017.10	亚洲机器人锦标赛中国区选拔赛华北区赛	岳明朗	一等奖	VEX IQ	省市级
2017.10	亚洲机器人锦标赛中国区选拔赛华北区赛	高磊	一等奖	VEX IQ	省市级
2017.10	亚洲机器人锦标赛中国区选拔赛华北区赛	周天悦	一等奖	VEX IQ	省市级
2017.10	亚洲机器人锦标赛中国区选拔赛华北区赛	赵翊博	一等奖	VEX IQ	省市级
2017.10	亚洲机器人锦标赛中国区选拔赛华北区赛	何牧	一等奖	VEX IQ	省市级
2017.10	亚洲机器人锦标赛中国区选拔赛华北区赛	马阳	一等奖	VEX IQ	省市级
2017.11	亚洲机器人锦标赛中国区选拔赛	许梦睿	一等奖	VEX	国家级
2017.11	亚洲机器人锦标赛中国区选拔赛	邹晓天	一等奖	VEX	国家级
2017.11	亚洲机器人锦标赛中国区选拔赛	马铠睿	一等奖	VEX	国家级
2017.11	亚洲机器人锦标赛中国区选拔赛	侯承言	一等奖	VEX	国家级

续表

时间	竞赛名称	参赛学生	奖项	获奖项目	获奖级别
2017.11	亚洲机器人锦标赛中国区选拔赛	张开伦	一等奖	VEX	国家级
2017.11	亚洲机器人锦标赛中国区选拔赛	张铮	一等奖	VEX	国家级
2017.11	亚洲机器人锦标赛中国区选拔赛	吴俊辉	一等奖	VEX	国家级
2017.11	亚洲机器人锦标赛中国区选拔赛	陈冠中	一等奖	VEX	国家级
2017.11	亚洲机器人锦标赛中国区选拔赛	杨超然	一等奖	VEX	国家级
2017.11	亚洲机器人锦标赛中国区选拔赛	辛广宜	一等奖	VEX	国家级
2017.11	亚洲机器人锦标赛中国区选拔赛	孙静含	一等奖	VEX	国家级
2017.11	亚洲机器人锦标赛中国区选拔赛	孙楚玄	一等奖	VEX	国家级
2017.11	亚洲机器人锦标赛中国区选拔赛	吉诺	一等奖	VEX	国家级
2017.11	亚洲机器人锦标赛中国区选拔赛	尹纪童	一等奖	VEX	国家级
2017.11	亚洲机器人锦标赛中国区选拔赛	岳明朗	二等奖	VEX IQ	国家级
2017.11	亚洲机器人锦标赛中国区选拔赛	周天悦	二等奖	VEX IQ	国家级
2017.11	亚洲机器人锦标赛中国区选拔赛	赵翊博	三等奖	VEX IQ	国家级
2017.11	亚洲机器人锦标赛中国区选拔赛	何牧	三等奖	VEX IQ	国家级
2017.11	亚洲机器人锦标赛中国区选拔赛	党梦晗	三等奖	VEX IQ	国家级
2017.11	亚洲机器人锦标赛中国区选拔赛	武珂羽	三等奖	VEX IQ	国家级
2017.11	亚洲机器人锦标赛中国区选拔赛	高磊	三等奖	VEX IQ	国家级
2017.11	亚洲机器人锦标赛中国区选拔赛	王子卓	三等奖	VEX IQ	国家级
2017.11	亚洲机器人锦标赛中国区选拔赛	陈冠中	一等奖（冠军）	VEX	国家级
2017.11	亚洲机器人锦标赛中国区选拔赛	杨超然	一等奖（冠军）	VEX	国家级
2017.11	亚洲机器人锦标赛中国区选拔赛	辛广宜	一等奖（冠军）	VEX	国家级
2017.11	亚洲机器人锦标赛中国区选拔赛	孙静含	一等奖（冠军）	VEX	国家级
2017.11	亚洲机器人锦标赛中国区选拔赛	孙楚玄	一等奖（冠军）	VEX	国家级

续表

时间	竞赛名称	参赛学生	奖项	获奖项目	获奖级别
2017.11	亚洲机器人锦标赛中国区选拔赛	吉诺	一等奖（冠军）	VEX	国家级
2017.11	亚洲机器人锦标赛中国区选拔赛	尹纪童	一等奖（冠军）	VEX	国家级
2017.12	北京学生机器人智能大赛	许梦睿	一等奖	VEX	市级
2017.12	北京学生机器人智能大赛	侯承言	一等奖	VEX	市级
2017.12	北京学生机器人智能大赛	邹晓天	一等奖	VEX	市级
2017.12	北京学生机器人智能大赛	张铮	一等奖	VEX	市级
2017.12	北京学生机器人智能大赛	陈冠中	三等奖	VEX	市级
2017.12	北京学生机器人智能大赛	吉诺	三等奖	VEX	市级
2017.12	北京学生机器人智能大赛	辛广宜	三等奖	VEX	市级
2017.12	北京学生机器人智能大赛	孙静含	三等奖	VEX	市级
2017.12	朝阳区青少年机器人大赛	李泽暄	一等奖	FLL	区级
2017.12	朝阳区青少年机器人大赛	张博舒	一等奖	FLL	区级
2017.12	朝阳区青少年机器人大赛	张翰辰	一等奖	FLL	区级
2017.12	朝阳区青少年机器人大赛	安娜莹	一等奖	FLL	区级
2017.12	朝阳区青少年机器人大赛	陈冠中	二等奖	VEX	区级
2017.12	朝阳区青少年机器人大赛	吉诺	二等奖	VEX	区级
2017.12	朝阳区青少年机器人大赛	尹纪童	二等奖	VEX	区级
2017.12	朝阳区青少年机器人大赛	辛广宜	二等奖	VEX	区级
2017.12	朝阳区青少年机器人大赛	许梦睿	三等奖	VEX	区级
2017.12	朝阳区青少年机器人大赛	邹晓天	三等奖	VEX	区级
2017.12	朝阳区青少年机器人大赛	侯承言	三等奖	VEX	区级
2017.12	朝阳区青少年机器人大赛	张铮	三等奖	VEX	区级
2018.2	北京青少年机器人大赛	李泽暄	三等奖	FLL	市级
2018.2	北京青少年机器人大赛	张博舒	三等奖	FLL	市级
2018.2	北京青少年机器人大赛	马芸	三等奖	FLL	市级
2018.2	北京青少年机器人大赛	安娜莹	三等奖	FLL	市级

续表

时间	竞赛名称	参赛学生	奖项	获奖项目	获奖级别
2018.2	北京青少年机器人大赛	许梦睿	二等奖	VEX	市级
2018.2	北京青少年机器人大赛	张开伦	二等奖	VEX	市级
2018.2	北京青少年机器人大赛	侯承言	二等奖	VEX	市级
2018.2	北京青少年机器人大赛	张铮	二等奖	VEX	市级
2018.3	FRC 国际机器人挑战赛	张雪妍	金奖	FRC	国际
2018.3	FRC 国际机器人挑战赛	陈浩铭	金奖	FRC	国际
2018.3	FRC 国际机器人挑战赛	丁笑尘	金奖	FRC	国际
2018.3	FRC 国际机器人挑战赛	王润瀚	金奖	FRC	国际
2018.3	FRC 国际机器人挑战赛	海容川	金奖	FRC	国际
2018.3	FRC 国际机器人挑战赛	申淇元	金奖	FRC	国际
2018.3	FRC 国际机器人挑战赛	李彦霆	金奖	FRC	国际
2018.3	FRC 国际机器人挑战赛	夏宁	金奖	FRC	国际
2018.3	FRC 国际机器人挑战赛	黄伯儒	金奖	FRC	国际
2018.3	FRC 国际机器人挑战赛	杨超丞	金奖	FRC	国际
2018.4	VEX 机器人世界锦标赛	陈冠中	金奖	VEX	国际
2018.4	VEX 机器人世界锦标赛	尹纪童	金奖	VEX	国际
2018.4	VEX 机器人世界锦标赛	吉诺	金奖	VEX	国际
2018.4	VEX 机器人世界锦标赛	孙静含	金奖	VEX	国际
2018.4	VEX 机器人世界锦标赛	辛广宜	金奖	VEX	国际
2018.4	VEX 机器人世界锦标赛	张铮	金奖	VEX	国际
2018.4	VEX 机器人世界锦标赛	许梦睿	金奖	VEX	国际
2018.4	VEX 机器人世界锦标赛	马铠睿	金奖	VEX	国际
2018.4	VEX 机器人世界锦标赛	张开伦	金奖	VEX	国际
2018.4	VEX 机器人世界锦标赛	陈冠中	巧思奖	VEX	国际
2018.4	VEX 机器人世界锦标赛	尹纪童	巧思奖	VEX	国际
2018.4	VEX 机器人世界锦标赛	吉诺	巧思奖	VEX	国际
2018.4	VEX 机器人世界锦标赛	孙静含	巧思奖	VEX	国际
2018.4	VEX 机器人世界锦标赛	辛广宜	巧思奖	VEX	国际

续表

时间	竞赛名称	参赛学生	奖项	获奖项目	获奖级别
2018.4	VEX 机器人世界锦标赛	张铮	巧思奖	VEX	国际
2018.4	VEX 机器人世界锦标赛	许梦睿	巧思奖	VEX	国际
2018.4	VEX 机器人世界锦标赛	马铠睿	巧思奖	VEX	国际
2018.4	VEX 机器人世界锦标赛	张开伦	巧思奖	VEX	国际
2018.4	FLL 机器人北方区选拔赛	韩博琛	一等奖	FLL	市级
2018.4	FLL 机器人北方区选拔赛	武珂羽	一等奖	FLL	市级
2018.4	FLL 机器人北方区选拔赛	党梦晗	一等奖	FLL	市级
2018.4	FLL 机器人北方区选拔赛	刘睿	一等奖	FLL	市级
2018.4	FLL 机器人北方区选拔赛	王宇轩	一等奖	FLL	市级
2018.4	FLL 机器人北方区选拔赛	方泽宇	一等奖	FLL	市级
2018.4	FLL 机器人北方区选拔赛	董冠廷	一等奖	FLL	市级
2018.4	FLL 机器人北方区选拔赛	李泽暄	二等奖	FLL	市级
2018.4	FLL 机器人北方区选拔赛	张博舒	二等奖	FLL	市级
2018.4	FLL 机器人北方区选拔赛	安娜莹	二等奖	FLL	市级
2018.4	FLL 机器人北方区选拔赛	马芸	二等奖	FLL	市级
2018.4	FLL 机器人北方区选拔赛	张翰辰	二等奖	FLL	市级
2018.4	FLL 机器人北方区选拔赛	白昊云	二等奖	FLL	市级
2018.7	CRC 中美机器人挑战赛	张雪妍	银奖	FRC	国际级
2018.7	CRC 中美机器人挑战赛	张冰艺	银奖	FRC	国际级
2018.7	CRC 中美机器人挑战赛	海窨川	银奖	FRC	国际级
2018.7	CRC 中美机器人挑战赛	申淇元	银奖	FRC	国际级
2018.7	CRC 中美机器人挑战赛	王俊文	银奖	FRC	国际级
2018.7	CRC 中美机器人挑战赛	陈王恺悌	银奖	FRC	国际级
2018.7	CRC 中美机器人挑战赛	杨超丞	银奖	FRC	国际级
2018.7	CRC 中美机器人挑战赛	黄泊儒	银奖	FRC	国际级
2018.7	CRC 中美机器人挑战赛	颜梓薇	银奖	FRC	国际级
2018.7	CRC 中美机器人挑战赛	于津城	银奖	FRC	国际级
2018.8	亚洲机器人锦标赛中国区华北赛	李嘉辰	三等奖	VEX IQ	省市级

时间	竞赛名称	参赛学生	奖项	获奖项目	获奖级别
2018.8	亚洲机器人锦标赛中国区华北赛	缪济远	三等奖	VEX IQ	省市级
2018.8	亚洲机器人锦标赛中国区华北赛	杨海彤	三等奖	VEX IQ	省市级
2018.8	亚洲机器人锦标赛中国区华北赛	董珈伊	三等奖	VEX IQ	省市级
2018.8	亚洲机器人锦标赛中国区华北赛	李睿哲	三等奖	VEX IQ	省市级
2018.8	亚洲机器人锦标赛中国区华北赛	郭彦博	三等奖	VEX IQ	省市级
2018.8	亚洲机器人锦标赛中国区华北赛	张政	三等奖	VEX IQ	省市级
2018.8	亚洲机器人锦标赛中国区华北赛	陆昊	三等奖	VEX IQ	省市级
2018.8	亚洲机器人锦标赛中国区华北赛	马语彤	三等奖	VEX IQ	省市级
2018.8	亚洲机器人锦标赛中国区华北赛	柯经纶	三等奖	VEX IQ	省市级
2018.8	亚洲机器人锦标赛中国区华北赛	崔秉轩	三等奖	VEX IQ	省市级
2018.8	亚洲机器人锦标赛中国区华北赛	韩冰童	三等奖	VEX IQ	省市级
2018.10	亚洲机器人锦标赛中国区选拔赛	郭彦博	一等奖	VEX IQ	国家级
2018.10	亚洲机器人锦标赛中国区选拔赛	张政	一等奖	VEX IQ	国家级
2018.10	亚洲机器人锦标赛中国区选拔赛	陆昊	一等奖	VEX IQ	国家级
2018.10	亚洲机器人锦标赛中国区选拔赛	马语彤	一等奖	VEX IQ	国家级
2018.10	亚洲机器人锦标赛中国区选拔赛	李嘉辰	一等奖	VEX IQ	国家级
2018.10	亚洲机器人锦标赛中国区选拔赛	王晨轩	一等奖	VEX IQ	国家级
2018.10	亚洲机器人锦标赛中国区选拔赛	常鼎宸	一等奖	VEX IQ	国家级
2018.10	亚洲机器人锦标赛中国区选拔赛	许梦睿	一等奖	VEX EDR	国家级
2018.10	亚洲机器人锦标赛中国区选拔赛	张铮	一等奖	VEX EDR	国家级
2018.10	亚洲机器人锦标赛中国区选拔赛	马阳	一等奖	VEX EDR	国家级
2018.10	亚洲机器人锦标赛中国区选拔赛	李睿哲	一等奖	VEX EDR	国家级
2018.10	亚洲机器人锦标赛中国区选拔赛	熊致远	一等奖	VEX EDR	国家级
2018.10	亚洲机器人锦标赛中国区选拔赛	仝泰其	一等奖	VEX EDR	国家级
2018.10	亚洲机器人锦标赛中国区选拔赛	邹晓天	一等奖	VEX EDR	国家级
2018.10	亚洲机器人锦标赛中国区选拔赛	张开伦	一等奖	VEX EDR	国家级
2018.10	亚洲机器人锦标赛中国区选拔赛	侯承言	一等奖	VEX EDR	国家级
2018.10	亚洲机器人锦标赛中国区选拔赛	李泽暄	一等奖	VEX EDR	国家级

续表

时间	竞赛名称	参赛学生	奖项	获奖项目	获奖级别
2018.10	亚洲机器人锦标赛中国区选拔赛	刘振同	一等奖	VEX EDR	国家级
2018.10	亚洲机器人锦标赛中国区选拔赛	郝珏	一等奖	VEX EDR	国家级
2018.10	亚洲机器人锦标赛中国区选拔赛	李晨旭	二等奖	VEX IQ	国家级
2018.10	亚洲机器人锦标赛中国区选拔赛	宫炳烜	二等奖	VEX IQ	国家级
2018.10	亚洲机器人锦标赛中国区选拔赛	范澎澄	二等奖	VEX IQ	国家级
2018.10	亚洲机器人锦标赛中国区选拔赛	柯经纶	三等奖	VEX IQ	国家级
2018.10	亚洲机器人锦标赛中国区选拔赛	崔秉轩	三等奖	VEX IQ	国家级
2018.10	亚洲机器人锦标赛中国区选拔赛	韩冰童	三等奖	VEX IQ	国家级
2018.10	亚洲机器人锦标赛中国区选拔赛	常近贤	三等奖	VEX IQ	国家级
2018.10	亚洲机器人锦标赛中国区选拔赛	沙雨田	三等奖	VEX IQ	国家级
2018.10	亚洲机器人锦标赛中国区选拔赛	陈以赫	三等奖	VEX IQ	国家级
2018.10	亚洲机器人锦标赛中国区选拔赛	许梦睿	最佳惊奇奖	VEX EDR	国家级
2018.10	亚洲机器人锦标赛中国区选拔赛	张铮	最佳惊奇奖	VEX EDR	国家级
2018.10	亚洲机器人锦标赛中国区选拔赛	马阳	最佳惊奇奖	VEX EDR	国家级
2018.10	亚洲机器人锦标赛中国区选拔赛	李睿哲	最佳惊奇奖	VEX EDR	国家级
2018.10	亚洲机器人锦标赛中国区选拔赛	熊致远	最佳惊奇奖	VEX EDR	国家级
2018.10	亚洲机器人锦标赛中国区选拔赛	仝泰其	最佳惊奇奖	VEX EDR	国家级
2018.10	亚洲机器人锦标赛中国区选拔赛	邹晓天	全能奖	VEX EDR	国家级
2018.10	亚洲机器人锦标赛中国区选拔赛	张开伦	全能奖	VEX EDR	国家级
2018.10	亚洲机器人锦标赛中国区选拔赛	侯承言	全能奖	VEX EDR	国家级
2018.10	亚洲机器人锦标赛中国区选拔赛	李泽暄	全能奖	VEX EDR	国家级
2018.10	亚洲机器人锦标赛中国区选拔赛	刘振同	全能奖	VEX EDR	国家级

时间	竞赛名称	参赛学生	奖项	获奖项目	获奖级别
2018.10	亚洲机器人锦标赛中国区选拔赛	郝珏	全能奖	VEX EDR	国家级
2018.10	亚洲机器人锦标赛中国区选拔赛	郭彦博	最佳设计奖	VEX IQ	国家级
2018.10	亚洲机器人锦标赛中国区选拔赛	张政	最佳设计奖	VEX IQ	国家级
2018.10	亚洲机器人锦标赛中国区选拔赛	陆昊	最佳设计奖	VEX IQ	国家级
2018.10	亚洲机器人锦标赛中国区选拔赛	马语彤	最佳设计奖	VEX IQ	国家级
2018.12	北京学生机器人智能大赛	许梦睿	一等奖	VEX EDR	市级
2018.12	北京学生机器人智能大赛	侯承言	一等奖	VEX EDR	市级
2018.12	北京学生机器人智能大赛	张铮	一等奖	VEX EDR	市级
2018.12	北京学生机器人智能大赛	吴俊辉	一等奖	VEX EDR	市级
2018.12	北京学生机器人智能大赛	邹晓天	二等奖	VEX EDR	市级
2018.12	北京学生机器人智能大赛	李泽暄	二等奖	VEX EDR	市级
2018.12	北京学生机器人智能大赛	张开伦	二等奖	VEX EDR	市级
2019.1	朝阳区青少年机器人竞赛	王昱婕	一等奖	机器人创意	区级
2019.1	朝阳区青少年机器人竞赛	李一鸣	一等奖	FLL	区级
2019.1	朝阳区青少年机器人竞赛	张依凡	一等奖	FLL	区级
2019.1	朝阳区青少年机器人竞赛	张翰辰	一等奖	FLL	区级
2019.1	朝阳区青少年机器人竞赛	张博舒	一等奖	FLL	区级
2019.1	朝阳区青少年机器人竞赛	林雨涵	三等奖	CER	区级
2019.1	朝阳区青少年机器人竞赛	王瑞璋	三等奖	CER	区级
2019.1	朝阳区青少年机器人竞赛	熊致远	三等奖	VEX	区级
2019.1	朝阳区青少年机器人竞赛	李睿哲	三等奖	VEX	区级
2019.1	朝阳区青少年机器人竞赛	马阳	三等奖	VEX	区级
2019.1	朝阳区青少年机器人竞赛	刘振同	三等奖	VEX	区级
2019.1	北京青少年机器人竞赛	许梦睿	二等奖	VEX EDR	市级
2019.1	北京青少年机器人竞赛	张开伦	二等奖	VEX EDR	市级
2019.1	北京青少年机器人竞赛	邹晓天	二等奖	VEX EDR	市级

续表

时间	竞赛名称	参赛学生	奖项	获奖项目	获奖级别
2019.1	北京青少年机器人竞赛	侯承言	二等奖	VEX EDR	市级
2019.1	北京青少年机器人竞赛	张翰辰	三等奖	FLL	市级
2019.1	北京青少年机器人竞赛	李一鸣	三等奖	FLL	市级
2019.1	北京青少年机器人竞赛	张依凡	三等奖	FLL	市级
2019.1	北京青少年机器人竞赛	张博舒	三等奖	FLL	市级
2019.1	北京青少年机器人竞赛	王昱婕	二等奖	机器人创意	市级
2019.1	北京青少年机器人竞赛	王义飞	三等奖	智能工程	市级
2019.1	北京青少年机器人竞赛	肖斌	三等奖	智能工程	市级
2019.2	亚洲机器人公开赛	邹晓天	一等奖	VEX EDR	国际级
2019.2	亚洲机器人公开赛	李泽暄	一等奖	VEX EDR	国际级
2019.2	亚洲机器人公开赛	张开伦	一等奖	VEX EDR	国际级
2019.2	亚洲机器人公开赛	刘振同	一等奖	VEX EDR	国际级
2019.2	亚洲机器人公开赛	吴俊辉	一等奖	VEX EDR	国际级
2019.2	亚洲机器人公开赛	邹晓天	最佳惊奇奖	VEX EDR	国际级
2019.2	亚洲机器人公开赛	李泽暄	最佳惊奇奖	VEX EDR	国际级
2019.2	亚洲机器人公开赛	张开伦	最佳惊奇奖	VEX EDR	国际级
2019.2	亚洲机器人公开赛	刘振同	最佳惊奇奖	VEX EDR	国际级
2019.2	亚洲机器人公开赛	吴俊辉	最佳惊奇奖	VEX EDR	国际级
2019.2	亚洲机器人公开赛	许梦睿	一等奖	VEX EDR	国际级
2019.2	亚洲机器人公开赛	张铮	一等奖	VEX EDR	国际级
2019.2	亚洲机器人公开赛	李睿哲	一等奖	VEX EDR	国际级
2019.2	亚洲机器人公开赛	熊致远	一等奖	VEX EDR	国际级
2019.2	亚洲机器人公开赛	仝泰其	一等奖	VEX EDR	国际级

续表

时间	竞赛名称	参赛学生	奖项	获奖项目	获奖级别
2019.2	亚洲机器人公开赛	侯承言	一等奖	VEX EDR	国际级
2019.2	亚洲机器人公开赛	陆昊	一等奖	VEX IQ	国际级
2019.2	亚洲机器人公开赛	马语彤	一等奖	VEX IQ	国际级
2019.2	亚洲机器人公开赛	张政	一等奖	VEX IQ	国际级
2019.2	亚洲机器人公开赛	郭彦博	一等奖	VEX IQ	国际级
2019.2	亚洲机器人公开赛	陆昊	最佳设计奖	VEX IQ	国际级
2019.2	亚洲机器人公开赛	马语彤	最佳设计奖	VEX IQ	国际级
2019.2	亚洲机器人公开赛	张政	最佳设计奖	VEX IQ	国际级
2019.2	亚洲机器人公开赛	郭彦博	最佳设计奖	VEX IQ	国际级
2019.4	VEX 机器人世界锦标赛	邹晓天	金奖	VEX EDR	国际级
2019.4	VEX 机器人世界锦标赛	侯承言	金奖	VEX EDR	国际级
2019.4	VEX 机器人世界锦标赛	李泽暄	金奖	VEX EDR	国际级
2019.4	VEX 机器人世界锦标赛	马阳	金奖	VEX EDR	国际级
2019.4	VEX 机器人世界锦标赛	仝泰其	金奖	VEX EDR	国际级
2019.4	VEX 机器人世界锦标赛	郝珏	金奖	VEX EDR	国际级
2019.4	VEX 机器人世界锦标赛	熊致远	金奖	VEX EDR	国际级
2019.4	VEX 机器人世界锦标赛	李睿哲	金奖	VEX EDR	国际级
2019.4	VEX 机器人世界锦标赛	邹晓天	最佳建造奖	VEX EDR	国际级
2019.4	VEX 机器人世界锦标赛	侯承言	最佳建造奖	VEX EDR	国际级
2019.4	VEX 机器人世界锦标赛	李泽暄	最佳建造奖	VEX EDR	国际级
2019.4	VEX 机器人世界锦标赛	马阳	最佳建造奖	VEX EDR	国际级

续表

时间	竞赛名称	参赛学生	奖项	获奖项目	获奖级别
2019.4	VEX 机器人世界锦标赛	仝泰其	最佳建造奖	VEX EDR	国际级
2019.4	VEX 机器人世界锦标赛	郝珏	最佳建造奖	VEX EDR	国际级
2019.4	VEX 机器人世界锦标赛	熊致远	最佳建造奖	VEX EDR	国际级
2019.4	VEX 机器人世界锦标赛	李睿哲	最佳建造奖	VEX EDR	国际级
2019.7	世界机器人大会总决赛	马阳	一等奖	VEX EDR	国际级
2019.7	世界机器人大会总决赛	仝泰其	一等奖	VEX EDR	国际级
2019.7	世界机器人大会总决赛	郝珏	一等奖	VEX EDR	国际级
2019.7	世界机器人大会总决赛	熊致远	一等奖	VEX EDR	国际级
2019.7	世界机器人大会总决赛	李睿哲	一等奖	VEX EDR	国际级
2019.7	世界机器人大会总决赛	马阳	最佳巧思奖	VEX EDR	国际级
2019.7	世界机器人大会总决赛	仝泰其	最佳巧思奖	VEX EDR	国际级
2019.7	世界机器人大会总决赛	郝珏	最佳巧思奖	VEX EDR	国际级
2019.7	世界机器人大会总决赛	熊致远	最佳巧思奖	VEX EDR	国际级
2019.7	世界机器人大会总决赛	李睿哲	最佳巧思奖	VEX EDR	国际级
2019.10	第二十届北京市中小学师生电脑作品评选	李晨旭	二等奖	FLL 工程挑战赛	市级
2019.10	第二十届北京市中小学师生电脑作品评选	常近田	二等奖	FLL 工程挑战赛	市级
2019.10	第二十届北京市中小学师生电脑作品评选	范澎澄	二等奖	Vex IQ	市级

续表

时间	竞赛名称	参赛学生	奖项	获奖项目	获奖级别
2019. 10	第二十届北京市中小学师生电脑作品评选	宫炳煜	二等奖	Vex IQ	市级
2019. 11	第三届 VEX 京津冀联赛	吴冠霖	二等奖	VEX EDR	省市级
2019. 11	第三届 VEX 京津冀联赛	张天瀚	二等奖	VEX EDR	省市级
2019. 11	第三届 VEX 京津冀联赛	齐骥琛	二等奖	VEX EDR	省市级
2019. 11	第三届 VEX 京津冀联赛	王秋然	二等奖	VEX EDR	省市级
2019. 11	第三届 VEX 京津冀联赛	王效愚	二等奖	VEX EDR	省市级
2019. 11	第三届 VEX 京津冀联赛	邵圣烨	二等奖	VEX EDR	省市级
2019. 11	第三届 VEX 京津冀联赛	魏宇泽	二等奖	VEX EDR	省市级
2019. 11	第三届 VEX 京津冀联赛	马阳	三等奖	VEX EDR	省市级
2019. 11	第三届 VEX 京津冀联赛	李睿哲	三等奖	VEX EDR	省市级
2019. 11	第三届 VEX 京津冀联赛	熊致远	三等奖	VEX EDR	省市级
2019. 11	第三届 VEX 京津冀联赛	仝泰其	三等奖	VEX EDR	省市级
2019. 11	第三届 VEX 京津冀联赛	范澎澄	三等奖	VEX IQ	省市级
2019. 11	第三届 VEX 京津冀联赛	宫炳煜	三等奖	VEX IQ	省市级
2019. 11	第三届 VEX 京津冀联赛	沙雨田	三等奖	VEX IQ	省市级
2019. 11	第三届 VEX 京津冀联赛	陈以赫	三等奖	VEX IQ	省市级
2019. 11	2019 年北京市学生机器人智能大赛	李晨旭	二等奖	机器人工程挑战赛	市级
2019. 11	2019 年北京市学生机器人智能大赛	常近贤	二等奖	机器人工程挑战赛	市级
2019. 11	2019 年北京市学生机器人智能大赛	张珈华	二等奖	机器人工程挑战赛	市级
2019. 11	2019 年北京市学生机器人智能大赛	王天翔	二等奖	机器人工程挑战赛	市级
2020. 12	北京市青少年机器人竞赛线上活动	党梦涵	二等奖	虚拟机器人	市级
2020. 12	北京市青少年机器人竞赛线上活动	张潇镭	三等奖	虚拟机器人	市级
2020. 12	2020 年 FRC 机器人中国区总决赛	张大中	一等奖（冠军）	FRC	国家级

续表

时间	竞赛名称	参赛学生	奖项	获奖项目	获奖级别
2020.12	2020 年 FRC 机器人中国区总决赛	李晗	一等奖（冠军）	FRC	国家级
2020.12	2020 年 FRC 机器人中国区总决赛	曹宁	一等奖（冠军）	FRC	国家级
2020.12	2020 年 FRC 机器人中国区总决赛	谌佳铭	一等奖（冠军）	FRC	国家级
2020.12	2020 年 FRC 机器人中国区总决赛	薛皓瑞	一等奖（冠军）	FRC	国家级
2020.12	2020 年 VEX 机器人世锦赛中国区总决赛	吴冠霖	一等奖	VRC	国家级
2020.12	2020 年 VEX 机器人世锦赛中国区总决赛	张天瀚	一等奖	VRC	国家级
2020.12	2020 年 VEX 机器人世锦赛中国区总决赛	齐骥琛	一等奖	VRC	国家级
2020.12	2020 年 VEX 机器人世锦赛中国区总决赛	邵圣烨	一等奖	VRC	国家级
2020.12	2020 年 VEX 机器人世锦赛中国区总决赛	王秋然	一等奖	VRC	国家级
2020.12	2020 年 VEX 机器人世锦赛中国区总决赛	王效愚	一等奖	VRC	国家级
2020.12	2020 年 VEX 机器人世锦赛中国区总决赛	张潇镭	三等奖	VRC	国家级
2020.12	2020 年 VEX 机器人世锦赛中国区总决赛	鲍翌冉	三等奖	VRC	国家级
2020.12	2020 年 VEX 机器人世锦赛中国区总决赛	侯景程	三等奖	VRC	国家级
2020.12	2020 年 VEX 机器人世锦赛中国区总决赛	高杰磊	三等奖	VRC	国家级

时间	竞赛名称	参赛学生	奖项	获奖项目	获奖级别
2020.12	2020 年 VEX 机器人世锦赛中国区总决赛	刘久晨	三等奖	VRC	国家级
2020.12	2020 年 VEX 机器人世锦赛中国区总决赛	武珂羽	三等奖	VRC	国家级
2020.12	2020 年 VEX 机器人世锦赛中国区总决赛	戚子恒	三等奖	VEX IQ	国家级
2020.12	2020 年 VEX 机器人世锦赛中国区总决赛	宿志宬	三等奖	VEX IQ	国家级
2020.12	2020 年 VEX 机器人世锦赛中国区总决赛	陈宇飞	三等奖	VEX IQ	国家级
2020.12	2020 年 VEX 机器人世锦赛中国区总决赛	王思涵	三等奖	VEX IQ	国家级
2020.12	2020 年 VEX 机器人世锦赛中国区总决赛	周展瑞	三等奖	VEX IQ	国家级
2020.12	2020 年 VEX 机器人世锦赛中国区总决赛	王祺贺	三等奖	VEX IQ	国家级
2020.12	2020 年 VEX 机器人世锦赛中国区总决赛	宫炳煜	三等奖	VEX IQ	国家级
2020.12	2020 年 VEX 机器人世锦赛中国区总决赛	常近贤	三等奖	VEX IQ	国家级
2020.12	2020 年 VEX 机器人世锦赛中国区总决赛	王铭瑀	三等奖	VEX IQ	国家级
2020.12	2020 年 VEX 机器人世锦赛中国区总决赛	哈文心	三等奖	VEX IQ	国家级
2020.12	2020 年 VEX 机器人世锦赛中国区总决赛	朱玥昕	三等奖	VEX IQ	国家级
2020.12	2020 年 VEX 机器人世锦赛中国区总决赛	孙御航	三等奖	VEX IQ	国家级

时间	竞赛名称	参赛学生	奖项	获奖项目	获奖级别
2020.12	2020 年 Make X 机器人北京积分挑战赛	常鼎宸	一等奖	Make X	市级
2020.12	2020 年 Make X 机器人北京积分挑战赛	徐梓轩	一等奖	Make X	市级
2020.12	2020 年 Make X 机器人北京积分挑战赛	王璟涛	一等奖	Make X	市级
2020.12	2020 年 Make X 机器人北京积分挑战赛	缪济远	一等奖	Make X	市级
2020.12	2020 年 Make X 机器人北京积分挑战赛	耿乐	一等奖	Make X	市级
2020.12	2020 年 Make X 机器人北京积分挑战赛	张欣阳	一等奖	Make X	市级
2020.12	2020 年 Make X 机器人北京积分挑战赛	刘念辰	一等奖	Make X	市级
2020.12	2020 年 Make X 机器人北京积分挑战赛	王艺潼	一等奖	Make X	市级
2020.12	世界机器人大赛总决赛	王铭瑀	三等奖	机器人设计大赛	国际级
2020.12	世界机器人大赛总决赛	张尔鬶	三等奖	机器人设计大赛	国际级

（六）社团教师成果

张朋老师：2006 年开始辅导学校机器人兴趣小组，2010 年成立八十中机器人社团，现为朝阳区机器人教研组核心人员；担任北京市教委主办的北京学生机器人智能大赛技术核心组成员，竞赛项目单项裁判长；亚洲机器人联盟选拔赛裁判员，评审裁判；北京市科协主办的北京市青少年机器人竞赛技术组成员、裁判员；中国科协主办的中国青少年机器人竞赛国家二级裁判员；中国青少年科技辅导员协会中级科技辅导员。带领学生在朝阳区青少年机器人竞赛、北京市青少年机器人竞赛、VEX 机器人选拔赛、世界机器人锦标赛、FIRST 机器人、青少年科技创新大赛等竞赛中取得优异成绩。2016 年编写北京市第八十中学机器人社团竞赛辅导校本教材，2017 年 10 月作为编委编写《砥砺前行——朝阳区机器人教育的实践与探索》一书，2018 年作为主编编写北京市第八十中学金鹏科技团机器人项目分团画册，2013 年 7 月八十中被评为中国青少年机器人竞赛"全国优秀学校"，张朋老师被评为"全国十佳优秀教练员"。2014 年、2017 年、2020 年八十中机器人社团被北京市教育委员会授予"北京市中小学生金鹏科技团机器人项目分团"，2017 年被北京青少年科技中心授予首批"北京青少年机器人教育基地"，2021 年获全国共青团"小平科技创新实验室"认定，成为授牌项目。

琚磊老师：通过机器人社团活动提高了组织和管理能力，在组织学生和引导学生活动的过程中，学习能力也得到了锻炼，组织有针对性的赛前训练的能力也得到了提升。在竞赛中获得的成绩也能作为教师职称评定的一部分加分，获得了"优秀辅导员"的称号。在市级的社团活动展示中做了机器人的公开课；撰写了机器人教育教学相关论文，并获得了区级二等奖、市级三等奖；在朝阳区活动中心的老师们牵头编写的机器人教材中担任编委编写了其中一个章节；曾在北京市信息中心组织的竞赛辅导经验交流活动中担任机器人辅导经验分享教师并作发言。

（七）社团未来发展

1. 学校在机器人社团面临的问题

（1）专项经费不足

目前许多学校依靠北京市普通中学重点开放实验室项目专项资金来配备机器人教室，而我校的资金大部分来自于校内自筹。机器人技术发展速度较快，教育器材需不断更新，资金严重不足。

（2）机器人专业教师精力不足

我校目前有 2 名机器人教师，但都兼有其他教学任务或工作，导致有些教师培训不能正常参加，在竞赛和训练学生方面也无法投入全部精力。机器人专业教师业务水平有待提高，需要更多学习进修的机会和平台。

（3）课程设置

目前许多学校已经将机器人课程纳入学校必修课程当中，让学生全面接受机器人教育，在普及的同时，也为选拔人才打下了良好的基础。

2. 下一步设想

（1）多开展机器人教育与实践的经验交流活动。

（2）开发校本课程让机器人教学有所依托。

（3）纳入课程体系，让机器人课程成为必修课。

（4）推进课题研究让机器人教学体现教育价值。

我们将继续努力探索科技教育的特色，深刻理解"特色"的内涵，打好"底色"——破解"等闲识得东风面"的难题；做好"表色"——描绘"春色满园关不住"的景象；塑好"成色"——登临"一枝红杏出墙来"的佳境。进一步彰显八十中科技教育特色。八十中机器人社团将发挥自身优质的软硬件资源以及丰富的校外教育资源，落实习近平总书记关于培养科技创新人才的重要指示精神，响应国务院《新一代人工智能发展规划》，为培养更多的科技创新人才而努力。

五、金鹏科技团——电子与信息分团

（一）社团基本情况

八十中爱迪生发明社成立于 2008 年，是由通用技术组教师团队负责指导的旨在培养喜爱电子、工程、发明、制造创新人才的学生社团组织。目前，共有来自我校初中部、高中部、国际部学生 60 余名，指导教师 5 人，校内实验场地400 余平方米、设备 200 余台套。社团现聘有校外专家 10 人、资源单位 5 家，指导辐射社区薄弱校 3 所。社团在每学年初通过面试和笔试招生，努力把学生培养成为具有较高工程技术素养的、具有较强创新设计和动手实践能力的学生，为高等工科院校输送早期创新型人才。

（二）社团发展阶段

社团从无到有经历了三个阶段，第一阶段起步期从 2008 年至 2014 年，第二阶段发展期从 2014 年至 2019 年，第三阶段成熟期从 2019 年至今。

第一阶段起步期从 2008 年至 2014 年，这是摸索探索的阶段，由于一直在一线教学，老师对科技竞赛的模式、学生社团培养模式不太熟悉。面对各种科技比赛，处在熟悉规则、了解学习阶段。指导教师只有 1 名，学生人数也较少，基本在 20 人左右。各方面经费也比较紧张，每年不足万元，设备工具不够齐全。

第二阶段发展期从 2014 年至 2019 年，我们逐步将顺了科技竞赛的规则、参赛辅导时间，获得了北京市教委重视的几项大赛奖项，如在全国明天小小科学家奖励活动中获得一、二等奖，在北京市青少年科技创新大赛中获得一等奖，陆续参加美国德国法国国际发明展获得金银牌，在北京市乃至全国的青少年科技发明领域有了一定知名度。这也得益于我们建立了一支稳定的校内教师和校外专家指导队伍，让学生在科学家、工程师身边学习发明创新项目的设计与制作。校内教师 5 名，都是骨干教师，且各有侧重，刘永红老师侧重 3d 打印，南星老师侧重电子制作。每年分工指导发明项目稳定在 20 个左右。老师们通力合作，进入快速发展期。这个阶段的社团学生人数也逐步攀升，从原来的仅高中部学生扩展到初中部和国际部，基本稳定在 60 人左右。由于成绩优异，市区财政各方面经费逐渐充足，年经费能到 20 万元左右，设备工具千余件，陆续购置得相对齐全。爱迪生发明社有充分完备的活动场地和设施条件及软硬件工具材料。场地包括：4 间各 100 平方米专用活动教室，共 400 平方米。设备包括 3d 打印实验室、电子控制实验室、机械加工实验室、结构工程实验室。拥有 25 台 3d 打印机、3 台激光雕刻机、40 余台各型机床、60 余台计算机的发明创新固定资产，总值超过 200 万元。这些科技教育场地、设施和软件等科技教育资源利用率较高，必修课、选修课、活动课、竞赛课总课时达到每周 30 余节次，每年 1000 余课时。

表 2-5　八十中爱迪生发明社活动场地情况一览表

序号	场地名称	场地面积	场地用途
1	3D 打印实验室	100 平方米	学习 3d 设计与打印
2	电子控制实验室	100 平方米	学习电子制作
3	机械加工实验室	100 平方米	学习材料加工
4	结构工程实验室	100 平方米	学习材料加工

图 2 – 13 社团 3D 打印实验室

图 2 – 14 社团机械加工实验室

第三阶段成熟期从 2019 年至今。2019 年是一个极特殊的年份，受疫情影响，给我们的教育教学现有模式带来很大冲击。我们也在思考，如何能通过互联网方式随时随地给学生提供他们需要的科技学习资源。于是我们把前几年的课程录制成为微课资源上传至网络，供学生学习。同时，我们还入选区育金团项目，向北京市金鹏科技团发起冲击。我们不断梳理十多年来的做法，反思总结梳理，终于在 2021 年获得了由北京市教委公布的北京市高水平社团学生金鹏科技团中的"电子与信息分团"称号。成绩的取得不是重点，而是起点，在申报对标过程中，我们发现了自己的不足，未来我们要更加突出电子与信息分团特色，带动周边学校社区共同发展。

（三）社团课程体系

爱迪生社团为了发展学生的创新设计能力和动手实践能力，设计了丰富的多层次可选择性的课程体系。我们构建并实施了覆盖"基础＋兴趣＋竞赛＋活动"的"四位一体"可选择性强的多元课程结构，如图 2 – 15 所示，它的特点是纵向延伸、横向交叉，是多层次、系统化、开放式、个性化、通用技术与信息技术、劳动技术相融合的，不同学习兴趣和不同创新能力层次的学生都能找到适合自己发展的课程。

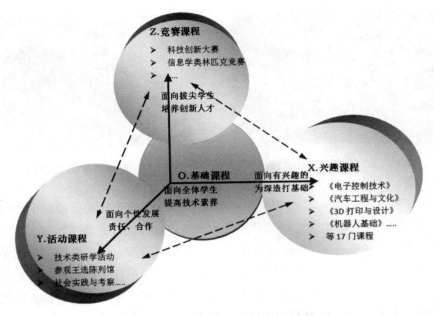

图 2-15 我校"四位一体"的技术课程结构

基础课程是国家课程标准规定的国家必修课程，面向全体学生按国家指定教材进行教学，完成基本知识、基本技能的掌握。目前执行的中学技术类国家必修课程共11门，每周2节课，按行政班实施。

兴趣课程是学生在必修基础上的进阶课程、是学生根据自己爱好选择的兴趣课程，体现选择性特点，重在培养学生创新思维。目前开发选修课共11门，每周2节课，按学生兴趣走班实施。

竞赛课程是针对高端竞赛进行辅导，如青少年科技创新大赛、金鹏科技论坛、未来工程师、电子信息创新大赛等。目前开发竞赛课程如《轻松发明》《科技论文撰写与答辩技巧》《电子控制技术》等共9门，校内每周2节课，按学生兴趣组班实施。

活动课程将立德树人融入技术课程，让学生利用周末和暑假到大学实验室参加高端辅导研修项目。

后面三类课程都是专门为爱迪生社团学生开发的。我们不断采用经验总结法总结经验，物化成果，形成了包括中学五年的系列技术创新课程、校本实践手册24本、微课程100余节、优秀教学设计20余篇在内的一整套教学资源，出版专著3本。

图 2-16 开发的部分校本实践手册及教师门制作的微课

学校重视爱迪生社团课程建设，在课程方面，开齐教育部规定的国家课程，还积极开设校本课程、选修课程等，形成了科技教育课程体系，均列入学校课程设置和教学计划。必修包括通用技术、劳动技术等课程，此外，每年还有十几门科技校本课程。

表 2-6 爱迪生社团中劳动技术和通用技术课程列表

	必修类	选修类	竞赛类	活动类
高二年级	技术与设计 2	电子仿真电路	F1 创客秀辅导	爱迪生社
		3D 设计与打印	科技创新大赛辅导	参观北京现代公司
		汽车工程与文化	国际发明展辅导	参观北京建筑设计院
		航空工程与飞行	金鹏科技论坛辅导	
高一年级	技术与设计 1	DV 影视创作	模型制作大赛辅导	
		Arduino 进阶	服装设计大赛辅导	模型社
		服装设计与制作	结构工程大赛辅导	发明创新月活动
		激光切割与数控铣床	电子技术大赛辅导	通用技术研究性学习
初三年级	机械与电子实践	创新思维	发明创新大赛辅导	参观中科院光电研究所
		模型制作	3D 打印竞赛辅导	
初二年级	电子技术与设计	Arduino 初级	发明创新大赛辅导	水火箭活动
	智能控制与设计	轻松发明	电子技术大赛辅导	教具制作展示活动
初一年级	材料加工与设计	模型制作	机末大赛辅导	教具制作展示活动
	工程结构与设计	DV 影视创作	动手做大赛辅导	爱迪生社

　　在爱迪生社团课程体系中，国家课程均采用正式出版的教学资源，专职教师在实施中有规范的教案及教学记录，积极参加教学评比、公开课和教学设计评选；在开设的校本课程中，积极组织本校社团专职教师编写适合本社团学生学习发展的校本教材13本（册）。

表2-7　科技教育校本教材列表

	校本教材或资源名称	撰写老师姓名	使用年级
1	《轻松发明》	何　斌	高一
2	《汽车工程与文化》	何　斌	高二
3	《航空工程与飞行》	何　斌	高二
4	《技术与设计2》	何　斌	高二
5	《八十中学技术课程STEAM项目集》	何　斌	高二
6	《电子控制技术》	南　星	高一
7	《Arduino单片机教材》	南　星	初二
8	《电子设计自动化教材》	南　星	高一
9	《材料加工与设计》	阮祥兵	初一
10	《DV影视创作技术》	阮祥兵	初二
11	《工程结构与设计》	阮祥兵	初二
12	《3D设计与打印》	刘永红	高一
13	《服装设计基础》	黄　凯	高一

　　校本教材编写的科学性和可操作性是我们特别关注的内容，我们在教学实施过程中多次进行调查问卷并建立学校科技校本课程实施的评价方案，及时反馈，不断改进校本课程，有多个校本课程被评为朝阳区优秀校本课程。

表 2-8　科技教育校本课程评价表

项目	内容	具体指标	分值	评分	备注
课程方案评价（40分）	课程开发的意义（10分）	1. 校本课程是与国家课程、地方课程紧密联系的，是对其的补充，是彰显学校特色的。	5		
		2. 校本课程促进学生的个性发展，提高学生科技素养。	5		
	目标定位（10分）	1. 总目标和课时教学目标明确清晰。	5		
		2. 突出学生发展核心素养的目标。	5		
		3. 考虑到学生分层的因素，贯彻因材施教的原则。	5		
	课程内容（10分）	1. 教材框架清晰，有序列性。	5		
		2. 教材内容科学、启发性强、突出实践能力的培养。	5		
	评价（10分）	1. 评价可操作强、方法科学、具有激励性和制约性。	5		
校本课程实施过程评价（60分）	指导思想（10）	1. 体现科技教育课程特色，作为主导、学生为主体、动（练）为主线的教学原则。	3		
		2. 深刻理解课程纲要，并落实到校本课程的实施中。	3		
		3. 课程实施中注重德育渗透和中国传统文化熏陶，注重学校学生培养目标的达成。	4		

项目	内容	具体指标	分值	评分	备注
校本课程实施过程评价（60分）	教学过程（30分）	1. 初期能制订教学计划、安排好教学进度。	2		
		2. 能深入钻研教材，根据学生的实际，设计内容开放、容量适量、层次分明、有针对性的教学设计。	5		
		3. 能灵活运用多种教学方法进行教学，重点和难点的处理有新意，且效果好。	6		
		4. 课堂语言流畅、规范，具有生动性和启发性。思维清晰，有强度，有坡度。	6		
		5. 能面向全体学生，因材施教，学生学习热情高涨。课堂无死角、无"闲"人，整体性成效好。	6		
		6. 现代教育技术运用娴熟，设计内容及呈现手段具有不可替代性。	3		
		7. 板书设计合理、简洁、规范、美观。	2		
	实施成果（20分）	1. 能激发并维持学生对该课程的兴趣，学生评价良好。	7		
		2. 能及时收集、整理学生学习的过程性资料。	8		
		3. 指导的学生能举行一定范围的科技展示活动。	5		

（四）社团管理模式

一个社团必须有良好的文化氛围，必须有高效的管理。社团管理老师带一个社团几十人就像带一个班级一样，要树立典型榜样，鼓励后进学生、除了比赛还要关心他们的学习和思想动态，教会他们管理分配时间，做到学习动手两不误，还要解开他们思想上的矛盾疙瘩，与班主任积极沟通，协助班主任做好他们的思想工作。

1. 项目导向

由于发明创造的特殊性，每个学生都自己个性化地发明作品，更多的时候是以项目为导向进行管理，也就是扁平化管理。虽然设置了社长和各学部部长，但是更多的时间是老师跟负责项目的学生直接联系，只有招新或大型活动时需要社长、部长们参与管理。

2. 以赛带练

我们梳理了教育部和北京市教委公布的白名单比赛，分为重要赛事和非重要赛事，重要赛事是需要准备 4 个月以上的比赛，而非重要赛事通常只需要准备 1~2 个月。我们组织学生通过参加非重要赛事，以赛带练，达到锻炼队伍的作用，让学生掌握一般的材料加工工艺方法和设备使用方法，学会书写简单文本和简单答辩，为重要赛事进行积累。

3. 以老带新

虽然以项目为导向，但并不代表着学生们都是各自为战，我们要求高二学生带高一学生，初二老生带初一新生，形成一对一帮扶对子，除了交流发明专业知识技能外在做人做事上、学习功课上也要互相交流。此外，我们还邀请已经毕业的学生回校讲座，介绍他们的大学生活，拓宽学生视野，激发学生动力。

此外，爱迪生社团老师们积极开展科技教育课题研究，在科技教育的内容、途径和形式等方面进行探索和改革，何斌老师主持全国规划办教育部重点课题《构建基于创新人才培养的中学技术课程体系的校本实践研究》于 2018 年顺利结题。

表 2-9　爱迪生社团老师近年主持、参与的课题列表

	级别	批准单位	课题名称	类别
1	国家级	全国规划办	《构建基于创新人才培养的中学技术课程体系的校本实践研究》	主持
2	省级	西藏规划办	《内地西藏班通用技术学科创新与实践教育发展模式研究》	主持
3	区级	朝阳区规划办	《基于核心素养提升的通用技术学生课堂活动项目的区域实践研究》	主持
4	区级	朝阳区规划办	《普通高中通用技术创新人才培养模式》	主持
5	区级	朝阳区规划办	《核心素养背景下基于项目的深度学习的实践研究》	主持
6	国家级	全国教师教育学会	《高中研究性学习与学科整合研究》	参与

图 2-17 承担全国教育科学规划教育部重点课题的立项证书和结题证书

（五）社团学生成果

爱迪生发明社团活动硕果累累，辅导学生社团成员近年获得全国明天小小科学家奖励活动一、二等奖各 1 人次，全国科技创新大赛一等奖 4 人次、获北京市青少年科技创新市长奖 2 人次。因发明特长被清华大学录取 4 人（袁若为、马仁杰、朱廷威、周扬），获得北京市青少年科技创新大赛一等奖 7 人次、二等奖 14 人次，北京市金鹏科技论坛一等奖 4 人次、二等奖 8 人次，获得国家实用新型专利 11 项。获得其他市区级各类科技比赛一、二等奖上百人次。

表 2-10 爱迪生社团学生在国内重大竞赛获奖列表（省级一等奖及以上）

	比赛名称	主办单位	获奖等级	学生姓名	项目名称	获奖时间	去向
1	明天小小科学家奖励活动	中国工程院、中国科学院、中国科学技术协会	国家级一等奖	王一霖	一种基于磁力耦合的球形关节	2019.11	高三在读
2	北京市青少年科技创新市长奖	北京市人民政府	市长奖	王一霖	一种基于磁力耦合的球形关节	2019.11	高三在读
3	明天小小科学家奖励活动	中国工程院、中国科学院、中国科学技术协会	国家级二等奖	袁若为	自行车 ABS 装置	2016.12	清华大学

续表

	比赛名称	主办单位	获奖等级	学生姓名	项目名称	获奖时间	去向
4	北京市青少年科技创新市长奖	北京市人民政府	市长奖	袁若为	自行车ABS装置	2016.12	清华大学
5	全国青少年科技创新大赛	中国科学技术协会	国家级一等奖	袁若为	自行车ABS装置	2016.8	清华大学
6	全国青少年科技创新大赛	中国科学技术协会	国家级一等奖	杨东麟	桥下积水报警装置	2015.8	日本早稻田大学
7	全国青少年科技创新大赛	中国科学技术协会	国家级一等奖	赵冬杰	仿生学机械手	2011.8	北京理工大学
8	全国青少年科技创新大赛	中国科学技术协会	国家级一等奖	吴一凡	室内降噪装置	2016.8	日本早稻田大学
9	宋庆龄少年儿童发明奖	中国发明协会、宋庆龄基金会	国家级金奖	赖焕发	无线手机门禁系统	2016.8	太原工学院
10	宋庆龄少年儿童发明奖	中国发明协会、宋庆龄基金会	国家级金奖	雍麒	微型台式数控钻铣激光雕刻机	2016.8	北师大附中
11	宋庆龄少年儿童发明奖	中国发明协会、宋庆龄基金会	国家级金奖	李念朴冯禹赫	温控限位膝关节隶复装置	2018.8	北京邮电大学
12	宋庆龄少年儿童发明奖	中国发明协会、宋庆龄基金会	国家级银奖	马丁	路边停车智能收费管理装置	2016.8	华北电力大学

续表

	比赛名称	主办单位	获奖等级	学生姓名	项目名称	获奖时间	去向
13	宋庆龄少年儿童发明奖	中国发明协会、宋庆龄基金会	国家级铜奖	许文哲	网络化可扩展智能药盒	2018.8	高二在读
14	全国电子信息创新大赛	中国电子学会	国家级特等奖	李冠辰	斜翼飞机舵面控制改进	2018.2	北京邮电大学
15	全国电子信息创新大赛	中国电子学会	国家级一等奖	马仁杰	智能导盲杖	2015.11	清华大学
16	全国电子信息创新大赛	中国电子学会	国家级一等奖	黄兆存	基于 RFID 的室内盲人导航	2017.2	北京航空航天大学
17	全国电子信息创新大赛	中国电子学会	国家级一等奖	吴晟辉 于冠霖	智能车位锁	2019.2	初二在读
18	全国电子信息创新大赛	中国电子学会	国家级二等奖	袁铭心 张佳仪	智能停车场机器人	2019.2	高三在读
19	全国电子信息创新大赛	中国电子学会	国家级二等奖	王浩然	预防近视和脊柱变形的智能桌椅	2019.2	初三在读
20	全国电子信息创新大赛	中国电子学会	国家级二等奖	李念朴 冯禹赫	温控限位膝关节康复装置	2018.2	北京邮电大学
21	全国电子信息创新大赛	中国电子学会	国家级二等奖	郭一澄 郭一霖	基于卡尔曼滤波的助老机器人	2018.2	北京工业大学

	比赛名称	主办单位	获奖等级	学生姓名	项目名称	获奖时间	去向
22	全国电子信息创新大赛	中国电子学会	国家级二等奖	刘天奇	智能外挂通风防雾霾口罩	2017.2	北京师范大学
23	北京市青少年科技创新大赛	市教委、市科委、市科协	市级一等奖	马仁杰	智能寻盲杖	2016.3	清华大学
24	北京市青少年科技创新大赛	市教委、市科委、市科协	市级一等奖	周扬	太阳能自动水上清污船	2012.3	清华大学
25	北京市青少年科技创新大赛	市教委、市科委、市科协	市级一等奖	郭蕴泽	一种具有牙菌斑检测功能的智能牙刷	2019.3	高三在读
26	北京市青少年科技创新大赛	市教委、市科委、市科协	市级一等奖	雍麒	微型台式数控钻铣激光雕刻孔	2016.3	北师大附中
27	北京市青少年科技创新大赛	市教委、市科委、市科协	市级一等奖	李念朴 冯禹赫	温控限位膝关节康复装置	2018.3	北京邮电大学
28	北京市青少年科技创新大赛	市教委、市科委、市科协	市级一等奖	朱德明	加温加压环保节水装置	2016.3	加州大学欧文分校
29	北京市青少年科技创新大赛	市教委、市科委、市科协	市级一等奖	袁若为	自行车ABS装置	2016.3	清华大学
30	北京市金鹏科技论坛	北京市教委	市级一等奖	刘浩辰	地转偏向力模型教具	2017.3	北京理工大学
31	北京市金鹏科技论坛	北京市教委	市级一等奖	乔志恒	正反向螺纹碎雪机	2013.3	悉尼理工大学

	比赛名称	主办单位	获奖等级	学生姓名	项目名称	获奖时间	去向
32	北京市金鹏科技论坛	北京市教委	市级一等奖	袁若为	自行车 ABS 装置	2016.3	清华大学
33	北京市金鹏科技论坛	北京市教委	市级一等奖	吴一凡	室内降噪装置	2018.3	日本早稻田大学
34	第三届登峰杯全国中学生科技创新大赛	清华大学、中国高等教育学会	国家级一等奖	刘浩辰	地转偏向力模型教具	2017.8	北京理工大学
35	第二届登峰杯全国中学生科技创新大赛	清华大学、中国高等教育学会	国家级二等奖	刘天奇	智能外挂通风防雾霾口罩	2017.8	北京师范大学
36	第二届登峰杯全国中学生科技创新大赛	清华大学、中国高等教育学会	国家级二等奖	黄兆存	基于 RFID 的室内盲人导航	2017.8	北京航空航天大学
37	第二届登峰杯全国中学生科技创新大赛	清华大学、中国高等教育学会	国家级二等奖	李冠辰	斜翼飞机舵面控制改进	2018.8	北京邮电大学

图 2-18 王一霖和袁若为分别获"明小"一、二等奖和北京市科技创新市长奖

爱迪生发明社中的国际部学生连续 8 年参加德国、美国国际发明展，获得金奖 19 人次，银奖 26 人次，铜奖 19 人次，为提高国际部学生欧美顶尖大学录取率做出了重要贡献。近五年有 50 余名社团学生被美国康奈尔大学、麻省理工学院、加州大学伯克利分校等美国排名前 50 的大学录取。

图 2-19　杨东麟、叶泽元获得纽伦堡发明展金奖被麻省理工学院和加州欧文录取

表 2-11　爱迪生社团学生在国际发明竞赛部分获奖列表（2017—2019 年）

	国际比赛名称	奖项	学生姓名	发明项目	比赛时间	去向
1	美国匹兹堡国际发明展	金奖	边惠龙 程惠子	快速风干雨伞机	2017.6	多伦多大学
2	美国匹兹堡国际发明展	金奖	刘远帆	图书馆智能管理助手	2017.6	北京外国语
3	美国匹兹堡国际发明展	铜奖	黄兆存	基于 RFID 的楼宇为盲人导航系统	2017.6	北京航空航天大学
4	美国匹兹堡国际发明展	铜奖	朱锐奇	智能钢琴学习伴侣	2017.6	康奈尔大学
5	德国纽伦堡国际发明展	金奖	李念朴 冯禹赫	控温限位膝关节康复装置	2017.11	北京邮电大学
6	德国纽伦堡国际发明展	金奖	任逸尘 李晨宇	视障者语音头盔	2017.11	北京航空航天大学
7	德国纽伦堡国际发明展	银奖	吴一凡	居室主动降噪道风外悬窗	2017.11	日本早稻田大学

续表

	国际比赛名称	奖项	学生姓名	发明项目	比赛时间	去向
8	德国纽伦堡国际发明展	银奖	唐逸轩	气动盲文显示器	2017.11	华中科大
9	德国纽伦堡国际发明展	银奖	徐嘉悦	GPS颈部防撞救生衣	2017.11	高三在读
10	德国纽伦堡国际发明展	铜奖	王在田 杨沐雨	基于移动端防止学生遗漏校车的装置	2017.11	北京邮电大学
11	巴黎博览会列宾发明展	金奖	郭蕴泽 刘译阳	家用便携牙菌斑检测仪	2018.5	高三在读
12	巴黎博览会列宾发明展	银奖	王炫钊 左佳麑	新型科里奥利力演示模型	2018.5	高三在读
13	巴黎博览会列宾发明展	铜奖	田智惠	老人心率探测及监控手环	2018.5	高三在读
14	巴黎博览会列宾发明展	铜奖	张乐 潘虹阳 王浩宇	一种自动收集并可寻位发球的篮球机	2018.5	高三在读
15	巴黎博览会列宾发明展	金奖	贺靖杰	红外线超声波导盲杖	2018.5	高三在读
16	美国匹兹堡国际发明展	金奖	王浩然 张奕博	坐姿矫正椅	2018.8	初三在读
17	美国匹兹堡国际发明展	银奖	韩加炜 何沛伦	多功能体育场看台自动清洗装置	2018.8	普渡大学
18	美国匹兹堡国际发明展	银奖	闫浩然 刘思成	恒温恒湿内衣橱	2018.8	高三在读
19	德国纽伦堡国际发明展	金奖	谌佳铭	新型轮胎可变轮毂设计	2018.11	高三在读
20	德国纽伦堡国际发明展	银奖	明子涵 杨子捷	基于全向轮设计的平衡四轮原型车	2018.11	高二高三在读

续表

	国际比赛名称	奖项	学生姓名	发明项目	比赛时间	去向
21	巴黎博览会列宾发明展	金奖	林子慧 曹宁	手势交流概念原型机	2019.4	高二在读
22	巴黎博览会列宾发明展	金奖	姜依林 袁荟岷	智能空调衣	2019.4	高二在读
23	巴黎博览会列宾发明展	银奖	靳涵宇	盲人智能帽	2019.4	初二在读
24	德国纽伦堡国际发明展	金奖	占慧敏 王怡宁	轨道式高楼速降逃生装置	2019.11	初二在读
25	德国纽伦堡国际发明展	金奖	莽舒涵 杨添添	新型主动送风表情包雾霾口罩	2019.11	初一在读

我们对优秀学生进行了持续的跟踪、进行调研，发现学生在高中时代所接受的发明创新教育，从制作到撰写论文，对学生大学的学习有着很大的帮助，不仅能使得学生快速适应大学生活，还能显露出较高水平的创新能力，令大学老师刮目相看。社团毕业的学生绝大多数被985、211和欧美排名前50名的大学录取，目前绝大多数从事着与科技工程相关的工作。

（六）社团教师成果

爱迪生社团的老师们在指导学生的过程中也不断成长，勤于笔耕，善于反思，教师的论文多次在全国和北京市论文评比中获一、二等奖，有的论文被省级期刊发表，编写校本教材10余本、出版专著3本。成果曾获北京市人民政府教育教学成果奖、北京市优秀课程成果二等奖、2013年朝阳区教育教学成果奖、朝阳区优秀校本课程成果等。

表2-12 爱迪生社团老师们论文发表获奖及成果获奖列表

	老师姓名	获奖论文或发表文章的题目	发表期刊名或获奖情况
1	阮祥兵	《始于自发现问题的项目式学习：创新教育的新途径》	2019年全国第27届科技辅导员论文二等奖

续表

	老师姓名	获奖论文或发表文章的题目	发表期刊名或获奖情况
2	何斌	《简易桥梁模型的设计与制作》	2019 年北京市优秀教学设计评选一等奖
3	南星	《抗霾达人秀——方案构思》	2019 年北京市第二届创客教师展示一等奖
4	何斌	《创建王选实验班重构中学技术课程体系》	2018 年朝阳区教育教学成果奖
5	何斌 贾志勇	《创建王选实验班重构中学技术课程体系》	《课程教育研究》期刊 2018 年 6 月
6	何斌	《创建王选实验班重构中学技术课程体系》	2018 年北京市基础教育课程成果二等奖
7	何斌	《以培养创新人才为目标构建中学技术课程体系》	2018 年北京市教育科研优秀论文一等奖
8	何斌	《运用课程领导理论促进通用技术课程建设》	《教育研究与评论》期刊 2016 年 12 月

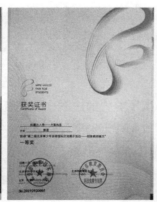

图 2－20　爱迪生社团老师们出版的专著、成果获奖证书、发表刊物论文

爱迪生发明社的科技教师们多次获得全国（或相当级别）优秀指导教师、优秀教练员相关称号。

表 2-13 爱迪生社团老师们获得全国优秀指导教师相关称号情况列表

	老师姓名	获奖称号	时间	奖项设置单位
1	何斌	第十四届宋庆龄少年儿童发明奖优秀辅导教师	2018.8	中国发明协会、宋庆龄基金会
2	刘永红	第五届全国电子信息创新大赛最佳指导教师	2018.2	中国电子学会
3	何斌	第四届全国电子信息创新大赛最佳辅导教师	2017.2	中国电子学会
4	南星	第四届全国电子信息创新大赛优秀辅导教师	2017.2	中国电子学会
5	何斌	第11届全国未来工程师大赛优秀辅导教师	2016.5	全国未来工程师大赛组委会
6	刘永红	第三十三届北京市金鹏科技论坛优秀指导教师	2016.3	北京市教育委员会
7	何斌	第三十三届北京市金鹏科技论坛优秀指导教师	2016.3	北京市教育委员会
8	阮祥兵	第三届全国电子信息创新大赛优秀辅导教师	2015.10	中国电子学会

图 2-21 部分爱迪生社团老师获得全国优秀指导教师证书

教师全部被评为市区级骨干教师，包括市级学科带头人、市级骨干、区级骨干、区级优秀青年人才等称号。老师们每年做市级区级研究课，不断展示我校优秀成果。

图 2－22　教师授课

教师教学设计展示

发现与明确问题

本节内容选自江苏教育出版社普通高中通用技术教材必修模块《技术与设计1》第三章《发现与明确问题》的部分内容。发现问题是设计的起点，创新设计要在学生发现与明确问题的基础上进行。技术意识是对技术现象及技术问题的感知与体悟，发现问题也是培养学生技术意识的重要方法，对周围技术现象技术问题的敏感性是技术意识的重要体现。本教学设计涉及1课时教学。

三维度四水平教学目标	水平4应用	4.1 能运用发现问题的途径，列出所发现的技术问题。
	水平3分析	3.1 能分析并进一步明确技术问题。
	水平2理解	2.1 能区分科学问题、技术问题、社会问题。 2.2 理解发现问题的6种途径和方法。
	水平1提取	1.1 知道明确问题的内容。 1.2 知道问题的分类。
教学重点		发现问题的6种途径和方法。
教学难点		能运用发现问题的途径，写出所发现的技术问题。
教学方法		讲授法、讨论法
教学支持	教具	ppt、视频、投影、黑板
	学具	计算机、学生手册、笔

教学流程	1. 问题的种类 5′ 2. 发现问题的途径和方法 10′ 3. 学生实践活动 15′ 4. 学生展示点评，如何明确问题 10′ 5. 总结 5′

教学过程				
教学 阶段	核心素养 教学目标	教师活动	学生 活动	设计意图 和时长
温故 知新		一、回顾引入 上节课我们学习了设计的一般原则，我们看到了很多符合设计原则的优秀的设计作品。那么设计什么成为摆在我们面前的一个现实课题。这就需要我们去发现问题。	听讲、 回顾 思考	5 分钟
新课 讲解	知道问题的分类。能区分科学问题、技术问题、社会问题。	二、发现问题 1. 辨析三种问题，做连线题 社会问题　　①如何应对老龄化社会的到来 　　　　　　②地震的诱发原因是什么？ 科学问题　　③如何有效解决看病难和看病贵的问题？ 　　　　　　④如何才能防止人们随意停支共享单车？ 技术问题　　⑤不用农药如何防治水果的病虫害？ 　　　　　　⑥教室的桌椅如何设计才能既让不同身高的同学都能感到舒适又不会影响教室的美观？ 2. 技术问题的来源 技术问题的来源：人类生存必然遇到的问题／别人给出的问题／自己主动发现的问题	回答 问题 听讲、 思考	通过认识三种问题认识到通用技术课上解决的是技术问题。

续表

		教学过程		
教学阶段	核心素养教学目标	教师活动	学生活动	设计意图和时长
新课讲解	理解发现问题的 6 种途径和方法。	3. 发现问题的 6 种途径和方法 爱因斯坦说过，提出一个问题比解决一个问题更重要。那么问题从哪里来呢? 我们先看一些案例。 (1) 展示人工打捞湖面垃圾和学生发明作品的照片，介绍学生提出的问题:"能不能发明一种更高效无须人工的自动水面清污船?" 提问:他是怎么样发现问题的? 鼓励学生在日常观察中发现问题。 (2) 展示上海静安区高楼火灾图片，介绍学生提出的问题 "能不能发明一种高楼快速逃生的装置?" 鼓励学生在看到新闻网络热点后发现问题。 (3) 展示初二生物课本中的人体骨骼和学生发明作品图片，介绍学生提出的问题:"能不能利用仿生学发明出一种模仿人手关节的机械手?" 提问:他是受什么启发提出问题的? 鼓励学生在学科学习延伸中注意发现问题。 (4) 展示陈晨同学就人们对杯子在车里、形状、色彩、价格方面喜好情况进行问卷调查，选取中学生、上班族、退休老人作为调查对象获得统计数据，他提出问题 "如何改进杯子满足某一人群的使用需求?"，这是通过收集分析信息发现技术问题。 (5) 展示雨伞伞面和功能的案例，引出缺点列举法。鼓励学生想想身边哪些产品有哪些缺点从而提出问题。 (6) 展示物理力学整合教具，介绍学生提出问题 "能否发明一种集中方便演示多种力学实验的装置?"，鼓励学生去通过试验发现技术问题。	听讲、思考	学习发现问题的途径和方法，为后面提出一些有价值的技术问题做准备。 10 分钟
实践讨论	能运用发现问题的途径，列出所发现的技术问题。	三、学生讨论 学生根据老师讲的发现问题提出问题的途径和方法，提出一些技术问题。 教师巡视，个别启发引导。	学生讨论、提出一些技术问题	组织学生讨论或上网搜索，找到一些技术问题。 15 分钟

教学阶段	核心素养教学目标	教师活动	学生活动	设计意图和时长
		教学过程		
展示评价	知道明确问题的内容。能分析并进一步明确技术问题。	四、学生展示 1. 教师请学生把问题写到黑板上展示、交流讨论。 2. 明确问题。 （1）明确问题是否是技术问题； （2）明确问题的意义和价值； （2）明确问题的可行性（设备、资金）；	学生展示互评，按照明确问题的内容辨析评价	通过学生之间的展示互评，加深对技术问题的理解并进一步明确问题。 10分钟
总结		五、总结 1. 小结本课学习的发现问题的途径方法和明确问题的内容。 2. 为下节课做铺垫，明确本节课内容在整个设计制作中的位置。	学生思考回顾	5分钟

（七）社团影响力

　　爱迪生发明社积极发挥引领示范作用，承担其他学校科技教师培训工作，辐射周边学校并开展走进社区活动。何斌老师到八十中温榆河分校、睿德分校、北京教育学院朝阳分院等地讲学，与白家庄小学手拉手辅导，介绍自己的科技社团发展经验，在推动学区（集群）建设，带动区域科技教育等工作中有作为。我们先后接待了美国国务院助理国务卿、非洲基础教育官员考察团和内蒙古、河南、四川、贵州等国内各地的考察团来校交流学习近2000余人次，积极赴外省市或其他国家交流科技教育工作经验。

表 2－14　爱迪生社团老师们请进来走出去情况列表

	类别	名称	次数
1	手拉手学校	白家庄小学望京分校、八十中学温榆河分校	每年 10 次
2	汇报讲座	温榆河分校、睿德分校、北京教育学院朝阳分院	每年 5 次

续表

	类别	名称	次数
3	接待参观	美国国务院助理国务卿、美国大学理事会、一带一路考察团、非洲基础教育官员考察团和内蒙古、河南、四川、贵州等国内各地的考察团	每年 20 余次
4	外出交流	赴河北、天津、德国、美国交流汇报	每年 5 次
5	师徒聘书	被首师大、温榆河分校、睿德分校聘为师傅或专家	每年 3 人次

图 2-23　部分爱迪生社团老师讲座交流或被聘为师傅专家的证书

此外，我们还积极主动地承办市、国家级科技教育活动，实施效果好。

表 2-15　爱迪生社团老师们承办各级科技活动列表

	承办活动名称	承办时间	主办单位
1	一带一路科学营	2018 年 11 月	中国科协、教育部、外交部
2	MIT 工程设计优化生活	2016 年 3 月	北京科技教育促进会

图 2-24　我校承办的 MIT 活动和一带一路科学营活动

爱迪生发明社的成果产生了积极的社会影响，获得媒体宣传报道。胡锦涛在考察八十中期间专门走进爱迪生发明社的教室，观看 3 个学生的发明作品，中央电视台、新华社都播发了报道。人民网、新华网、《中学时事报》《中国中学生报》《朝阳报》《北京晚报》以及各微信公众号多次报道我校爱迪生发明社社团活动和发明作品。

表 2-16　爱迪生社团被各大媒体宣传报道情况列表

	媒体名称	报道时间	报道标题
1	中央电视台、新华社	2011 年 9 月	中共中央胡锦涛总书记到八十中考察
2	新华社、新华网	2018 年 4 月	《中国高中生发明创造在巴黎博览会引关注》
3	新华网、人民网	2018 年 11 月	《北京中学生在纽伦堡发明展上获奖》
4	《北京晚报》	2016 年 6 月	《高中生小发明破解停车大问题》
5	《北京晚报》	2012 年 10 月	《高中生设计出高楼逃生装置》
6	《中国中学生报》	2010 年 9 月	《爱迪生社飞出无人机》
7	《中国中学生报》	2010 年 4 月	《发明还在继续》
8	《中学时事报》	2018 年 9 月	《发明一把能治病的智能牙刷》
9	《朝阳报》	2018 年 4 月	《创客少年科技筑梦》

图 2-25　中央电视台、新华社、《北京晚报》多次报道我校爱迪生发明社成果

（八）社团未来发展

2021 年，我国进入全面建设社会主义现代化国家的历史新阶段，站在"十四五"开局的历史节点上，我们需要怎样的、与之匹配的技术创新教育？在全球科技浪潮和培养创新人才背景下，国家需要怎样的创新型人才？2021 年，我们的爱迪生发明社荣幸地被评为北京市高水平社团——金鹏科技团，站在新的起点上，针对现在的问题和不足，我们要加强顶层设计、强化电子课程、增强

辐射能力、结合核心素养和劳动教育，站在更高的位置上去培育创新人才。

（九）学生成果展示

1. 初中发明论文

智能拼音/英语字母跟读学习盘

发明人：北京市第八十中学　初二年级　于浩林

辅导教师：北京市第八十中学　何斌

摘　要

智能拼音/英语字母跟读学习盘主要是辅助低龄学生的学习，可以课后或者居家自主完成对拼音/字母/数字等学习内容的重复学习，配合触感式学习盘设计，达到互动式教学的目的，还可以帮助特殊教育学校的老师辅导教学特殊人群，比如先天/后天造成失聪的孩子。学习盘在设计上具有方便拆卸易加工等特点，配合可编程主控以及 MP3 内容定制，即可做到实时的内容升级及自定义操作。触感式学习盘与 LCD 显示屏双重教学内容显示，可以做到教学内容的正确校对作用。外观结构采用紧凑型设计，重量轻体积小，方便收纳还便于外出携带，整机三维尺寸为 165mm * 128mm * 40mm 左右，采用亚克力激光切割模块，配合尼龙柱连接的简易安装方式。学习盘的安装与更换只需要拆除上盖 4 颗尼龙螺丝，取出要更换的学习盘，再换上新的学习盘即可完成学习盘更换操作，非常简单。外观方面后期还有升级的可能，因为目前亚克力板由于自身材质脆，容易损坏，后期可以采用 3D 打印的方式完成外壳的一体成型设计，从而增加耐用性与坚固度。学习内容后期也会增加更多的自定义盘，并且增加更多适配的软件编程升级包。

关键词：跟读、自主学习、学习盘、触感式学习盘、互动式教学

一、问题的提出

有一次到亲戚家串门，看到刚上幼儿园的小弟弟，就问他都学了哪些内容，弟弟告诉我学了数字和几个简单的英文字母，然后就拿出老师教学用的数字卡片和字母卡片给我看，说要给我"秀"一下自己的学习"成果"，读数字还好，但是读英语字母的时候就卡壳了，灰溜溜地跑去问他爸妈之后再给我接着读，来来回回好几次，最后问得他爸爸妈妈都有点没耐心了。看到小弟弟这种学习态度以及在学习过程中遇到的挫折，回到家后我就在想：能不能用自己之前学到的编程知识以及 3D 打印与制作设计一个可以自主辅导低龄段学生的跟读神器，这样就可以帮助亲戚家的弟弟以及像我弟弟一样的遇到同类挫折的孩子们

在家自主完成内容学习。

后来结合自己上学的经历，以及爸妈给我的教学反馈，发现现在多数学校都是大班教学，由于班级人数多，再受限于每个学生在学习能力与理解能力的不同，不可能每个学生都能完全掌握课堂上的听、说、写。特别是低年龄学生对字符、字母以及数字的学习，更是会存在课堂上不能完全认知，放学后又不能得到有效练习的情况。另外想到一些先天/后天失聪的孩子，这个教学问题就更加凸显了，所以也更加坚定了我要制作发明这个器具的念头。

二、查新

通过中国知网，查询了中国专利全文数据库、中国专利、外国专利、中国学术期刊网络出版总库、学术期刊特刊、国家科技成果的有关资料，以及相关的国外网站，了解到我国目前还没有如此便捷操作可自定学习盘的智能跟读设计发明，查阅到相关的一篇专利文献叫《一种自主学习机》，其中提及的专利的摘要描述如下文所示。

该自主学习机，涉及学生用品领域，机体通过电源线与电源插头连接，上面设有照明灯，中部设有显示屏，上端设有开机键、显示灯、摄像头，开机键与显示灯连接，机体右侧设有控制键，控制键通过单片机与显示屏连接，机体右侧下端设有扬声器，机体下端中部设有感应器，感应器通过单片机与扬声器连接，机体后部设有卡座，卡座内设有支杆，支杆底端设有橡胶垫。机体由塑料制成。该设备实用，整体结构简单，使用操作方便，易于携带，减少占用空间，有时间和坐姿提醒的功能，便于推广和使用。

上文内容并不能准确反映该专利是如何完成学生的自主学习，也不能明确教学内容主要包括哪些的，并且需要家用电来提供电能，这样会造成用电隐患，增加的摄像头无疑也会造成操作复杂的弊病。

查阅中国专利网及专利搜索后，得到一个盲人学习机相关的专利，内容描述如下：

该盲人识字系统包括智能黑板和若干个识字板，智能黑板包括大的显示屏和触摸屏，识字板分为两部分，左半部分为识字屏，右半部分为书写屏，识字屏上设有显字屏，显字屏设有多个升降组件，显字屏分为上层、中层和基层，在上层设置多个小格，每个小格对应一个升降组件，每个升降组件都包括一个凸点、一个升降杆和一个电磁铁。本发明为一种学习和教授效率高的盲人识字学习系统，减轻特殊教育的老师的教学压力，提高具有视力障碍学生的学习效率，提高他们的学习兴趣，利于具有视力障碍的人学习文化知识，同时凸点具有磁性，可为盲人提供手指治疗，缓解盲人利用手指学习的疲劳。

　　从专利描述上不难看出该设计应该还处于理论描述阶段，并没有实物发明，另外如此之多的显示屏定会带来体积的增加，所以外出携带肯定不方便，再考虑成本肯定也不太适合个人家庭使用，所以相比之下我的发明设计还是很有优势的。

　　三、方案设计

　　1. 设计思路

　　我的设计方案主要集中在如何实现学习盘角度的精准控制，以及学习内容还有程序的方便升级方面，另外就是如何缩小体积，达到紧凑型设计的目的。其中角度的控制需要去考虑带有角度控制与反馈的执行器，而学习内容与程序的升级就需要考虑目前我们学生阶段比较常用而且性价比高的智能编程主控。

　　2. 设计原理

　　我的发明项目根据功能模块主要分为三个功能模块：第一部分是学习盘角度控制功能模块；第二部分是语音播报功能模块；第三部分是 LCD 显示屏单元。其中学习盘角度控制采用步进电机实现，配合可编程主控及程序可以实现对角度的任意设置；语音播报模块采用 MP3 模块，搭配 TF 内存卡可以实现对学习内容的完全自定义；显示单元采用性价比高的 LCD1602 显示屏，并且采用绿底白字显示。主控采用我们学生常用的可编程主控 Arduino UNO R3，可以使用图形化编程/C 语言完成功能编程与调试。外观结构部分采用多彩亚克力板，配合激光切割即可快速完成外观结构件的加工与制作，搭配不同颜色的亚克力板还可以做到外观的色彩搭配，美观度更好。

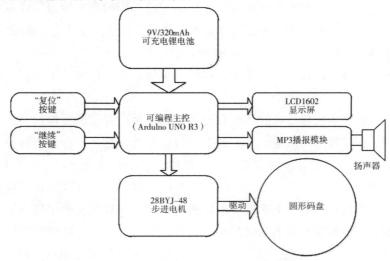

图 2-26　智能拼音/英语字母跟读学习盘电路原理设计图

3. 设计草图

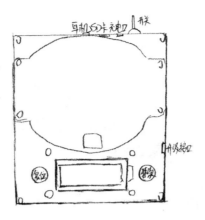

图 2 - 27   设计草图

四、制作过程

1. 材料与设备

我所使用的工具有：扁口钳、剥线钳、剪刀、30W 电烙铁、热风枪、万用表、十字螺丝刀、3mm 套筒、壁纸刀等。

我所使用的材料有：Arduino UNO R3 主控及配套的扩展板，28BYJ - 48 步进电机及配套的驱动板，MP3 播放模块及配套的 TF 卡和 4Ω8W 扬声器，按键开关模块，LCD1602 显示屏，9V 锂电池模块，线材若干等；外观材料使用 2.6mm 厚透明亚克力板、2.6mm 厚紫色亚克力板以及 1.8mm 厚黑色亚克力板；外观结构组装采用 35mm 高 M3 尼龙螺柱、5mm 高 M3 尼龙螺柱、M3 螺母及 8mm/5mm 高 M3 尼龙螺丝等。

2. 制作过程

在我的制作过程中遇到了以下几个问题。

对于如何精准控制学习盘的角度，查阅资料及以往编程培训总结后，发现能做到角度精准控制的执行器，常用的有步进电机及舵机。再次深入查阅相关资料后得知，步进电机虽然可以做到任意角度的控制，但是步进电机在复位过程中会存在偏差，不能在运行中存在突发断电，如果断电了就会出现复位位置错误的情况，因为步进电机控制和 Arduino 主控都不带断电记忆的功能，所以第一版设计时就会出现复位不准确的情况，因此这是我遇到的第一个需要解决的问题，在后续的描述中会谈到在我的发明项目中第二版是如何解决这个复位不准确的问题的，接着我们简单看一下步进电机的工作原理，如图 2 - 28 所示：

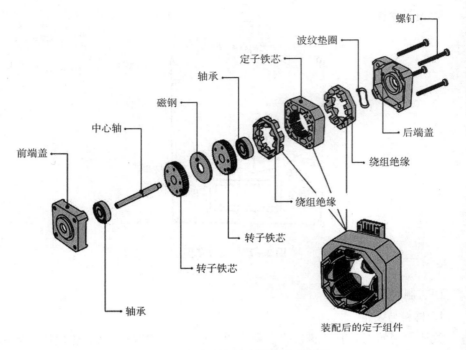

图 2 - 28　步进电机内部构造分解图

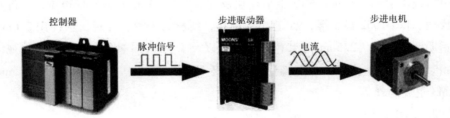

图 2 - 29　步进电机通用控制原理

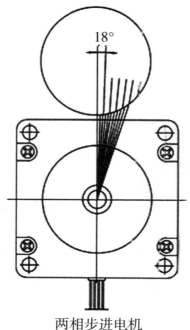

两相步进电机

图 2 - 30 本项目采用步进角为 1.8°的 28BYJ - 48 步进电机

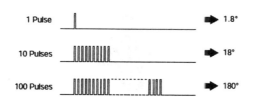

图 2 - 31 角度与脉冲的比例关系

按照我的学习盘设计,将圆盘等份分为 30 份,那么每一个显示单元为 12°的扇形区域,然后再按照最小步进角度的倍数关系,每变换 12°就需要近似 7 个脉冲,注意脉冲个数不能为小数,所以在理论设计上存在些许的角度偏差,但这个可以在我们学习盘的空余闲置信息显示布局上故角度弥补,因此学习盘角度控制的问题得以解决。

在上文中提到了舵机也可以控制角度,在查阅舵机说明书后发现,舵机的控制角度为 0~180°,不满足 360°的角度控制,但是舵机可以实现精准的角度复位以及任意角度控制,最小角度精度为 1°。虽然舵机本身特性不能满足我的设计要求，但是我可以结合机械传动控制来实现，也就是我通过设计一个4∶1传动比的齿轮组就可弥补舵机不能360°旋转的缺陷。然而在制作过程中发现，虽然齿数比解决了旋转的问题，但是同时带来了体积增大及虚位过大的问题，所谓虚位过大就是学习盘存在左右晃荡的情况，造成不精准的后果，所以舵机控制学习盘角度的方案就被我果断放弃了。这虽然延迟了我的制作周期，但是得到的收获还是满满的。

图2-32　舵机外观图　　　　图2-33　齿轮传动比参考图

解决了角度精准控制的难题之后，接下来在第二版的制作过程中就要考虑学习盘的精确复位难题。结合传感器知识，我需要加一个限位传感器，只要限位传感器被触发就停止学习盘复位过程，从而可以做到精准复位，增加的传感器我选用了红外对射模块，因为这个传感器体积小，使用简单，只需要增加软件编程即可起效，稳定高效。

图2-34　红外对射传感器外观图

解决了执行器和传感器的问题之后，剩下的就是软件的逻辑编程，在我编写程序的过程中，发现按键操作总是会出现点击一次出现好几次脉冲控制的情况，即单击一次按键发现学习盘并不是旋转一个单位，而是旋转多个单元。之后我就迅速请教了我的辅导老师何斌老师，辅导老师观察这个现象之后指导我应该做按键消抖处理（通常的按键所用开关为机械弹性开关，当机械触点断开、闭合时，由于机械触点的弹性作用，一个按键开关在闭合时不会马上稳定地接通，在断开时也不会一下子断开。因而在闭合及断开的瞬间均伴随有一连串的抖动，为了不产生这种现象而采取的措施就是按键消抖）。在何老师的正确引导下，通过查阅资料，结合样例程序将消抖逻辑加入我的程序中，果真解决了按键被多次触发的问题。

外观与结构是采用三种颜色（透明、紫色和黑色）不同厚度的亚克力板制作而成，制图设计使用的 CAD 软件，切割制作过程采月激光切割机完成，快速高效，边缝完美。以下是我的设计、切割及主要组装过程（见图 2 – 35 – 图 2 – 43）。

图 2 – 35 电路原理设计

图 2 – 36 亚克力板切割设置

图 2 – 37　亚克力板切割

图 2 – 38　各个电路模块的安装

图 2 – 39　英语字母学习盘的便捷安装

图 2 – 40　学习盘上盖的安装

图 2-41　功能测试验证与调试

图 2-42　发明项目正面合照

图 2-43　发明项目底视图

五、实验测试

1. 实验的理论基础

步进电机驱动器根据外来的控制脉冲和方向信号，通过其内部的逻辑电路，控制步进电机的绕组以一定的时序正向或反向通电，使得电机正向/反向旋转，或者锁定。

以 1.8°两相步进电机为例：当两相绕组都通电励磁时，电机输出轴将静止并锁定位置。在额定电流下使电机保持锁定的最大力矩为保持力矩。如果其中一相绕组的电流发生了变向，则电机将顺着一个既定方向旋转一步（1.8°）。同理，如果是另外一相绕组的电流发生了变向，则电机将顺着与前者相反的方向旋转一步（1.8°）。当通过线圈绕组的电流按顺序依次变向励磁时，则电机会顺着既定的方向实现连续旋转步进，运行精度非常高。1.8°两相步进电机旋转一周需 200 步。

在学习盘角度控制需求方面，我们需要每次转动的角度都为 12°，那么使用

1.8°最小步进角的步进电机，按照倍数关系，经过计算：12÷1.8≈6.67，采用四舍五入的方式，每次需要 7 个脉冲，也就是实际每次旋转的角度为 12.6°。超出的部分我们在学习盘设计上采用空位压缩的方式，也就是所有误差都递归到最后的空闲显示位，这样就可以保证学习盘上其他有效显示位的显示区域面积大小一致。

2. 实验测试与数据

表2-17　脉冲、旋转角度、信息显示区域及有效字符总个数的比例关系

步进电机型号	脉冲个数	旋转角度	显示区域面积（平方毫米）	字符总个数	优劣性
28BYJ-48 步进电机	6	10.8°	72	33	略小
	7	12.6°	120	28	优选
	8	14.4°	140	25	舍弃

注：显示区域面积越大，显示的字体也越大，展示效果更好，但是越大的字体就会压缩有效显示字符的总个数。因为英文字母的个数为 26 个，如果选用 8 脉动的显示方式，那么就会出现最后一位英文字母无法显示的不足，所以在方案选择方面我们采用脉冲个数为 7 的显示方式。

六、结论

在制作和调试该发明项目的过程中，我学习了很多电子与编程的知识，如按键需要消抖，各个类型执行器的选型以及如何使用激光切割机制作等，大大丰富了我的课外知识体系，也使得我对科技产生了浓浓的兴趣。

我的这个发明项目虽然在演示过程中还会偶然性地出现按键抖动误触发的情况，但是相较于第一代的版本已经稳定了很多，后期还需要查阅更多的资料，从硬件单路和程序上做到优化，完全消除按键消抖。因为受限于现阶段购买的按键模块成品，目前没有办法做到硬件电路上的滤波操作，但是我的这个第二版发明项目已经可以胜任演示的要求，后期我还会继续努力做出更好更完美的作品。

七、经费

表 2 - 18　成本核算表

序号	材料名称	数量	单价	单项总价（元）
1	外观结构件	1 套	450	450
2	28BYJ - 48 步进电机	1 套	40	40
3	Arduino UNO	1 个	56	56
4	LCD1602 显示屏	1 个	22	22
5	按键模块	2 个	5	10
6	MP3 模块	1 套	80	80
7	9V 可充电锂电池	1 个	55	55
8	Arduino UNO 扩展板	1 个	25	25
9	红外对射模块	1 个	10	10
	总价：			748

八、致谢

在发明该产品的过程中，北京八十中学何斌老师给予我大量的帮助和支持，他不仅为我提供各类展示的机会，还悉心指导及修改我的论文。也感谢我的家人给予我莫大的精神鼓舞和经济支持，同时感谢八十中为我们提供了非常好的科研平台，有机会充分发挥自己的长处。

九、参考文献

［1］大庆风光科技开发有限公司一种自主学习乳：201320043579.0［P］.2013 - 01 - 28.

［2］王乐一种盲人识字系统：201910245481.5［P］.2019 - 03 - 18.

［3］开关抖动及消除［EB/OL］.CSDN - 专业开发者社区，2019 - 02 - 22.

一种具有牙菌斑检测和警示功能的智能牙刷

申报人：北京市第八十中学 高二 郭蕴泽

辅导教师：北京市第八十中学赵胜楠、何斌

摘　要

牙周炎是最常见、危害巨大的口腔疾病。它是牙齿丧失的最主要原因，同时是多种全身疾病如心血管疾病、糖尿病、肺病等的重要危险诱发因素。牙周炎严重影响人们的生活质量和全身健康。牙周炎发生的罪魁祸首是牙菌斑的堆积。牙周炎一旦发生，无法完全治愈，因此牙周炎的预防至关重要。刷牙是日常清除牙菌斑的主要手段，但牙菌斑肉眼很难辨别，日常刷牙很难有效去除菌斑，因此导致牙周炎患病率很高。如何使刷牙者在日常刷牙中识别牙菌斑，并针对性地将其彻底清除是牙周炎预防的关键。本研究基于牙菌斑与牙齿组织自体荧光光谱的差异性，创新牙刷设计，发明一种具有牙菌斑显色和警示功能的智能牙刷，能够在刷牙的过程中识别牙菌斑并实时报警，解决了刷牙刷不干净的困扰。体内外实验结果表明，该牙刷识别体外菌斑生物膜的可靠性较好，达到优等可靠，与医用菌斑染色剂检测效果相似。本项发明操作简单、惠及范围广、实用性强。

关键词：牙刷、牙菌斑、荧光、警示、出血

1. 研究背景

上中学以来，我经常会遇到一个烦恼：刷牙出血。尽管我刷牙时非常小心，出血还是免不了。从周围几个要好的同学那里得知，这居然是困扰大家的心病。带着这个问题，我去请教了我的牙医妈妈。妈妈告诉我，刷牙出血是因为患了牙龈炎。紧接着她又告诉我一个更为触目惊心的状况：牙龈炎属于牙周炎的一部分，在我们国家牙周炎的患病率高达90%以上，牙周炎的波及范围相当广泛，影响涉及全人群。牙周炎是什么病？为什么会有这么多人都得牙周炎呢？妈妈给我讲了一个比喻：正常牙齿牢牢地生长在骨头里，就像树扎根在泥土里一样，土没了多茂盛的树都会倒。牙齿周围的"土"（骨头）没了，牙齿自然也待不住了，就会逐渐松动脱落。牙周炎就是牙齿周围那些支持组织发生的炎症，它会对牙槽骨和牙龈发生持续性破坏。因为牙周炎发生时无声无息，不易被发现，所以患病率非常高。据说，有很多二三十岁的年轻人因为不重视牙周健康，较早就全口多数牙齿松动脱落。

牙周炎的危害是巨大的。牙周炎会引起牙龈出血、牙周脓肿、口臭、咀嚼无力、牙齿松动移位、牙齿过早脱落等许多症状，影响人们的美观和咀嚼功能，导致消化与营养不良。牙周炎还会引起或加重很多全身疾病，通过查阅文献，我发现和牙周炎有关的全身病有：急性或亚急性感染性心内膜炎、高血压、心肌梗死、中风、糖尿病及危象、慢性阻塞性肺疾病、吸入性肺炎、肺癌、肾炎、脑脓肿、胃炎、类风湿关节炎等。真是病在口腔，危害全身啊！

既然牙周炎危害这么大，那它能不能治好呢？结果是令人失望的：原来牙周炎引起的牙槽骨和牙龈破坏是不可逆的，医生治疗牙周炎仅仅是控制疾病发展的速度，但已破坏的组织是很难修复的，也就是说牙周炎一旦发生，是无法

完全治好的。因此，牙周炎的预防是至关重要的。

引起牙周炎的罪魁祸首其实就是细菌团块——牙菌斑，它的形成速度很快，在刚清洁过的牙面 12 小时内即可形成。预防牙周炎最重要的方法就是一生中不断地彻底地清除牙菌斑，其中最简单最有效的方法就是"刷牙"，但必须进行有效的刷牙！据口腔医生介绍，牙菌斑肉眼很难识别，人们根本无法准确地知道牙齿是否刷干净了，哪里还有菌斑滞留，因此，刷牙看似简单，但真正能够有效刷牙，彻底清除牙菌斑却很难。这也就是为什么人们天天刷牙，却还有那么多人患牙周炎的关键原因。那么，如果我们的牙刷具有牙菌斑检测功能，使大家在刷牙过程中能够实时监测到牙菌斑，并以此指导我们刷牙，不就可以达到有效刷牙的目的了吗？

图 2－44　市售牙刷：左图为普通牙刷，右图为电动牙刷

在对各大网上购物平台以及北京各大超市进行市场调研后，我发现市场上并没有供刷牙者进行菌斑检测的牙刷，而且已有的牙刷设计也仅仅是手动和电动的变化，刷毛形状及质地的变化等（如图 2－44）。因此，我希望通过自己动手，对牙刷设计进行根本性改变，创作出一款兼具菌斑检测和菌斑清除功能的牙刷，从而提高刷牙效率。

2. 牙菌斑检测方法的原理

2.1 牙菌斑检测的常用方法

通过文献检索和咨询专业人员了解到，目前用于牙菌斑检测的方法主要为菌斑染色法（如图 2－45）。但它要求操作者必须为经过训练的专业人员；而且日常刷牙过程很难通过菌斑染色完成自我菌斑检查；同时，染色剂不易清理，会严重影响美观。

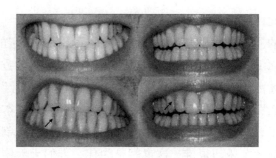

**图 2 - 45　牙菌斑染色，如箭头所示，染色前看不到牙菌斑，
但是染色后如黑色箭头所示菌斑变成红色**

2.2 荧光光谱检测的原理

通过查阅相关文献，我了解到原来研究者们已经发现健康牙体组织和牙菌斑在 405 nm 激发光作用下的荧光光谱具有较大差异性。文献指出，牙体组织受激发产生的荧光光谱主要分布在蓝绿波段，而菌斑受激发产生的荧光光谱主要分布在红色波段，因此在受到照射后，菌斑会呈现特定的粉红色。菌斑荧光光谱主要来源于牙菌斑内部放线菌、拟杆菌等菌群分解产生的卟啉类化合物等荧光基团。也就是说随着牙菌斑的含量增大，其厚度以及所含细菌量增大，具有荧光效应的卟啉类化合物的含量也会相应变多，继而荧光强度随之上升（如图 2 - 46）。

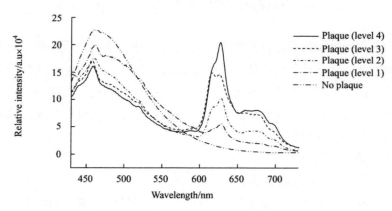

图 2 - 46　牙齿表面不同牙菌斑含量部位所测得的荧光光谱

根据以上原理，我推测在激发光波长一定的情况下，应该可以利用荧光强度的高低来代表牙菌斑含量。因此，我们可以利用自体荧光成像测试装置对大量已知菌斑部位进行扫描，得到大量菌斑的荧光强度。然后绘制菌斑荧光强度

的正态分布曲线，取荧光强度大于"$\bar{x}-1.64s$"作为菌斑检测的荧光强度阈值参数，如果对牙面扫描所得荧光强度大于此阈值，表示该牙面存在可检测到的菌斑（如图 2-47）。

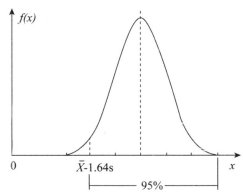

图 2-47 菌斑荧光强度的正态分布曲线

3. 智能牙刷的制作

3.1 牙刷的结构

图 2-48 为智能牙刷结构图，包括：牙刷头、牙刷杆、405nm 激发光源开关、检测电路开关、电源接口、光学传感器检测口、检测控制电路板、蜂鸣器、手柄外壳。其中，所述刷头和刷柄作为单独存在的部分，控制电路中包含牙菌斑检测模块，并且和菌斑检测探头连接。刷牙时，打开控制电路模块，光学传感器检测口。光学传感器检测口包括：405nm 激发光源、石英玻璃管以及硅光电池，将光学传感器对准相对应的牙面，通过菌斑特征性颜色变化，刷牙者肉眼可以看到菌斑区域。

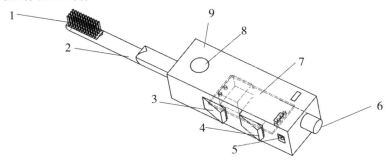

1. 牙刷头 2. 牙刷杆 3.405nm 激发光源开关 4. 检测电路开关 5. 电源接口

6. 光学传感器检测口 7. 检测控制电路板 8. 蜂鸣器 9. 手柄外壳

图 2-48 智能牙刷结构图

　　图2-49为控制电路模块，图2-50为光学传感器检测模块。其中菌斑检测模块由405nm激发光源和550~750nm红光硅光电池组成，并且与牙刷柄和刷头相连接，另外一端与菌斑检测器相连接，基于菌斑荧光光谱的特点，其产生的特征性荧光颜色可以指示牙菌斑的分布；并且根据菌斑量的严重程度，蜂鸣器可以发出警示。

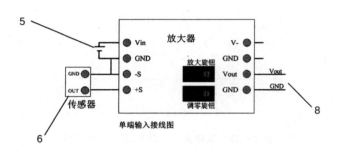

5. 电源接口　6. 光学传感器检测口　8. 蜂鸣器

图2-49　控制电路模块

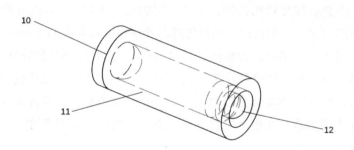

10. 405nm激发光源　11. 石英玻璃管　12. 硅光电池

图2-50　光学传感器检测模块

3.2 光源的选择

　　我对文献所提到的荧光光源进行对比分析发现，目前用于荧光诊断的光源主要是激光、Xe灯加滤光片、光栅和发光二极管。虽然激光具有高亮度和很好的光谱特性，但是激光器也有价钱昂贵、高消耗、需要特殊工作条件等缺点。与激光器相比，Xe灯便宜些，但对于牙菌斑的检测，只有成本更低才有发展前景，用Xe灯作为牙菌斑检测的光源，整个仪器的成本仍然比较昂贵。进一步调研，我们发现"发光二极管"可识别牙菌斑与牙齿自体荧光之间的差异。由于它具有许多新的优点，如：高稳定性、低成本、寿命长等，因此我们选用了405nm 波长发光二极管作为激发光源。

3.3 牙刷的组装

根据设计要求，我们分别采购了可以发射 405mm 激发光的发光二极管和光学传感器。并于市售的荧光检测笔中获取微型 CPU 中央处理器，我们期望该款处理器可以将荧光光谱强度的变化转化为电压的变化，当电压值大到一定程度即可触动蜂鸣器报警。然而我们将上述器材简单组装并测试后，发现结果并不理想。无论菌斑存在与否，蜂鸣器始终都不报警。通过逐一排查可能的原因，我们发现 CPU 输出的信号并非是电压脉冲信号，因此无法触发蜂鸣器报警。最后，我们通过引入一个光电耦合器，将 CPU 输出信号转换为电压脉冲信号，较好地解决了这个问题。

不过测试中又出现了新的问题，尽管在大多数菌斑部位蜂鸣器可以报警，但是灵敏度不高。在某些非菌斑部位，也存在蜂鸣器报警的现象。我们分析原因后发现，菌斑检测灵敏度不高，可能是由于光学传感器受到来自不同波长光谱的干扰。因此我们在选择发光二极管和光学传感器时，分别又在荧光探测头前加入了投射滤光镜和折射滤光镜。滤光镜的应用较好地减少了对于光谱的干扰，菌斑探测的灵敏度也得到了明显的提高。

图 2 – 51 早期牙刷模型

牙刷关键部件测试结束，就要开始外壳的设计制作了。我们最初的想法是将发光二极管和光学传感器放入刷头，制备成能够一边刷牙，一边实时检测的牙刷（图 2 – 51 为早期牙刷模型）。但是通过简单测试后发现，刷牙过程中牙膏产生的泡沫等对荧光光谱的探测产生了较大的影响，使光学传感器很难探测到牙菌斑，大大增加了失误的可能性。通过反复测量和论证，我最终放弃了这个方案。我随即选择刷柄尾部安装检测探头的方案，使刷牙者交替进行菌斑探测和刷牙。

在刷牙时，使用者先用刷头刷牙，然后再打开刷柄尾部光学传感器模块的激发光源，照射牙面进行牙菌斑检测，有菌斑附着的部位就会呈现粉红色荧光，而牙体组织则不会呈现粉红色荧光；如果使用者同时打开光学传感器模块和控制电路模块开关，还能够对菌斑量大、附着多的部位进行报警，发现菌斑部位后再进行有针对性的刷牙。这种设计较好地消除了刷牙过程对牙菌斑检测的影响。同时，刷头里没有了菌斑检测关键部件，使刷头定期更换成为可能。因此，我进一步将刷头设计为可拆卸更换的刷头，较好地解决了牙刷定期更换问题。将上述完成测试的菌斑检测各个部件，逐一装入牙刷外壳里，此款具有菌斑警报功能的智能牙刷即已基本完工，图2-52为现有牙刷模型。

图2-52　组装完成的智能牙刷样品

4. 牙菌斑检测实验

4.1 体外菌斑检测

4.1.1 体外菌斑的获取

通过从志愿者口腔内分离，并接种培养的方式获取体外菌斑。首先使用加样器枪头挑取志愿者牙齿表面的牙菌斑，并在固体培养板以及液体培养基中接种培养（如图2-53）。

图2-53　体外菌斑的获取和培养

4.1.2 体外菌斑的检测

选择120颗塑料牙进行检测，随机选取60颗牙进行牙菌斑黏附，其余作为对照。将培养好的牙菌斑逐一黏附于这60颗牙上。并利用组装完成的智能牙刷对120颗塑料牙逐一进行检测，牙刷报警的牙面标记为阳性牙面（如图2-54）。

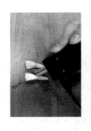

图 2 - 54　检测培养板上的牙菌斑和塑料牙上的牙菌斑

4.1.3 统计学分析

采用 Excel 软件建立实验结果数据库，对体外菌斑检测结果与牙面实际黏附牙菌斑的情况进行一致性检验。

4.1.4 体外菌斑检测结果

在 60 颗粘有牙菌斑生物膜的塑料牙上，有 5 颗牙菌斑生物膜含量偏低未能检测出；在 60 颗没有牙菌斑的塑料牙上，有 10 颗因受到塑料牙面杂质荧光的影响显示为阳性牙面。因此，最终智能牙刷检测到的牙菌斑阳性和阴性牙面数分别为 65 颗和 55 颗（直接显色、蜂鸣器报警的牙面记为牙菌斑阳性牙面），见表 2 - 17。

表 2 - 17　智能牙刷测得的牙菌斑阳性牙面数

智能牙刷	牙菌斑生物膜黏附状况		合计
	黏附牙菌斑生物膜	没有牙菌斑生物膜	
阳性牙面数	55	10	65
阴性牙面数	5	50	55
合计	60	60	120

从表 2 - 17 可以看出，智能牙刷菌斑检测的结果与牙面实际黏附菌斑的情况较为一致，说明利用我设计的这款智能牙刷进行菌斑检测是可靠的。

4.2 体内菌斑检测

4.2.1 受试者的选择

为保证研究的可操作性，我选取受试者前牙区的 12 颗牙齿作为检测对象。共选择 10 例受试者，120 颗牙齿。

4.2.2 "牙菌斑染色剂"菌斑检测

用镊子把浸满菌斑染色剂的小棉球在前牙区龈乳头处轻轻按压，使显示液扩散至牙面，然后用力漱口两次，并对受试者前牙牙面进行拍照。通过对牙齿表面菌斑染色面积进行计算，以染色面积大于 1/3 牙面的牙齿记为存在菌斑牙齿。

4.2.3 智能牙刷菌斑检测

利用智能牙刷对受试者前牙牙面进行扫描，并将牙刷报警牙齿标记为存在菌斑牙齿（如图 2 - 55）。

图 2 - 55　在志愿者口腔内进行实验

4.2.4 统计学分析

采用 Excel 软件建立实验结果数据库，分别计算出两种检测方法所得到的菌斑牙齿的个数和百分比，并采用卡方检验进行统计分析。

4.2.5 体内菌斑检测结果

在 10 例受试者 120 颗牙齿中，牙菌斑染色剂检测到的菌斑牙齿数目为 58 颗（48.4%），非菌斑数目为 62 颗（51.6%）；智能牙刷检测到的菌斑牙齿数目为 56 颗（46.7%），非菌斑数目为 64 颗（53.3%）（见图 2 - 56，图 2 - 57）。

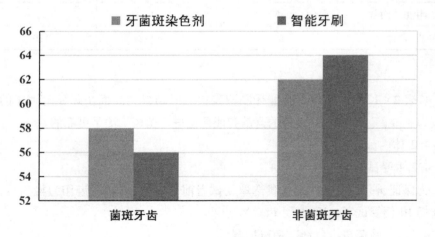

图 2 - 56　不同方法检测的菌斑和非菌斑牙齿数

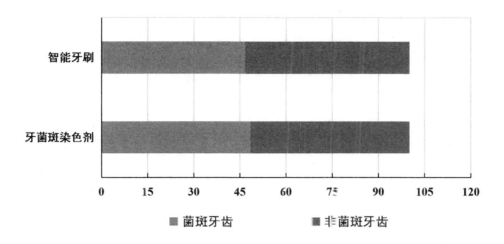

图 2 - 57 不同方法检测的菌斑和非菌斑牙齿百分比

通过卡方检验可知二者之间检测的菌斑牙面数无明显差异 $P > 0.05$，说明利用智能牙刷进行菌斑检测，可得到与菌斑染色剂一样的效果。

5. 结论

利用此款具有牙菌斑报警功能的智能牙刷进行菌斑检测，较好地反映牙面上的菌斑情况，对于较重区域也可以进行警示，能使人们在刷牙的同时，进行实时菌斑监测和报警，可以肉眼观察到牙菌斑的位置，从而更有效地刷牙。此款牙刷可应用于全人群，特别是蛀牙和牙周炎易感人群，对于生活节奏快，时间紧的社会各界人士也应该是个不错的选择。

不足及展望：智能牙刷体积还比较大，对于有牙菌斑区域能够直接显色，而警示功能对于牙菌斑的量要求较高，敏感度还需要进一步调整，下一步工作就是要使其更为精致，敏感度更高；同时，智能牙刷照射前牙比较方便，而且菌斑显示也比较直观，但对后牙的检测还存在困难。在未来的工作中我们还计划对检测探头进行改造，通过增加反光镜或视频探头的方式解决后牙检测困难的问题。近些年，电动牙刷已越来越多地走进大家的日常生活。它通过刷头产生高频震动，可瞬间将牙膏分解成细微泡沫，能够对牙齿间隙进行深入清洁，从而取得比传统牙刷更好的清洁效果，因此我们最终还打算将菌斑检测牙刷设计成电动牙刷。

6. 创新点，收获及体会

6.1 创新点

本项目的创新点主要体现在以下三点：

（1）设计出一种肉眼可直接观察到牙菌斑的牙菌斑检测方法，极大满足了人们科学有效刷牙的需求；

（2）所设计的牙刷具有牙菌斑检测功能，保证了牙菌斑清除的有效性；

（3）检测单元与刷头分离，有效解决了检测单元易受泡沫影响导致检测敏感度下降的问题，同时降低了刷头的成本，具有实用价值。

6.2 收获及体会

老师在上课的时候经常说要学会提问，而我自己也经常有各种各样的疑问，这个项目最开始仅仅是与牙医妈妈的一次日常交谈，后来妈妈鼓励我进一步思考，不仅要学会提问，还要去尝试解决问题。当我写下这些话语的时候，心中思绪万千，既有遇到难题时无法快速解决的困惑，也有解决问题有一些眉目时的喜悦！

通过本项目，我学会了如何接受挑战，并且享受这个过程。从有这个想法到今天有了一个初步的模型，中间经历了多次探索，也有很多次失败的经历。在开始的时候，我们尝试使用荧光笔进行牙菌斑的检测，但是制作出来的牙刷仅仅可以在纸片上进行检测，而且效果也不稳定，受到各种干扰因素的影响，所以并不具备实用性，让我备受打击。之后通过不断调研，使用 405nm 波长荧光，才初步实现了对于牙菌斑的显色，但是警示功能并没有达到预期，但是已经比早期的模型好了不少，相信通过不断优化，可以达到较为理想的效果。

总之，看似简单的问题，其实蕴藏着巨大的科学问题，学会探索，享受挑战，懂得合作是我最大的收获和体会！

致谢

在发明此产品的过程中，我的指导老师赵胜楠老师，还有北京八十中学何斌老师、北京工业大学杨旭东老师都给予了我大量的帮助和支持，他们不仅悉心指导我的实验及修改我的论文，还为我提供各类展示的机会。感谢我的父母给予我莫大的精神鼓舞和经济支持，同时感谢八十中国际部给我了非常好的研究平台，让我充分发挥自己的长处。

参考文献

［1］张文玲，黄永丽.不同刷牙方法对牙菌斑清除率的影响［J］.郑州大学学报（医学版），2007（05）：953 – 955.

［2］鞠国浩，陈庆光，朱海华，等.基于自体荧光成像的牙菌斑量化分析

［J］．光电工程，2014，41（12）：39－45.

［3］白雪峰，叶银珠，毕良佳，等．利用蓝发光二极管诱导荧光检测牙菌斑的研究［J］．哈尔滨医科大学学报，2009，43（01）：70－72.

［4］李刚，管力，刘文静，等．不同密度刷毛牙刷清除菌斑效果的临床试验评价［J］．口腔护理用品工业，2016，26（06）：30－32.

［5］李刚，芦茹．牙刷改进对菌斑清除影响的医学研究进展［J］．牙膏工业，2002（01）：44－47.

［6］ROSEMA N A, TIMMERMAN M F, VERSTEEG P A, et al. Safety and efficacy of two manual toothbrushes ［J］. International Journal of Dental Hygiene, 2010, 8（04）：280－285.

［7］CHEN Q G, LIN B, CHEN Z B, et al. Pilot study on early detection of dental demineralization based on laser induced fluorescence ［J］. Laser Physics Letters, 2010, 7（10）：752－756.

［8］刘靖，陈武．荧光技术在牙菌斑生物膜研究中的应用进展［J］．口腔生物医学，2010，1（02）：98－100.

六、"e时空"信息学社

（一）八十中信息学社建立

2003年八十中"e时空"信息社团成立。

培养学生计算机和网络的兴趣，通过参与社团活动发展学生的信息科技能力，为学生提供一个信息技术交流、应用的场所，活跃校园文化生活，全面提高学生信息素养，开创属于学生自己的信息天地。

组建信息学社，设计校园电脑节系列活动等丰富学生的科技生活，引发教师向专业纵深发展，让大多数的学生参与到和信息学相关领域的学习和活动中来，培养信息化社会中有信息素养的青年人。成立电脑学社，创办了五个社团部门，其中有信息奥赛部、平面设计部、信息安全部、DV短片设计部、人工智能部等。学生们利用业余时间开展丰富多彩的信息活动，校园电脑节系列活动的内容有：电脑作品的征集与评选活动、竞赛类比赛、专家讲座、科技参观等。其中竞赛类比赛包括：网上生存、计算机硬件安装、打字比赛、辩论赛、计算机基础知识问答等。社团口号为："创新、团结、进取，梦想在此，乐在其中"。

（二）信息技术课程基础环境

我校的信息技术课程注重以兴趣为起点，以活动为载体设置内容。要让学生在"玩中学""做中学"。以符合学生年龄特点和认知规律的实践任务为主线，将学生必须掌握的信息化技能分散到不同学年的实践活动中，通过技术要求的提升引领学生螺旋上升式学习。

初一以"培养学生兴趣、打好学习基础"为主要宗旨；主要强调对基础知识的掌握。

初二以"提高学生自学能力、发挥学生特长"为主要目标；提倡形成学生的学科思维。

初三以"锻炼逻辑思维，提升计算思维力度"为出发点。

高一和高二以"认清兴趣点、寻求突破点"为主要的目的，一方面将初中的内容进一步深化，同时在进行课改的基础上，结合学校的选修课程体系，学有所用、学有所长。

为了让高一年级和高二年级学生学习到自己感兴趣的模块，我们采用选课的方式进行。每班分别有两位老师开设两种必选模块，学生可以根据自己的兴趣，从两门课中选择一门课。开学第一周，利用课堂向学生介绍四门课的主要内容，学生当堂进行选课，老师根据意向进行分配，第二周开始正式走班上课。

为了让全校更多的同学能够学习到丰富多彩的信息技术知识，我们面向所有年级周二与周四开设选修课。

1. C++程序设计语言

作为信息技术的灵魂课程，程序设计语言在各个领域以及高校研究项目中都广泛分布，能否高精尖掌握C++语言，可以作为研究水平的一个标准。程序设计可以锻炼同学们的逻辑思维能力、理解能力和数学建模能力。

2. 黑客攻防

随着网络发展，黑客早已成为广大网民耳熟能详的词汇。在大多数用户看来，黑客总是让人感觉到神秘莫测，似乎遥不可及，那就通过本次课程，为大家揭开黑客的神秘面纱。本课程并不是鼓励大家去做黑客，而是做好安全工作，学会如何保护自己的电脑，如何不让别人入侵自己的电脑。

3. 计算机硬件组装

通过一个学期的学习，可以认识计算机所有硬件名称和性能指标。

4. Flash 动画赏析与制作

通过对 Flash 课程的学习，学生能独立制作动画和图片，为网站、网页设计提供相应的素材。另外，学生能够利用 Flash 制作广告宣传动画、各种类型的小游戏，为进入相应的领域打下基础。

5. 数据库管理技术

了解数据管理技术的基本概念。通过创建实例，掌握关系型数据库中的库、表、字段、记录等概念，理解"关系"的含义。了解数据库在各个方面的应用方法与价值。

6. 网页制作

根据表达任务的需求，使用常用的网页制作软件与发布网页。通过开发实践，学会规划、设计、制作、发布与管理简单网站的基本方法。根据网站主题要求设计评价指标，对常见网站的建设质量与运行状况进行评价。

7. 科学 DV 制作

培养学生的动手实践能力和提高学生科学探究的能力，包括规划科学 DV 的选题、DV 拍摄技术、收集科学 DV 的素材、DV 后期制作技术和科学 DV 创作等。

（三）信息学课程内容研究与开发

1. 学习王选精神，围绕"王选实验班"进行课程研究

"王选班"的顾问是倪光南院士、杜子德研究员、陈堃銶教授，他们对课程的要求是以启发学生的兴趣为主，我们通过日常的信息技术课程进行分层走班，一个层次是计算机基本操作，一个层次是计算机程予设计基础。利用选修课和竞赛课进行拓展和提升，在选修课我们提供"人形机器人""人机交互""信息安全"等软硬件结合的知识让学生接触体验，在竞赛课方面我们以信息学奥林匹克为方向，锻炼学生拼搏向上的品质。

2. 围绕"翱翔计划"进行的课程开发

我们深入研究，建立健全课程体系，包括基础性课程：C＋＋程序设计、数据结构、网络技术应用等；过渡性课程：图像处理；考察实践课程：科学 DV 创作；专业拓展课程：智能机器人、手机软件开发和黑客攻防等。将高校实验室的课程资源引入中学，学习清华大学手机软件开发、电视交互软硬件产品的研制，学习北京交通大学网络舆情的展开、图像信息的处理和加工，学习北京理工大学软件产品的分析，学习北京工业大学道路交通信号的控制等，从高校获取素材，将他们丰富的资源作为我们得以提高的宝贵财富。与中国计算机表演赛威盛中国芯合作，提高学生动手操作能力和加强前沿信息化知识的培训。

3. 围绕"开放实验室"进行的课程整合开发

这主要是信息前沿技术的体验课程，包括虚拟现实、可见光传输、人工智能之声音识别、人脸识别等相关领域课程，面向全市中小学进行开设。其中，最核心的内容就是"信息奥赛知识树"，它涵盖了信息学奥林匹克所有知识结构，让学生非常直观地了解自己，拓展学生自学空间。在"信息长廊"中，我们利用80幅经典照片将信息技术软硬件、计算机网络、计算机发展史进行了梳理，当学生利用手机或平板等设备扫描图片时，我们会发现每张图片都会呈现非常丰富的内容进行讲解说明。

4. 信息安全特色课程

我们主要联合奇虎科技有限公司、北京理工大学、北京工业大学等高校企业进行课程的开设，我们在初中、高中的普通班选拔感兴趣，有能力，品德高尚的学生参加。在信息安全专业教室进行安全攻防学习，努力培养杰出的国家后备人才。

（四）信息学资源整合的主要成果

1. 建立与高校之间的联合实验室

已经建立联系的高校包括：清华大学高性能实验室、清华大学数字电视实验室、清华大学微电子实验室、清华大学人工智能实验室、北京大学信息软件实验室、中科院软件所、北京理工大学信息安全实验室、北京理工大学软件工程、北京交通大学现代信息科学与网络技术实验室、北京交通大学通信与信息系统实验室等。

2. 建立与企业之间的联合实验室

已经建立联系的企业包括：奇虎科技（360）有限公司、北京桑怡科技有限公司、索尼（北京）有限公司、网联光通技术有限公司等。

3. 建立了大、中、小学联盟

已经建立友好的中小学包括：四川成都七中、湖南师大附中、江苏常州中学、人大附中、北京四中、清华附中、北京八一学校、朝阳实验小学、芳草地小学等全国重点的学校，形成了非常理想的贯穿教育，有生源的引进，有友好学校的交流，有高校的人才输出等元素。

（五）信息学取得的突出成绩

2012—2017年五人次进入信息学国家集训队，两人次获得亚太地区信息学奥林匹克国际赛区金牌，三人次获得全国信息学奥林匹克竞赛金牌。其中，张宇博同学初三获得了北京大学无条件一本线录取资格，高二被保送北京大学，高三进入北京旷视科技有限公司做科研开发；罗剑桥和何中天同学高一获得全国金牌以及清华大学免试保送资格，进入国家集训队之后又进入了国家候选队（全国前 15 名）。八十中被评为全国信息学奥林匹克特色学校和培养基地学校，被北京市教委评为信息学拔尖人才培养基地。

（六）引入多方信息特色课程，以"王选杯"展现信息素养

1. 将八十中的电脑节与全国计算机表演赛建立联系

八十中电脑节以往是信息技术教研组负责召集学生进行活动，比赛项目有打字比赛、硬件维修、网上生存和辩论赛，经过 4 届之后学生的参与程度大幅降低，为了更好地普及信息技术，更好地发挥八十中信息技术特长学生的引领作用，在 2011 年贾志勇老师带队参加了中国计算机表演赛，获得了高端项目手机软件开发的金奖，从此与中国计算机表演赛威盛中国芯的活动组织方近距离接触，邀请他们加入八十中的电脑节。经过周密地策划，在 2011 年 11 月我们成功举办了八十中第五届电脑节暨中国计算机表演赛季度赛，参加比赛的同学来自朝阳区各所中小学，从这个意义上讲，已经将八十中的电脑节办成了朝阳区范围的活动，增加了活动的影响力，大幅锻炼了八十中参加比赛的能力。另外，中国计算机表演赛北京赛区决赛在八十中举行，我校学生取得了 3 个一等奖的优异成绩。值得欢喜的事情还有，获得了威盛集团赞助的"未来教室"，2 个教室的平板电脑，这极大地充实了中学的教学，为八十中的教育教学改革增添了光辉。

2. "王选杯"交流活动，将信息学魅力推向顶峰

在八十中成功举办了"北京市创新人才培养暨北京市'王选杯'信息学交流大会"。本次大会旨在弘扬王选院士的先进事迹，搭建创新人才培养的平台，本着交流人才培养经验，以展示北京市创新人才培养的成果为重点；学习信息学前沿知识，展示王选创新实验班培养模式为特色。

参加本次交流大会的学生从小学跨越到高中，涉及多个年龄段。小学生主要是通过中文输入、命题搜索、初级应用三个方面展现自己的计算机操作和网络基本技能、创新思维能力。中学生通过程序设计交流活动展示自己的逻辑思维能力、实践操作能力。

第三章

青春起舞　金帆起航

　　"美是纯洁道德、丰富精神的重要源泉。美育是审美教育、情操教育、心灵教育，也是丰富想象力和培养创新意识的教育，能提升审美素养、陶冶情操、温润心灵、激发创新创造活力。"① 学校美育工作是立德树人、培根铸魂的事业，是构建德智体美劳全面发展的教育体系中不可或缺的重要组成部分。

　　从世界大范围来看，不管是发达国家还是欠发达国家，艺术教育都已经被提升到了一定的高度。从 20 世纪开始，许多国家逐渐注意到艺术教育对整个国家和整个民族文化素质的巨大影响，正式将艺术教育列入学校教育之中，并且制定了确切的教学目标及课程等。美国政府于 1993 年制定了《2000 年目标：美国教育法》，第一次将艺术（包括舞蹈、音乐、戏剧和视觉艺术）增列为教育中的核心学科。1994 年，"美国艺术教育国家标准"正式通过并颁布实行，这一标准的发表影响了全世界。如今，世界艺术教育正在朝着普及化方向发展，研究世界艺术教育的成果也在不断地推陈出新。

　　同样，美育也是我党教育方针的重要组成部分。党的十八大以来，以习近平同志为核心的党中央高度重视学校美育工作，把学校美育工作摆在更加突出的位置，做出一系列重大决策部署。2013 年党的十八届三中全会提出"改进美育教学，提高学生审美和人文素养"；2015 年国务院办公厅印发《关于全面加强和改进学校美育工作的意见》；2018 年 9 月，习近平总书记在全国教育大会上对美育工作作出重要指示；2020 年 9 月，习近平总书记在教育文化卫生体育领域专家代表座谈会上再次强调加强和改进学校美育。2020 年 10 月 15 日，中共中央办公厅、国务院办公厅印发了《关于全面加强和改进新时代学校美育工作的意见》（以下简称《意见》），就全面贯彻党的教育方针，加强和改进新时代学校美育工作进行了系统设计和全面部署。《意见》指出："学校美育课程以艺术课程为主体，主要包括音乐、美术、书法、舞蹈、戏剧、戏曲、影视等课

---

　　① 中共中央办公厅 国务院办公厅印发《关于全面加强和改进新时代学校体育工作的意见》和《关于全面加强和改进新时代学校美育工作的意见》［EB/OL］. 中华人民共和国中央人民政府，2020 - 10 - 15.

程……义务教育阶段丰富艺术课程内容，在开好音乐、美术、书法课程的基础上，逐步开设舞蹈、戏剧、影视等艺术课程。高中阶段开设多样化艺术课程，增加艺术课程的可选择性。"①

舞蹈作为一种独特的教育形式和教育内容，在促进学生德智体美劳全面协调发展，培养学生高雅的审美情趣和健康的身心素质方面具有其他学科不可替代的作用。国家社科基金教育学项目《舞蹈美育与人的全面发展研究》中明确指出："舞蹈具有提升人的身心协调和身心素质的功能，并有促进人的身体健康和心理健康的功效。舞蹈教育不仅能够提高人的力度、柔韧性、控制力、稳定性、人体各部位的协调性和灵活性等生理素质，同时还能提高训练者的综合能力、情感情商、意志行动、人格信仰等人格发展。"'舞蹈美育的本质是一种情感教育、人格教育、身心教育和全脑教育。"综上，舞蹈教育在学校美育工作中的重要性和必要性已经不用再赘述。舞蹈并不一定是他们的将来，但是肯定能成就他们的未来。

《关于全面加强和改进新时代学校美育工作的意见》已正式发布，明确指出"把美育纳入各级各类学校人才培养全过程，贯穿学校教育各学段，培养德智体美劳全面发展的社会主义建设者和接班人"。为应对新时代学校美育工作的要求，把《意见》中的指导精神落地实施，开展适应新时代美育工作的舞蹈教育教学研究势在必行。

在舞蹈教育的探索上，北京市第八十中学可谓国内的"先行者"，早在2004年，便展开了舞蹈艺术教育的探索和实践。十七年来，不断探索，勇于实践，逐步形成了中学舞蹈校本课程和校本教材的开发与建设，建立了符合当代中学生身心特点的舞蹈美育课程体系。

学校的舞蹈美育工作由田树林校长牵头，在"一人一天地，一木一自然"教育理念的引领下，形成了由专职教师统领、聘用教师辅助，外聘专家定期指导的教学机制。教师团队不断摸索、逐步完善，建构起与先进教学硬件相配套的教学体系，用舞蹈艺术的魅力吸引着学生走进舞蹈，走进艺术。舞蹈教育随之一步步升级，舞蹈课程从单一到多元，舞蹈教材从无到有，舞蹈实践从学校教室到国际舞台。

在多年实践中，八十中逐步形成了具有自身特色的舞蹈教学法——"启发

---

① 中共中央办公厅 国务院办公厅印发《关于全面加强和改进新时代学校体育工作的意见》和《关于全面加强和改进新时代学校美育工作的意见》[EB/OL]. 中华人民共和国中央人民政府，2020-10-15.

式多元化"教学法。教师在教学过程中，从学生的实际出发，采用多种方式，以启发学生的思维为核心，调动学生学习舞蹈的主动性和积极性，促使学生自由畅快地进行舞蹈实践与创作。

我校根据实际情况，形成了八十中特色的多元化舞蹈校本课程体系，既有面向全体学生的课程，也有面向舞蹈特长生的训练课程，形成了以必选课为主，选修课和训练课为辅的全方位、多层次的舞蹈课程体系。

为进一步提供高水平的实践和展示平台，我校创立了金帆舞蹈团，并且创作了一批反映中学生校园生活的舞蹈作品。如今我校金帆舞蹈团已发展成为优秀的中学生舞蹈团。

图 3-1　金帆舞蹈团专场演出谢幕合影

一、课程目标

当今社会需要的是可持续发展的全面人才，艺术素养已成为人才培养的重要内容。这不仅是社会的需要，更是提升学生生命质量，使学生成为一个"完整的人"的需要。如今，我们的教育理念已经转变为"以学生为本"，意在培养一个"完整的人"。舞蹈作为艺术教育的重要组成部分，更加需要回归学生本位，建立充满人性的课堂。《国务院办公厅关于全面加强和改进学校美育工作的意见》中明确指出："美育就是要培养学生的审美意识，提高学生鉴赏美和创造美的能力。"① 我们应该通过改进美育教学，提高学生的审美和人文素养，从而提高学生的整体素质并使学生完善人格。因此，实现舞蹈美育，培养"完整的人"应该是舞蹈课程建设的核心目标。

近来引起热议的"中国学生发展核心素养"问题，指出了学生应具备的、能够适应终身发展和社会发展需要的必备品格和关键能力，以"全面发展的人"为核心，包含文化基础、自主发展、社会参与三个方面。因而，舞蹈教育已经认识到：舞蹈作为一门综合性的艺术，除了可以达到健全人格、增强审美感知、提升文化理解、提升艺术表现力等目的外，还可以通过教学活动帮助学生提高社会参与能力。通过小组活动的方式培养学生的团队合作能力和责任感，通过舞蹈创编等活动形式培养学生的创新精神和创造能力。这些重要的社会能力是在其他学科的教学活动中很难培养的。因此，舞蹈课的育人目标还应包括提高社会参与能力。

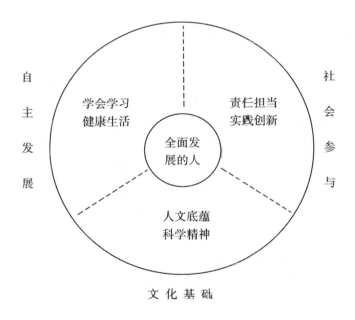

图 3-2　"全面发展的人"的构造

我校依据舞蹈艺术的特点、舞蹈课程体系的架构和人才培养需求设立了整体目标与各门课程的具体目标。舞蹈课程的整体目标是培养有良好的审美情趣，能

---

① 国务院办公厅关于全面加强和改进学校美育工作的意见［EB/OL］. 中华人民共和国中央人民政府，2015-09-28.

欣赏美、热爱美、表现美、创造美的健康快乐的中学生。主要聚焦在激发学生的学习兴趣，提升学生的审美情趣，培养学生创新精神和实践能力，树立积极健康的审美追求和生活态度这几方面。具体的课程目标和实现方法如下：

1. 以舞蹈鉴赏为突破提高艺术创造力及整体素养

中学生对于舞蹈艺术的理解是有限的，往往不能从更高的层面去理解作品的内涵。为了提升中学生表演的水平，我们还为学生开设了舞蹈鉴赏课程，课堂上通过欣赏经典作品，分析讲解不同国家、地区的舞蹈历史和舞蹈理论，让学生在理论的高度上深入了解不同时期舞蹈作品的审美，了解不同地区和民族之间的舞蹈文化差异，进而提高整体艺术素养，加强身体表现力。

以舞蹈鉴赏为例，我们和学生欣赏分析了国际、国内诸多优秀作品，囊括了古典芭蕾、中国古典舞、现代舞、中国民族民间舞等各个舞种。所谓鉴赏，无非是用观者的心灵与作品交谈的过程；无论是对同时代作品的鞭辟剖析，还是对年代久远作品的当代新解，古今中外，不外此理。

舞蹈鉴赏是借助具体的人体动作和舞蹈形象诉诸观众特定的思想和感情，让人们感受到舞蹈独特的美的精神活动。它的独特之处就是这种心灵与舞蹈作品的交谈，夹杂着更多的身体记忆和肢体运用，建立在一种对人的行动方式的调用和感受之上。因此，鉴赏者自身的知识储备、文化积淀、人生阅历、性格品行，将是影响和制约艺术鉴赏效果的第一要素，而舞蹈鉴赏所呼唤的动觉敏感，则是可以在长期的舞蹈储备铺垫下，慢慢谙熟而从容的鉴赏习惯。

在舞蹈鉴赏的过程中我们还会结合欣赏作品的体裁讲解相关的舞蹈历史、舞蹈理论，让学生更加深刻地理解作品的审美、艺术价值、编导技法、结构特点等。如在欣赏芭蕾舞作品《天鹅湖》二幕的时候，我们向学生讲授了作品《天鹅湖》第一次诞生的故事和编导彼季帕和柴可夫斯基合作的过程中一些有趣的故事。这样一来，学生在欣赏作品的时候就能够更加有兴趣，也会加深对作品的理解。久而久之，通过观赏学习不同物种的优秀剧目和舞蹈历史、舞蹈理论，他们整体的艺术素养就得到了很大的提升，在舞蹈剧目的表演中也更加得心应手。

2. 通过舞蹈创作培养学生敢于创新的思维方式

舞蹈创作是人类表达思想感情、发挥创造想象的良好媒介。创新精神与实践能力正是我校人才培养的重要目标。我校希望通过舞蹈创作激发学生的创造兴趣，锻炼学生的实践能力，为我校培养创新型人才提供助力。

创造力的培养是艺术教育的重要目标，也是艺术教育的优势所在。我们在学生共同参与舞蹈创作的过程中不断激发孩子们的想象力和创造力，从一个动作出发逐渐发展成为舞蹈语汇、舞蹈语言、舞段。让学生在这个过程中用独具个性的动作形象传递与众不同的情感，展现丰富多彩的生命状态。

图 3-3 舞蹈《借我一双翅膀》演出剧照

在作品《借我一双翅膀》中起初以"飞翔"为题，引导学生创编舞蹈动作，创编思想未受局限，可以凌空跃起，可以低空飞翔，想象自己成为一只有翅膀的鸟，自由翱翔。形式可以有独舞、双人舞、三人舞、群舞等。通过学生的展示最后作品中的主题动机形成了。此外，我还引导学生认识舞蹈空间，巧妙地运用舞台的空间调度，使舞台更具生动化、立体化，我们不同于一般从舞台两侧出台，而是借助道具（图板），紧随图板的运动而运动，图板在舞台上左右平移，时而交叉，时而重叠在一起，我们无法预测它下一步的轨迹，接着在图板交替的瞬间，一群乘着翅膀的天使出现在舞台正中央，给予观众耳目一新的感觉。

想象力是创造力的基础，学生在参与舞蹈创作的过程中体会到了成功的乐趣，也学会了用自己的方式去表达情感，在这个过程中他们获得了足够的自信心，从而变得愿意去创新、愿意去表达、愿意去分享！

3. 通过校园舞蹈表演培养学生的团队合作意识

团队合作能力是当今社会对人才能力要求的重要部分，在教学中为学生提供合作机会，培养学生的合作能力成为学校和老师关注的重点。舞蹈实践在这一点上拥有强大优势，在舞蹈课的实践练习和登台表演活动中，团队合作精神已经潜移默化地深入学生心里，这将是学生今后人生道路上的一笔宝贵财富。

　　在我们的群舞创作中有意识地把学生分为不同的组别，让他们共同编创动作，共同设计流动构图，共同设计舞美道具。在这个过程中学生学会了怎么与不同的个体合作从而实现和谐统一的美，也学会了关心别人，把自己置身于团队、社会之中，从整体出发去考虑问题。以《红旗飘飘》为例说明：

　　作品中的演员身穿红色服装，好比一颗颗炽热的心，散在舞台的每一个角落，有时又聚成一团，象征着一股团结的力量，无比坚固。伴随着歌声"五星红旗，你是我的骄傲；五星红旗，我为你自豪；为你欢呼，我为你祝福；你的名字，比我生命更重要……"队形和构图在不停地变换，学生们在多变的流动中积极主动地与其他演员配合，确保每一个队形的美观、整齐，在作品的流动中形成了一道红色的风景线。从每一次的排练到最后的舞蹈呈现，所有的孩子都深深地感受到彼此配合与照顾的重要性，只有大家齐心协力才能把舞蹈作品的完整意象表现出来。此外，作品中的服装、道具都是学生们亲自参与设计并制作的，包括作品的流动构图全部由学生参与完成。他们在作品结束的那一刻都流下了激动的泪水，正是他们精诚团结的精神才有了《红旗飘飘》这个作品的成功！

　　4. 通过舞蹈培养学生健康向上的审美趣味和乐观的生活态度

　　高尚的审美品位会让一个人远离低级趣味，积极乐观的生活态度会让一个人能够主动出击，克服困难，创造美好的未来。在我校的舞蹈创作、舞蹈教学中始终坚持以人为本的理念，关注舞蹈本体——人的身心健康，让孩子们远离毕加索笔下的"小脑人"。

图 3-4　舞蹈《炫动》演出剧照

比如，在作品《炫动》中，学生们用他们的身体营造出中考来临之前的紧张氛围，每一个课间都是仅有的美好时光。放下肩膀上沉重的书包，尽情舞蹈，将学习、压力、作业等抛之脑后，只沉浸在舞蹈的世界里做自己。这是一个随性的舞蹈，也是我们用舞蹈来表现我们绚烂多彩的课余生活，我们游戏、比赛、齐舞。随心而舞，《炫动》正是如此。快跟我们一起舞动，一起快乐，一起释放压力！

二、课程架构

我校为了实现开展舞蹈普及教育、以舞育人的目标，积极探索舞蹈教育的有效模式，构建起多元的舞蹈校本课程体系。我校针对不同学生设置了灵活的舞蹈课程，包括面向全体学生的舞蹈必选课、面向舞蹈爱好者的舞蹈选修课，以及面向舞蹈特长生的舞蹈训练课。并且针对初中生和高中生不同的身心发展特点设置不同的课程目标和教学内容。多样的课程设置在完成普及教育的同时也满足了各类学生的需求，至今已经形成了以舞蹈必选课（选修课中的必选）为主，选修课和训练课为辅，初高中整体规划的全方位、多层次的课程体系。

表 3－1　多元舞蹈校本课程体系基本信息

课程类型	开设学段	授课对象与形式	课程目标
必选课	初中阶段《舞蹈》	面向全体学生；每周1课时，共36课时	以激发兴趣为主，建立健康向上的心态，培养高雅的审美情趣
	高中阶段《舞蹈赏析》	面向全体学生；每周1课时，共18课时	以舞蹈审美为核心，开阔人文视野，树立正确审美观和文化观
选修课	初中阶段《形体训练与校园舞蹈》	面向舞蹈爱好者（约40人）；每周1课时，每学期18课时	以实践为主，完成学生的肢体训练，帮助学生矫正形体
	高中阶段《舞蹈形体与气质》	面向舞蹈爱好者（约40人）；每周1课时，每学期18课时	以实践为主，提升学生的身体素质和基本能力，形成良好体态
训练课	《艺术校园舞蹈》	面向舞蹈特长生（约60人）；每周5课时	培养拥有较高专业水平和丰富实践经历的舞蹈特长生，为更高一级院校输送人才

（一）必选课

图 3 - 5　舞蹈教师肖燕
在给高中部学生上舞蹈赏析课

　　课程目标：通过经典作品赏析，启发学生的思维想象，让学生认识舞蹈，走进舞蹈，以舞蹈审美为核心，培养舞蹈艺术的兴趣爱好，激发学生的舞蹈热情，引导学生参与舞蹈。

　　课程建设：2004 年，八十中就开始了中学舞蹈校本课程的开发与实践，首先在高中阶段开设必选课《舞蹈赏析》，面向全体学生，共 18 课时，计一学分。2012 年，初中阶段也开设了《舞蹈》课程，面向全体学生，共 36 课时。

　　课程内容：从欣赏经典舞蹈作品开始，引导学生对舞蹈作品进行深入理解和分析，让学生了解舞蹈背后的文化内涵，提升学生的审美能力。课程中，我们也借鉴了素质教育舞蹈课程的教学模式，引导学生进行舞蹈创作尝试，让学生用自己的方式进行舞蹈创作，领悟舞蹈的本质和规律，发挥创造力和想象力，在小组合作中不断提升团队合作能力，培养创新能力。

　　评价考核：以课堂表现、专题演讲、舞蹈作品评论文章、小组形式表演舞蹈作品为考核内容。

表 3 - 2 必选课《舞蹈赏析》评价表

内容	分值（百分制）	要求
考勤评价	10 分	课堂表现
专题演讲	20 分	10～15 分钟演讲，每人独立完成；自选主题，制作 PPT
舞蹈作品评论文章	20 分	独立见解，鼓励表达内心感受，2000 字以上
小组形式表演舞蹈作品	50 分	最少 2 人，鼓励原创、改编，时长 3 分钟以上

为学生提供展示自己的舞台是课程的终极目的，考核中优秀的作业会在每年的校园艺术节上展示，鼓励学生创新，并锻炼他们的心理素质。

（二）选修课

图 3 - 6 选修课中学生们在跳校园舞蹈

课程目标：通过形体训练塑造学生良好的动作习惯，帮助学生塑造挺拔的形体，提升气质；通过学习多元的舞种作品，模仿我校编创的校园舞蹈，让学生在教师的启发下释放激情，张扬个性。

图 3 - 7　选修课中学生们在跳校园舞蹈

　　课程建设：2005 年起，在选修课中开设形体训练基础课程，面向全校有兴趣的学生，并让学生自主选课，共 18 课时，1 学分。自 2006 年起，我校编创的校园集体舞《雪绒花》《樱之花》《快乐宝贝》《快乐恰恰恰》等，在全校学生中广泛流传。近年来，越来越多的学生喜欢上了舞蹈，也有更多更优秀的校园舞蹈在学校中流行起来。

　　课程内容：课程以芭蕾舞、中国古典舞形体训练为基础，同时辅以不同舞种的剧目学习，让学生初步掌握具有代表性舞种的风格；学习我校自主编创的校园集体舞，释放学生的激情。

　　评价考核：以课堂表现、形体展示、校园集体舞为考核内容。

表 3 - 3　选修课《舞蹈形体与气质》评价表

内容	分值（百分制）	要求
课堂表现	20 分	出勤率、课堂表现、态度与积极性
形体展示	40 分	学生能初步展示优美形体的能力，养成良好的动作习惯
校园集体舞	40 分	能够合作完成 1~3 个完整的校园集体舞作品

　　舞蹈展示的机会让学生自发地参与到集体舞蹈之中，展现优美身姿，并在舞动的过程中激发合作意识，培养团队精神。

（三）训练课——《艺术校园舞蹈》

　　课程目标：课程主要针对舞蹈特长生开设，通过基本功训练和舞蹈创作的启发，旨在培养具有专业化、多元化舞蹈素养的中学生，为更高一级院校输送专业人才。课程安排在学生的课余时间进行，每周 5 课时。

课程建设：2004年起，首先开设芭蕾基训，提高学生们的软开度和基本肌肉能力；2005年探索性地融入中国古典舞基本功训练，初步摸索出符合中学生生理特点的技巧；2007年加入中国古典舞身韵课程，开发孩子上肢的表现力。2008年，为学生开设舞蹈编导初级课程，教授舞蹈创作的基本技法；2010年，聘请校外舞蹈专家开设大师课，拓展学生的艺术视野。

课程内容：课程以芭蕾舞基训、中国古典舞基训、中国古典舞身韵、现代舞基训为框架，结合中学校园舞蹈的实际特点，不断提高学生的肌肉能力和软开度，为跳转翻等专业技巧奠定基础；同时开设舞蹈编导课程，教授舞蹈创作的基本技法，让学生学会用自己的感受去表达舞蹈。

评价考核：以考勤评价、基训展示、舞蹈创作、技术技巧为考核内容。

表3-4　训练课《艺术校园舞蹈》评价表

内容	分值（百分制）	要求
考勤评价	10分	出勤率、日常表现
基训展示	30分	能较好地掌握并完成基训课程的训练内容
舞蹈创作	40分	能够独立或小组合作完成一个相对完整的舞蹈作品
技术技巧	20分	能够完成规定的技术技巧动作

图3-8　舞蹈团学生在训练课中练习基本功

　　在训练中培养和提升学生的舞蹈专业能力，为培养具有专业化能力的舞蹈人才搭建优质的平台，以激发并展现学生发散思维多元创作的综合专业能力。

图3-9　舞蹈团学生在训练课中进行剧目排练

三、课程内容

（一）以"生态式"舞蹈教育为理念设计课程内容

　　所谓"生态式教育"就是一种为改变各种知识之间生态失衡状态，形成各专业知识之间、知识与自我之间的生态关系的教育，它的目的是培养出真正具有智慧的"开放型的专家"。生态式艺术教育是由滕守尧教授在生态式教育的理论基础上提出的，是继灌输式艺术教育、园丁式艺术教育之后的一种新型艺术教育。生态式艺术教育改变了各种知识之间的生态失衡状态，通过音乐、舞蹈、美术、戏剧等多种艺术间的交叉、融合，以及文学、艺术史、艺术批评、艺术创造等多种学科之间的互生、互补，提高学生的人文素质和艺术能力。这种新型的艺术教育形式意在培养具有可持续发展能力的人，培养具有真正智慧的、适应现代社会要求的"全面发展"的人。①

近年来，舞蹈教育如何实现从"灌输型教育"到"创造型教育"的转变是教育专家们主要探讨的问题之一。这种"创造型教育"的理想与生态式艺术教育的理念不谋而合。因此，在舞蹈课程中引入生态式艺术教育模式，不再以舞蹈模仿为主要教学内容，而是关注个体差异，体现人文精神，建立创造型课堂。

结合生态式舞蹈课的设想，我校舞蹈课程的教学内容以舞蹈鉴赏和创造性实践为核心，以主题或课例的形式进行编排，选材经典，范围广泛，适合中学生身心发展特点。

1. 舞蹈鉴赏

舞蹈鉴赏是借助具体的人体动作和舞蹈形象诉诸观众特定的思想和感情，让人们感受到舞蹈独特的美的精神活动。它的独特之处就是通过肢体动作和身体表现，让鉴赏者的心灵与舞蹈作品对话，完成思想和情感上的沟通。鉴赏者自身的文化知识、思想观念、艺术理解，都会影响其对艺术作品的鉴赏。因此，舞蹈鉴赏可以帮助学生围绕作品进行丰富的人文主题的艺术学习。

课堂上通过对不同时代、不同国家、不同风格的舞蹈作品的欣赏，完成相关舞蹈文化的普及以提升舞蹈审美；让学生更加深刻地理解作品的审美、艺术价值、编导技法、结构特点等。再围绕作品拓展到相关的文学、艺术、科学等各个领域，完成综合素养的提升和对艺术之美的深刻理解。高中生已经具备了对事物和现象较为深刻独立的分析能力，在平时的学习中也有对文学作品、历史事件、社会现象等的分析训练。舞蹈作为一门综合性的艺术可以实现多领域的融合，通过一部舞蹈作品，辐射到文学、历史、社会等多个学科，帮助学生进行多领域、多角度的深入思考和分析。

2. 创造性实践

创造性舞蹈实践以拉班的"力效"舞蹈动作教育理念，"身心学"的动作教育观念，后现代舞蹈艺术"走进大众、关注自然""人性关怀"的理念以及后现代舞蹈的"即兴编舞"与"环境编舞"融入舞蹈普及课程的教学内容。研究如何通过外部动作的训练去完善学生核心素养，建立作为一个可持续发展的人所必备的品格和关键能力，即健全的人格和发现美、创造美的能力。

创造性舞蹈实践的教学内容包括身体感知和动作发掘、情景式舞蹈创作、

① 滕守尧. 论生态式艺术教育［J］. 陕西师范大学学报（哲学社会科学版），2003（3）：5.

校园舞蹈的学习和创编三部分。

　　身体感知应由教师引导完成，带领学生重新发现身体，感受身体各个部位如头、肩、手、腰、腿、脚等，在教师的启发下寻找身体各部位的动作可能。通过初期的动作练习让学生可以大胆灵活地运用身体，敢于表现自己的肢体动作。

　　情景式舞蹈创作是指由教师设置不同的环境、场景、主题等，学生充分发挥自己的想法和创意，用肢体的形式表现出来。具体情景可以由教师根据学生的实际情况自行选取，并且自行决定难度。教材需要具备的是将尽可能多的教学内容提供给教师进行选择，这样才可能应对不同程度的学校和学生。

　　校园舞蹈的学习和创编是指学生在教师的帮助下完成校园舞蹈作品的部分创编。先由教师确定作品主题、音乐、主题动作，然后将主题动作教授给学生，接下来由学生在此基础上完成动作的发展和扩充，队形的编排和表现形式，最终完成整个作品并进行表演。如校园华尔兹《雪绒花》的学习和创作，我们着重抓了动作讲解、示范模仿、互动启发、编排合作等几个环节。教师先通过与学生之间的对话完成对交谊舞特别是华尔兹的文化理解，了解其礼仪性的根本特点，再教授学生华尔兹的行礼动作和几种典型的步伐、舞姿，随后学生就根据音乐和雪绒花的主题开始编排作品。在排练时，让男女学生自由选择舞伴，以小组形式完成动作的串联和队形的编排，通过小组间互相观摩，最终形成一个全班同学共同创作表演的集体舞蹈作品。

　　我们希望通过这一系列的教学内容让学生从发现身体到使用身体，在轻松和谐的氛围中，引导学生发挥创造力与想象力，独自创编舞蹈动作或舞蹈片段，使学生能够放松身心，激发创造力和想象力，表现自我。

　　2010年，我校舞蹈教师根据多年课堂实践经验，编著出版了高中舞蹈艺术教育校本教材《舞蹈赏析》（人民日报出版社），用以指导辅助日常教学。该教材图文并茂，是一本适合舞蹈初学者的入门读物，也是开发固化的独立课程资源，得到学生和同行们的一致好评。

表3-5 《舞蹈赏析》校本教材纲要

单元	课程	内容	目的
舞蹈的欣赏	1.1 认识舞蹈 走进舞蹈	介绍舞蹈的定义、起源及分类	通过对舞蹈艺术门类的综述,带领学生初探舞蹈艺术之美,培养学生对此学科的兴趣。
	1.2 用感知美的眼睛欣赏舞蹈	通过欣赏培养兴趣	
	1.3 舞蹈的审美类型	介绍舞蹈艺术审美特点及如何欣赏舞蹈	
舞蹈的种类	2.1 民间舞	介绍国内外代表性民间舞,以汉族舞和爱尔兰踢踏舞为主要学习对象,学习汉族舞手巾花的使用及简单的踢踏舞动作。	通过讲解不同舞蹈种类,使学生细致全面地了解舞蹈艺术的丰富性、多样性。通过对舞蹈动作进行学习,活跃课堂气氛,规范体态,使学生们体验不同舞蹈体系的区别。最终使学生们能够辨认舞蹈的种类,且用不同的方式欣赏不同的舞蹈种类。
	2.2 古典舞	介绍中国古典舞和芭蕾舞,学习古典舞基本身形、手型及步伐;芭蕾舞手位与脚位。	
	2.3 现代舞	介绍现代舞特点及发展历史,学习现代舞呼吸组合。	
	2.4 当代舞	介绍当代舞特点及其与现代舞的区别,以"飞翔"为主题分小组进行舞蹈编创。	
	2.5 交谊舞	介绍交谊舞及其分类,男女分组学习集体舞恰恰。	
舞蹈的体裁	3.1 舞蹈与音乐	简述舞蹈与音乐的关系,欣赏音乐剧《猫》。进行音乐情绪编创。	通过学习舞蹈的体裁,使同学们初步探寻舞蹈编创的过程,进行多元的理解,最终完成校园舞蹈短片创作。
	3.2 舞蹈与美术	简述舞蹈与美术的关系,欣赏舞蹈服装和舞剧舞美。学习辨认不同民族舞蹈服装。	
	3.3 舞蹈与戏剧	欣赏剧情性舞剧,体验舞剧中的戏剧情节发展。	
	3.4 舞蹈与影视	欣赏歌舞片,分组进行校园舞蹈短片创作。	

单元	课程	内容	目的
舞蹈与潮流	4.1 爵士舞	介绍爵士舞与流行舞，简单学习太空步。	对流行舞进行简单的学习，拉近舞蹈与学生间的时代关系，舞蹈就在我们身边，最终让学生学会欣赏舞蹈并喜爱舞蹈。
	4.2 街舞	介绍街舞及分类，学习简单的街舞舞步。	

在日常的舞蹈课堂之外，我校积极开设"舞蹈大课堂"，包括专题讲座、现场观摩、校际交流、演出等。在培养普通学生舞蹈基本素质的基础上，为学生搭建多元展示平台。多样的实践活动丰富了教学组织形式，让学生全方位体会到舞蹈艺术的魅力，将舞蹈融入学生的生活，成为他们生活的一部分。收获舞动的自信，展示舞蹈中的创造！开学典礼、教师节、元旦舞会、校园艺术节是学生展示舞蹈学习成果的第一平台，鼓励学生独立创编舞蹈作品，参与演出；中央电视台、北京电视台举办的大型文艺演出、专场演出、国际交流是锻炼学生的更高舞台，提高学生的艺术表现力，锻炼他们的心理素质。2012年、2014年、2015年受邀参加北京电视台春节联欢晚会，2014年参加在国家大剧院举办的《花开北京：2014亚太经合组织第三次高官会主题晚会》，2014年代表北京市金帆艺术团赴英国参加爱丁堡国际艺术节。

表3-6 三级课程展示平台

面向全体学生的活动平台	学校重大演出活动	开学典礼、教师节、运动会等	以年级为单位展示舞蹈课程学习成果
	学校艺术节	每年年底举办校艺术节	每班选送优秀节目参加艺术节演出
	学校舞会	以班级为单位开展校园集体舞比赛	"华尔兹"比赛、"快乐恰恰恰"比赛、"红灯笼"传统民间舞比赛
面向舞蹈爱好者的展示平台	学校艺术节、舞会		模仿流行舞蹈（以街舞、爵士、踢踏为主），创编舞蹈作品，参与演出

面向特长生的表演平台	国家级、市、区级艺术节	学生艺术节舞蹈比赛
	全国、市、区级重大活动演出	团拜会、春晚等
	社会公益性演出	"一带一路"、奥运会等相关活动
	专场演出	每年举办一场舞蹈专场演出
	国际艺术交流	（德、美、日、韩等）艺术交流

四、课程实施

对于我校乃至全国来说，如何在中学开展舞蹈课程还是一个在探索中的课题。面对无例可寻的情况，我校大胆创新，在实践中摸索。经过几年的探索与实践，终于构建了一整套中学阶段的舞蹈课程知识体系，并且开发出了与之相配套的教材。同时，我校也总结出了一套适合舞蹈教学的"启发式多元化"教学法，从教学实践效果来看，这些方法是行之有效的。

（一）"启发式多元化"教学法的提出

学生的学习方式可以有三种分类：根据学生在学习过程的内在动机的来源，学习方式可以分为被动学习与主动学习；根据学生在学习过程中对学习的探究欲，学习方式可以分为接受学习和探究学习；根据学生学习策略与学习动机的不同，学习方式可以分为表层学习、深层学习、成就学习三种。① 就中学生来说，其学习方式具有以下特点：

（1）学生学习的内在动机较小学阶段略有增强，但学习仍然是以被动学习和接受学习为主，属于表层学习；

（2）学生在学习中缺乏主动性和探究性，并且随着年级的增高，学生的学习兴趣、主动性和探究性递减；

（3）学生在学习过程中以个人学习为主，合作学习较少；

（4）学生的考试成绩与学习主动性、探究性有显著相关性。

针对中学生学习方式的特点，舞蹈课在教学中应该选取能够激发学生学习

---

① 刘凯．中学生学习方式研究［D］．信阳：信阳师范学院，2013．

兴趣的教学方法，提升学生在学习上的主动性，培养探究精神；增加学生合作学习的机会，培养合作学习的能力。

启发式教学法在欣赏和实践部分都有应用。在欣赏教学中，老师的注意力不在知识点的介绍上。对于知识性的问题，可以在课前以学案的形式让学生进行自主学习，然后在课堂上以提问形式完成。老师的主要关注点应在学生对舞蹈的审美感受和存在其背后的文化理解上。这需要老师储备大量的教学资料，从中选取恰当的有意义的资料提供给学生（这类资料往往是学生查不到或是没有的）。老师通过启发式的提问和谈话让学生完成独立思考，并且在小组讨论或发言中准确表达出自己的观点。在实践教学中，启发式教学法极其重要。在课堂中没有老师一遍遍示范，学生一次次模仿，而是以即兴和创编为主，老师的任务是带领学生发现身体的无限可能性。

课堂以游戏的形式进行，学生在玩的过程中进行肢体运动的尝试，老师通过启发式的语言和动作与学生形成互动，随时观察学生的表现和反馈，并且及时对学生进行鼓励和指导。这样的课堂，学生会在老师的鼓励下释放自己的创造力，特别愿意去尝试不同的舞蹈体验。学生会在老师的启发带动下主动参与到教学之中。这样一来，学生学习的主动性会大大提高，求知欲也会被极大地调动起来。

在我们的教学中，每堂课结束，学生都会意犹未尽，兴奋不已。在老师布置创编作业之后，校园中时不时就会出现三五成群的学生在一起排练讨论。这是学生对学习有兴趣并且在主动学习最好的证明。

对于舞蹈课来说，因为课程要提供给学生的核心素养包含多个方面，教学内容包含多个维度，教学方法也应当是多元而灵活的。"启发式多元化"教学法就是在此基础上形成的。教师在教学过程中，从学生的实际出发，采用多种方式，以启发学生的思维为核心，调动学生学习舞蹈的主动性和积极性，促使学生生动活泼地进行舞蹈实践与创作。

我们主要运用了两种教学方法：互动讨论和自主学习。

1. 互动讨论与民主对话

互动讨论法是通过师生间的民主对话和讨论来共同思考、探究和解决问题。这种教学方法的优点是教师和学生共同参与到教学过程中，共同发挥教师和学生这两个教学主体的主动性和积极性。这个方法体现了教育的民主性，也有利于在互动中培养学生正确的社会态度。

我们在欣赏课的实验教学中多运用这种教学方法。互动讨论包括两种形式：互动提问和小组讨论。首先是互动提问。在欣赏作品的同时，通过教师的提问、鼓励与引导，学生进行独立自主的思考，并且自曰表达自己的见解或是疑问。在教学中，教师的提问是需要特别设计的，首先要创设一个对话情境，然后提出恰当的问题。对于中学生来说，提问不应是如"这个舞蹈美不美啊？"这种设问式的无用问题；也不应是如"这个舞蹈表达了什么情感？"这类简单直接的问题。面对学生的课堂提问应该是能够激发学生的思考，机智并且富有艺术性的。这样的提问才是有价值的好的问题。此外，我们在教学中也较多使用小组讨论的方法。实验发现，教师在提出一个富有挑战性的较难的问题时采用小组讨论的方式效果较好。学生在小组内互相碰撞和交流后往往能带来角度独特的有深度的观点。

但是，在小组讨论时教师需要对人员分组进行仔细考虑，有些小组由于缺乏领导者的带动和组织不能达到令人满意的效果。此外，在小组讨论前教师要首先制定讨论的流程和规范，并且在小组讨论中随时观察各组情况。否则讨论容易流于形式，课堂也会因此混乱无序。只有好的规范和习惯才能形成充满智慧的精彩讨论。

2. 自主学习以学生为中心

自主学习法是让学生独立自主地解决问题，教师只在学生需要的时候提供适当的帮助。这种教学方法可以提高学生掌握知识技能的效果；促进学生形成良好的学习习惯与态度；提高学生的自主学习能力。这种教学方法中学生的自主活动占主导地位，极大增强了学生学习的自主性。

在欣赏课的知识性学习时我们也会运用自主学习的方法，上文已经提过，这里不再细说。这种教学方法最主要应用在实践误的实验教学中。舞蹈课的实践部分的教学内容以即兴和创编为主，教师以启发式的教学方法激发学生的学习兴趣，让学生在老师的引导下通过自主学习完成教学。我们的自主学习主要以小组合作的形式完成。通过实验，我们总结了几个自主学习中需要注意的问题：

（1）确定合适的课题和任务

不是所有内容都适合学生自主完成。教师要对学习内容进行选择，考虑的因素包括内容难度、学生能力、时间安排等。要设计好分组的任务，可以让每组的任务都相同，也可以为每组分别安排一个任务。自主学习开始前要确保学生明确自己的任务以及教师的要求，不然自主学习将没有意义。

（2）准备有助于学生自主学习的教学资料

教师要准备大量的适当的材料用于帮助学生完成自主学习。如在欣赏课时提供恰当的阅读材料或相关视频；在实践课的创编中提供音乐素材供学生选择等，并且让学生明确如何使用以及使用的程度。

（3）时刻关注学生的学习情况并及时提供适当帮助

在自主学习的过程中，教师要时刻观察学生的活动，掌握学生的学习进度和具体情况，保证学生的学习按照教师的计划进行。同时要及时发现问题并且提供适当帮助，对于预先没有估计到的情况及时做出反应，因势利导，保证自主学习得到应有收获。

（4）对自主学习的过程及结果进行正确评价

评价是自主学习的必备环节，是检验学习效果的关键保证。我们的评价包含过程性评价和终结性评价，采取自评和互评相结合的形式。比如，小组在舞蹈展示结束后先由组长介绍本组的想法及优缺点，再由其他学生和老师进行评价。在评价过程中需要老师引导学生规范评价的内容和角度，使得评价真实有效，学生可以通过评价得到更多帮助和启发。

通过不断的教学研究和教学实践，舞蹈课程在实施中有了许多有效的途径。

（二）课程实施途径

1. 以掌握舞蹈基本理论和种类为主，结合学生兴趣特点确定教学内容

舞蹈必修课的主要教学内容是介绍舞蹈基础理论和舞蹈种类，赏析中外舞蹈作品。在教学中，我们先后讲授了中国民族民间舞、中国古典舞、芭蕾舞、外国民族民间舞、现代舞、社交舞、流行舞蹈等舞蹈种类。比如，在教授外国民族民间舞蹈一章时，根据当前国外舞蹈发展情况和学生的兴趣爱好，选择爱尔兰踢踏舞作为教学的主要内容，介绍了这种舞蹈的起源、特点，并欣赏了其代表作《大河之舞》的精彩片段，使学生从理论和实践两个方面基本了解了踢踏舞这种舞蹈类型。几年来，通过欣赏《东方红》《红色娘子军》《丝路花雨》《扇舞丹青》《天鹅湖》《巴黎圣母院》《音乐之声》《活力四射》《飞舞》等舞蹈作品，使学生对舞蹈艺术有了初步的理解和感受，引导学生走进了舞蹈的艺术殿堂。

2. 循循善诱积极鼓励，不断培养学生形体表现的自信心

中学舞蹈教育的对象不是专业舞蹈演员，而是对舞蹈具有一定兴趣和好奇心的中学生。如何引导帮助他们克服在形体表现上的陌生、羞怯和恐惧心理，是教授舞蹈普及课程需要着重解决的一个问题。经过一段时间的观察、思考和探索，我们总结概括出一套以鼓励激励为主的教学方法，即注重从学生的现有基础出发，始终坚持以学生为本，对他们不带偏见，不提出过高的期望和要求，

鼓励学生大胆表现自身形体，模仿和练习舞蹈动作，拉近舞蹈与学生之间的距离，让每一个学生都跳起来，感受舞蹈，展现个性，做课堂的主人。比如，在讲授芭蕾舞时，先让学生欣赏经典版和男子版《天鹅湖》舞剧中的"四小天鹅舞"，再分解教授几个简单的动作，让他们初步了解掌握芭蕾舞的脚位、手位和舞姿。虽然学生的动作并不是很美观和到位，但对他们的表现仍给予充分肯定和鼓励。学生们跳出了我们八十中穿着旅游鞋的四小丑鹅舞，而不是穿着芭蕾鞋的经典版和赤脚男版的四小天鹅舞，学生们的积极性、主动性很高，教学过程始终充满欢声笑语，课堂气氛十分活跃，有效地调动了学生舞蹈表现热情，增强了他们的艺术感受力。

图3－10　舞蹈课上学生们在进行舞蹈展示

3. 采用多种教学手段，增强课程的吸引力

作为一门在正课时间开设的艺术教育课程，舞蹈必修课也应遵循现代中学文化教育的普遍规律和基本方法。我校修建了配有现代设施的舞蹈专业教室，为学生上课提供了良好条件。教学中，广泛运用文、图、音、像综合的多媒体教学手段，充分表现出舞蹈的魅力和吸引力，从视觉、听觉、动觉等方面调动和激发学生的兴趣，通过学习舞蹈知识、练习舞蹈动作，缓解了学生的学习压力，调节了身心，达到了寓教于乐、以美促德、以美益智的目的。课程结束考试时，我们采取让学生自由组合搭配、自由编创舞蹈作品的形式，为充分发挥他们的想象力、创造力、表现力提供了广阔的空间和余地。实践证明，这种灵活的考核方式既能检验舞蹈学习的效果，也能为广大学生所接受，符合当前中学舞蹈普及教育的基本要求。

4. 着眼于塑造学生的舞蹈气质与形体，以舞蹈实践为主

在讲授舞蹈知识与欣赏舞蹈作品之外，我们把更多的精力放在了舞蹈实践上。我们希望通过基本的形体指导，教授适合学生的校园舞蹈，并引导学生发

挥创造力与想象力，独自创编舞蹈动作或舞蹈片段，达到使学生解放心灵、释放激情的目的。实践部分的主要教学内容：一是舞蹈基本动作练习，通过训练头、肩、腿、脚、身体的基本动作，矫正形体和培养学生的正确形体姿势，提高他们身体动作的协调能力；二是教授流行舞蹈，通过教授街舞、机械舞、拉丁舞、爵士舞等符合青少年年龄特点和兴趣爱好的舞蹈种类，增强他们对舞蹈艺术多方面的感知，全面提升舞蹈表现力；三是排练校园集体舞蹈，近年来先后编排了三步舞《雪绒花》、民族舞《阿细跳月》等集体舞蹈，丰富了他们的课余生活，培养了他们的合作能力，增强了他们的集体荣誉感，促进了校园文化活动发展。

5. 运用互动式教学，增强学生舞蹈的实践能力和表现能力

实践教学主要是通过手把手地教授舞蹈动作，让他们跳起来、动起来、更高层次地理解舞蹈、实践舞蹈，进一步挖掘和激发学生跳舞的潜力。在教学中，我们着重抓了动作讲解、示范、模仿、互动交流、编排合作等几个环节。在排练集体舞《雪绒花》时，老师与学生、学生与学生之间互相交流沟通华尔兹舞蹈的特点，让男女学生自由选择舞伴，通过老师示范、接受能力强的学生领舞带动和组织全体学生进行排练，使他们了解华尔兹舞蹈具有的文化底蕴和内涵，培养他们的优雅风度和社交能力，全面提升学生的艺术修养和气质。

6. 依照不同季节创编校园舞蹈，探索舞蹈的美育力量

图3-11　舞蹈《成长》演出剧照

早在西周时期,"礼乐"教育体系就已经有意识、有目的地把舞蹈作为一种政治道德教育手段来"治世",可以说是后世舞蹈教育的范本。其"乐教"思想在随后的两千多年,甚至直到今日,都可见其踪迹。当今,审美能力和创新能力是我们所接受的素质教育中十分重要的目标。在这样一种大环境的感召下,汲取古人用舞蹈"修身""治世"的精华,结合时代特点,恰是对"春夏学干戈,秋冬学羽籥"的确切理解。为此,我们进行了大胆的创新并且积极实践。我们尝试依照不同的季节来创编不同形式的舞蹈,以求使学生感受到身体与自然的和谐。经过我们的努力,初步完成了四季舞蹈的创编:春季舞蹈——健身操《樱之花》《桃花朵朵开》;夏季舞蹈——啦啦操《快乐宝贝》;秋季舞蹈——现代舞《成长》;冬季舞蹈——民间舞《红灯笼》、交谊舞《雪绒花》。当然,这只是我们现阶段的研究成果,我们的四季舞蹈还会继续丰富完善起来,使学生们通过舞蹈更加真切地感受生活,感受生命。

(三) 校园舞蹈创作是舞蹈美育的重要实施途径

中学校园舞蹈教育中受训群体自身的生理特殊性对教育过程有着不同于职业舞蹈教育的要求,因此,我校一直致力于创作能够反映中学生校园生活、学习的作品,为学生提供认知舞蹈艺术、参与舞蹈创作和表演的机会。多年以来积累了丰富的教育和创作经验,形成了数量可观的舞蹈作品,同时也培养出一批又一批具备艺术创新思维的学生。

我校从 2004 年起开展中学舞蹈创作、教育教学工作,十余年中一直致力于创作真正适合中学生的舞蹈作品,并且结合现当代舞蹈编创方法,创作出一批反映中学生校园生活,表达中学生思想情感的现当代校园舞蹈作品。在创作、教学的过程中不断探索符合中学生身心特点的创作方法和教学方法,努力培养具备高尚审美、高雅品位、富于创造力的一代新人!

下面将以我校创作的作品为例,浅析中学校园舞蹈创作中的原则和中学生在舞蹈教育过程中如何通过身体的规训实现身心和谐发展的经验。

1. 中学校园舞蹈创作的原则

校园舞蹈受训载体的特殊性对教师提出了更高的要求,我校把通过身体教育实现对学生的全面教育作为校园舞蹈创作的核心,让学生通过舞蹈艺术学会利用感觉的方式认识世界,不断提升智能;通过优美的舞蹈律动增强体能;以高雅的审美方式解放心灵,挖掘学生的创造潜能;以身心一体化的训练塑造学生完美的人格!

（1）舞蹈语言符合中学生的生理特点

中学生是一个特殊的群体，他们的主要任务是文化课程的学习，故而不能拥有职业舞蹈学生的软开度和肌肉能力，更谈不上太多的技术技巧。所以，在校园舞蹈作品的创作中我们一直坚守着运用合理的舞蹈语言来表现中学生的学习、生活，避免舞蹈语言的职业化、成人化倾向。这样就可以避免学生在训练、表演的过程中盲目追求技巧而伤害了身体，影响了健康！

中学生接受舞蹈训练的时间是有限的，从职业舞蹈教育的角度来看很难达到高难度的技术技巧，所以，在舞蹈语言的运用中我们一直运用符合中学生的生理特点的动作来塑造典型的舞蹈形象，传递积极向上的思想感情。

图 3 – 12　舞蹈《中学时光》演出剧照

《中学时光》这部作品表现了当代中学生的学习状态、生活状态和精神状态。中学时光对每一个人来说，都是一份无价的回忆，也是人生中最美好、最纯真、最幸福、最快乐、最忙碌的一个阶段。它让我们深刻铭记。作品充分提炼属于中学生自己的舞蹈肢体语言，用来表达校园生活中的喜怒哀乐。校园中，无拘无束地玩耍；操场上，快乐地挥洒汗水；教室里，认真地学习知识。简单而又快乐、天真而又无邪！创作灵感来源于中学生实实在在的学习和生活，每一组动作都是学生与编导老师共同创作的，让学生自己体会到生活中的节拍。作品的道具仅以一个书包贯穿始终，它就像朋友，一直陪伴着美好的中学生活，一起生活，一起学习，一起成长，一起面对所有未知的困难、烦恼、快乐。服装道具以学校校徽为主题，运用校徽的图形、校徽的颜色，更加贴近校园生活。舞蹈演员身穿美丽的"校服"，背起书包，走在学习的道路上。在舞台设计上，在舞台正后方，一幅巨大的校园风景图作为背景，使整个舞台更生动、更立体。

整个作品以"跑步"这样一个最生活化的动作为主题动机，没有高难度的跳转翻，也没有华丽的流动构图，但是极其真实地塑造出一群积极向上、活泼乐观的中学生形象，他们是那么热爱生活，享受着校园生活带给他们的幸福，分享着青春时光中最宝贵的同学情谊！

（2）舞蹈题材符合中学生的心理特点

题材的选择对于舞蹈作品而言是极为重要的，恰到好处的题材选择就等于找到了作品的灵魂。在我们的中学校园舞蹈创作中，一直以现实主义题材为主，选择那些更加靠近校园生活和学生情感的故事、情节作为主要创作点。这样就能够让学生在创作的过程中学会如何用合适的方式表达自己的情感和思想，也能够使他们的舞蹈表演更加贴切而真实！

图 3 – 13 舞蹈《中学时光》演出剧照

在作品《中学时光》的创作初期，我们把中学时日常生活的上学、师生情谊、憧憬未来作为三部分，把中学时光中最常见而又最朴实常见的事情艺术化，没有高大上的主题和富于号召性的情感，但是最真实地表现出一群中学时代的孩子们对学业的忠诚，对老师的依赖，对美好未来的憧憬。

尤其是第二部分，随着一片嬉戏吵闹声，音乐也变得柔美，充满朝气的学生停下了急促的脚步，一切定格在那美好的一瞬间，呈现出一幅充满幸福的画卷。抛下繁重的课本压力，一心想停留在那温暖的阳光下，静静地享受阳光的沐浴，享受快乐的时光，让身体随心而舞，轻松自由地呼吸，尽情地张开手臂舞蹈。

作品的第三部分表现了中学生对美好未来的憧憬，用青春的朝气迎接未来。音乐充满活力，衬托中学生阳光朝气的形象，同时也突出简单、纯真、快乐的中学时光，彻底让每一位学生释放自己，通过自己伸展有力的动作，表现当代中学生朝气蓬勃的面貌，以及对生活的热爱，对梦想的追求，对未来的憧憬。在结尾，将整个舞蹈推向高潮，我们大声唱出来，尽情舞动，为我们自己加油打气，更加充满希望和信心面对未来的一切，手拉手，心连心，共同奔向未来。

（3）舞蹈选材符合时代特点

舞蹈作品的选材直接决定着整个作品思想性的高度，中学校园舞蹈的特殊性就在于要用积极向上且符合时代主流审美的主题影响孩子们，让他们在编创、表演、观赏的过程中不仅得到美的感官享受，还要在思想上得到提升，能够紧跟学校、时代的步伐成为一个符合主流审美要求的合格的人！

有些人认为舞蹈作品的主题思想必须旗帜鲜明，要大张旗鼓地搞说教，恨不得背景舞台往那一列，不出来半个人，观众既知编舞者要说个什么话。我们的校园舞蹈创作一直坚持着主题思想鲜明、向上的方向，并用中学生容易接受的艺术方式、表达方式达到润物无声的艺术效果。

图 3 – 14　舞蹈《红旗飘飘》演出剧照

以作品《红旗飘飘》为例，这个作品是为八十中三十年校庆编创的，音乐选用了大家耳熟能详的《红旗飘飘》，充满激情的旋律使得整个作品变得明亮而富于号召力，一群身着红色服装的中学生用他们的热情与拼搏传递着对母校的祝福、对祖国的热爱、对时代的讴歌。

在舞蹈《红旗飘飘》结尾处，整个舞蹈进入高潮，演员手持五星红旗，奔跑于舞台的各个角落，用他的激情与热情，挥动着手中那一面五星红旗。他们情绪高涨，共同舞动，时而为圈，时而为方形，这是大家持有共同的信念，一起祝福伟大的祖国更加繁荣、更加昌盛的美好呈现。

这个作品在选材之初我们就决定要立意高远、寓意深刻，但又不能直接说教，故而在舞蹈语言的运用和结构上都寻求自由灵活，用一种属于中学生的方式去传递最真挚的情感。作品不仅从形式上容易被中学生群体接受，还激起了他们积极向上、热爱生活、热爱母校、热爱祖国的热情！

舞蹈语言是作品的表达途径，舞蹈题材是作品的核心所在，在中学校园舞蹈创作中我们从来不盲目追求高难度的技术技巧，而是要让最看似平常的技巧传递出最真实的情感，塑造出最典型的中学生形象！

五、课程成果

如今，舞蹈教育课程已成为八十中实施艺术美育教育的重要手段，飞旋的舞步和健美的身影为校园带来了更多的灵动和无限的生机。经过十多年的实践和探索，八十中舞蹈教育取得了一系列喜人成果。我校舞蹈团成立于2004年，现有团员70余人，覆盖中学全学段六个年级，形成了稳定的梯队建设。经过十多年的发展，我校舞蹈团的规模不断发展壮大，舞蹈团的水平也日益提高，2011年被评为北京市金帆舞蹈团；学校2016年获中国舞蹈家协会颁发的"中小学舞蹈教育传统校"称号。

图 3 – 15　我校舞蹈团 2011 年评为北京市金帆舞蹈团

图 3 – 16　我校 2016 年荣获"中小学舞蹈教育传统校"称号

（一）扎根校园舞蹈创作，带学生领略舞蹈之美

我校在创作上一直坚持编创符合中学生特点的校园舞蹈，逐渐形成了自己独特的风格。至今共创作了 20 余部作品，包括《中学时光》《借我一双翅膀》《把森林带回家》《红》《呼·吸》《书山博梦》《青春骊歌》等，而且这些作品都获得了舞蹈专业人士的肯定与社会各界人士的喜爱。校园舞蹈的创作树立了我校艺术教育的独特风格，我校的舞蹈教育也为中学舞蹈教育增添了一抹亮色。

图 3 – 17 舞蹈《呼·吸》演出剧照

图 3 – 18 舞蹈《书山搏梦》演出剧照

舞蹈团自成立起连续八届获北京市学生艺术节舞蹈比赛一等奖;连续参加国际、国家,市、区级舞蹈比赛获一等奖共计20余次。

2017年5月,金帆舞蹈团原创作品《红》获北京市第二十届学生艺术节舞蹈展演金奖、精神风貌奖。

图 3 – 19　舞蹈《红》演出剧照

2019 年 4 月，金帆舞蹈团赴苏州参加全国第六届中学学生艺术展演活动，出演作品《青春骊歌》，并获一等奖、优秀创作奖。2019 年 5 月参加第二十二届朝阳区学生艺术节舞蹈展演获金奖。2019 年 11 月参加北京市第二十二届学生艺术节舞蹈展演获金奖。

图 3 – 20　舞蹈《青春骊歌》演出剧照

（二）高水平实践展示平台，为学生开启精彩人生

我校一直致力于为学生搭建高水平的实践展示平台，希望可以为学生提供丰富的机会，让学生在校期间实现积累经验、拓宽视野、开拓思维的目的。多年来，我校多次参与国家、市、区级各类活动，多次参与国家大剧院、中央电

视台、北京电视台等大型演出活动。

2016 年 2 月，参加北京电视台 2016 年春节联欢晚会、元宵晚会录制，演出节目《自由自在》《飞翔》《蟠桃盛宴》《中华大家庭》。

2016 年 12 月，参加北京电视台《脱口而出》栏目录制。

2017 年 7 月，参演教育部《传承的力量》"七一"主题晚会，表演舞蹈《红色摇篮》。

2017 年 8 月，参加全国第十二届中小学创新作文大赛颁奖典礼，演出舞蹈《璀璨中华》。

2018 年 9 月，参加 2018 年北京市教委教师节"师爱无尘——新时代·好老师"庆祝活动。

2018 年 11 月，参加朝阳区幸福村学区"幸福和谐 阳光成长"2018 年度专场演出。

2019 年 1 月，参加中央电视台中学生频道《艺路有你》栏目录制，演出作品《青春骊歌》。

2019 年 2 月，参加 2019 年中共中央国务院春节团拜会文艺演出，出演作品《奔跑吧，追梦人》。

图 3 - 21　我校金帆舞蹈团参加中共中央国务院春节团拜会演出现场

图 3 – 22　我校金帆舞蹈团参加中共中央国务院春节团拜会演出现场

2019 年 2 月 22 日，金帆舞蹈团参加中央电视台中学生频道《艺路有你》栏目，纪录片录制。

2019 年 5 月，参加北京 2022 年冬奥会倒计时 1000 天活动，出演作品《我的梦》。

2019 年 7 月，参加 2019 国际学生北京夏令营，出演作品《红》《青春骊歌》。

2019 年 9 月，参加 2022 年北京冬奥会和冬残奥会吉祥物发布活动，出演作品《2022 去北京》《重逢》《请到长城来滑雪》。

2019 年 12 月，参加中央电视台《时代新人说》节目录制。

2019 年 12 月，参加中央电视台《故事里的中国》节目录制。

2020 年 1 月，参加 2020 年中共中央国务院春节团拜会文艺演出，出演作品《我的祖国》《新时代的祖国》。

（三）国际艺术交流实践，为学生打开广阔世界的大门

我校积极为学生提供国际交流机会，积极与友好学校（美国、日本、德国、韩国等国家的学校）进行交流演出，并且带领学生走出国门，参与国际文化艺术交流活动。

2016 年 9 月 28 日至 10 月 11 日，金帆舞蹈团赴美国华盛顿、纽约、加拿大蒙特利尔参加中国国务院侨办主办、北京市侨办承办的"2016 中华文化大乐

园——优秀才艺学生团"五场巡回演出，场场爆满，并被世界新界网、华府华语、纽约侨报、蒙特利尔七天报社等多家媒体报道，将传统舞蹈带到了国外，传播了中华文化。

2017 年 2 月，金帆舞蹈团与旧金山优律司美舞蹈区开展艺术交流。

2018 年 7 月 17 日至 30 日，金帆舞蹈团赴美参加由北京市教育学会主办，中美国际教育协会、圣陶国际教育中心承办的"2018 中美中小学文化艺术交流演出"活动，并在卡耐基音乐厅上演了专场演出。

（四）人才培养，用艺术点亮希望的未来

我校在舞蹈特长生的培养上成绩同样突出。我校学生连续参加国际、国家、市、区级舞蹈比赛获一等奖共计集体奖项 20 余次。国际获奖人数 22 人次，全国获奖人数 106 人次，市级获奖人数 288 人次。学校已毕业特长生签约率 100%，本科率 100%。多位学生考入中央戏剧学院、中国传媒大学、北京舞蹈学院等专业艺术院校。同时，许多学生以舞蹈特长生的身份考入北京大学、清华大学、中国人民大学、北京理工大学、北京科技大学等国内优秀院校，为普通高等院校及专业艺术院校输送了大量人才。此外，还有很多学生凭借丰富的课外实践经历和优秀的舞蹈特长申请到海外的优秀院校开启留学生活。学生们的优异成绩是对学校教育付出的最好回报。

表 3-7　毕业生情况统计表

毕业生类型	人数	签约率	本科率	考入院校		
				考生类型	人次	学校名称
已毕业舞蹈特长生	68 人	100%	100%	艺术类考生	22 人	中国传媒大学 中国戏剧学院 北京舞蹈学院
				舞蹈特长生	33 人	北京大学 北京科技大学 北京交通大学 北京理工大学 ……
				普通考生	23 人	中国政法大学 北京工商大学 北京对外经济贸易大学 首都师范大学

续表

毕业生类型	人数	签约率	本科率	考入院校		
				考生类型	人次	学校名称
已毕业非舞蹈特长生	70人	100%	100%	舞蹈特长生	20人	北京林业大学 北京师范大学 北京科技大学 首都师范大学 ……
				普通考生	50人	北京航空航天大学 北京理工大学 北京邮电大学 北京交通大学 ……

（五）教科研成果，为课程教学提供养料

多年来，我校不断摸索中学舞蹈教学的规律方法，寻找合适的教学内容和手段，总结了一套自己的经验，编成了八十中的舞蹈教材的校本课程。我校承办的全国教育科学规划"十二五"教育部青年课题"舞蹈课程开发与实施的研究"（课题批准号 ELA110403）已顺利结题。该研究项目获得了 2011 年朝阳区基础教育教学成果奖，2013 年获北京市政府颁发的第四届北京市基础教育教学成果奖二等奖。这是对我校多年来坚持"以舞蹈教育为突破口，实施素质教育"的极大肯定。

图 3-23　我校舞蹈教育成果获第四届北京市基础教育教学成果奖二等奖

我校舞蹈课的开设不仅在校内引起很大反响，已引起了其他学校和教委领导的关注。我校舞蹈课多次作为特色课程进行区级公开课和市级公开课的展示，每学年都有国内外的各类交流团体来观摩我校的舞蹈课，与我校进行舞蹈普及教育的交流探讨。

2016 年 2 月，论文《浅议中学校园舞蹈创作》获全国第五届中小学生艺术展演活动艺术教育科研论文评选二等奖。

2016 年 2 月，论文《高中舞蹈校本课程的开发与实践》获全国第五届中小学生艺术展演活动艺术教育科研论文评选二等奖。

2017 年 1 月，肖燕老师在《中国艺术报》发表论文《舞动身体，放飞梦想》。

2017 年 5 月，肖燕老师在《艺术教育》期刊（总第 301.302 期）发表论文《浅议中学校园舞蹈创作》。

2018 年 3 月 28—31 日，由中国舞蹈家协会主办、中小学舞蹈教育专业委员会承办的"荷花少年"全国舞蹈创作高级研修班在我校举办，我校分享了舞蹈课程经验和教学成果。

（六）疫情之下，"停课不停舞"

2019 年末，我们经历了新冠病毒疫情的考验，疫情导致的大规模停课和由此引发的对新型教学模式的思考使得我们在疫情期间同样完成了许多工作。

2020 年 2 月，金帆舞蹈团创编的抗击疫情舞蹈作品《爱会永恒》在"北京市舞蹈家协会""舞蹈中国"公众号上推送发布。

2020 年 3 月，金帆舞蹈团推出面向舞蹈特长生的"停课不停舞"八十中金帆舞蹈团《中学生舞蹈形体即兴创作》在线课程示例。

2020 年 3 月，金帆舞蹈团推出面向普道高中生的"停课不停舞"八十中金帆舞蹈团《中学生舞蹈赏析与基础形体》在线课程示例。

2020—2021 年金帆舞蹈团设立了"北京市第八十中学金帆舞蹈团"官方公众号和抖音号。

六、课程评价

课程评价是课程顺利实施的重要组成部分，是学校教育体系中的一个重要环节，是提高教育教学质量的有力保障。课程评价在教育教学中起着导向和目标质量监控的作用。因此，舞蹈课也应以教育目标为导向，通过科学、可行的评价办法，对学生进行多角度的客观的评价。这是舞蹈课程建设的重要环节，要想普及舞蹈课程，就要制定有普适性的可操作性强的课程评价。

（一）寻求评价的普适性

教育部印发的《中小学校艺术教育工作自评报表》中关于艺术课程的评价标准是"按照国家要求开齐开足上好音乐、美术等艺术课程。利用当地教育资源，开发具有民族、地域特色的艺术课程，推进教学改革，提高教学质量"。《中小学生艺术素质测评指标体系（试行）》对于学生的评价指标包含三个维度：基础指标、学业指标、发展指标。其中与艺术课程相关的有基础指标中的课程学习以及学业指标中的基础知识和基本技能。

表 3 - 8　《中小学生艺术素质测评指标体系（试行）》①

一级指标	二级指标	指标内容	分值
基础指标	1. 课程学习	音乐、美术等艺术课程学习的出勤率、参与度和学习任务完成情况	25
	2. 课外活动	参加学校组织的艺术兴趣小组、艺术社团和各类艺术活动的表现	15
学业指标	3. 基础知识	理解和掌握音乐、美术等艺术课程标准要求的基础知识的情况	25
	4. 基本技能	掌握和运用音乐、美术等艺术课程标准要求的基本技能的情况	25
发展指标	5. 校外学习	自主参加校外艺术学习、参与艺术实践的情况（主要指参与社区、乡村文化艺术活动，学习优秀的民族民间艺术，欣赏高雅的文艺演出和展览等）	10
	6. 艺术特长（加分项）	在学校现场测评中展现的某一艺术项目的特长（包括声乐、器乐、舞蹈、戏剧、戏曲、绘画、书法等）	10

---

① 教育部关于印发《中小学生艺术素质测评办法》等三个文件的通知［EB/OL］. 中华人民共和国教育部，2015 - 05 - 26.

从以上两个评价指标中我们可以看出，这个评价体系还比较初步，而且极其符合评价的普适性原则。对于学校在艺术课程方面的要求仅是"开齐开足上好"；对于学生在艺术课的要求包含出勤率、参与度和学习任务完成情况，以及基础知识的理解和基本技能的掌握情况。

依据目前情况，我们的课程评价要充分考虑到普适性这一原则。结合以上两个标准，舞蹈课程的评价可以包含以下几个方面：

（1）在规定年级按照规定课时开设舞蹈课；

（2）舞蹈课程有特色，充分利用当地教育资源；

（3）教学目标符合学生培养目标，教学内容符合学生发展核心素养的要求；

（4）教学过程中学生参与度高，学习完成情况良好；

（5）学生对舞蹈课程满意度高，课程结束后愿意继续参与课外学习。

（二）寻求评价可操作性

课程评价的可操作性具体体现在教学评价中，因此可操作性实验以笔者的教学评价实验为主要研究对象。

舞蹈课作为一门教学内容多元，可以培养学生多种素养和能力的学科，其评价体系也应遵循这一原则，建立一个多元的评价体系。同时依据舞蹈课的特点，将过程性评价作为一个重要的评价方式与终结性评价处于同等重要的地位。方式上采用定性评价与定量评价相结合的形式。另外，课堂中采用自评和互评相结合的评价方式，促进学生进步。

1. 过程性评价与终结性评价相结合

舞蹈课的特点要求我们在教学中应当注重过程性评价，评价的内容包括学生的出勤情况及课堂参与情况，在小组合作和自主学习过程中的完成情况，以及阶段学习成果的情况等。这些评价便于教师掌握学生的学习情况，及时纠正学生的问题。终结性评价以学生的期末展示为评价依据，期末展示可以综合体现出学生的舞蹈课的学习情况、自主学习能力、小组合作能力、创新和实践能力等。过程性评价与终结性评价各占学生总体评价的50%。

2. 定性评价与定量评价相结合

学生在学习过程中的表现无法定量，如学习兴趣、参与度、合作意识等，因此这些内容均为定性评价；对于学生在即兴表现、动作创编、语言表达等方面的表现可以进行定量评价。因此，舞蹈课程应采用定性评价与定量评价相结合的形式，在评价中以鼓励学生为主。

3. 自评和互评相结合

学生自评可以让学生在不同阶段对自己的学习和成果进行审视，形成自我发展的纵向比较。教师也可依据学生的自我评价对学生的学习方法等方面进行相应的指导和评价。学生互评在教学中可以充分调动学生的积极性，在教师的正确引导下形成相互学习、相互交流的积极的学习氛围。

不同于数学、英语等其他学科可以用考试进行教学评价，艺术学科无法用一张试卷对学生进行教学评价。舞蹈也不同于体育，不能用简单的测试来考核。因此，舞蹈课如何进行教学评价一直是教育专家们争议不断的问题。因为，没有统一有效的教学评价也就无法对课程的实施效果进行评价。这意味着教育管理者无法对各校舞蹈课的实施情况、教师的教学水平、学生的学习效果进行评价。缺乏标准，舞蹈课根本无法全面开展。我校设计出一套适应学生的舞蹈教学评价，该评价尽力结合舞蹈美育的自身特点，实现对学生的舞蹈素养的全面评价。

教学评价包含四个方面：课堂参与度、专题演讲、舞蹈鉴赏文章、舞蹈创作表演，全面考核学生的审美感知、批判性思维、创造性能力以及综合表现力。教学评价以过程性评价和终结性评价相结合、自评与互评相结合、定性和定量相结合的形式进行。

考虑到可操作性，我们将评价内容细化，确定为以下四项：

课堂参与度，结合考勤及学生自评。

每人独立完成一次专题演讲占 20%，要求学生自选主题，制作 PPT，在全班面前进行 10~15 分钟的演讲；以学生互评的形式打分。

每人完成一篇舞蹈作品评论文章占 20%，要求见解独立，表达内心真实感受，2000 字以上；教师打分。

以小组形式表演一个舞蹈作品占 50%，要求最少 2 人，鼓励原创、改编，时长 3 分钟以上；以小组互评的形式打分。

为了激励和促进学生的积极性，学生的优秀作业均会存档，优秀的舞蹈作品会在每年举办的校内学生艺术节上进行展示。学生为了能在艺术节上表演，对于舞蹈展示的作品十分用心。

表 3 - 9　课程评价标准

项目	占比	内容	评价形式
课堂参与度	10%	课堂反馈	自评问卷、教师观察
专题演讲	20%	自选主题，制作 PPT，每人独立完成 10～15 分钟演讲	互评讨论
舞蹈鉴赏文章	20%	独立见解，鼓励批判性思维，2000 字以上	教师批阅
舞蹈创作表演	50%	小组形式进行舞蹈创编表演，自选音乐和主题，时长 3 分钟以上	组间互评、组内互评

　　舞蹈创作表演是该评价最重要的部分，这种评价方式是对学生的艺术素养和综合能力的全面展示，是检验舞蹈美育成果的最有效的评价方式。采取自由组合搭配、自由编创舞蹈作品的形式，为充分发挥学生们的想象力、创造力、表现力提供了广阔的空间和余地。实践证明，这种灵活的考核方式既能检验舞蹈学习的效果，也能为广大学生所接受，符合当前中学舞蹈教育的基本要求。

　　多年来，在校领导的带领下，在全校同仁的共同努力下，我校的舞蹈教育带领一批又一批的孩子走进了舞蹈艺术的殿堂，在未来的日子里我们会紧跟党和国家的步伐，不断探索研究，稳步前进，在中学舞蹈美育的领域取得更大的成绩。

　　首先，我们要不断完善课程体系，用更加多元的教学内容培养多元的人才。在未来的课程中，学生将越来越发挥其主体的作用，在教师的带领下养成创新思维。我们会带领教师团队不断深入研究校园舞蹈美育的特点，用多维度的视角切入舞蹈艺术，多学科相互融合渗透，让学生在丰富多彩的课堂上学习到其他与艺术相关的知识，并在自己的创作和表演中融入更多的文化元素。

　　其次，我们将加强学生的舞蹈史和舞蹈理论的学习，运用"请进来"和"走出去"的方法让学生接触到大师、大事，在实践中提升理论水平，以理论的提高反哺实践。艺术理论的学习会让学生更加深入地理解舞蹈艺术，同时通过邀请舞蹈大师走进校园、学生走进社区以及校际的交流让学生切身体会到舞蹈艺术的社会功用。

　　再次，我们将不断完善评价机制。评价机制是对课程体系进行检验和论证提升的法宝，在日后的教学中我们将把课堂教学和课外活动相结合，舞蹈普及教育和舞蹈职业教育相结合，学校美育活动和社会家庭美育相互联系，从而不断提升学生的想象力、创造力。确保我们的舞蹈美育教学能够把舞蹈思维运用在其他学科和领域，将艺术教育作为素质教育的突破口，让学生在舞蹈中享受艺术的魅力，挖掘他们的潜能。让学生在艺术的殿堂中学会用艺术的审美去传递自己的情感，学会用艺术的方式去表达不同的自我。

图 3 – 24　金帆舞蹈团师生合影

长期以来，我校始终坚守着自己的教育理念，让学生在舞蹈中享受艺术的魅力，挖掘他们的潜能；让学生在艺术的殿堂中学会用艺术的审美去传递自己的情感，用艺术的方式去表达不同的自我；让学生在舞蹈的世界里建立起足够的自信心和创造力，感受舞蹈艺术的快乐。正是这种教育理念的突破与创新，让八十中撑得起"情怀"两个字；正是这种教学方式的灵活与多元，让八十中在中学校园舞蹈美育的大潮中勇往直前；也正是这种不断的坚守和敢破敢立的勇气，让八十中在创新型人才培养的道路上越走越远！北京市第八十中学的全体同仁会继续努力，用艺术之光照耀希望的未来！

第四章

美以养德 艺纳百川
——美术学科课程特色

北京市第八十中学作为北京市示范校、北京市艺术教育特色校，始终重视美育教育和美术学科课程特色的建设。多年来我们不断实践，更新教育理念，拓展课程内容，革新教法，为适应教学需求改造教学环境，现在的美术课已发展为课程内容丰富多彩、教室环境美观实用、教学方法灵活多变、理论与实践有机结合、师生和谐教学相长的艺术乐园，构建美术必修、选修、社团三级课程立体化，普及美育，尊重个性，培养特长，实现一交一品和多品的育人目标。八十中美育之花的绚丽绽放，离不开校领导的大力支持和八十师生的共同努力，接下来我将向大家具体介绍我校美术学科课程特色。

图4-1 八十中校园风景

图4-2 八十中校园雕塑

图4-3　八十中学校荣誉

图4-4　八十中学生公寓

图4-5 八十中学操场

图4-6 八十中学校园雪景

图4-7 八十中学校园雪景

图4-8 八十中学篮球场

一、美术学科教学目标

普通高中美术课程其根本任务是立德树人，以美育人，培育健康审美观念，陶冶高尚情操；认识文明成果，坚定文化自信，树立正确的文化观；激发想象力和创造力，培养创新精神，促进学生全面而有个性的发展。同时，帮助他们适应社会生活，为其接受高等教育、职业发展做准备。我校充分发挥美术学科独特的育人功能，引导学生通过观察、感知、体验、思考、探究、创造和评价等具有美术学科特点的学习活动，形成美术学科核心素养，促进全面发展。

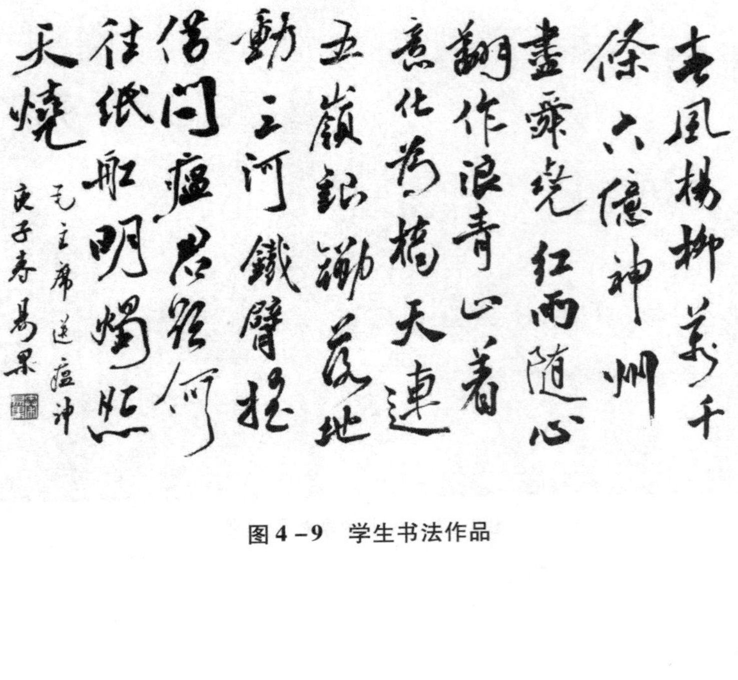

图4-9 学生书法作品

222

图 4 - 10 书法社团

图 4 - 11 集体创作《新时代》

图 4 - 12 学生板绘作品

图4-13　学生素描速写作品

美术是运用一定的美彩及技术表现人的需求、想象、情感和思想的艺术活动，美术与社会文明的发展关系密切，是人类最早和最基本的活动之一。在信息技术迅速发展的今天，美术广泛而深度地融入社会，以丰富和多样的视觉形态促进文化交流传播，发展创意，服务社会，凸显其人文性和工具性价值。

图4-14　学生主题创作现场

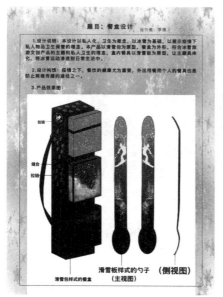

图 4-15　学生设计作品

我校在教学中认真研读美术学科课程标准，遵循教育规律，不断更新教育理念，以美术学科核心素养的培养统领课程内容、学习方法、评价方式、教科书编写和教学资源开发等，帮助学生在现实中通过图像识读获得美术知识和有益信息，联系生活进行美术表现，形成良好的审美判断能力，发展创新意识和创造能力，认识丰富的文化现象，坚定文化自信，主动适应丰富而复杂的现代生活，更好地全面发展。

图 4-16　抗疫主题板绘作品 1

图 4 – 17　板绘作品主题创作

图 4 – 18　抗疫主题板绘作品 2

　　通过课程学习，学生能够识别图像的形式特征，分析图像的风格特征和发展脉络，理解图像蕴含的信息，运用多种工具材料和美术语言，创作具有一定思想和文化内涵的美术作品及其他表达意图的视觉形象，根据形式美原理分析自然、日常生活和美术作品中的美，形成健康审美观念，具有创新意识。运用创造性思维进行创作，并用美术的方法和材料予以呈现和完成。从文化角度分析和理解美术作品，认同并弘扬中华优秀传统文化，尊重人类文化的多样性。完善教学方法，培养学生自主学习、合作探究和创新创造的能力，实现核心素养的培养目标，为社会培养具有美术特长的优秀人才。

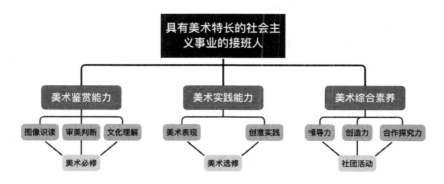

图 4 – 19 八十中美术学科教学目标

二、美术学科课程结构

（一）设计依据

1. 依据党的教育方针和立德树人根本任务，构建以学科核心素养为本位的美术课程体系，本课程设置了体现美术学科核心素养的课程目标，确定了适应高中生身心特征和发展需求的课程内容，提出了适合美术学科核心素养培养的教学与评价方式以及相应的支持方式，以期构建新时代中国特色普通高中美术课程体系。

2. 依据美术学科媒材特性和技法特点，划分学习内容，帮助学生更好地形成美术学科核心素养。本课程在综合考量美术通行的分类方式、教师的专业背景，以及普通高中美术课程实施效果的基础上，按照美术门类将学习内容划分为美术、鉴赏、绘画、中国书画、雕塑、设计二艺和现代媒体艺术等 7 个学习模块。

3. 依据普通高中课程方案的要求，采用必修课程、选择性必修课程与选修课程相结合的课程组织形式，增强课程的选择性。本课程设置的必修课程、选择性必修课程以及选修课程是根据学生需求与升学考试要求设置的。

4. 依据当代课程发展趋势和普通高中课程方案中课程内容确定的关联性原则，本课程将电脑绘画、电脑设计、摄影摄像整合为现代媒体艺术，将中国画、书法、篆刻整合为中国书画，以凸显内容之间的关联，方便学生认知和应用。

（二）构建具有八十特色的美术课程

北京市第八十中学课程结构设计，坚持以学校育人目标为课程建设的出发点和归宿，以国家课程方案、课程标准以及学校办学思想、生态教育理念为指导；以建设"重基础、高质量的整合基础必修、必选类课程""多样化、可选择的多元拓展延伸类课程和实践应用类课程""有特色、重自主的自主特长发展类课程"为课程体系建构的基本思想；通过学生自主选择不同程度的课程，体现出三级立体分层的课程结构特点。

图 4 – 20　美术教室全景

美术学科课程结构是在学校三级立体生态课程体系基础上建立的，将美术必修、选修和社团活动三级立体化，构建美育生态课程。美术鉴赏必修课程面向高一全体学生，主要培养学生图像识读、审美判断和文化理解能力。美术模块选修课程面向高二全体学生，重点培养学生美术表现能力和创意实践能力。美术社团课程面向高一、高二、高三部分学生，全面培养学生美术学科五大核心素养，在培养学生美术特长的同时为美术高校培养美术人才。

图 4 – 21　八十中美术学科课程结构

图 4－22　摄影教室

三、美术学科课程内容与实施

（一）美术鉴赏必修课程

《美术课程标准》指出：在美术鉴赏学习中，学生可使用口语、文字、声音和动作等不同的交流方式表达自己对美术作品的感受与认知。图像会因为形式美原理的运用，显示出不同的审美特征和品位，给人们带来丰富的视觉感受。借助图像，人们既能获得知识与信息，也能表达思想和情感。整体观念是美术活动中重要的观念，也是人们看待和处理问题最有效的观念之一。图像受不同文化的影响，包含丰富的文化信息，能反映不同时代和民族的文化特征。因观念形态、材料和技法等差异，图像会呈现不同的形式和风格。

1. 课程内容

美术鉴赏是运用感知经验和知识，对美术作品和美术现象进行观察体验联想、鉴别与评价，获得审美经验，提高艺术品位的美术活动，本模块学习内容由鉴赏基础和鉴赏内容组成。我校的美术必修课程均按照美术鉴赏课程内容进行设置，主要包括绘画系列、雕塑系列、建筑系列和民间美术系列四大类。其中绘画系列、雕塑系列和建筑系列都是从中国古今和西方古今两个时期相对应进行学习。民间美术系列主要是对中国民间的剪纸、泥塑、皮影、年画、染织等技艺的历史发展和特色进行学习，立足传统文化的学习和传承。在教学中，课程内容根据学生的兴趣爱好灵活设置，给学生充分的选择空间，增强学生的学习动力。

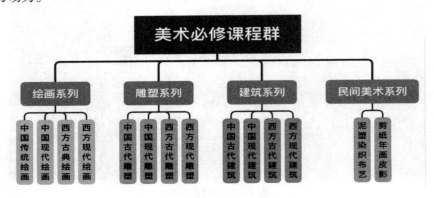

图 4 - 23　八十中美术必修课课程群

美术鉴赏内容要求包括：从材料工具技法或题材等方面区分不同的美术门类，并在现实情境中加以识别，知道中外美术史的基本脉络和重要风格流派的代表人物及其代表作。

了解美术创作的基本过程，学习美术作品，审美构成的造型元素和形式原理并用于分析理解和解释美术作品。掌握 2～3 种美术鉴赏的基本方法，联系文化情境，认识美术作品的主题内涵形式和审美价值，并用恰当的术语进行解读、评价和交流。辨析美术作品中存在的不同文化品位和格调的差异，形成健康向上的审美情趣。理解中国优秀传统书画和民间美术的造型语言、创作观念及文化内涵，并能将其综合运用于鉴赏过程之中。了解近代以来中国美术的发展，以及中华人民共和国成立后讴歌党、祖国、人民英雄的精品力作，探究民族文化传统的继承与发展关系。运用比较法分析中外传统美术在材料技法、语言风格和创作观念等方面的不同。了解现当代艺术的创作观念、创作手法和代表作品，认识现当代艺术的多样性。通过了解不同历史阶段的美术的社会功能与作用，理解美术创作与现实生活的关系，艺术家的社会角色与文化责任。选择中外著名艺术家或当代美术现象进行专题研究，在调查分析和讨论的基础上撰写评论文章，并通过宣讲展示等方式表达自己的看法。

2. 课程实施

(1) "菜单式"选课

菜单式选课模式是指打破单一课程内容局限，学生可根据个人兴趣在教师限定的几个门类中自主选择学习内容，最大限度地满足学生个性发展需求，有助于增强学生的学习积极性，提高课堂教学时效性。

图 4 - 24　美术鉴赏课

　　菜单式选课模式以学生兴趣爱好为主导，因材施教，既能够极大地丰富鉴赏课的内容，又充分调动了学习的积极性，让枯燥的美术理论学习生动起来，不同内容间又有关联性，虽然鉴赏的艺术家和艺术作品不同，但对作品的造型、色彩、构图、材质、肌理以及细节等进行鉴赏的方法是有规律可循的，大家相互交流，展开鉴别、比较、分析和评价等学习活动，能够促进学习活动的互动，提升观看美术作品的体验感。

　　针对学生的认知特点，多角度、多层面联系文化生活情境鉴赏美术作品，理解美术作品如何以形象形式创造的方式表达思想情感与创意。例如，以本地区或国内外重要的美术活动、文博资源、环境变化等事例为题，设计与美术相关的学习单元，对事例的内容、形式、意义、价值进行观察分析评价，或以中国美术与西方美术具有可比性的艺术现象为题，让学生收集资料，学习相关知识，分析中外美术的差异及与各自文化背景的关系。

　　（2）动态教学法

　　动态教学法是基于建构主义而设计的一种教学方法，以"问题提出、自主探究、交流讨论、解决问题"为主线，以学生自主探究和合作探究活动为主体。

美术鉴赏课偏重理论学习，学生会感到枯燥乏味，课堂教学的设计直接影响教学效果。为调动学生学习内因，我校采取了一系列的教学改革与实践。在美术学科核心素养指导下，美术鉴赏课采取项目式教学、任务驱动法，探索实践学科融合的教学模式。

学生根据美术鉴赏内容自选研究领域，组内“头脑风暴”确立单元主题。采用任务驱动教学法，围绕学生自己或教师设置的问题，通过自主、合作和探究展开学习，解决问题。最终各组学生互动展示和分享，在过程中促使学生发现问题，互助合作，解决问题。

项目学习研究方向任选其一：

序号	项目研究方向（中国古代山水画）	
组 1	中国古代山水画-第一幅山水和唐代青绿山水	
组 2	中国古代山水画的发展-宋代山水（南宋、北宋）	
组 3	元四家	
组 4	明吴门四家	✓
组 5	清代四王	
组 6	清代四僧	
组 7	现代张大千、李可染、齐白石	

视频拍摄的建议和参考

序号	作品形式	
1	脱口秀	
2	主播讲解	
3	画外音讲解	
4	角色扮演某一个画家或几个画家	巴比松画派
5	带有创作技法的讲解	
6	访谈式	
7	纪录片	梵高的故事

中国画——人物篇（写意）

1.二祖调心图　石恪　南宋　Pg.49.
2.泼墨仙人图　梁楷　南宋　Pg.56.
✓ 3.杂画图册　陈洪绶　明代　Pg.41.　41
4.丁敬像　罗聘　清代　Pg.41.

国外——人物篇（具象）
1.草地上的午餐　马奈　1863 年　Pg.69.
✓2.两个塔希提妇女　高更　1891 年　Pg.70.　70.
3.舞蹈　马蒂斯　法国　1910 年　Pg.71
4.格尔尼卡　毕加索　1937 年　Pg.71

图 4－25　学生可自选的研究方向

（3）具体实施

美术鉴赏能力的养成是循环上升的过程，每次鉴赏活动都可以是诱发新体验新发现的契机，因此需要将基本问题和方法贯穿、贯通于不同学习单元和学习内容中，通过持续学习，增强学生对美术作品呈现的基本问题、形式特征、艺术手法和重要细节的感悟和认识，从而提高鉴赏能力，例如美术形象与真实世界、作品表现与历史经典艺术、个性与时代风尚的关系等基本问题，可以在不同主题的美术鉴赏单元中重复出现，逐步深化学生的理解。

综合运用不同的学习媒介和学习方式，丰富美术鉴赏教学的过程。例如引导学生仔细品读作品的艺术形象、形式和风格，并以关键词选择和语言描述等方式表达自己的鉴赏体会，指导学生在跨学科的联系中对单元主题进行多角度的思考研讨，深化对主题的理解，组织学生利用现有的文化资源、自然资源，开展以美术为主题的调查考察活动运用，运用包括网络在内的多种途径和方式辅助学习，拓展学习资源和空间。

积极开展小组学习，给每位学生表达个人观点的机会，鼓励不同审美感受观点之间的交流，让学生学习如何表述个人观点，肯定学生在作品鉴赏中表现出的个人独特见解。发展批判性思维能力，鼓励以合作学习的方式，通过跨学科的学习，让学生运用多种知识、多种媒介表达对美术作品的感受和理解。

要求学生制作学习档案袋，将美术鉴赏学习过程中的学习任务书、调研报告、活动记录、文献资料鉴赏与批评小论文、自我反思与评价等，以文本、表格、图像等形式存入其中，用于记录学生的认知过程与学习成果，为学生对美术鉴赏学习过程进行反思和评价提供依据和材料。

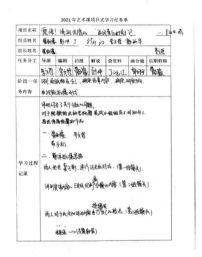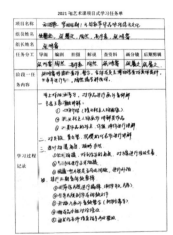

图4-26　学习过程记录档案

采用任务驱动教学后，真正达到了教学的目的，有效地培养了学生图像识读、美术表现、审美判断、创意实践和文化理解等能力，达成了美术学科核心素养的育人目标。

（二）美术选择性必修模块课程

《美术课程标准》指出：美术选择性必修模块重在培养学生美术表现、创意实践能力，让学生学会运用各种媒材与技术创造视觉形象，表达思想情感和美化生活。理解和运用不同的空间形态是美术表现的基础，通过模块学习，学生可理解艺术家和设计师运用观念、素材、媒材、形式、结构和各种美术制作方法进行实践和创作的方法，理解美术表现的效果和社会价值，感知艺术的思维想象、制作、交流、评价和应用等。深刻认识创造是美术的特征，也是个人和社会发展的动力，创造力可以通过美术活动得到培养。

　　八十中的美术选择性必修课程具有我校的独特性，不论硬件还是师资都为课程的开设创造了开放而具有特色的外部条件。200多平方米的超大美术教室为学生提供了自由而广阔的学习空间，按照使用功能进行了合理的布局，包括绘画区、书法工作台、手工制作台、设计工作台、烘焙操作台、板绘区、阅览区等。此外还配有专业影棚，让学生学习拍摄知识与技能，艺术长廊是学生作品展示的理想空间。选修课开设的内容包括绘画、现代媒体艺术和中国书画，多年实践为课程开设奠定了坚实基础。教师在这几个领域具有扎实的专业基础和丰富的教学经验，在一次次的市区级课程展示中得到了专家和同行的认可和支持，在一次次的比赛、活动中获得优异的成绩，这些都为课程的顺利开展保驾护航。

图 4 – 27　摄影选修课

图 4 – 28　八十中美术选修课程群

1. 绘画模块

绘画是运用线条明暗色彩等手段进行描绘，创造出不同形态的艺术形象，以反映和表达作者的思想情感和审美理想的美术门类。本模块学习的内容由漫画、丙烯画、水彩画等组成。

（1）课程目标

识别不同的画种，了解不同的工具和材料，根据题材内容对绘画进行分类，认识其各自的特征。选择优秀作品进行临摹，通过整本而细致的观察、分析和比较，认识画家在造型、色彩、比例、构图和情境营造等方面的艺术匠心，以及作品的形象特征、表现方式和结构关系。通过对静物、风景、人物等的临摹和写生训练，了解一般的绘画写生步骤和相关的绘画技巧，初步掌握 1~2 种绘画方法。运用线条、明暗和色彩，准确地表现对象的形体、比例、结构、空间、色彩关系及人物动态。认识构图在绘画表现中的重要作用和意义，运用不同的构图形式进行画面布局和安排，处理好画面的主次关系，掌握基本的画面构成规律，形成整体处理画面的能力。

通过对绘画作品的赏析，了解创作构思的过程和方法，运用再现、表现和象征等方式进行绘画创作的练习，将对生活的体验和认识带入创作的情境之中，表达自己的意图、思想和情感。通过对自己的创作进行描述和讨论，并与名家作品进行比较，研究绘画创作的特点与表现规律。认识绘画表现形式、技巧、风格的特征，探索绘画与社会、历史和文化之间的关系。

（2）课程实施

绘画模块的内容较多，教学时根据教师的专长和学生需求的开设其中几个门类，帮助学生在有限的时间内进行较深入的体验。通过对某一两个绘画门类的教学，引导学生触类旁通，认识和掌握绘画表现的共性特征、基本规律和学习方法。

绘画模块以实践为主，兼顾名家作品鉴赏活动，通过组织学生对不同门类优秀绘画作品的观看和赏析，帮助他们了解艺术家创作美术作品的过程与方法，理解主题与风格的关系、内容与形式的关系以及技法与情感的关系，同时帮助学生选择适合自己学习的绘画技法、样式和风格。在具体的绘画教学过程中，培养学生的整体观念、空间与造型意识，结合具体的绘画技能学习，以示范和讲解的方式帮助学生提高对事物的观察能力，让他们学会整体比较的观察方法，从透视、明暗和空间表达等关系中认识物体的表现方法，提高学生对形象和形式特征的感悟与提炼能力。帮助学生正确理解绘画创作与技法学习的辩证关系，以增强学习的目的性。因此应引导学生根据创作的需要，选择和学习相关的绘画技法，同时也需要让学生通过一定时间的独立练习，掌握基本的绘画技能。

图 4 – 29　校园写生

开展命题或自选主题的创作活动，鼓励学生通过对主题的思考、探究和探索，尝试主题性绘画创作，引导学生联系生活搜集素材，学习借鉴名家名作的构思构图，选择媒材进行创作。在主题性创作中，发掘学生的个性，在选择题材、确定主题、运用表现方法和形式等方面及时给予学生适当的建议、提示和指导。在绘画实践中，通过临摹、写生、默写的方式帮助学生获得对技法理论、工具材料和表现技法的认识和运用能力。采取不同的绘画练习方法，帮助学生认识和掌握不同的绘画的构图方法，懂得造型元素和形式原理的运用以及透视、比例、结构和色彩等相关知识，学会不同工具和材料的使用方法以及绘画技法表现的程序和要点。

图 4 – 30　基础素描训练

图4-31 风景速写写生

在绘画学习的整个过程中，要组织学生开展经常性的评价活动，通过阶段性展示及自评、互评等多种互动交流方式，帮助学生形成观察、反思和评价的能力，发现自身、他人作品的不同特点，尤其是引导学生通过对自己的创作过程及作品的解释、分析和评价，加深对绘画创作规律的理解，开阔眼界，提高绘画的鉴赏和创作水平，形成创造性思维，为进一步的绘画学习做好铺垫。

我校环境优美、植被丰富、鸟语花香，为学生的写生和创作提供了很好的外部环境，同学们在课上或课下都可以在校园里寻找创作灵感，我们的课堂教学开遍校园的每一个角落。

2. 现代媒体艺术模块

现代媒体艺术是指运用多媒体设备与技术表达观念、思想与情感的新兴艺术种类，多媒体设备与技术主要包括影像设备与技术、计算机设备与技术、互联网传播设备与技术三大类。本模块学习内容由摄影摄像、数码绘画和数码设计等组成。

2020年10月，中共中央办公厅和国务院办公厅在《关于全面加强和改进新时代学校美育工作的意见》中指出，学校美育课程以艺术课程为主体，主要包括音乐、美术、影视等课程。可见国家对影视的重视 它可以激发学生的艺术兴趣和创新意识，帮助学生在掌握影视基础知识和基本技能的基础上，着力提升文化理解、审美感知、艺术表现、创意实践等核心素养，帮助学生形成影视特长。

现代媒体艺术旨在让对现代媒体艺术感兴趣的高中生，通过学习加深对不同形态艺术的了解，辨析和解读日常生活中媒体文化现象，运用基本的现代媒体艺术语言和形式进行创作和表达，增加个体情感和思想表达的机会，并深入思考艺术与科学的关系，传统艺术样式对于科技发展的回应，远不如现代媒体艺术这样敏锐，随着科技的进步，现代媒体艺术也始终处在发展变化之中，现代媒体艺术的实质是艺术感性和科学理性的融合。

（1）课程目标

《美术课程标准》指出：现代媒体艺术是20世纪诞生的一种新兴艺术形式，也被称为新媒体艺术、多媒体艺术或数字媒体艺术。作为一种新兴的艺术形态，现代媒体艺术与科技发展、社会环境、艺术的发展和进步等都有密不可分的关系。在科技改变人们生活方式的同时，现代媒体艺术也利用科技，以丰富的内容、新颖的互动方式和广泛的艺术表现，给人们带来了快乐与智慧。现代媒体艺术能够帮助学生进行全新的文化体验与沟通，培养学生的现代技术意识，丰富学生的艺术理解，认知艺术和科学的关系。发展学生的媒体素养，培养学生面向21世纪的生活技能。

高中阶段的现代媒体艺术教学首先应该指导学生对该领域学习内容形成整体的认识，在当下媒体进化与数字化生存的大背景下，知晓现代媒体艺术的内涵和主要表现手段。重点了解和掌握现代媒体艺术"科技、艺术和人文理念相结合"的特征。掌握现代媒体艺术的运用以及艺术感悟、造型和设计能力，引导学生进行有深度的人文思考和社会关注。在创作实践中，了解现代媒体艺术的观念、形态、意图等信息，通过借鉴打开创作思路。

（2）课程实施

现代媒体艺术被纳入高中美术教材选择性必修，随着社会的发展，读图时代的到来，摄影、摄像已经占据了人们生活的各个领域，几乎家家都有相机、手机，这些都为摄影、摄像实践的开展奠定了基础，也为我校开展现代媒体艺术课程创造了良好的外部条件。

在教学实践中，学习现代媒体艺术创作所需要的基本知识，如摄影摄像或数码绘画作品中的对角线、垂直线、水平线、S形和三角形构图；摄影中的光圈、焦距、景深和快门；摄影中的推、拉、摇、移、跟以及镜头转换等拍摄技巧。通过欣赏和练习，自主地分析摄影、摄像中美术语言的运用，如光色、构图、远近和虚实等，挖掘其独特的形式美感及其背后的文化内涵。尝试运用构成、空间、时间、行为、声音、光线和符号等基本的媒体要素及视觉表现语言进行媒体艺术的基础练习。在鉴赏优秀作品的基础上，尝试对某一题材，如风景、人物、花卉、静物和校园生活等进行摄影活动，并通过后期技术创作兼具内涵和美感的摄影艺术作品。通过教师的讲解和示范，了解现代媒体艺术在装置艺术、影像艺术、录像装置、互动媒体上的运用及观念表达方式，分析其创意的来源及特殊的造型手段和方式。

现代媒体艺术有造型规律和独特技能技艺，尝试运用多种工具软件和媒体艺术语言，去进行综合性的表现、设计及创作，也可采用移动学习方式，尝试通过手机、平板电脑等进行与现代媒体艺术相关的学习与创作。

图 4 -32　摄影后期制作　　　　　图 4 -33　摄影课程实践

运用小组讨论和合作交流的方式，对优秀的现代媒体艺术作品进行分析、归类，思考其与现代生活的关系。指导学生深入发掘作品的内涵、形式、创意和技巧，并尽可能运用专业术语进行分析和评判，发表自己的观点和见解。

强化问题的设计及引导，在具体问题如主题选择、创意来源、拍摄技巧和艺术思想等方面，引导学生掌握基本的现代媒体工具手段与拍摄方法，并在学习任务的驱动下，师生共同体验艺术创作过程中的乐趣。

图 4 -34　摄影课程实践

图 4 - 35　摄像课程实践

　　我校将摄影、摄像与美术其他类别相结合，充分发挥了现代媒体艺术的特性，取得了非常好的教学效果。如以校园风景摄影作品为素材创作素描风景、橡皮章、电脑绘画、制作动画等，这样既能保证作品的原创性又能让摄影成为一种常态行为，有助于摄影的良性发展。例如，我校根据以校园、北京为主题的摄影作品创作的绘画作品曾进行过展览，并受到了各界专家领导的肯定；我校拍摄的两部视频作品《舌尖上的八十》也是展现校园生活的作品，很多同学都是看到这两部作品来考八十中的。

图 4 - 36　校内摄影实践

图 4 – 37　校内微电影拍摄

图 4 – 38　影像后期学习

图 4 - 39　视频采访

课程实施案例：

假如我有一双翅膀的畅想
——现代媒体艺术实践

图 4 - 40　现代媒体艺术作品《欲扬·却抑》

创作意图：鸟儿想要飞翔的欲望，却在人类逐渐"发扬"的各种欲望下被抑制。鸟类的欲望和人类的欲望相互交织，鸟的欲望被人类的欲望所抑制，人们应该反思自己的行为是否需要被抑制，被制止。

本单元设计：以"假如你有一双翅膀"为主题进行现代媒体艺术的创作，你将会如何去表达？要求以组为单位，6 课时完成。
 《鸟飞了》　　　　　　　　　　　《凤凰》
问题导入： 展示徐冰老师的作品《鸟飞了》和《凤凰》，提出问题：你知道什么是装置艺术吗？同样是以鸟为主题的作品，表达的内涵有什么不同？
设计意图：以名家作品鉴赏为引导，引发思考，为小组创作拓宽思路。

 《遮蔽与重构——姚璐新山水》
展示摄影家姚璐老师的作品《遮蔽与重构——姚璐新山水》，提问：大家仔细看看这几幅摄影作品是直接拍摄的吗？有什么特点？
设计意图：以名家作品鉴赏为引导，引发思考，为小组创作拓宽思路。

通过阅读相关资料，让大家分析徐冰老师和姚璐老师的创作理念、思路，表现手法，作品表达的内涵，获取创作灵感，通过组内探究逐渐理清思路。继而引出什么是现代媒体艺术，如何创作现代媒体艺术这两个问题。

《大地艺术作品》

关于创作思路：设计这个主题最开始打算直接拍鸟，但考虑拍鸟对拍摄设备和拍摄地点有很高的要求，完成难度较大。经过商讨，最终决定把它作为一种综合的影像作品，也就是用现代媒体艺术手段进行创作，这样实现起来不受设备影响，操作难度较小。

学习过程

头脑风暴：寻找与"假如你有一双翅膀"这个主题相关的关键词，同学们提出了如"鸟""环境""人""环保""城市""自然""生态""鸟笼""废品""垃圾"等关键词。找到关键词后，各组开始确立主题，确定实施方案和所需材料。

本阶段的目的是通过鉴赏名家作品，了解装置艺术的概念、制作方法以及传达的内涵，增强鉴赏和品评能力，讨论探究并确定本组的创意思路，绘制草图，选定使用的工具材料以及拍摄手法等。

各组分别选取各自感兴趣的主题，讨论后确定方案。

确立主题：

组一：关键词为"鸟与城市"，使用易拉罐和卡纸进行创意制作和拍摄。

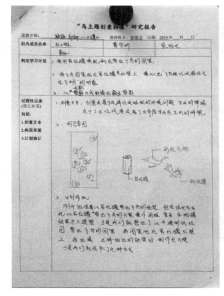

设计思路与草图

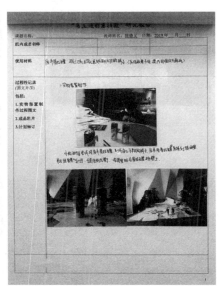

制作拍摄道具

在摄影棚中拍摄作品

组二：关键词为"鸟与垃圾"，使用 PVC 板制作鸟的模型，辅以各种生活垃圾、串灯进行创意拍摄。

拍摄道具

组三：关键词"人与鸟"，利用人的肢体进行造型，用铁丝、麻绳制作鸟笼，辅以假花、盒子等道具进行创意拍摄。

制作拍摄道具　　　　　　设计思路与草图

在摄影棚进行拍摄实践，模特通过肢体模拟孔雀的造型，通过逆光剪影效果产生强烈的视觉效果。

拍摄过程

创作思路：这幅作品的灵感来源于人与自然的关系。起初我们将动物放在封闭的空间里，享受着观赏自然中生命的快乐，随着时间推移，人类贪婪的本性暴露，用自己喜欢的方式取悦动物，殊不知这对它们的伤害有多大，破坏了它们的生活环境，破坏了它们的家园，最终自己只能被禁锢在这笼子里。想要挣脱，想与大自然接触，却无能为力。

作品设计与展示

运用 Photoshop 设计软件进行后期调色、裁剪、拼贴等处理，以达到更加强烈的艺术感染力，突出主题。

电脑设计：

宣传展示是作品呈现给观众的重要环节，从平面—书签—明信片—立体展示，体现现代媒体艺术传播的多样性。

屏风形式的展示方案

长方体灯箱展示方案

学习收获总结：

以动手制作实物装置为目标，合理运用各类工具材料，包括铁丝、麻生、纸、PVC 板、油泥、易拉罐、塑料、剪刀、锡纸、胶带等，教会学生掌握剪裁、加工、塑造、组装等相关技能。通过参与设计创意开发过程的活动，培养发散思维、集结创意，提升运用多种工具、材料进行美术表现的能力。

制作实物装置只是拍摄前的准备，具体效果需要拍摄后才能知晓，因此在制作过程中必须时常进行测试，不断改进。

掌握单反相机的使用方法，了解拍摄所需的基本技巧，灵活掌握光圈、快门、感光度的组合运用，巧用光影达成最终艺术效果。

学会使用 Photoshop 设计软件进行后期调色、裁剪、拼贴等处理，以形成更加强烈的艺术感染力，突出主题。

3. 中国书画模块

中国书画是以动手实践为主的学习模块，因此在教学中应鼓励学生通过具体的练习和创作活动，获得对中国书画艺术魅力的体验和感悟，需要注意的是，中国书画教学不能仅限于单纯的技法训练，必须以美术学科核心素养为导向，既要关注知识与技能，也要学习过程与方法，更要关注情感态度与价值观。

（1）课程目标

在书画选修模块的教学中，重在培养学生美术表现、审美判断、文化理解和创意实践能力，在课程中提升学生对中国传统文化艺术的理解能力和表现能力，同时教师要引导学生发现和表现生活中的美，融入传统文化和社会主义核心价值观，以爱国和对生活的热爱为表达核心，用美的作品表达情感，传播正能量。

（2）课程实施

倡导主题性研究学习，鼓励学生采用个人学习和小组合作的方式，对主题进行深入思考和讨论，综合运用绘画、书法、篆刻的知识与技能甚至文学知识，融入自己的文化理解和生活经验，完成作品的创作、装裱、展示以及评价和交流，体验中国书画创作的完整过程，建议使用学习档案袋，记录学生对中国书画学习和创作的过程及结果，为学生持续学习中国书画提供动力。

图4-41 书法选修课

图4-42 书法展示

图 4 - 43　陶艺创作实践

（三）美术社团课程

美术社团的建设是三级美术课程体系中的重要环节，美术鉴赏是面向全体学生的普及教育，美术选修是培养兴趣、挖掘潜能的课程，社团则是为了培养学生美术特长，培养艺术院校的后备军和社会主义建设的艺术工作者。

图 4 - 44　参观北京画院美术馆

1. 课程内容

社团课程是根据学生的专业发展倾向和个性发展需要而设置的，包括供报考高等学校美术或设计专业的选修课程，或满足学生其他发展需求的课程。内容包括美术史论基础、速写基础、素描基础、色彩基础和创作与设计基础等。其中速写基础由人物速写和风景速写等学习内容组成。包括人物的比例与动态，风景的构图与透视等。动漫系列包括手绘和板绘。影像创作包括摄影和微电影拍摄与后期制作。

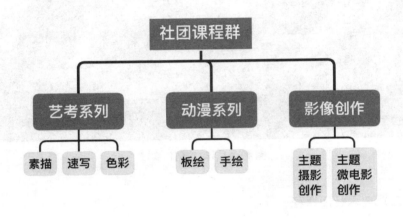

图 4 - 45　八十中美术社团课程群

社团既是美术必修和选修课程的延续，也是促进学生个性发展和美术特长培养的重要途径。我校 2009 年创办了"艺视域美术社团"，旗下包括"80 影像社""画堂春美术社"，之后又发展了"服装社""折子话剧社"和"画堂墨香书法社"。

图 4 - 46　八十中社团类别

　　其中"80影像社""画堂春美术社"是影响力最大、成果最显著的两大分社。"80影像社"创建之初主要以摄影为课程内容，视频的拍摄与制作是近几年发展起来的，因为社团宣传的需要和某些学生对视频拍摄的热爱，我们拍摄制作了一些视频作品，在这个过程中收获颇多。不论摄影还是视频的拍摄，都已成为时下非常流行的时尚，我校将紧跟时代发展，引领学生用现代媒体艺术手段记录身边的美好事物，传播正能量。"画堂春美术社"开设的内容包括美术高考基础绘画、漫画、板绘、水彩画、国画等，基础绘画主要包括速写、素描、色彩。

图4-47　社匠合影

2. 课程目标

通过阅读书籍、收集资料和组织讨论等方式，帮助学生了解各艺术门类的特点，通过教师的示范指导、知识教授和活动策划等方式，帮助学生获得艺术创作的基础知识和基本技能，培养学生的观察、捕捉和表现能力。鼓励学生自主探究、合作学习，在实践过程中引导学生反思自己存在的问题，提供适当的技法指导，帮助他们不断提高美术表现力和创意实践能力。

3. 课程实施

社团设指导教师、社长、副社长和各部门部长等职位。教师负责技术指导，为学生搭建展示平台，社长与各部门负责人负责策划、开展各项活动。在社团管理中，禁止社团管理者以领导的姿态命令他人，要善于用个人魅力团结社员，让社员自觉自愿跟随，将自己视为主人积极参与各项活动，热爱这个集体，为社团发展贡献力量。在社团活动中逐渐培养学生认真负责、乐于合作、奉献、善于沟通交流等优秀品质，使他们成为具有综合素养的人。

图 4－48　社团招新

图 4 – 49 美术社成员

图 4 – 50 校外写生拍摄实践

图 4 – 51 专家讲座

为了更好地服务每一位社员，我校在社团学习中实行"导师制"，导师负责带领新社员熟悉社团规章制度，了解社团发展历程，带领新社员学习相关艺术领域的专业知识与技能，物色培养接班人等。"导师制"能够让新社员尽快地融入社团，更能够增进社员间的友谊，对社团的学习氛围和整体发展起到积极的促进作用。

如图 4 – 50 所示，各部门分工明确，职责清晰明了。

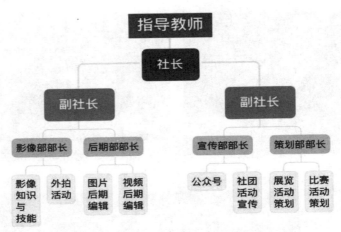

图 4 –52 八十中社团内人员安排

社团的成员是因为共同的兴趣和爱好而走到一起的，在集体活动中，大家相互合作、交流经验，彼此欣赏和鼓励，技能上得到了提高，自信心也得到了增强，认识到了自己的兴趣和特长，从而对自己未来的职业、理想都有所规划。

四、美术学科课程评价

《美术课程标准》指出：树立学科核心素养本位的评价理念，不仅针对学生对美术知识与技能的掌握程度，更要针对学生所学美术知识与技能运用于情境中解决问题时体现出的美术学科核心素养发展水平。

合理量化质性评价，通过质性评价，全面而充分地展示和描述学生及其学习过程的各种特质，制定评价量规，相对合理地量化各评价指标，更真实地反映学生在美术学业质量水平和美术学科核心素养上的发展程度。

在主题性美术学习活动中，学生应做好学习档案袋，保存学习资料，记录学习的全过程。学习结束要为学生提供展示的机会，在展示中促进学生的自评和互评的能力。

在教学中，我校美术学科通过不断实践，不同课程建立多样的评价量表，通过自评、互评以及教师评价，客观地呈现学生学习的效果，为今后的教学改进提供数据支撑。

1. 美术鉴赏课程评价

表4-1 美术鉴赏学习评价量表

序号	评价内容	分值（100分）	自评	互评	教师评价
1	考勤	5			
2	课堂纪律	5			
3	组内分工、协作情况	30			
4	学习效率、学习深度和广度	30			
5	作业完成质量	30			
平均分					

2. 美术选择性必修课程评价

表4-2 美术选择性必修学习评价量表

序号	评价内容	分值（100分）	自评	互评	教师评价
1	考勤	5			
2	项目内容及难易程度	10			
3	学习效率、学习深度和广度	25			
4	独立研究能力和与他人合作的能力	30			
5	最终成果完成质量	30			
平均分					

3. 美术社团课程评价

表4-3 美术社团学习评价量表

序号	评价内容	分值（100分）	自评	互评	教师评价
1	考勤	5			
2	项目内容及难易程度	10			
3	学习效率、学习深度和广度	25			
4	独立研究能力和与他人合作的能力	20			
5	领导能力、组织能力和策划能力等	20			
6	最终成果完成质量	20			
平均分					

五、美术学科课程成果

通过一系列课程内容的创新与课程体系的建构，我校的美术课程特色越来越突出，成果越来越显著，学生的喜爱程度不断攀升。我校师生曾多次向国内外同行和专家们展示汇报美术课程模式与特色，得到了大家充分的肯定。我校还多次开展市、区级研究课、公开课和专题讲座，在教学中相互交流，虚心听取意见，不断反思和提升。

图 4 - 53 市级研究课展示

2013 年，我校被评为朝阳区"朝花美术团和摄影团"，2014 年被评为"北京市朝阳区金帆书画院基地校"。2016 年加入"杨广馨特级教师工作站"，成为朝阳区书法艺术教育基地校。社团多次获朝阳"最具人气社团""精品社团""优秀中学生社团"等荣誉称号。2015 年"画堂春美术社"被评为"全国优秀中学生国学社团"。近 5 年学生获奖人数逾百人，其中包括国际级、国家级和市区级各级美术大赛，其中三届全国艺术展演均获绘画、书法和摄影一等奖。

图 4 – 54 社团所获奖项   图 4 – 55 获奖作品《舌尖上的八十》

图 4 – 56 全国艺术展演获奖证书

图 4 – 57 在山水美术馆举办社团十周年展览

259

图 4-58　在 798 艺术区举办社团展览

为向社会各界展示我们社团的风姿，我校曾在 798 艺术区、新世界百货、时代美术馆、山水美术馆、炎黄艺术馆等地举办各主题的书画、摄影展，各级领导和社会各界专家给予了我校高度评价和肯定，每次活动各媒体都进行了全方位的报道，社团的影响力也在一次次活动中不断扩大。

图 4-59　"摄影家进校园"展览活动

图4-60　展览现场师生合影

为了更好地宣传和展示社员风采，学校修建了艺视域展厅和艺术长廊，不定期展示学生作品。社团自主编辑、设计、排版、印制《艺·视域》社刊，它得到了校领导和一些校外专家的支持与肯定，著名摄影师姜平、赵大督、姚路等名家都曾为社刊题词，对我们的社团寄予了很大的期望。社刊内容丰富而实用，展现了每一年社团的活动成果。社团通过社刊向社会各界充分展现了社团的发展历程及取得的成绩、社员获奖作品及活动介绍，社刊已渐渐成为艺视域社团宣传的一扇窗，让更多的人关注我们的成长。

图4-61　校内社区展示场所

图4-62　校领导参观艺术长廊　　　图4-63　《艺·视域》社刊

　　我校并没有招收美术特长生的名额，但在艺术类高考中，社团的成员依然取得了十分优异的成绩，2009年以来共有20余位社员考入清华美院、中央美院、中央戏剧学院、北京电影学院、中国传媒大学、人民大学、帕森斯艺术学院、伦敦艺术大学、芝加哥大学等名牌大学的艺术系。美术课程的意义和影响是深远的，有的同学从此热爱艺术，热衷摄影和微电影，爱上表演和主持，最终成为艺术家、导演、摄影师、设计师、主持人、演员等。美育取得的这些成绩，足以展现我校美术高端人才培养的水平和能力。

图4－64　考入清华美院、戏剧学院的社员

图4－65　考入国际名校的社员

　　历经十二年的师生共同奋斗，北京市第八十中学艺视域美术社团终于在2021年被评为"北京市金帆书画院美术摄影团"，这是社团最高级别的荣誉，也是市教委对我校美育工作的高度肯定。

　　美术学科包罗万象，更涉及其他学科领域，学科融合成为教学的必然。我校为适应新时代美育要求，开设了多个美术类别，并不断与时俱进，开发新课，满足学生需求。美术学科三级分层立体课程已初见成效，不论是硬件条件的改善、课程内容的多样性还是课程实施的效果，都以培养学生核心素养为中心，实现立德树人、以美育人的育人目标。

　　今后我们将在新时代美育的指引下，不断发展壮大，继续为美育教育的发展贡献力量。

第五章

丝竹扣弦　乐韵净心

音乐，是直达灵魂的，是人与人之间沟通方式的一种。民族音乐，是传统文化的代表之一。学生在民乐课程中的实践，使其成为民族文化的传承者和继承者。在一次次的排练中，学生间的相互配合、相互理解、相互支持，是学生们成长中必不可少的学习锻炼的平台；在一次次的演出、比赛过程中，当学生们站在舞台上的那一刻，对于他们，则是人生的巅峰。他们用手中的乐器演奏优美的旋律，以美启真，用旋律感动着自己，感动着每一个人。

在民族文化回归的背景下，八十中民族管弦乐团成为八十中民族艺术课程中的一部分，是民乐课程的载体，为学生搭建了施展民乐才华的舞台，为学生提供宝贵的锻炼机会，使学生更全面地发展。

民乐面向全体学生，面向对民乐感兴趣的学生，面向对民乐感到好奇的学生。在民乐实践中，学生体会到了民族音乐的伟大，感受到了民族文化的精髓，同时不断提升学生们的民族文化自信，让学生得到全面发展，是民乐课程设置的初衷。因此，本篇目，从课程目标、课程架构、课程内容、课程实施、课程成果、课程评价六个方面阐述民乐课程在八十中三级生态立体课程中的体现。与此同时，也是对民乐课程近几年的一次总结与回顾，为未来扬帆起航找好定位，在新时代美育工作中把握正确的方向。

一、课程目标

2016—2021 年北京市第八十中学民乐团课程目标主要体现在三个维度。

1. 知识与能力

这一维度的具体内容指的是乐团成员对于乐器、音乐等相关内容的基础知识以及基本操作技能的掌握。这一维度的内容是总课程的根基，是学生参与课程的必要素养，夯实基础能力才能为下面更深层的维度奠定基础。

在每年的课程目标的规划当中，我们会回顾先前的课程内容，结合所实施的效果进行取舍，在整体上进行改良。

（1）了解

对于学生演奏乐器这一方面，我们主要是以分声部练习的方式进行，确保每一位成员与其所对应的专业课老师有效地沟通对话，更加有针对性地指导学生，提升学生的专业能力与专业素养，给予学生有效的帮助，同时也使乐团排练的效率大幅提升，提高音乐的质量。

具体教学内容有：了解乐器结构（这里的乐器不仅限于某一种，而是对于乐团中各个乐器的整体认识），通过这样的方式教学有助于学生了解个体在乐团中充当的角色，提高乐手与乐手之间的配合默契；通过了解乐理知识提高学生对音乐的认知水平。

（2）理解

在学生娴熟地掌握演奏技能的条件下，专业课老师们需要引导学生理解手中的乐器，理解演奏出的音乐（这一方面是在往年的基础上进行补充）。在授课过程中，将乐器故事、乐曲背景、历史文化的内容加入课程，了解作品内涵，促进学生的学习积极性，以达到培养学生理解音乐的目的。

具体是以了解乐曲与其创作背景的关联、乐曲所具备的历史文化、解释音乐内涵、表达个人对音乐的理解与看法、合理推断判别音乐内容等作为教学课程。结合往年的经验，我们尝试让学生站上指挥台体验指挥的视听视角，让不少同学对器乐间的关系、各声部的音响平衡、声部分工等内容更加了解，切身实践从而体会到了乐团演奏时的各声部间的平衡，对乐团了解更添有一种整体感，有利于之后的排练各个声部间协调、配合、联系。但又考虑到新增加的补充内容学生是否能够适应的问题，我们决定将以轻松自然的课堂互动的方式进行考查，而不会使用较为严苛的考核方式给学生施加压力，以免给学生造成厌倦学习音乐的消极情绪。

（3）应用

应用的环节是完成难度相对较大的目标，意在前两个部分的基础上培养学生对于抽象概念的理解与应用。在这一方面的训练，主要以培养学生在音乐领域的创新能力，不仅要巩固学生对于音乐理论知识的掌握，还要学会运用已学习的知识与技能。鼓励学生进行自主学习，并展示学习成果或创新作品，表现形式包括多人合奏、即兴演奏、曲目创作等。这一方面的课程需要与每个同学自身的学习能力挂钩，因材施教，鼓励同学们发挥个人特长，但也不强求同学们一定加入此项内容，此项内容以辅助内容的身份加入课程。

（4）模仿

这一部分的内容与前面第1、2点的内容有所重叠，但并非完全相同，主要内容是在专业老师的示范或指导下对演奏技巧进行模仿与修饰。这一方面在一定程度上是学生学习能力的体现，对于乐器的学习，模仿是必不可少的方式，在模仿过程中学生会对技巧或者音乐的处理有更加深刻的感悟。并且当方法娴熟时，可以在合理的范畴内加入个性化元素，尽量保证在细节上培养学生的创新能力。

具体内容：给学生们播放音乐家的各种表演录音或录像，感受演奏家们对于音乐的处理方式，并进行模仿，在最大完成限度内，达到尽可能优美的效果；此外，专业老师耐心指导学生，与学生交流实践，在演奏技法上指导学生，将演奏经验面授给学生。

（5）独立操作

以上的内容大多以外在动力帮助学生完成，而这一部分则需要学生内在的主观能动性来完成。

其中自主练琴的要求有很多，我们意在培养学生们的独立练习、独立自主的学习能力。在练琴过程中，学生要保持全身放松的状态，心态平和，不浮躁，对于自己的能力要有信心，回忆专业老师教授的内容，耐心练习，直到符合要求为止。有规律的练习也非常重要，比如说，每天练习、两天练一次，或一周练一次等，坚持不断地练习，再同聆听录音相结合，可以使人在练琴的过程中产生顿悟之感，有助于理解作品的内涵，将情感投入乐曲中。注重基本功的练习，比如，弦乐中的空弦、弹拨乐中的弹、挑等，基本功的练习，直接影响着学生演奏的质量。学会自己找出问题，对排练中内容进行总结分析，思考自己需要重点关注、练习哪一部分的内容，着重练习。讲究分析乐曲中的乐句，找到乐曲的核心，分析透彻能够使学生演奏的乐曲更有流动性、歌唱性、连贯性，使音乐更加整体化，富有艺术感，听起来更加悦耳动听。

这一方面在平时的排练中就可以考查。在排练过程中分声部抽查，能够从中观察学生自主练琴的效果。

其中，2020 年由于疫情原因，自主练琴的考查方式有所改变。各声部建立声部群聊，乐团成员们通过上传录像，交与专业老师检查，保持线上的沟通与交流，在疫情这样的特殊时期，力图克服空间上的障碍，保持学生专业水平的稳定。

2. 过程与方法

这一维度的侧重点主要是学生学习技能所经历的过程与形成学习内容的方法。过程与方法之间有着相关联系，一般通过过程来感受学习水平相对应的科学方法。

（1）经历

让学生在学习中经历从未知到熟知的过程，这一过程既考验老师的教学能力，也考验学生的感悟能力。这是一个接触、了解、学习新事物的过程，在以往的学习过程中，这有着提升学生的技术水平、艺术素养的效果。

让学生在学习中经历从模仿到理解的过程，有其一定的用意。正所谓"温故而知新"，通过重复性的模仿、聆听，与专业老师的点拨，引导学生逐渐理解音乐、理解艺术之美，进行初步学习，对音乐有了感性认识，同时这也为下一个维度的课程"情感态度与价值观"奠定了基础。

（2）体验

经历了初步的了解、认识，我们在经历的基础上进行内容延展，让学生体验演奏音乐的过程，将初步学习的内容与感性认识带入实践操作当中。其内容包括鉴赏音乐、单人独奏、声部内合作与乐团合作等。

对于音乐的鉴赏，主要是为了让学生聆听音乐，使他们能够发现音乐中的美，提升学生对音乐的鉴赏能力，同时也提高了学生对于艺术的审美水平，这也有助于学生对音乐旋律的理解，增强对美的追求。此项内容的具体落实方法：老师在排练过程中，为学生们播放一段音乐，并随机让学生表达对此段音乐的见解，描述音乐带来的想象与画面，推测该段音乐的发生地点、时期、时代背景等，每个人的见解都是这段音乐内涵的体现，学生可以自由表达、自由发挥，没有真正的对错之分，这给了学生们充分发挥的空间，既能够提高对音乐的鉴赏能力，又丰富学生的想象空间。

多实践才能够使学生对音乐的理解与认识表达出来，从而发现技术水平、能力结果等问题，并加以改正；同时也锻炼了学生们的演奏能力、表现力等。

亲身实践才能够让学生从学习中吸取教训、获得经验，每个人对音乐的领会是不同的，学生们在演奏中对音乐不同的处理可以在专业老师的指导下进行切磋、交流互鉴。

（3）探索

在前面两个方面中，学生对音乐有了自身认识与实践能力，那么探索便是为了培养学生发现问题、分析问题和解决问题的能力。例如，学生在练习的过程中遇到困难，这时候需要他懂得探寻问题的根本原因，明确之后，再找到合适的方法分析并让问题得到解决。

艺术领域个性化的培养是至关重要的，因为每个学生可能会出现不同的问题，而在学习探索中发现的内容也会有所不同，所以要求老师们逐一给予有针对性的指导，让教学过程更有个性化、多元化的特点，增添课程的趣味性，提高学生们的兴趣，吸引学生们投入课堂，并从课堂中获得新的知识。

3. 情感态度与价值观

指经历学习活动后建立的感性认识，在经过音乐基础知识、乐器演奏技巧的培训之后，我们开展了课程内容设定中最有深度的部分——情感与价值观的培养。这一层面在前面两个维度的基础上有所升华。

（1）感受

音乐作为人类的第二语言有别于其他学科，音乐中蕴含着道德哲理和丰富的情感体验，它是通过音符、旋律、节奏来表达思想和情感的，没有一定的感受力，就无法理解作品的主题。因此，要培养和训练学生听音乐的能力。乐感是个体感受音乐特点的反映过程，是人们对音乐的感受能力、想象能力和表达能力的综合反映。所谓音乐感受力就是依靠视觉和听觉对音乐的美、对音乐的情感、对音乐的内容有所感受。也就是指在听音乐的时候，不仅能感受到音乐的高低、长短，还能体验到音乐所反映的情绪和思想感情并与之产生共鸣的一种能力。也就是说通过每一首乐曲、每一个音符传递到聆听者的心里，每聆听一次就受到一次感染，增加一次记忆和联想，越是熟悉的音乐，也就越能唤起人的美感，这就是为什么好的音乐总叫人百听不厌。

那么培养学生的音乐感受能力就成了课程的目标，其具体思路如下：

1.1 培养学生对音乐学习的兴趣

兴趣是一个人对某种事物的积极态度。学生对音乐的学习兴趣、愿望是他们愿意学习、认真学习音乐的先决条件，也是学生的乐感得以提高的重要前提。如果学生对自己所学的音乐专业充满好奇与兴趣，那么他就会通过各种途径来了解音乐专业的相关知识与背景，同时在对音乐专业相关知识的不断积累的过程中，学生的成就感得到满足、乐感得到极大提高，从而促使学生在音乐专业的学习上有长足的进步；相反，如果学生对自己所学的音乐专业充满厌烦感、排斥感，那么他将会在音乐专业的学习中被自己对音乐专业相关知识的排斥感所影响，使他在学习过程中无法得到满足感、成就感，而且在不断的挫折体验下，学生的音乐素养、乐感的发展也将受到一定的阻碍。

1.2 通过聆听音乐，培养学生的音乐感受力

古人云：凡音之起，曲人心生也。人是在有了情感后才要去歌唱的，当人们用语言不足以表现自己的情感时，才有了用音乐来表现自己情感的愿望。当人们有了表现情绪的强烈愿望时，才开始让他们聆听音乐。教师要有目的地选择音乐让学生聆听。当我们快乐时，用高亢明快、节奏活泼跳跃的声音来表现愉快的情绪；当我们忧伤时，用低沉阴暗、节奏缓慢的声音表达我们伤感的情

绪。通过聆听音乐，学生对音乐具有敏锐的感受能力。在教学中，教师的启发诱导是打开学生感受音乐的心灵的钥匙。调动学生的积极性是诱发学生学习的动力，教师要求学生把对音乐的内心感受用语言表述出来，这是一个更为积极的思维过程。此外，还要启发和鼓励学生用动作、歌声、乐声尽情地抒发每个人对美的感受。在对音乐进行评析时，我们让学生先感受音乐，再让学生说出音乐速度的变化，说出是由什么乐器演奏的等。学生的语言越丰富，感受音乐、理解音乐就越深刻，体验音乐形态和音乐情感的音乐智能水平也就越高，表现音乐的能力也就越强。

1.3 通过歌唱抒发美好情感，培养学生的音乐感受能力

专业教师在培养训练学生演奏乐曲的同时，更重要的是通过歌唱进行美感教育，通过歌唱抒发美好的情感。教师鼓励学生在对乐曲的艺术处理中，大胆地谈出自己的艺术构想。

1.4 通过体态律动培养学生的感受能力

奥尔夫认为："音乐活动是人类最自然、最原始的行为。它是和舞蹈、动作、语言紧密结合在一起的。"也就是说当一个人对音乐作品产生某种情绪时，他总是要通过自己的表情表现出来，比如，声调、身体、动作、语言等。在教学过程中，特别是在教学一些乐理知识时，不能用单调枯燥的说教，而应让学生主动地愉快地学习，从而掌握更多的乐理知识。教师在教学中，应充分发挥教材的优势，选择旋律动听明快、形象鲜明的音乐作品，以教师生动的讲解和学生的体态语言来感受音乐形象，启发学生细细品味音乐，以达到培养学生树立正确的审美情趣。

（2）认同

没有对民族音乐的传承和发扬，民族音乐将会失去它存在和发展的基础。因此，发展民族音乐教育显得尤为重要。民乐团毫无疑问地成了弘扬民族音乐文化、振兴民族音乐的主要阵地。在教学中发挥民族音乐教育的优势，陶冶学生情操，增强民族意识，让绚丽璀璨的民族音乐自立于世界之林，乃是当前音乐教育工作的主要任务。

以民族音乐的欣赏为契机，增强学生的体验能力，体验民族音乐所塑造的意境，开拓学生的艺术视野，提高学生的艺术感受力、鉴赏力和创造力，以学生自我感受为基础，启发学生展开想象的翅膀，令学生将民乐与自我的情感认识不断协调起来，使民乐的欣赏成为学生情感体验的活动，在此活动中令学生自我振奋、自我感动。教师有意识地选择欣赏曲目，做到由浅到深、由表及里地对学生实施教育。

总之，我们的民族音乐是世界多元音乐文化资源中的一员，它具有自己独特的地位、作用与价值，有其生存的土壤和一定时期内继续发展的合理性和必然性。它是中国人民自己所喜闻乐见的音乐种类，人民离不开它。民族音乐还可以起到增强民族凝聚力的作用。各民族不同的音乐文化极大地丰富了世界文化资源，从而使得世界文化缤纷多姿、光辉灿烂。今天由于信息与交通快速发展，当世界朝着各民族趋同的方向愈来愈快速发展的时候，人类也确有责任为保留各民族自己的独特文化做出应有的努力，使其独特的价值免于消亡。从长远来看，它的价值取向主要是多元价值、历史价值和研究价值。从文化多元角度出发，我们占世界人口1/4的中华民族有必要、有责任保留宣传我们自己的民族音乐文化，使它在世界音乐文化大舞台上能一枝独秀，充分放射出其独特璀璨的光芒。

时代在发展、在前进，人们的观念思维和生活的节奏都在发生变化，人们对音乐的追求和欣赏习惯也都给民族音乐提出了新的要求。因为世界上任何艺术精品都是与时代相呼应的，要充分挖掘我国音乐文化遗产，丰富民族音乐艺术内容，改革民族乐器，改编民族器乐，就要培养民族音乐理论人才，培养民族音乐作曲家，坚持正确的发展方向，保证其健康发展。民族音乐要发展，只凭高水平的演出是不够的，更重要的是培养民族音乐听众，普及民族音乐文化，营造良好的民族音乐环境。使人民感受到中国传统文化丰富的内涵，以此提升人们的都市文化品位，最终使民族音乐文化在各地得到广泛的推广和传播。民族音乐应让更多人接受，走出国门，走向世界。只有这样，传统的民族民间音乐文化才能得以存活、延续、创新、发展，才会有更强的艺术生命力。

二、课程架构

图 5 - 1　八十中民乐课程架构

（一）课程结构

北京市第八十中学的民乐课程依托八十中三级立体课程体系，秉承着田树林校长"一人一天地，一木一自然，让每一个生命因教育而精彩"的办学思想，结合学校发展现状，构建了具有民族特色的课程架构，分为以下三级：

1. 综合走班民乐作曲课程

综合走班课程为学生必修课程，重点在于将民乐的传统知识融入日常课程中，让学生在音乐创作中学习中国的传统音乐艺术，感受民族音乐的魅力。

课程主要包含了中国传统音乐赏析、乐曲创作、学习中国音乐的历史、传统音乐的理论体系，以及民族管弦乐器的科普课程等。让学生由浅入深、从表面到内核，领悟中国民族音乐的博大精深。

2. 民乐选修课程

民乐选修课程是在综合走班的基础上开设的进阶课程，在综合走班的学习中，部分对民乐产生兴趣的同学，可以填报民乐选修课程，从而能够接触更多关于民乐的知识。

民乐选修课程不仅仅局限于理论知识，学生基于对理论知识的掌握，可以亲身实践，接触到感兴趣的乐器，并且进行基础的学习，达到能演奏简单曲目的程度。课程包括为学生举办汇报演出，让学生展示学习成果，感受舞台的魅力。选修课程中一个重要的环节就是合奏，学生通过简单的合奏，感受音乐的熏陶，切身体会音乐带来的享受和快乐。合奏不仅仅是给予学生艺术层面的锻炼，更是给学生为人处世的一个启示，既要学会与人合作，要演奏出和谐的音律，更要会与人和谐相处。选修课程在教授艺术知识的同时，也是在音乐中育人。

3. 金帆民族管弦乐团实践课程

在朝阳区教委的大力支持和帮助下，八十中秉承着"一人一天地、一木一自然，让每一个生命因教育而精彩"的办学思想，课程结构坚持以培养"有理想、强体魄、会学习、善合作的阳光学子"这一学生培养目标为课程设计的出发点和归宿点，依据"以人为本、多元开放、自主选择"的原则，体现出三级立体分层的课程结构特点，着力于不同学生兴趣潜质需求，着力于学生全面而个性化发展，以学生发现自己、形成个性特长的自主发展课程为高点目标设计，八十中民乐团正是在学校课程结构特点框架内于 2014 年 9 月正式成立。

金帆民族管弦乐团是由一些对民族音乐感兴趣且对于器乐演奏有较高水平

的学生组成的。参加民乐团可以增强学生对于民族传统文化的认识、理解和感知。音乐代表了一个民族的精神文化，通过学习和演奏民乐，不仅提高了学生的音乐素养和音乐鉴赏能力，而且学生还可以从民乐当中体悟和理解中华民族的传统文化，更多地从心灵及精神层面感知我们民族的传统精神，体会到中华文化的博大，增强了文化和民族自信，陶冶了情操。

（二）组织机构

北京市第八十中学民族管弦乐团组织领导机构

团　　长：田树林　　校长

　　　　　刘　强　　党总支书记兼德育副校长

执行团长：陈　曦　　望京校区音乐教师　民乐团艺术总监

　　　　　德育副主任　团委书记

（三）教师结构

社团总指导教师：陈　曦

社团负责人：各社团指导教师、社长、副社长以及部门主管等

1. 特聘顾问

从政策引领、搭建平台、教学指导、业务提升等方面，帮助八十中民乐艺术教育中心成员健康茁壮地成长。

杨　青　国家著名作曲家　博士生导师　首都师范大学音乐学院原院长中国音乐家协会理事　音乐教育委员会副主任　北京音乐家协会副主席

张　列　国家一级指挥　中国音乐家协会会员　中国民族管弦乐学会理事中国指挥专业委员会副秘书长

景建树　国家一级作曲家　指挥　享受国务院政府津贴专家

王丹红　中国当代最具代表性的青年作曲家之一　中央民族乐团驻团作曲博士

赵承伟　当代著名三弦演奏家　中国音乐学院教授　博士生导师　器乐教研室主任

2. 声部指导专家

张　洋　中国歌剧舞剧院　　　二胡演奏家

张荣鑫　中国广播民族乐团　　　笛子演奏家

高　微　北京师范大学　　　　琵琶演奏家

宋　恩	中国歌剧舞剧院	打击乐演奏家
樊媛媛	北京民族乐团	唢呐演奏家
王　怡	中国音乐学院	阮演奏家
王　洋	中国音乐学院	笙演奏家
赵承伟	中国音乐学院	三弦演奏家
张晓晓	中国音乐学院	大提琴演奏家

（四）金帆民乐团团员组成结构

乐团团员由初一到高三各年级的学生组成。既有经验丰富的老团员，又可以有比较充足新鲜的血液补充，实现以老带新，推动民乐团不断向前发展。

每个声部也都有老乐团成员和新团员，在老团员发挥重要作用的同时，带动和培养新初一、新高一的团员，做好人才储备，在初高三同学毕业后可以很快地接替上去，避免人才断层；另一方面锻炼团员专业上和团队协作上的能力，锻炼团员综合素质。

在一个声部中，每个团员的演奏水平难免存在着差异，八十中民乐团包容每一个学生，注重团队的梯队建设。第一梯队主要以乐团经历三年以上，有着丰富乐团经验的团员为主，在乐团活动中，他们在自己演奏的同时，还要协助老师对乐团事项进行管理，积极帮助新同学，起到主导作用。初一年级的同学在高年级的带领下，不断激发演奏上的潜能，融入乐团。这种梯队建设的管理方式，让每个团员都能对自己在乐团中的位置进行准确定位，互相帮助，培养多种能力和团队意识。

（五）课程安排

综合走班：

高一：每周四第二、三节，六、七节

高一年级课程以理论普及为主，任课教师以音乐欣赏的方式引入中国民族音乐，先让学生以自己的理解来赏析音乐。随后教师为学生讲解民族音乐的历史、分类、特点等不同方面的知识，并传授学生基本的乐理知识，为学生的民乐作曲打好基础。每次课程为学生留出一定的创作时间，从节拍、音阶开始进行最基础的创作练习，初步体会和感受音乐创作的流程与方式，通过实操对民乐创作产生兴趣。

高二：每周一第六、七节，八、九节

  高二年级课程以自由创作为主，学生在前一学年的学习中已经基本掌握了民族音乐创作的基本知识，本阶段的学习主要让学生在现有知识的基础上进行自由创作。学生可以有自己的音乐风格，在音乐创作中展示自己对于民族音乐的独特见地。在创作之后可以自己演唱，教师帮忙伴奏。有乐器学习基础的学生还可以自弹自唱，一展风采。本阶段课程还包括赏析经典民族音乐，学生欣赏过后可结合音乐创作背景、地区风格及作曲家的个人经历来综合分析，加强并提高学生对于艺术的欣赏能力与共情能力。

  选修课：

  高中选修：每周四第八、九节

  选修课程主要包括音乐创作进阶课程以及民族传统乐器演奏学习。对于民族音乐有兴趣的学生将在选修课程中进一步学习民乐创作，在原有基础上学习和声和复杂节奏，让自己的音乐作品更加富有层次。学生可以选择一样自己感兴趣的乐器进行学习，会有相应的老师或民乐团团员对其进行指导，学生可以自行选择自己喜欢的曲目，并由声部老师教授简单的合奏曲。学期末会在课程中加入小型演奏会环节，学生会在本环节中演奏自己的独奏曲目以及合奏曲目。通过亲自弹奏，学生可以锻炼合作能力，学会去欣赏别人，提高艺术修养，并能够更真实深切地感受到民乐的博大精深，源远流长的艺术魅力。

  初中选修：每周四第九节

  初中的民乐课程以选修课为主，学生包括民乐团现有成员和对民乐有兴趣的学生，课程主要分为知识普及和乐器展示欣赏两部分。民乐知识普及课程会让学生在课程中欣赏民乐演奏家的演奏作品，了解民乐产生的背景和历史，学习乐器分类和乐器特色以及基础的演奏知识。展示课程将会让民乐团现有成员在课上展示自己所学的乐器，并当众演奏自己所学的乐器，让学生近距离接触民族乐器，感受来自民族乐器的独特气韵。学生可以在课程中赏析民乐作品，提高理解能力，同时乐团成员的舞台演奏能力也将得到一定锻炼。

  金帆民乐团：

  每周五、周六晚上6：30至9：30

  金帆民族管弦乐团培养学生高尚的情操，树立审美观念和意识；拓宽思维、磨砺气质、完善个性，全面提高学生的综合素质，形成学校艺术教育特色。指挥与声部指导教师团结协作，根据乐团配置定期下发新谱子。乐团每年定期进行考核，从听、视奏、唱、弹等各个方面对学生进行全方位的考核，打牢学生的音乐基础，促进学生艺术素养与音乐水准的提升。北京市第八十中学金帆民族管弦乐团看重假期的宝贵时间，利用假期时间安排时长为一周的集训，乐团成员在这一周中将经历高强度的乐团训练，乐团会统一下发曲目，学生在固定的时间内速成曲目。集训分为分声部排练和合奏排练。学生将在乐团声部老师的指导下练习演奏，在练习过后加入合奏排练之中。乐团集训有助于提高学生的视奏能力，以及快速练成曲目的能力，学生的各项综合能力将会在集训过程中受到很大挑战并得到极大的提高。除了锻炼学生的乐器演奏能力之外，学生的毅力也会在集训过程中有所提升。

集团校民乐课程：

各集团校在民乐理论知识和乐器演奏课程的基础上，选拔有较高演奏水平的学生加入金帆民乐团当中，学生的各方面能力都会在乐团中得到历练，同时拥有更加丰富的舞台经验。

（六）课程联动体系

1. 引领带动

八十中的民乐课程以金帆民乐团为核心，逐渐带动校内外的民乐普及。乐团以"从团内到团外，从课内到课外，从国内到国外"为指导目标，推进民乐课程建设。

乐团在 2019 年年末决定启动新计划，八十中的各集团校（北京市第八十中学望京校区、北京市第八十中学白家庄校区、北京市第八十中学温榆河校区、北京市第八十中学睿德校区、北京市第八十中学嘉源分校、北京市第八十中学小红门分校、北京市第八十中学枣营分校、北京市第八十中学北皋分校、北京市第八十中学睿实分校等）开始建立民乐团，为未来乐团的发展做了长远的规划，八十中还联合了集团内部的小学，小学将会从一年级开始培养学生学习民乐，一直持续到六年级，中国是一个具有悠久历史文化的国家，民族音乐发展源远流长，民族器乐是中华历史文化长久积淀的精华，具有鲜明的民族特色，在世界乐坛独树一帜。这样一来，也可以让小学生们意识到作为一个中国人，我们更应该继承和发扬我国传统的历史文化遗产。这样八十中民乐团也可以一直有新鲜的血液补充进来，让乐团不断地发展下去，同时学生也可以不断辐射式向外传播民乐。这一计划的启动，意味着八十中的引领带动，不仅仅局限于朝阳区，而是由朝阳区向东城区、西城区、海淀区等学区扩散，由八十中带动着集团校，再带动着八十集团的周边学校共同发展。

八十中金帆民乐团的作用不仅仅局限于对本校学生的教育和熏陶，更多的还展现在对外校和其他团体的辐射和带动中。学校与美国、澳大利亚、德国、韩国、日本、加拿大等国家的中学进行了合作与交流，建立了友好互访关系，并为中国学生提供出国游学、与外国友好校互访和与世界发达国家合作开展的冬令营及夏令营等活动，同时接受外国友人的子女在该校就读。八十中金帆民乐团积极参与其他学校和其他社组织的艺术交流和演出活动，并时常举办一些活动主动地进行宣传和交流。

2. 辐射示范

从睿实分校到睿德，管庄温榆河分校再到八十望京和白家庄，八十中民乐团建立了从小学到高中的完整的乐团层次梯队。跨校区的合作和乐团的建立意味着八十中民乐团更加完善的辐射示范和引领带动作用。不同的分校在各自的学区都能够发挥良好和充分的积极带动作用，不仅仅在八十中望京校区所属的学区内，更是在八十中教育集团所能辐射到的范围之内，积极进行辐射引领带动作用，为朝阳区的艺术教育工作的开展打下坚实的基础。

同时，在八十中教育集团民乐发展的过程中，在许多的交流演出中，八十中民乐团在朝阳区受到了越来越多的关注和喜爱，许多学区的老师和同学们不断到八十中民乐团来交流学习，我们八十中民乐团的老师和同学们也多次到朝阳区活动中心进行演出和艺术指导，把音乐的魅力一点一滴地传播到同学们心中，使得越来越多的学生爱上民族音乐。

（七）课程结构规划总结

八十中民乐三级架构是结合八十中的发展实际构建的课程体系，北京市第八十中学于2014年建立民族管弦乐团，将民乐课程未来的发展和规划提上了日程。随着传统文化教育的重要性逐渐被重视，八十中从民乐团开始，逐渐把民族音乐融入每个学生的必修和选修课程之中。这样的课程架构让许多不了解民族音乐，甚至从未接触过民族音乐的学生对民乐有了初步的了解。中国的民族音乐文化源远流长，千年的积淀使得民乐拥有不同于西洋音乐的独特意蕴。八十中的民乐课程可以让学生从零开始，在必修课程中了解民乐、爱上民乐；在选修课程中学习民乐、演奏民乐；在金帆民乐团中超越自己、展示民乐。

八十中的民乐课程在现有的基础上还有更多的想法，例如，将分校课程融入八十中民乐三级架构之中，分校学生将有机会来到望京校区，参加八十中金帆民乐团的排练，从排练中学习到民族乐器更多的演奏技巧和民乐合奏曲的相关乐理知识，并将所学到的相关内容在自己所在的校区的民乐课程中与其他学生分享。这样的方式可以让课程联动体系更为完善，也为民族乐器的普及开创了新的思路。

　　有着深刻内涵、饱含作曲家情感的乐曲对于一个有着高水平、高要求的艺术团体来说可以说是不可或缺的一部分。整个乐团的感情由乐曲而培养，整个乐团的底蕴由乐曲而积累，整个乐团的技术由乐曲而磨炼。乐团的孩子们因民乐而聚集，有着相同爱好的他们在这个团体中感受民乐带来的快乐。他们磨炼自身的技术，为了共同的目标而努力着。建团六年以来我们所排练的曲目不计其数，学生们也通过感受曲目中的感情基调将感情联系在了一起，彼此成为好友、知己。乐团也因此成为一个有凝聚力、团结一心的优秀艺术团体。

　　《庆典序曲》是赵季平先生为迎接国庆四十周年，于1989年9月创作的，10月1日由陕西省歌舞剧院民族乐团在西安首演，指挥家张列先生担任指挥。乐曲以热烈快速的跑句和唢呐、锣鼓的齐鸣，勾画出一幅节日庆典的场面，乐曲的对比中段，则以如歌的慢板展现出一派盛世祥和的气氛。再现段将喜庆的节日气氛推向高潮，在欢腾激昂的情绪中结束全曲。旋律性强、容易记忆、通俗易懂、老少皆宜、受众面广、便于普及。能成为观众耳熟能详的优秀作品，最根本的原因还是在于这部作品本身的高质量和作曲家深厚的传统文化素养，以及精湛的写作功力。这部作品至今已问世三十余年，许多团队将它列为开场或压大轴的曲目上演。由于演出效果好，在海内外音乐会舞台上由专业乐团与校园团队经常演出，或许是上演率最高的民族管弦乐作品之一。全曲的旋律曲调雅俗共赏，其表现的主题是非常具有群众基础的盛大节日，展现了一幅人民在传统节日时的热烈欢腾的场面以及团结友爱、互庆互贺的动人图景，以强烈的节奏、力度的对比、旋律的起伏，显示了洋溢于全曲中的欢快情绪。

　　在弥勒这块美丽、神奇的红土地上，多彩多姿的民歌像山里的泉水一样甜，绚丽浪漫的舞蹈像山里的流岚一般美。居住在西山地区彝族支系阿细人的集体舞蹈"阿细跳月"，是出落在歌舞海洋中一枝独秀的山茶花。它像清爽的山风，像欢快的山溪，像燃烧的火把，半个多世纪以来久跳不衰，美名播四海，备受国内文艺界和国际友人的青睐。阿细是彝族的一个支系，自称"阿细璞"，聚居在云南省红河州弥勒县的西山一带。阿细人能歌善舞。"阿细跳月"是他们最喜爱、最普及的民间优秀集体舞蹈之一。"阿细跳月"原称"跳乐"，因常相聚于月下舞蹈，且有求偶的含义，故避开长辈，于夜晚相约到村外的山野林间趁着月色或围着篝火跳，抗日战争时期始称"阿细跳月"。"跳月"来历传说颇多，但都与火相关：一说源于劳动，在古代刀耕火种时，烧过的灌木桩容易刺伤脚掌，撬窝播种时常跳起跳落，演化而成舞蹈；一说阿细山寨因"天火"成灾，阿细儿女阿者与阿娥率民众奋勇扑火，因大地被烧烫，便双脚轮换弹跳，而形成今天"跳月"的基本动作。"阿细跳月"节奏明快,舞姿粗犷奔放,有老人舞和青年舞。老人舞弹的是小三弦,舞步轻慢稳重;青年舞则热情激越,是男女青年沟通感情、选择对象的自娱活动。每当节日或农闲,邻近村寨未婚的成年男女青年先约定聚会的时间地点,届时,如一方失约,另一方则于路中用石头压上树枝,表示"压魂"(魂是彝族对生命的诠释),被压一方须说明原委,道歉并得到谅解,可再订日期。这种约会,甲村来男,乙村只能来女。相会前,女方在林中梳妆打扮,故意磨时间,男方明知女方在梳妆,也故意把短笛吹得短促,把大三弦弹得急迫,一方急,一方缓,别有一番情趣。就在笛悠弦扬时,女方拍着清脆的掌声跳出树林,在草坪上列队与男方欢歌起舞,曲调合着舞步,弦声扣着心声,间或爆发"哦!哦!"的吼声。其音乐为宫调或大三度五拍,欢快热烈,粗犷奔放;舞蹈步法似踏火弹跳,先用一只脚跳三下成三拍,双脚落地成四拍,再换另一只脚起跳,如此不断反复。在载歌载舞中,寻找称心如意的伴侣,然后变换队形,一男一女对舞。由于"阿细跳月"舞蹈强度大,尤其是男青年肩挎四五公斤重的大三弦,弹、唱、跳、旋,常常跳得满头大汗。但颇具感召力的"阿细跳月",一代又一代,一年又一年,吸引着青年男女尽兴尽情通宵达旦地进行。中国民族音乐家彭修文曾根据该舞蹈的音乐,写了民族管弦乐曲《阿细跳月》。

《花好月圆》描绘了一幅欢腾喜悦下的月光美景图,是民族音乐史上最有代表性的乐曲。乐曲短小精悍,旋律通俗易懂,多次反复中情绪层层叠加,最后在一个长音下结束。描绘出一片岁月静好、人民安居乐业欢腾喜悦的画面。"花好月圆"是一首民乐合奏曲目,由中央广播民族乐团演奏。1935年原初,在苏州做小学音乐教员的黄贻钧经人介绍,考入上海百代唱片公司音乐部下属的国乐队任演奏员。有一次,百代公司在制作一张民乐唱片时,缺一段5分钟左右的乐曲。于是,音乐部主任任光就约请黄贻钧担纲这"补白"的任务。虽然黄贻钧没学过作曲技法,但发自内心的激情,使这个作品一气呵成。因写作时没有标题,国乐队的陈中根据乐曲欢快热烈的气氛,就给它起了个"花好月圆"的名字。新中国成立后不久,指挥家彭修文就把江南丝竹式的《花好月圆》改编成民族管弦乐,后经中央广播民族乐团演奏,影响甚广。由于黄贻钧创作此曲时没署名,故彭修文一直误以为此曲为任光所作。后经知情人向中央电台反映后,才更正。

民族管弦乐《茉莉花》由刘文金先生编配、作曲,乐曲以江南与河北两种不同情趣的《茉莉花》民谣为音乐主题加以对比展开,表现了东方女性美丽、善良、勤劳、坚韧的内在品格以及对爱情、命运和理想的追求。这部作品具有恢宏的气势、粗犷的气质、隽永的灵秀,以及细腻的雕琢。其主题的整合手法、自由的曲式结构所折射出来的独特的创意和构思，以及在乐器编配上所反映的全新理念，都值得我们研究和学习。该作品曾以不同形式和版本先后在全国各地（包括港、澳、台）以及新加坡、泰国、日本、韩国、奥地利上演。受到高度评价。2003 年 3 月被中国香港中乐团评为最受乐迷欢迎的十首"世纪中乐名曲"之一。《茉莉花》是流行全国的民间小调，这其中以江苏和河北的流行最广，最动人。虽然依照南北风情的不同而旋律有明显的差异，但其情趣都是一致的，地方色彩也是格外鲜明。江苏的《茉莉花》以商、角、徵三音列为旋律的骨干音，轻柔、细腻、流畅、委婉。旋律以五声音阶的上下倚音和级进为主。河北的《茉莉花》以徵、羽、宫三音列为旋律的骨干音乐，下方半音倚音，四度以上的各种跳进和弱起拍的节奏对比，使旋律跳跃活泼。本曲作者在这两首民歌的基础上，经过器乐化的处理和整合，创作了两段单二部曲式的主导乐段作为作品的核心主题。原曲的每个小节都由二拍扩充为四拍，使丰富的音乐语汇有了充分的陈述空间，音乐的气质也显得从容而大气。

　　《我的祖国》是由郭兰英和中国歌剧舞剧院合唱团演唱的一首歌曲，于 1959 年录音，收录于中国唱片集团公司 1984 年 1 月 1 日发行的专辑《著名歌唱家郭兰英独唱选》中，此歌曲还是电影《上甘岭》的插曲。1956 年，沙蒙请刘炽为《我的祖国》作曲。刘炽为了让人们喜爱这首歌，调查研究了 1949 年至 1955 年人们喜欢唱的歌曲，从中选出十首歌曲反复倾听，最后从其中一首《卢沟问答》中的第一句找到了《我的祖国》开始的半句。《我的祖国》深切地表达了浓烈的爱国主义思想，唱出了志愿军战士对祖国、对家乡的无限热爱之情和英雄主义的气概。歌词真挚朴实，亲切生动。前半部曲调委婉动听，三段歌是三幅美丽的图画，引人入胜。歌曲虽然不同于很多红歌那般曲风硬朗有力，但前半部曲调委婉动听，后半部副歌混声合唱与前面形成鲜明对比，仿佛山洪喷涌而一泻千里，尽情地抒发战士们的激情，唱出志愿军战士对祖国、对家乡的无限热爱之情和英雄主义的气概。《我的祖国》是一首优秀的抒情歌曲，深切地表达了浓烈的爱国主义思想，歌曲前一部分以抒情的女高音形式，带有一种汹涌而来的思乡之情，洋溢在甜美的歌声中，使人仿佛看到祖国江河帆影漂移、田野稻浪飘香的美丽景色。后一部分用混声合唱形式，与前段形成鲜明的对比，唱出了"这是美丽的祖国"的主题，激情澎湃，气势磅礴。

　　歌曲《高山青》创作于 1949 年，为电影《阿里山风云》主题曲，首唱者为该片女主角张茜西。歌曲作曲者为《阿里山风云》的导演之一张彻，作词者为邓禹平和周蓝萍。歌曲在 1984 年中央电视台春节联欢晚会上由奚秀兰演唱后，在中国内地开始广为传唱。《阿里山风云》是中国台湾战后拍摄的第一部国语电影，而《高山青》（大陆译名：阿里山的姑娘）也随电影上映而传唱到大陆。1949 年两岸分隔之后，《高山青》是少数在大陆流传和台湾相关的歌曲，而两岸的音乐课本皆曾收录此曲，更是少数两岸都能传唱的歌曲。而阿里山也成为许多大陆人对台湾认知的代表景点之一。

《梅花操》属于泉州南音"四"（四时景）、"梅"（梅花操）、"走"（八骏马）、"归"（百鸟归巢）四套最为著名乐谱之一。全曲由"酿雪争春""临风妍笑""点水流香""联珠破萼""万花竞放"五段组成。第一段，以级进和同音反复为特点的旋律，由洞箫、二弦、琵琶、三弦等用 8/4 拍子奏出，节奏徐缓，风格古朴雅致，在对于梅花斗雪争春的描绘中，寄托了作者高洁的情怀。第二段，转入了 4/4 拍子，随着旋律音调的逐渐高涨，速度由慢渐快，节奏活泼跳跃，借梅花临风妍笑的景色以表达人们热情向上的情趣。第三段，旋律轻快活泼，充满活力，描绘了春临大地、积雪消融、流水潺潺的场景，抒发了人们内心的舒畅情绪。第四段，比之前更为富有弹性的节奏，活跃的音调，表达了人们内心的欢快。第五段是 1/4 拍子的快板，描绘了一派万花竞放、欣欣向荣的美好景致，音乐欢腾活跃，充满激情。

民族交响组曲《乔家大院》是由赵季平老师根据自己所创作的同名电视剧音乐改写而成，以大提琴低沉浑厚的齐奏开场。在排练这首作品的时候我感受到了作品保持民族性的同时体现时代性，音乐形象丰满传神，音乐画面古朴清新，达到了雅俗共赏、美善统一的境界。作品《序曲》充满岁月的沧桑感，将我的思绪直接带入了古老的晋中大地。《立志》节奏欢快，表达的是年轻的晋商立大志、成大业的理想和精神。《爱情》则是描述人物复杂情感，乐队与独奏乐器二胡之间问答式演奏，勾画和演绎出主人公坎坷甜蜜的爱情。弦乐细腻地表达出时而幽怨、时而欢欣的甜美之声，而并不特别明亮的鼓、镲之声，揭示了爱恨交织的矛盾心理，《远晴》将全曲推向高潮。聆听该曲，不仅可以领略到晋商的铮铮风骨，更能感受到生生不息、团结奋进的民族精神，以及博爱仁义、开放独立的大国情怀。这部作品是弘扬"节俭勤奋、明理诚信、精于管理、勇于开拓"的晋商精神，并提倡发扬晋商精神，赋予其新的时代内涵。

《卢沟音碑》是作曲家景建树先生作曲，此曲讲述了 1937 年卢沟桥"七七"事变，学校遭到日寇炮火的猛烈轰炸，部分师生投笔从戎的历史故事。《卢沟音碑》既是一幅描写卢沟晓月的风景画，更是一部永远铭记宛平古城累累弹痕的民族交响日记。乐曲中融入了大量的战争与爱国元素，更体现出《卢沟音碑》的精神所在。

民族管弦乐组曲《太阳颂》是一首出色的现代民族管弦乐组曲，作曲者为现代青年女作曲家王丹红博士，基于巴渝地区民间素材发展而成。踏江、挑山、思念、太阳颂四个乐章展示了一幅巴山蜀水的风情画。作品具有浓郁的巴渝风韵与文化气质，深邃的情感内涵和磅礴的气势展示了劳动人民广阔的生活精神与坚韧的生命力量。在这首作品中，不同的乐章具有不同的音乐风格，在第一乐章踏江和第三乐章思念这两个乐章中，情景交融，声情并茂。其中第四乐章太阳颂融入了渝东民歌《太阳出来喜洋洋》的熟悉旋律，《太阳出来喜洋洋》是一首渝东民歌，词和曲均出自音乐家金鼓先生之笔。歌曲形式简单，情绪乐观爽朗，表达了山民们热爱劳动、热爱山区生活的情感，广泛传唱于国内外。整首组曲难度较高，但音乐美感很强，在情感变化中去领会、去获取更多的艺术享受。

一个乐团所需要的不仅仅是高质量的乐曲，其更加需要的是有效且有趣的排练过程。这样的排练可以让学生们潜移默化地感受乐曲中的深刻感情，将自身的技术和感情充分地与乐曲融合在一起，以达到提升自身技术水平，培养对音乐的兴趣的目的。排练可以使学生熟悉各类不同的乐曲并保持最佳状态，在各类活动中有着充分自信去展现自我水平。排练可以磨合各声部之间的配合与声音关系，在活动中通过各声部间的默契配合突出主旋律，达到最佳的音响效果。排练可以使学生适应指挥老师的习惯与节奏，在比赛或演出时可以与指挥老师有充分的信任和默契，以达到最好的音乐效果。排练也可以锻炼学生的心理抗压能力，以确保在比赛或演出中尽量不出差错，发挥出自己的正常水平。排练作为一个乐团的核心活动带给学生的有数不尽的好处，这些益处在日常的学习生活中也会经常运用到，可以说拥有一个好的排练方法可以使学生受益良多，也可以由此见得排练的重要性。

乐团排练初期，针对乐团初期需要磨合的状态，乐团急需一次演出实践来加强学生从独自演奏状态向合作合奏状态的转变，并加深领悟在乐团演出中指挥的作用与意义。舞台的初次演出实践给予学生一定的压力与动力，并对学生的演奏能力、舞台表现力有很大的促进作用。为配合训练与实践，乐团指挥选择了难度较大、音乐表现力较强的曲目《庆典序曲》。从表演难度上来讲，《庆典序曲》整体表演难度中等，适合我团现阶段实力程度，团员上手较快。经过几次训练后，团员对《庆典序曲》的掌握达到了较高的水平。《庆典序曲》乐曲的特点为旋律明快优美，富有民族特色，节奏鲜明热烈，生动地体现了我国人民在传统节日里热闹欢腾、喜气洋洋的欢悦场面。整首乐曲都充满了浓厚的过年气氛，适合我团现阶段艺术演出的需要。此曲在乐团前期多次运用到舞台上进行演出，舞台效果良好，通过此曲的训练，学生的音乐素质、音乐感受力、音乐表现力得到了有效加强，达到了提升学生的演奏能力、乐团协作能力的基本目标。

乐团排练中期：处于发展中期的我团坚持音乐多元化，传统与流行并重，探讨性地研究、学习、实践了民间独特的民族音乐，如潮州音乐、南方音乐等，加强多元化教学。因此我们选择了带有浓重民族音乐色彩的《梅花操》，让学生从轰轰烈烈的大齐奏中脱离出来，转变为需要耐心和精雕细琢的作品，锻炼学生的耐性，磨炼学生的精神，与此同时也拓展了学生对于民乐的理解。不同于初期，这一阶段乐团的教学目标从学生与学生之间的配合、磨合转变成了学生与指挥之间的合作、协作。在这样的过程中，学生已逐步适应了乐团的训练节奏，乐团指挥也掌握了学生的演奏情况。通过一段时间的训练，学生的演奏能力、乐团协作能力得到了大幅度的提升，逐步解决了大部分面临的问题，完成了这一阶段的教学目标和教学内容，对学生的演奏能力、舞台表现力具有很大的促进作用。

乐团排练后期：经历了前、中期的磨炼，乐团学生无论从整体配合还是个人技术水平方面都有了极大提升，已经有能力完成高难度的作品。乐团指挥由此点出发选择了更加适合我们水平的作品《太阳颂》（第一、二、三、四乐章）。太阳颂这个作品饱含着指挥的浓烈感情，里面各种节奏型与和声的运用无不体现出整个作品的水平之高，不同乐章中的不同速度和感情也对学生们有着极高的要求。一个乐团是否优秀需要通过对于慢板的理解与诠释展现出来。第三乐章《思念》中慢板占比极高且独奏较多，对学生们的水平有着极大的考验。在指挥老师与各声部专业老师的带领下我们先采用分声部训练的方式，解决乐团中各部分的技术问题，然后采取合练的方式熟悉各声部之间的配合，待每个人都熟悉自己的乐谱，明白自身的分工后再聆听专业乐团的演奏，对音色等细微方面慢慢打磨并加以改进，使乐团学生的演奏技巧进一步提升，完成了这一阶段的教学目标和教学内容。

一个乐团成功与否的关键不仅仅在于排练了多少作品，获得了什么奖项与荣誉，其更重要的评判标准是学生在乐团中收获到了什么，感受到了什么。每一次的排练他们都认真对待，每一次的错误他们都努力改正并吸取教训，我相信他们一定收获了许多。专业老师和乐团负责人也一直秉承着让学生们收获技术、经验与快乐的初衷来维系着乐团。关于学生们的收获肯定是他们自己最有发言权，因此我们设置了一个学生总结的环节，抽取了一名同学让她描述一下自己从入团以来在这个乐团中的收获。这位同学是来自大阮声部的同学，她是新加入乐团的初一新生，对于整个乐团的乐曲、配合等方面还不是很熟悉，她对于如何融入这个乐团，如何克服技术困难等方面有着自己的理解。下面是她自己对于加入乐团收获的总结：

我是新加入八十中民乐团的一名初一新生，我所在的声部是大阮声部，在加入乐团的这段时间里我经历了许多，这些经历使我变得成熟、自信，有能力面对技术上的困难。

刚加入这个乐团时我的基础比较薄弱，演奏技术上也无法适应乐团高难度、快节奏的训练。乐团中的曲谱和我想象中的完全不同，那密密麻麻的音符让我头晕目眩，一个个高难度的节奏型让我应接不暇，最让我感到恐惧的是指挥老师还会让学生们一个个独奏来检验曲子的完成水平。我本身心理承受力就较差，容易紧张，再加上我的技术不足以完成高难度的乐曲，所以指导教师私下经常找我谈心，希望我可以完成自己的部分，但我却被先前的打击弄得失去了对于自己技术的自信心，练习效果也不尽如人意。那时，我十分迷茫。

在我失去信心，即将自暴自弃的时候，同声部高三的学长和高二的学姐站了出来，他们轻声的鼓励使我的信心又渐渐擦出了重燃的火花，在排练时学长会利用休息时间指导我的指法和节奏，在他的指导下我的技术开始慢慢进步。我将自己对于音乐的处理和学长的加以对比，总结自己在音乐处理和指法上与学长的差距并在其他乐曲上加以应用，将学长的经验转化为自己的经验，为自己所用。

如果说高三的学长教会了我音乐的处理，那么高二的学姐则教会了我基础的音准和节奏等方面的知识。从我加入这个乐团开始学姐几乎将每个中午的时间都用来辅导我的基础，在我有各种问题时她都会温柔地帮我解答并陪着我训练直到练会为止，遇到不同的把位时她还会亲自上手演示，在她的监督下我的技术得到了很大的提升，完成了之前所无法完成的乐曲。

在学长学姐的共同努力下，我已经可以独当一面了，对于自身技术和声部配合都有了更深层次的理解，这样我的学长也可以安心毕业，将大阮声部的重担交给我来承担了。我心中十分感谢他们，也十分感谢这个乐团。这些经历不仅仅让我的技术有了质的飞跃，让我更加有责任感，也让我更加自信地去面对困难，这就是我在乐团中最大的收获了！

检验一个乐团音乐表现力、个人技术和团体配合等方面的能力最直观的方式就是比赛，它不仅仅可以体现出整个乐团的音乐素养与技术水平，更能体现出乐团团员整体的心理素质和舞台表现能力。对一个高要求、高水平的乐团来说我们一定不会止步于演出、比赛，我们的目标远不止于此。我们也希望可以通过比赛和演出等活动磨炼指挥，锻炼学生们的心理素质与技术水平，提升民乐团的整体艺术素养，这也是我们整个团体的目标与追求，各种奖项便是我们乐团实力的最好证明。我们为之努力、拼搏着并且永不停歇！

表 5 - 1　民乐团获得的代表性奖项

名称	主办单位	项目	参与师生数	时间	比赛地点	奖次
大阪国际艺术节	国际音乐促进交流会	民乐	25	2016.8	大阪	金奖
华乐室内乐音乐节	国际华乐艺术协会	民乐	23	2016.8	无锡	金奖
朝阳区第十九届学生艺术节室内乐	区教委	民乐	20 人	2016.11	传媒附小	一等奖
朝阳区第二十届学生艺术节	区教委	民乐	60 人	2017.4	东北师大朝阳学校	一等奖
北京市第二十届学生艺术节	市教委	民乐	60 人	2017.5	三十五中	金奖
朝阳区第二十二届学生艺术节	区教委	民乐	75 人	2019.5	八十中	金奖
北京市第二十二届学生艺术节	市教委	民乐	75 人	2019.5	三十五中	金奖

　　北京市第八十中学民族管弦乐团申请金帆民族管弦乐团成功，对于每一个对自身有着高要求的艺术团体来说，金帆便是他们不懈追求的一个目标，一个乐团如果获得了金帆称号，便可以证明他们自身有着北京市最顶尖的实力。金帆乐团培养青少年高尚的情操，使其树立审美观念和意识，拓宽思维、磨砺气质、完善个性，全面提高学生的综合素质，形成学校艺术教育特色。从建立民乐团开始，成功申请金帆民乐团便是我们的目标之一，我们也为实现此目标不懈努力着，全体乐团成员都为此付出了许多。在第一次申请金帆时由于我们还缺少经验和乐手，经历时间的积淀也并不足够，学生们也因整体年龄较小而紧张，多方面原因导致了这次申请金帆的失败，但我们在乐团老师的带领下重整旗鼓，重振信心。我们总结这次失败所反映出的各项问题并加以改正，在接下来的三年中努力积累自身经验，适当增强训练强度与效果，磨炼学生的技术水平，加强乐团中多方面的配合，多次参加比赛并取得优异成绩。经历了三年的时间乐团整体水平提高了一个档次，无论从个人技术水平上、乐团间多方面的

配合上还是从学生们心理素质与抗压能力上都具备了冲击金帆民乐团的实力。申请金帆民乐团所需要的不仅仅是学生的实力，还需要乐团各项材料的准备，由于想要又快又好地完成任务，老师聚集了高中部的同学们来一起完成材料的准备，让我十分感动的是每个人都拼尽全力为了申请金帆而努力着，他们运用碎片化时间一点点准备着材料，有些人甚至放弃了周末的休息时间前往排练厅一起讨论具体的事宜，在多方的配合与努力下我们完成了材料的准备，奠定了申帆成功的基础。乐团申帆的成功离不开乐团每个人的努力，每个人都付出着时间与精力，为了共同的目标而奋斗着，强大的凝聚力也造就了乐团的成功。

申请金帆成功是一个新开始、新起点。这意味着我们要面对更强大的对手，与技术更加高超的团体进行切磋，但这也是快速提升我团实力的方法，相信我们一定会克服困难，在切磋过程中汲取经验，提升实力！

北京市第八十中学金帆民族管弦乐团这六年取得的巨大成果相信所有人都有目共睹，飞快的发展速度也证明了老师指导方针的正确性和学生们的高超实力与责任感，我相信在新的征程中我们也一定会不惧困难，披荆斩棘，为了更高标准、更好平台而不懈奋斗，旨在成为北京市乃至全国一流的艺术团体，我们有这个信心与决心来完成这个目标！也相信我们会在八十中的鼎力支持、教师团队的尽责付出和学生们的坚持与努力下走向新的顶峰，我为北京市第八十中学金帆民族管弦乐团而骄傲！

三、课程内容

北京市第八十中学坚持以培养"有理想、强体魄、会学习、善合作"的创新型人才的育人目标为课程设计的出发点和归宿点，依据"以人为本、多元开放、自主选择"的基本原则，秉承着"一人一天地，一木一自然"的教学理念，积极开展民乐课程的教学，着力于学生全面而个性地发展，落实"三级立体课程体系"的课程设置，从学生基础、兴趣和特长培养出发，以学生培养目标为目的，尊重学生个体差异，满足不同学生成长需求，让学生自主选择、自主发展，各得其所、各展其长。民乐逐步成为我校艺术教育中的一项重要规划，同时也是我校素质教育的一个重要组成部分。根据我校三级立体分层的课程结构特点，分别制定了具有针对性的特色民乐课程。具体课程内容如下：

（一）综合走班民乐作曲课程

民乐综合走班课程为学生基础必修必选课程，以教师教授知识和学生实践参与为主，重点培养学生对于民乐的兴趣，弘扬中华优秀传统文化，传播中华文化精髓，树立文化自信和民族自信；丰富学生的学习生活，丰富学生的情感，培养学生对生活的积极乐观态度，同时调动学生的学习积极性，陶冶个人情操，增强学生对于传统文化的认识、理解与感知，提高学生的个人修养与艺术修养及对民乐的审美能力，使学生得到全方面多元发展。

由于上课学生组成的复杂性及学生学科基础知识的不同，经过陈曦老师和学生们的不断探索与实践，最终制定出八十中具有针对性的特色民乐教学课程。在学习过程中，为学生提供开放式、民主式的学习氛围，使学生掌握基础知识和基本技能，激发学生对民乐的好奇心和探究欲望，培养学生良好的合作意识与创新精神，使每个学生的潜在才干和能力得到充分发展。

1. 课程内容

第一讲　中国民族音乐的发展史

本节课程主要是向学生介绍中国民族音乐的发展历程，内容分为三部分：

（1）中国民族音乐的形成期（约前21—3世纪）

（2）中国民族音乐的新生期（约4—10世纪）

（3）中国民族音乐的整理期（约10—19世纪）

通过对民族音乐的产生与发展的教学，激发学生学习民族音乐的积极性，充分挖掘每个学生的音乐潜能，提高学生的综合素质，增强民族精神与文化自信。

第二讲　中国民族管弦乐团的构成及主要乐器简介

本节课程主要是向学生介绍各种民族乐器，使学生初步了解各种乐器的历史、结构、特点及民族管弦乐团的基本构造，增加知识广度，为后续的学习打下良好的基础。

弓弦乐器：高胡、二胡、中胡、板胡、京胡等

弹拨乐器：琵琶、中阮、大阮、扬琴、柳琴、古筝、三弦等

吹管乐器：唢呐、笛子、笙等

打击乐器：锣、镲、钹、木鱼、鼓等

第三讲　中国传统音乐的理论体系

本节课程主要是向学生讲解中国民族音乐独特的音乐律制，如三分损益法、十二律等理论知识。本节内容旨在让学生了解中国古代音乐理论，体会古人的思想与智慧，为后续的音乐创作和理论实践奠定基础。

第四讲　中国民族音乐赏析

本节课程中让学生完整而充分地聆听经典民乐作品，欣赏过后可结合作曲家个人经历、音乐创作背景及地区风格等方面进行艺术赏析，从而提高学生的艺术审美与共情能力，并使学生更多地感受到民族音乐文化蕴藏其中的民族精神与民族音乐的魅力所在。

第五讲　乐曲创作

本节课程以学生自主创作为主，基于所掌握的知识进行自由发挥。培养学生自主创新能力，在实践中获得愉悦的感受与体验。

（课程内容与课时安排视实际情况灵活处理和调整）

2. 成果展示

在每学段末，每位学生将进行个性成果展示，其表现形式为学生展示自主创作的乐曲。在展示过程中，注重学生个性和特长的发展，关注学生在课程学习过程中的学习态度表现及参与学习活动的主动性、积极性，同时老师对每位学生的作品进行客观评价，积极引导学生进行改进提升。最终授课教师结合学生日常课堂表现及学段末成果展示进行综合评价，并记入学生综合课程期末成绩。

（二）民乐选修课程

民乐选修课程为民乐综合走班课程的进阶课程，在我校课程体系中属于拓展延伸类、实践应用类课程，力求体现学校办学特色和学生发展需求。基于部分学生对于民族音乐的浓厚兴趣，我校开展民乐选修课程，对学生进行深入教学，助推学生个性化发展。

1. 课程内容

选修课程主要包括音乐创作进阶课程以及民族传统乐器演奏学习。对于民族音乐有极大兴趣的学生将在选修课程中进一步学习民乐创作，在原有基础上学习和声与复杂节奏，让自己的音乐作品更加富有层次。学生可以选择一样自己感兴趣的乐器进行学习，会有相应的老师或民乐团团员对其进行指导，学生可以自行选择自己喜欢的曲目，并由声部老师教授简单的合奏曲。

2. 成果展示

每学期末会在课程中进行器乐展示，学生会在本环节中演奏自己的独奏曲目以及合奏曲目，授课教师将结合演奏成果综合评判，并记入学段成绩。通过亲身实践，学生可以锻炼合作能力，提高艺术修养，并能够更真实深切地感受到民乐的博大精深、源远流长的艺术魅力。

（三）金帆民乐团

北京市第八十中学金帆民族管弦乐团成立于 2014 年。建团以来，民乐团一直坚持以弘扬民族音乐为宗旨，加强学生综合音乐素质为目标，突出培养了学生的音乐实践能力，加强深化了学生对民族音乐的认识。在教学的过程中，我团针对不同时期的不同问题，制定了相应的教学目标和教学要求，循序渐进地提升民乐团的音乐演奏能力，符合艺术团的实际情况和学生特点，体现了我校"一人一天地，一木一自然"的办学理念，在教学实践中逐步形成了我团特有的教学模式。我团坚持音乐教育和实践演出，在乐团演出、曲目合奏等方面积累了大量经验，并且不断突破自我，达到新的高度。

我团的教学内容、教学目标不断变化，不断向多元化发展。乐团管理坚持科学性原则、教育性原则、寓教于乐原则，不断加强团员凝聚力，促进乐团整体发展。建团以来，团员的音乐素养得到了全方位的提升，在乐团的学习和排练过程中，我们加强培养和发展学生的音乐素质、音乐感受力、音乐表现力，着重培养团员之间良好的协作能力，让中学生民乐合奏不再是"一个人"的音乐表演，而是集体的音乐协作。我团的演奏曲目在不同的教学时期，在风格上、形式上、难度上有不同的特点，总体的教学规律是难度、数量不断加大，坚持形式丰富、风格多样化原则。

组建学生民乐团是一项具有深远意义的活动。学生通过参加民乐的活动能了解民族乐器的特点、音色和它在特定场合起到的特殊作用，并在相互协调、密切配合的合奏训练中，不断增强集体主义观念，养成良好的道德情操。同时，以学生的风采感染全校师生。组建学生民乐队，能开发学生的音乐潜能、练就能力，并在愉悦的教学中以美辅德、以美益智、以美促体、以美怡情，用自己演奏的乐曲使校园充满生机与美感。民族管弦乐是中华传统民族音乐文化的重要组成部分，传承民族音乐文化是中国当代学校音乐教育义不容辞的职责。学校音乐教育的主要载体是校内音乐课程，但这第一音乐课堂已经不再是独有的音乐教学形式，因此，第二音乐课堂"校内乐团"的出现，其强调以实践为中心，充分调动学生学习音乐的积极性，提升了音乐审美素质和人文精神、情怀和综合素质能力，同时也达到了传承优秀民族音乐文化的目的。

1. 排练作品

为了使乐团高标准、高水平地持续发展，每年都将引入新作品的排练与练习。根据现阶段的教学目标与发展规划、乐团的发展现状及排练作品循序渐进，符合学生特点，符合育人目标，形式丰富、风格多样，数量符合要求的基本原则，由乐团指挥与各声部老师进行沟通，并结合学生的民主意见，最终确定排练作品的选取。历年排练作品如下：

2016 年：

蓝色畅想　　　　　作曲：顾冠仁

澳门印象　　　　　作曲：赵季平

瑶族舞曲　　　　　作曲：刘铁山、茅沅

我的祖国　　　　　作曲：刘文金

高山青　　　　　　作曲：鲍元恺

青春之舞　　　　　作曲：常平

2017 年：

梅花操　　　　　　改编：高为杰

古槐寻根　　　　　作曲：赵季平

关东序曲　　　　　作曲：隋立军

踏歌　　　　　　　作曲：王建民

黄河畅想　　　　　作曲：程大兆

卢沟音碑　　　　　作曲：景建树

2018 年：

大宅门写意——卢沟晓月　　　　　作曲：赵季平

台湾音画　第一乐章《玉山日出》　　作曲：鲍元恺

台湾音画　第二乐章《安平怀古》

台湾音画　第三乐章《宜兰童谣》

台湾音画　第四乐章《恒春乡愁》

台湾音画　第八乐章《达邦节日》

春天的故事　　　　　　　　　　　作曲：王佑贵

2019 年：

印象国乐　　　　　　　　　　　　作曲：姜莹

乔家大院 第一乐章《序曲》　　　　作曲：赵季平

乔家大院 第二乐章《立志》

乔家大院 第三乐章《爱情》

乔家大院 第六乐章《远晴》

月儿高　　　　　　　　　　　　改编：彭修文

2020 年：
太阳颂 第一乐章《踏江》　　　　　　作曲：王丹红
太阳颂 第二乐章《挑山》
太阳颂 第三乐章《思念》
太阳颂 第四乐章《太阳颂》
大潮　　　　　　　　　　　　　　作曲：王云飞

　　每当排练新作品时，整个乐团首先将进行分声部练习，由声部老师在乐曲演奏技法、力度控制和音准音色等方面对学生进行专业的辅导与指点，随后进行大乐队的合奏。

　　在乐团的演奏配合中，通过反复的练习强化训练，让学生逐步适应乐团合作，培养学生的聆听意识与反应能力，使学生的音乐素质、音乐感受力、音乐表现力得到有效加强。乐团合奏与个人独奏存在很大差异，因此在排练过程中，要提升学生的协作能力，不断加强学生与学生之间、学生与指挥之间的配合与默契，从而完美地呈现出音乐的美感，使学生沉浸于音乐之中，真正地感受到民族艺术的魅力。

　　通过民乐训练，学生亲身经历与体验，加之经验的积累，在与他人的共同合作中，增强个人心理素质，磨炼个人意志，实现真正意义上的音乐学习及学习中的快乐与团结协作的重要作用，从而高质量地完成不同的乐曲，并能够参加各种演出、竞赛活动，应对各种环境中的演出，以优异的成绩获得优秀的成果，使得民乐团的演奏水平达到较高水准。

　　通过丰富多彩的民乐合奏曲的教学，优化我校教学体系，提高我校艺术教育水平，使学校素质教育得到不断发展，逐步贯彻我校"一人一天地，一木一自然"的教学理念，丰富学校的校园文化，丰富学生的情感，培养学生对生活的积极乐观态度；提高学生对民乐的审美能力，培养学生的爱国主义和集体主义精神，使其尊重艺术，理解多元文化。

2. 演出比赛活动

　　北京市第八十中学金帆民族管弦乐团自 2014 年 9 月建团后，保持每年举办一场专场音乐会，每年参与国内外的学生艺术交流活动和各项社会公益活动。此外，金帆民乐团积极参与各类区级、市级比赛及各种艺术展演活动，从而提高民乐团整体的音乐素养与技术水平，并培养乐团团员的心理素质与舞台经验。

2016 年 8 月 16 日，第十三届国际中学生地理奥赛闭幕式演出。

本次奥赛参赛国家及地区代表队共 45 个，参赛人数也是历届最多的一次。八十中民乐团作为学校文化教育的一大特色团体，非常荣幸地代表八十中参与了本次闭幕式的演出。本次的表演曲目为《庆典序曲》《菊花台》。此时的乐团由 2014 级、2015 级、2016 级三个年级组成，队伍逐渐壮大，技艺更加精湛，使乐团为观众呈现了一个饱含热情、极为生动的视听盛宴，得到了在场外国友人的赞叹与掌声。参演的每个民乐团的成员彰显了内心深处对于音乐的热爱和对舞台的渴望，更体现了本民族扎根于中华传统的文化自信。

2017 年 4 月 22 日，北京市第二十届学生艺术节器乐展演（市级比赛）金奖——通过舞台实践进行最有效的特色艺术教育。

2017 年 4 月 22 日，北京市第八十中学民乐团登上了北京市第二十届艺术节展演的舞台，参演曲目为《蓝色畅想》《黄河畅想》。作为八十中最年轻的艺术团体，经历了三年的锤炼，获得了朝阳区艺术节民乐一等奖，随后代表朝阳区参加了北京市第二十届艺术节展演，最终获得金奖。

八十中民乐团在不断地成长、收获的同时，也通过比赛不断学习，学习金帆乐团的精神面貌，学习专业团体的演奏技巧。本次活动发挥了八十中民乐团在地区的辐射示范引领带动作用，展现民族音乐的魅力，促进文化艺术交流，为音乐艺术的传播与推动做出贡献，并且提高了乐团学生的演奏能力，展现了八十中民乐团独特的风采。

2017 年 8 月 6 日，第十二届全国中小学生创新作文大赛（高中组）总决赛颁奖典礼（开场演出）。

2017 年 8 月 5 日至 6 日，第十二届全国中小学生创新作文大赛（高中组）总决赛在北京大学举行，来自全国各地的考生来北京参加总决赛。作为本次典礼的颁奖的开场嘉宾，北京市第八十中学民族管弦乐团带着饱满的精神状态为到场嘉宾及各位观众呈现了一场精彩的演出，欢快的旋律与优美的曲调感染了在座的每个人，展示出北京市八十中勤奋、求实、创造、奉献的良好校训，体现出北京市第八十中学学生的良好精神面貌，展现出八十中民乐团积极向上、团结一心的风气。

2017 年 9 月 30 日，八十中民乐团"民族精粹　爱国情怀"专场音乐会。

2017 年 9 月 30 日晚 7 时，北京市第八十中学民族管弦乐团于中国音乐学院国音堂成功举办"民族精粹　爱国情怀"专场音乐会。乐团建团之初总共 19 人，编制不齐全，因此排练的曲目受到很大的限制，排练大型的民乐作品更是力不从心。几年来在各位家长和老师的支持下克服了诸多困难，民乐团中没有一个学生放弃自己最初的梦想。经过一次又一次艰辛的磨合,乐团学生和陈曦老师的共同努力,出色完成了有深刻内涵和一定影响力的民乐作品。本次音乐会八十中民乐团为本校老师与学生带来了《蓝色畅想》《踏歌》《关东序曲》等优秀作品,优美的旋律和动人的音乐使在场听众沉醉其中。此次音乐会圆满成功,并获得了师生与专家们的一致好评。

2018年11月2日,庆祝改革开放40年"铸魂塑形 立德树人"成果展示。

为了深入贯彻落实党的十九大和全国教育大会精神,2018年10月9日,北京市第八十中学教育集团在望京校区隆重举行庆祝中国改革开放四十周年暨八十中"铸魂塑形 立德树人"成果展示活动。八十中民乐团受邀参演,参演曲目为《春天的故事》和《茉莉花》,《茉莉花》作为中国民歌的代表,在欧洲、南美流传开来,广为人知,中国申奥以及举办奥运会的过程中都出现了它的身影,具有重要的国际交流意义。国际部的学生也一起进行合唱,展现祖国改革开放以来的辉煌发展,八十中也不断地走在教育国际化的前列。

2018年12月31日,"2019新年音乐会"专场演出(跨年音乐会)。

2018年接近尾声,为了迎接改革开放40周年的到来,北京市第八十中学民族管弦乐团在八十中的礼堂内举行专场音乐会暨2019新年音乐会。奏响新时代青春强音,为实现中华民族伟大复兴的中国梦贡献青春力量!本场晚会由北京市第八十中学民乐团一百多位同学、两百多名家长以及校外亲友团共计五百余人共同见证。本次音乐会所演奏的乐曲有:①《澳门印象》;②《台湾音画》第四乐章;③《卢沟晓月——大宅门》;④潮州音乐《梅花操》;⑤琵琶重奏《梦入江南》;⑥《台湾音画》第三乐章;⑦《关东序曲》;⑧《卢沟音碑》。

2019年5月13日,北京市第八十中学民乐团参加了在三十五中举行的北京市第二十二届学生艺术节器乐展演。本次活动中,北京市第八十中学民乐团的学生与北京市其他学校的校民乐团学生进行交流,互相借鉴、交流学习,努力提高自身的演奏水平,积累更多表演经验。在本次展演中,八十中民乐团以《澳门印象》《卢沟音碑》两首有温度、有情怀的作品获得了北京市第二十二届学生艺术节器乐展演金奖。

2019年7月16日,国际学生北京夏令营开幕式在北京市第八十中学举行。北京市第八十中学民族管弦乐团的演奏在开幕式中作为开场节目,演出曲目为《茉莉花》《我的祖国》,参与本次活动的有来自二十多个国家的学生。师生夏令营期间,中外学生将通过汉语学习、中国文化体验、中外学生交流、主题活动、文化参观等丰富多彩的活动感受博大精深的中国历史文化底蕴和时尚而又充满活力的都市文明。民乐团通过参与国际夏令营的开幕式,向二十多个国家的师生传递中国民族音乐的魅力，进行了音乐文化的交流。

2019 年 10 月 12 日，庆祝新中国成立七十周年"不忘初心　牢记使命——铸魂塑形　立德树人"成果展示，民乐团展演。

金秋流芳，共和国欢庆七十华诞；岁月如歌，八十中笑迎桃李芬芳。2019年 10 月 12 日 14 时，北京市第八十中学教育集团庆祝新中国成立七十周年暨"不忘初心　牢记使命——铸魂塑形　立德树人"成果展示在八十中望京校区礼堂隆重举行。成果展示在八十中民乐团演奏的《我的祖国》乐曲声中拉开帷幕。壮美山河、麦浪飘香、科技进步、经济繁荣，一幅幅盛世繁荣画卷在大屏幕上缓缓展开，在举国欢庆新中国七十华诞之际，八十中民乐团以饱含深情的演奏，表现出对于祖国母亲的无限热爱。

2019 年 12 月 18 日，"润物无声·化茧成蝶"朝花艺术团承办校称号授予仪式。

由朝阳区学生活动管理中心主办的"润物无声·化茧成蝶"2019 朝阳区校内外高水平学生社团培育工作阶段性展示，暨朝花艺术团承办校称号授予仪式将在北京市第八十中学礼堂举行。来自全区百余所朝花团承办校的领导老师及白家庄小学科技园校区和陈经纶中学分校的同学们都将参与本次活动。在此次活动中，我校民乐团作为校内外高水平艺术社团之一，参与并表演了《太阳颂第四乐章》，舞台表现力强，音乐感染力强，获得台下观众与学校领导一致好评。

2019 年 9 月 26 日，北京市第八十中学白家庄校区的师生用一场主题为"为祖国自豪，点亮新时代"的诗歌朗诵艺术展演为祖国献礼。本次活动在八十中民族管弦乐团演奏的《我的祖国》气势恢宏的音乐声中奏响了序曲。栉风沐雨七十年，砥砺歌行赋华章。在这秋风送爽的季节，在这举国欢腾的时刻，我们迎来了新中国 70 周年的光辉华诞。

2020 年 12 月 31 日，在这个辞旧迎新的时刻，北京市第八十中学民族管弦乐团迎来"2020 新年音乐会"专场演出。自乐团成立以来，这已经是第六年了，经历六年风霜雨雪艰难坎坷，北京市第八十中学民乐团队伍逐渐壮大，学生素质水平不断提高，勇攀高峰，不畏艰难，向更难更恢宏的曲目发起挑战，一次又一次站上新的高点。本次新年音乐会所演奏的曲目为《印象国乐》《乔家大院》（一、二、三、六乐章）、《太阳颂》（一、二、三、四乐章），为在场的家长与老师带来了一场激动人心的视听盛宴。

3. 团员考核

为了了解学生的基础情况，并制订相应的规划与安排，督促学生自主练琴，提高个人专业水平及乐团整体演奏水平，培养学生心理素质及舞台经验，每学期期末将进行一次团员考核，考核内容分为以下三项：

（1）乐团排练曲目片段

由指挥和声部老师抽取乐团排练曲目中不同声部各自难度较大的片段，对不同声部的学生进行考核。其目的是加强学生对于乐团排练曲目的演奏熟练度，提高乐手的训练积极性及演奏技能技巧。

（2）自选独奏曲目

学生自主选择一首独奏曲进行展示。其目的为考查学生的基本功，检验学生的练琴情况，为完成难度更大的乐团曲目打下坚实的基础。

（3）视奏

指挥与声部老师将给出一段陌生的乐句让学生在短时间内进行视奏，考核学生的综合能力。考查视奏水平是为了了解乐团学生的演奏技术和音乐素养。乐团学生应能够拥有一定的视奏能力，能够在短时间内较为流畅地演奏简单的陌生作品。视奏训练，不仅可以提高学生视谱能力，使学生很快地掌握每一首作品，对各大小调音阶、和弦、琶音的熟悉程度，对键盘、把位、品位的熟悉程度都是一种考验。此外还可以锻炼学生识五线谱的能力。阅读五线谱是学习音乐的基本能力，通过五线谱的学习，学生们更加广泛地了解了音乐。在使用五线谱的过程中，可以让学生更加直观地感受音乐的起伏，帮助学生理解音乐作品。

考评标准：

（1）乐团排练曲目片段：能够熟练并有感情地演奏作品，考查时以学生的演奏熟练程度、流畅程度、音准、节奏、音色、音乐表现力为标准对学生进行综合评价，最终形成综合评定等级，等级分为优、良、合格、待合格。

（2）自选独奏曲目：曲目时长在3~5分钟。拥有扎实的基本功，能够体会音乐旋律的走向，有自己的主观认识与理解，能够熟练并有感情地演奏作品，考查时以学生的演奏熟练程度、流畅程度，技巧的运用程度，音准、节奏、音色、音乐表现力为标准对学生进行综合评价，最终形成综合评定等级，等级分为优、良、合格、待合格。

（3）视奏：每位学生将有半分钟时间进行识谱与练习，准备结束后进行演奏。考查时根据学生的音准节奏与完成正确率进行评判，评定等级分为优、良、合格、待合格。

四、课程实施

北京市第八十中学在三级立体课程体系中寻求适合自身的课程，制定课程建设三维目标，致力于全面均衡自由自主地发展和发扬每个学生的能力与特长，促进学生、教师与学校三方共同发展，齐头并进。立体多元化的课程对学生发扬个性特长、奠定实践基础、激发探究潜能和培养学习兴趣等方面无不起到强有力的助推作用。在课程体系第一级的必选必修类课程的信息技术、通用技术和艺术三个类别中，校方给予了学生广泛全面开放自主的课程种类供选择。对于目前的课程内容，我们做出了如下研究计划与安排。

（一）培养兴趣，奠定情感基础

在中小学音乐教材中，进行民族音乐教育是加强学生的民族意识、提升民族情感、振奋民族精神的生动而有效的途径。音乐教材中也较为广泛地涉及了民族音乐的内容。我们从基本的音乐常识和知识入手，如民歌与民歌的分类。教师可从民歌的产生、发展、体裁以及具有的基本特征来分析讲解，让学生了解我国民歌的历史悠久、内容丰富、种类繁多、韵味各异，从而使学生产生学习探究的兴趣。同时学习一些带有典型民歌风味的歌曲，在掌握和灌输民族音乐知识的同时，让学生理解明白——"民歌是一切音乐创作的源泉"的道理，使学生从心理上崇拜民族音乐，提高学生认识民族音乐的感情。如在教唱歌曲时，教师有目的地选择《青春舞曲》《我的祖国》《青藏高原》等一些学生耳熟能详的曲目，使学生深刻理解这些歌曲是汲取民歌中的精华和各个地方的特色创作出来的。

（二）欣赏渗透，培养体验能力

体验民族音乐所塑造的意境，开拓学生的艺术视野，提高学生的艺术感受力、鉴赏力和创造力，优秀的民族音乐作品令学生陶醉，使学生乐在其中。民族音乐的欣赏本着以主观体验为主，增强学生的感性经验，在教师的引导下发现民族音乐的美，领悟民族音乐的妙，体验民族音乐的情，感受民族音乐的真的原则，吸收本民族所特有的精神气质和艺术神韵。我国的民族音乐在音调、节奏上都有各自不同的风格、特点：新疆民歌活泼、欢快，常常带有舞蹈性的节奏；内蒙古民歌高亢、悠扬，节奏宽广；彝族民歌朴实、细腻，清新动人，节奏丰富多彩。教师分析作品意义，让学生了解作品背景，通过仿照改编、欣赏作曲等手段，对学生进行艺术素养的培养与熏陶。在进行民族音乐教育的过程中，要强调音乐作品的内在美与外在美，引导学生重视音乐作品的全面价值，使学生深入、透彻地了解和学习民族传统文化，从而加强了其民族意识，使其更加热爱民族文化，产生文化自豪感。

（三）营造氛围，升华爱乐热情

中学生是中华民族文化的接受者、传承者，更是创造者。我们要强化学生的民族音乐教育活动，以此来丰富学生的文化知识和精神生活，培养学生热爱民族音乐的感情。课程标准中指出："在音乐教学中，应创设多种情景，提供各种形式，引导学生积极主动地投入活动中去。在活动中培养学生兴趣、传授音乐知识，提高民族音乐的演唱、演奏能力，真正实现民族音乐的教育，提高学生的民族音乐素质。结合学校实际，我校开设了民族音乐与电子音乐编曲的综合课程，给学生介绍我国优秀的民族音乐、古典音乐和近现代音乐，以及音乐常识，使学生更深刻地了解民族音乐特点。这些活动，加深了学生对我们祖国民族音乐文化的了解和热爱，激发了学生的民族自豪感，丰富了学生的精神生活，陶冶了学生的音乐情操。

学校在本校区以及各个分校区大力发挥优质教育资源的辐射示范与带动作用，联合各校区的音乐教师和教育资源开展丰富的教育工作，形成了相对完备的民族音乐教育模式。学校高度重视以人为本、科学高效的教学理念。秉承学校办学理念，着力加强人文文化建设，集中反映了学生的品质素养、艺术素养和精神风貌。

民族音乐是中华民族传统文化的一部分，新时代学习和传承民族音乐就是在弘扬传统文化。优秀的民族音乐是前人及现代人音乐文化的结晶，也是我国未来音乐文化发展的源泉和动力。通过对民族音乐的学习，学生能够更多地感受民族音乐文化蕴藏的民族精神，对民族音乐产生强烈的保护意识和责任感。把音乐与其他学科相互联系在一起，能够培养学生的思维、想象和创造能力，经过不断努力学习，学生的综合素质也会随之提高。北京市第八十中学紧跟时代的呼吁和脚步，于2014年成立了八十中民乐团。从成立至今，民乐团始终顽强拼搏，勇于创新，刻苦训练，积极进取。在教学过程中以民乐教育为先导，通过课内学习、课外实践，积极参加校内外的各项音乐艺术教育活动。

为了更好地起到民乐的引领教育工作，学校设计了一系列的课程体系，按照学校的三级课程体系的要求和引导，充分考虑了学生们的兴趣和爱好，制定了完善的课程体系和详细的教学内容，经过七年的不断努力探索，八十中的民乐教育课程在实践中不断丰富、不断完善，形成了适应学生、学生喜爱的课程设置体系，八十中的民乐教育在朝阳区起到了较好的引领作用。

1. 综合走班课程实施

第一阶段内容有中国民乐的发展历史、民族乐器的组成分类和学习民乐的意义，八十中以开设特色兴趣班为依托，广泛吸收具有民乐爱好的同学加入，坚持每周两次走班上课，分别在望京、白家庄、睿德三个校区的初高中开展教学。

第二阶段是民乐欣赏与民乐作曲。一是通过对传统经典民乐的鉴赏，让同学们对常见中国传统民族乐器的名称、外形和演奏方法有一个正确认识，通过欣赏民族乐器的代表曲目，感受听辨其音色特点，调动学生对中国民族音乐的兴趣，并有进一步探究的愿望，让他们有创造性地参与音乐活动。二是从民乐作曲的基本乐理、和声知识、曲式结构等基本知识讲起，了解节奏、节拍、速度、力度在音乐中的表现意义，经过酝酿、构思，初步明确所要达到的目标后，写好音乐主题，把头开好予以发展，通过合理的曲式完成作曲。

第三阶段是在音乐教学中要更好地继承和发扬少数民族音乐文化，使它发挥更大的作用，让音乐课堂的设置更加完善。以欣赏少数民族音乐为基础，激发学生学习民族音乐的积极性。使学生了解中国音乐历史，了解作为中华民族传统文化不可分割的少数民族音乐文化，了解少数民族音乐在中国音乐发展中所做出的巨大贡献。这些对于增强学生民族凝聚力、认同感及传承、弘扬少数民族音乐文化，都有着重要的理论及现实意义。

2. 自主选修课程实施

第一，注重开设民乐特色兴趣课，让具有民乐特长和民乐爱好的同学自主选修，进入民乐学习的队伍，通过谈话了解、音乐基础考核、专业基础选修，让更多的民乐爱好同学和从小学习民乐的同学多一个展示自己才艺的舞台，组建具有八十中特色的民乐团队。通过自主选修课程实施，八十中民乐团从2014年的十几人发展壮大到2021年的一百余人，成功走出了一条发展壮大之路。

第二，注重民乐教育与民乐实践相结合，开展好民乐社团活动。以培养学生的创新精神和实践能力为重点，弘扬民族音乐文化，发挥学生的个性特长，进一步培养学生学习和了解民族音乐和民族乐器的兴趣，努力使学生全面发展。民乐社团丰富了学生课余生活，促进了学生全面发展，不仅是学校音乐教育的重要组成部分，也是彰显八十中民乐氛围的重要组成部分。通过民乐社团活动，激起了学生对民乐的兴趣爱好，扩大了学生的音乐视野，对具有民乐特长的学生进行重点培养，充分发挥他们的才能才艺。民乐社团活动的过程，就是音乐艺术的实践过程。

第三，注重音乐创作与实践，坚持个性发展，充分发挥学生的积极主动性和独立创造性。在音乐创作上从音乐基础理论抓起，熟悉了解民族乐器和民族音乐名曲，认识感悟民族音乐大师和民族交响乐团整体架构。在学习民乐、享受民乐的过程中，以生动活泼、灵活多样的形式，为学生提供发展个性的空间。

作为八十中教学体系三级架构的两部分，八十中经过长期实践，不断总结经验，提供了一套完善的选修课程安排。

基于三级课程体系中的一级必选必修课程，民族音乐与电子音乐编曲课程紧贴教材纲领，贴合学生艺术水准与素养开展了丰富多样的全新的教学形式。民族音乐编曲课程由校金帆民族管弦乐团教师任教，带领学生积极探索，积累经验，提高创作水准，提升艺术素养。课程学生主体由各年级各班愿意选择本综合课程的学生组成。基于民族音乐编曲，课程内容设置丰富有趣、形式多样，学生参与度高，大大激发了学生对音乐的热情，也极大程度上开拓了学生的认知视野。以往对于中小学生来说，音乐课是枯燥乏味的，缺少兴趣和驱动力。出现这样问题的主要原因一是应试教育长期不重视音乐教育，音乐教育的成绩不去评估，甚至没有评估方案；二是对于音乐教学科研不足。不少音乐教师至今还沿用着老套的音乐教学法，教学观念陈旧，教法单一刻板，致使学生对音乐课丧失兴趣。在民族音乐编曲课程中，就灵活地采用了让每一名学生都能够参与其中的授课方式。课前由教师讲解民族调式等基础知识和创作技法，指导学生利用身边的电子设备和乐器等软硬件设备进行音乐创作；课中对学生的创作进行分享展示、点评与修改完善；课后对学生的成果作品打分，并对优秀作品做出表彰，同时与其他学生交流分享，共同进步。

民族音乐创作课程开设于高中部，高一高二年级有兴趣和基础的学生会聚于此，在课上共同学习进步，交流分享，大大提升了学生的鉴赏能力和创作能力。课上，老师先带领同学们欣赏民族音乐并与西方音乐进行对比，了解各民族音乐体裁和形式的差异和优点。从中汲取经验技巧，为学生独立编曲创作做好准备。老师教授中国传统民族音乐惯用的五声调式以及其他基础乐理知识，为学生独立创作打牢理论根基，让学生充分明晰什么是优秀的音乐作品，中国传统民族音乐的创作基础与背景，以及如何使用学习到的理论知识和技法进行创作。

老师举出了丰富的实例，向同学们阐述五声调式的优点以及其极高的可行性，对于同学们来讲，大大降低了难度。因为五声音阶是我国民歌的特色，所以许多著名的作曲家都以五声音阶谱曲。早期的如贺绿汀为电影《马路天使》谱写的《四季歌》等插曲，新中国成立前后的许多创作歌曲如《团结就是力量》《中国人民志愿军战歌》《社会主义好》《草原上升起不落的红太阳》和《学习雷锋好榜样》等等，不胜枚举。到了现代音乐作品，就是我国的国歌，全曲只用了一个"si"，即在第一句"起来，不愿做奴隶的人们"中的"的"。可以说，五声调式基本上贯穿了全曲。这可能与作曲家聂耳从小在五声音阶的云南民歌声中长大有关，我们知道，云南民歌中最广为流传的《小河淌水》也是五声音阶的。同时期的另一位革命音乐家冼星海就有所不同，他在法国接受音乐教育，创作的如《在太行山上》等就不是五声音阶的。而当他奔赴延安革命根据地后，受到当地民歌的影响，创作的如《黄河大合唱》中的《黄水谣》《黄河颂》等虽然还带有西洋音乐的所谓学院派的影响，但五声音阶的曲谱显现了强烈的民族特色。北京市第八十中的校歌《我们梦想一定实现》就是大篇幅运用五声调式的最具有代表性的案例。全曲几乎没有用到四级和七级音，让乐曲充满感情，展现出了八十学子澎湃的青春活力。

五声调式的特点是缺乏半音与三整音的尖锐倾向，格调比较平和，以大二度与纯四度的各种不同结合方式构成旋律进行的基本音调。简而言之，使用五声调式创作歌曲极大程度上降低了学生进行自我创作的难度，使旋律更加平和动听，增强学生积极创作的信心。

课上，学生可在教师的指导和带领下使用身边的乐器和设备，包括宿主软件（Cubase）进行灵活创作，并通过丰富多样的形式予以展现出来。学生利用乐器及电子信息技术手段对旋律进行试听评估和修改，通常由教师在学生创作结束后使用钢琴或宿主软件通过 MIDI 键盘演奏并记录下来。同时，教师也会帮助学生对作品进行润色完善，增加伴奏和声部分，并提出合理建议，帮助学生对其作品形成客观正确的认识。宿主软件可以打破学生因不懂乐器演奏技法而造成的音乐创作上的壁垒做出明显的改观。学生亦可使用多种多样的乐器音色，结合自身的创作需求，谱写出优美的乐章，绽放异彩，脱离乐器的束缚，进行自由创作。我们不可否认，电子信息技术（DAW）正逐渐打破乐器与音乐创作之间的壁垒。让更多人能够将心中的无数想法付诸现实，创作出动听的旋律，让音乐创作向着更加便利化、多元化以及低准入门槛的特点发展。

民族音乐与创作课程基于以上的课程架构，让更多的学生爱上了音乐创作，对中国传统民族音乐充满信心，使其成为中国传统民族音乐的中坚力量、继承者和发扬者！

五、课程成果

（一）民族室内乐课程

八十中以民乐团为依托，开办了丰富多彩的选修课程，着力于培养学生的综合素质和民乐知识。其中民族室内乐课程是最早开设的课程，该课程随着民乐团的建立，使用民乐团训练场地和乐器作为教学场地和教学器具，更加充分合理地利用了民乐团资源。民族室内乐对空间场地要求较小，所需乐器种类较少，有丰富的曲目作品可供教学，对于学生的音乐素养和乐器演奏能力有一定的要求，非常适合中学民乐的发展教育，能够增强部分热爱民乐学生的演奏技能，同时也能够吸引学生对于民乐的兴趣。

在课程实施过程当中，遇到过许多困难。首先大多数学生基础较差，学生兴趣较小，学校通过积极宣传，降低曲目难度，将教学重心从培养学生乐器演奏技术和能力转移到激发学生的学习热情。

（二）民族传统文化课程

传承我国传统文化一直是教育领域的研究热点，民乐传统文化课程教学的目的在于丰富学生的文化储备，传承我国优秀的传统文化。中国的民乐当中蕴含着深厚的传统文化，民乐是传统文化的音乐体现形式。为了学生的长远发展，培养学生的文化自信，八十中开发学校民乐教学资源，将民乐教学引入学生的课程体系当中，其中民乐传统文化课程的开展，能够起到传承我国传统文化的作用。

民乐传统文化课程的开展不仅仅面向八十中中国部的学生，为了更好地宣传中华民族传统文化，学校将民乐传统文化课程带到了国际部，作为选修课程提供给国际部的学生，吸引了许多学生积极参加，其中不乏外国学生和国际交流生。

教育部为贯彻落实党的十八届三中全会关于完善中华优秀传统文化教育的精神，落实立德树人根本任务，进一步加强新形势下中华优秀传统文化教育，制定并发布了《完善中华优秀传统文化教育指导纲要》。

《纲要》强调，要分学段有序推进中华优秀传统文化教育，把中华优秀传统文化教育系统融入课程和教材体系，全面提升中华优秀传统文化教育的师资队伍水平，着力增强中华优秀传统文化教育的多元支撑。

《纲要》指出，加强中华优秀传统文化教育，必须围绕立德树人根本任务，以弘扬爱国主义为核心的团结统一、爱好和平、勤劳勇敢、自强不息的民族精神为主线，以推进大中小学中华优秀传统文化教育一体化为重点，整体规划、分层设计、有机衔接、系统推进，促进青少年学生全面发展，培养富有民族自信心和爱国主义精神的社会主义事业建设者和接班人。加强中华优秀传统文化教育，要坚持与培育和践行社会主义核心价值观相结合，坚持与时代精神教育和革命传统教育相结合，坚持与学习借鉴国外优秀文化成果相结合，坚持课堂教育与实践教育相结合，坚持学校教育、家庭教育、社会教育相结合，坚持针对性与系统性相结合。开展中华优秀传统文化教育，要以弘扬爱国主义精神为核心，以家国情怀教育、社会关爱教育和人格修养教育为重点，着力完善青少年学生的道德品质，培育理想人格，提升政治素养。初中阶段，以增强学生对中华优秀传统文化的理解力为重点，提高对中华优秀传统文化的认同度，引导学生认识我国统一多民族国家的文化传统和基本国情。高中阶段，以增强学生对中华优秀传统文化的理性认识为重点，引导学生感悟中华优秀传统文化的精神内涵，增强学生对中华优秀传统文化的自信心。

正是在这样的背景下，八十中开启了中国传统民乐文化教育的征程，民乐团的成立不仅仅在乐团内起到了对同学的教育和培养作用，更发挥了民乐团的影响力，不断地服务和教育着八十中的学生，丰富了学生的民乐素养和民乐知识。

一是设立八十中艺术教育领导小组，明确艺术教育在学校育人工作中的地位和作用，民乐艺术教育中心的组织机构及职责分工制度，做到机构健全、责任明晰，美育教育的途径和方法、评价和奖励、支持和保障等十分完备。民乐艺术教育中心由田校长统领全局，刘强书记亲力亲为，德育处闫竞主任协调教师团队，集团内教师通力合作，各部门分工明确，在各自的岗位上发挥自己的特长，带领社团学生提高专业水平，积极参加各类民乐活动，并获得优异的成绩。方媛老师负责档案的管理保存，建立《学生社团管理制度》《民乐团外出演出（比赛）安全责任制度》《民乐团课外活动守则》《民乐排练厅管理使用制度》《民乐教学管理制度》《民乐教育工作制度》等。

二是合理安排乐团教学课程，坚持制订年度教学计划，注重教学内容的合理设计，聘请艺术教育顾问和艺术指导专家，强化教学效果。系统学习和掌握民族音乐知识使学生提高自身音乐素养。近年来，学校音乐课程的开设使学生认识到中国音乐是多元性的，认识到民族音乐是属于中华民族的每个人。在学生学习和欣赏民族美妙的音乐时，能够了解少数民族音乐文化的背景，了解民族几千年来所传承下来的音乐文化，增强学生对少数民族音乐的热爱和浓厚的兴趣。

三是坚持日常练习、定时排练、集中强化训练相结合，突出训练效果。民乐团每周五、周六18：00—21：30进行集体训练；每学期根据人员构成，制定特色民乐课程，符合学生发展要求；每学期开学按照校区开一次民乐团学生所在班级班主任会、民乐专业教师会，给班主任及专业教师搭建交流平台；每两周召开一次民族管弦乐工作小组会，汇报工作，布置任务，交流信息。保证民乐团持续高速发展；每年6月中旬随着学校新一年级招生，民乐团招收新生；

每学年9月召开一年级新生民乐团家长会，介绍学校民乐的基本情况，学校教育教学整体情况，对家长提出具体的要求，确保学生学好民乐，学业成绩保持在年级前列；每学期定期进行一次民乐考核与学期末总结，检验每位队员的演奏水平与练琴情况，并对在训练中认真刻苦、遵守纪律的队员提出表扬。通过民乐训练，学生亲身经历与体验，加之经验的积累，在与他人的共同合作中，提高个人心理素质，磨炼个人意志，实现真正意义上的音乐学习及起到学习中的快乐与团结协作的重要作用，从而高质量地完成不同的乐曲，并能够参加各种演出、竞赛活动，应对各种环境中的演出，以优异的成绩获得优秀的成果，使得民乐团的演奏水平达到较高水准。

近五年，八十中民乐团从建立不久的小乐团发展到如今的金帆民乐团，其中有着不少的挫折与挑战，2016年，随着新初中学生的加入，八十中民乐团终于迎来了编制结构的完整，此时民乐团还位于白家庄的八十中初中部，时光来到了2019年，八十中民乐团在望京校区拥有了新的宽阔的排练场地，同时也聘请了专业的教师团队。2020年的疫情并没有阻止八十中民乐团的课程教学，乐团紧跟时事，制订了线上教学方案和计划，通过线上发放乐谱，同时不定期线上检查学生的练习成果，八十中民乐团在疫情期间也保证了基本的教学训练工作。通过五年的不断进步，北京市第八十中学民乐团于2020年年末参与了北京市的金帆艺术团评选工作，并获得了北京市金帆民乐团荣誉称号。

（三）艺术实践活动

通过交流、演出、比赛等形式积极参加艺术实践活动。每两年参加一次市、区艺术节，争取最好的成绩。乐团坚持每学期末组织民乐汇报演出，旨在提高全体学习民乐学生的演奏水平和学习积极性，搭建家长与学校沟通的平台；每两年举办一次与国内外的艺术交流活动；每年举办一次专场音乐会，积极参与学校组织的各项艺术活动。五年中先后参加了大小三十余次演出或比赛，展现了八十中民乐团的艺术风采和能力水平。

北京市第八十中学始终坚持教学训练与校内外科学实践相结合的课程实施方案，注重做好三级课程架构设计，从综合走班课程、自主选修课程、民乐团实践课程三个层面，以学生为主体展开各项课程实施，从学习、选拔、训练、巩固、完善、提高等方面有条不紊地进行课程实施，使学生巩固、丰富、完善所学民乐知识，培养学生解决实际问题的能力和多方面的实践能力，使得北京市第八十中学民乐教育和民乐团的发展越来越好。

六、课程评价

关于课程评价，最直观的莫过于学生对于课程的满意程度，立足于学生的获得，立足于学生的全面发展。以下是同学们对于课程的留言：

陈老师的音乐课非常注重每一个学生的学习体验。课堂上，他会询问每个同学的音乐学习经历，演奏每一首学生原创的作品，还会观察同学们的情绪和行为。课下，他也会让同学们创作自己的作品，并一一在课堂上向大家展示。这不仅让同学们更贴近"音乐"，也让同学们的勇气和宽容得到了锻炼。听完同学们的作品后，陈老师会一一点评，表扬优点，提出改进意见，令每一个同学都能从中受益。保证课上的每一位学生都能在课堂上留下自己的痕迹，这是陈老师课堂的与众不同之处。

陈老师也很注重课堂对学生的人格培养。在他的课上，同学们不仅能从具体案例上学习到音乐知识，还可以听到许多陈老师的亲身经历，让同学们的眼界更加开阔。同时，他的幽默风趣，也令课堂氛围活跃不少。他是位与时俱进的老师，了解同学们喜爱的事物，并乐于和大家讨论交流。

——2020 级高中（4）班杨馨予同学

本学期的综合走班我选择了陈曦老师的音乐创作课。我认为综合走班课程的设置就是为了让同学们放松身心，拓展学习。在音乐创作课上，我们陶醉在音乐的世界中，这很大程度上让我的精神放松了，调剂了一周忙碌的学习生活。整个课堂的氛围轻松愉悦，陈曦老师总是给我们讲起一些有趣好玩的故事，有时所用的语言十分幽默。在创作的过程中，没有严格的对与错，激发了我们的想象力。陈老师十分专业，总能把我们写的谱子配上优美的和声。很难得，能在忙碌的一周，短暂地忘却课业的烦恼，能有机会去静静感受音乐的魅力。

——2020 级高中（8）班曹思涵

我加入乐团已经三年了，乐器演奏成了我的爱好并且给我带来了快乐。初一时，乐团给我一种焕然一新的感觉，相比于小学，我认为它更加专业化、规制更加严格了，心里充满了对未来的憧憬。初二时，老师开始提出要申帆了，大家都如火如荼地准备着、练习着，我第一次感受和大家在一起努力的氛围，动力十足。初三我考上了直升班，很开心能与大家一起参与申帆的过程，整理我们申帆的资料，又因为可以继续在乐团演奏而感到庆幸。从整理资料到最后的现场演奏，每天都非常紧张，生怕出现什么瑕疵，还好我们成功地申上了金帆，成就感在我心中充满，心里也有了为"金帆民乐团"再争一口气的愿望……

现在只是开始，我和乐团还有很多的未来、很多的可能，我会不遗余力地为自己、为乐团争光！

——2019级初中李奕裰

我从初一进入这个民乐团，到现在已经有两年的时间了。通过老师和学姐们的关心与帮助，同学们之间的互帮互助，以及与学妹们之间的嬉笑玩耍，已经很好地融入乐团这个大家庭中了。乐团就像是汪洋大海中的一座灯塔，它指引着我不断前进，以后我会更加努力，不辜负老师对我的期望，为学校和乐团争得荣誉。

——2018级初中方一鸣

在陈曦老师的教学过程中，学生了解了中国音乐的历史，提高了文化认同，在历史与音乐的结合下，许多同学提高了对于历史的兴趣。在老师的帮助下上网或在图书馆中寻找相关资料，自制相关展板和报告。在制作和查询的过程中学生们提升了提炼和总结的能力，培养了自信和合作的精神。在课程的最后学生还可以在老师的引领帮助下完成自己的作曲，甚至谱写了优美的歌词。更有能力的同学还可以用自己的乐器演奏自己所编写的曲目。学生们感到十分愉悦，并且对于课程有着高度的赞扬。其中部分同学在学完《花木兰》后深有体会，创造了属于自己心中的《花木兰》曲目，与金帆民族管弦乐团中的学生合作，使用自己谱写的谱子，让同学们自己演奏乐曲，自己歌唱旋律，将曲目录制了出来，放到网上受到了众多网友的点赞。

同时，陈曦老师邀请了金帆民族管弦乐团的学生作为教学助手。乐团中的学生十分负责，手把手地对同学进行教学。教学相长，乐团的学生从中对自己的乐器有了更深的体会。通过这样的教学方式，学生掌握了关于自己学习的乐器的基本知识，并可以进行简单乐曲的合奏。双方的同学通过这个机会建立了友谊。

民乐课程的实施，让越来越多的参与者体会到了民乐教育的重要性。它能增强学生的民族观念，通过自己的情感体验，吸收本民族所特有的情操；能培养学生的创新能力和音乐审美能力。

综合民乐走班课程，作为学生的必修课程，课程内容需要适应绝大多数学生，保障内容可以让每一个学生都能够听懂并有收获，分理论教学和检测两部分。

民乐选修课程，作为学生的选择课程，有一定的难度，同时能够给予学生学习和展示的机会，分实践学习与成果展示两大部分。

金帆民族管弦乐团，作为特长学生的自主选择课程，课程难度相对较大。在有限的课程中计划出相对多的内容，整体内容十分充实，分排练、演出、考核三部分。

课程内容按照每一个学生的能力规划出与之适应的内容安排。让每一个学生都能够在接收到知识的同时自己思考，产生兴趣。

在综合民乐走班课程中学生能够较为轻松地理解所学到的内容，并能与其文化课相结合，扩大知识储备量。开放性的成果展示，可以让学生在体现出自己个性和理解的同时，让老师接收到学生的感悟，使老师可以了解学生的学习状况，进行合理的纠正与引导。

在民乐选修课程中，学生能够亲手实践，并且能够在学习中培养友谊。提高综合素质，发展艺术情操，有针对性地对于自己所喜欢的事物进行学习，能够更好地发展学生的兴趣爱好与个性，同时成果展示培养学生的自信与协作能力。

金帆民族管弦乐团，制定了与学生能力相符合，并且有所拔高的内容。排练曲目难度大，并且十分多样。丰富的演出比赛培养了学生的积极参与精神，塑造勇敢的个性，清除恐惧害怕，从挫折中学习，排除嫉妒心理，塑造自信。考核制度能够督促学生向上、自主练习，保证排练曲目的正常完成。

早在西周时期，"礼乐"教育体系就已经有意识、有目的地把音乐、舞蹈作为一种政治道德教育手段来"治世"，可以说是后世艺术教育的范本。其"乐教"思想直到今日都可见其踪迹。提升学生艺术素养，不断探索民族音乐带来的美育力量。这方面，我们进行了大胆的尝试。在舞台实践课程中，民乐团学生作为"小老师"，协助教师开展针对留学生的乐器技能课程。在这一过程中，音乐无国界，美育无国界，学生间的语言交流、乐器交流，得到了极大的锻炼，学生受益匪浅。

七、扬起金色风帆，驶向成材彼岸

如今的民乐团已经发展成为一支拥有较高水平的成熟团体，我们对民乐团今后的发展更是充满了构想。

首先，我校会继续加大对民族音乐教育的投入，促进我校民族音乐教育的稳步发展。保证资金支持，全力支持民族音乐教育的探索与实践。同时，培养专业的后备教师，扩大教师队伍。聘请优秀的外聘专家，保证外聘专家可以长期稳定地对学生进行指导。

其次，我校要继续深入民族音乐实践的探索，力争在未来的每届学生艺术节中获得一等奖，并争取参加全国学生艺术展演。让民乐成为八十中的一个品牌，为学生的校园文化做贡献。

再次，我校要在高中现有基础上继续开发完善民乐课程，进而建立完整的中学民乐课程体系。推广民乐普及教育，起到示范带动作用。

最后，我校将继续为学生搭建更丰富的艺术教育实践平台，坚持每年举办民乐专场音乐会，每年带领学生参加市、区教委组织的各类活动，并争取为学生创造更多的机会，带领学生参加中央电视台、北京电视台等举办的大型演出活动，让学生们登上更高的舞台。我们也会继续我校的国际艺术教育交流，让学生们感受不同地区、不同民族的文化。让民乐团成为学生开阔视野、实现梦想的舞台，让学生们走进社会、走向全国、走向国际。

希望通过我们的努力与实践，让民乐成为学校美育教育的重要力量，促进学生成长，为学生扬起艺术的风帆，向着他们的人生梦想起航。

八十中民乐团将会不断扩大影响力，复制培养模式，根据学校不同的学生特点，制订更加精准的教学内容和计划。这些帮扶学校的学生们对艺术的渴望，非常值得学习与认可。在帮扶的同时，八十中民乐团同样也是进步的过程、学习的过程。

金帆精神是一种激励、是一种动力，更是一种传承。希望八十中民乐团能够成为朝阳区第一支中学层面的金帆民乐团，真正意义上实现金帆精神在朝阳区中小学民乐的传承。八十中民族管弦乐团会坚定地朝着这一目标奋勇前进。为八十中，为朝阳区，为北京市更多学生的"民乐梦"而奋斗！

图 5 - 2　2015 年陈曦老师和他的学生们

图 5 - 3　2017 年国音堂专场音乐会

图 5 - 4　2019 年北京市第二十二届学生艺术节展演现场

图 5 - 5　2020 年金帆考查现场

图 5 - 6　2021 年北京市第二十四届学生艺术展演合影留念

图 5 - 7　2021 年北京市第二十四届学生艺术节器乐展演现场

图 5 - 8　北京市第二十届艺术节器乐展演现场

第六章

八十健儿　铸造辉煌

一、北京市第八十中学田径金奥运动队

　　学校体育是竞技体育的一部分，同时也是开展竞技体育、培养后备人才的储备基地，为竞技体育选材提供了发展空间和生长根基。2020 年 10 月 15 日，中共中央办公厅、国务院办公厅印发了《关于全面加强和改进新时代学校体育工作的意见》提出健全体育竞赛和人才培养体系。建立校内竞赛、校际联赛、选拔性竞赛为一体的大中小学体育竞赛体系，构建国家、省、市、县四级学校体育竞赛制度和选拔性竞赛（夏令营）制度。大中小学校建设学校代表队，参加区域乃至全国联赛。加强体教融合，广泛开展青少年体育夏（冬）令营活动，鼓励学校与体校、社会体育俱乐部合作，共同开展体育教学、训练、竞赛，促进竞赛体系深度融合。深化全国学生运动会改革，每年开展赛事项目预赛。加强体育传统特色学校建设，完善竞赛、师资培训等工作，支持建立高水平运动队，提高体育传统特色学校运动水平。加强高校高水平运动队建设，优化拓展项目布局，深化招生、培养、竞赛、管理制度改革，将高校高水平运动队建设与中小学体育竞赛相衔接，纳入国家竞技体育后备人才培养体系。深化高水平运动员注册制度改革，建立健全体育运动水平等级标准，打通教育和体育系统高水平赛事互认通道。

　　为更好地发展北京市中小学体育工作，2017 年北京市教育委员会根据北京市学校体育后备人才发展的实际情况，在原"北京奥林匹克教育学校体育后备人才培养基地"的基础上认定 37 所学校中的 56 支体育类高水平运动队为"北京市学生金奥运动队"。2018 年 5 月 3 日，北京市学生金奥运动队授牌。

　　2017 年，北京市教育委员会发文将原"培养基地"更名为"北京市学生金奥运动队"，北京市第八十中学在原"培养基地"的基础上，顺利通过各项考核标准获评"北京市学生金奥运动队"田径项目承办学校，学生金奥运动队是代

表北京市中小学生最高运动水平的体育运动队，承担培养基地的全部职责任务，其中最重要的一项任务就是代表北京市中学生参加国家教育部门、体育部门组织的全国中学生各级体育比赛和国际的体育比赛。

北京市第八十中学 2003 年被授予国家级田径传统校称号，2008 年成为北京奥林匹克教育学校体育后备人才培养基地，2016 年成为北京市金奥运动队田径项目承办校。2018 年获得北京市金奥运动队称号。近十年来，学校田径队共获世界级中学生田径运动会奖项 19 人次，国家级中学生田径运动会比赛奖项 80 多人次，市级比赛奖项 500 多人次，2 人达到国家级运动健将，14 人次达到国家一级运动员等级。几乎所有升入高中的体育特长生都达到国家二级运动员及以上等级。作为北京中学生学校田径项目承办负责校，在近几年的国际、国家级的中学生田径比赛中组织北京学生田径队代表北京市、国家参赛，并获得了优异的成绩。

（一）学校田径历史

近三十年来北京市第八十中学田径运动从无到有、从小到大，从朝阳区成绩优异到在国家和国际级比赛中有一定影响力，是教委、体育局、学校各级领导对我校体育尤其是田径训练的支持与帮助，是我校无数的体育前辈和到现在还一直奋斗在一线无私奉献的教练们一点一滴的努力下才发展到现在的成果。

田径项目学校挂牌统计：①1996 年 6 月北京市体育项目传统学校（田径）②1997 年 10 月朝阳区竞技体育贡献奖③2000 年 12 月北京市体育传统项目先进学校④2001 年 3 月北京市体育传统校（田径）⑤2002 年 8 月北京市第十一届运动会竞赛任务突出贡献奖⑥2002 年 12 月培养体育后备人才试点中学检查评估优秀校⑦2003 年 11 月国家级体育项目传统学校⑧2004 年 12 月中国中学生体育协会田径分会先进会员学校⑨2005 年 9 月第九届全国中学生运动会突出贡献奖⑩2005 年 11 月中国中学生体育协会田径分会先进会员学校⑪2006 年 8 月 18 日第十一届国际田联世青赛突出贡献奖⑫2006 年 9 月北京市第十二届运动会突出贡献奖⑬2006 年 12 月北京市体育传统项目学校先进集体⑭2007 年 8 月 16 日全国中学生体育道德风尚奖⑮2010 年 11 月北京市第一三届运动会突出贡献奖⑯2018 年 5 月 3 日我校田径项目获得北京市金奥运动队称号。

叶树桐、张建平、朴金泉、黄斌、邵文杰、邢文泽、申颜莉、张毅、洪伟男、张洪宾等等以及那些我们已经忘却的田径教练员们，是他们用自己一直坚守田径的信念、一直勇攀高峰的进取心，为学校、为朝阳区、为北京市、为国家的学校田径业余训练水平的提高做出了应有的贡献。

我校金奥运动队在市教委、市体育局和基地校中心教研组领导的关心和指导下、全组教练员和运动员的共同努力下，不断努力、突破进取，在训练及竞赛工作中不断前行。

（二）领导的重视、支持

领导机构：我校由校主管体育校长负责领导训练工作，定期参加训练工作会议，直接听取教练员对训练工作和学校体育工作的意见和要求，并且要求训练组长定期汇报训练工作；工作中学校领导尤其重视教练员和运动员的思想工作，经常与运动员座谈，了解运动员的学习、生活及心理；在参加全国及市、区田径运动会前主管校长亲自做动员并到赛场观赛，在吃、住、行以及安全方面提出了指导性建议，关心教练员、运动员在外的实际情况。

北京市第八十中学学生金奥运动队四级管理结构中组长作为项目主管，由副校级以上领导任职。负责总管金奥运动队、与上级部门对接以及经费审批，定期组织副组长和竞训组长开展会议，沟通和解决学校内和训练中出现的事务及问题。副组长作为总协调和联络员负责与学校中各部门进行沟通，协调金奥运动队及其学生的相关事宜，对接财务、后勤保障、医务监督保障、学籍学业管理、文化课补习管理、心理、品德教育、档案管理、住宿管理等学生运动员与学校之间的事务，并处理组长传达的金奥运动队学校内相关事务。竞训组长为竞训业务主管。全面负责金奥运动队训练工作，与各教练员沟通协调训练方面事宜。拟定本年度竞赛重点目标；组织各组教练员每周开例会研究训练工作、统一思想，并处理组长传达的金奥运动队训练相关事务。各项目教练员负责配合竞训组长制定本组训练计划定期汇报本组训练情况，对本组队员进行思想教育、明确训练和学习的各项要求。各项目训练组队员中的小队长负责训练后组织本组队员收还器材，负责本队的各种活动、集会的考勤和纪律检查等工作，与教练员沟通学习及训练相关事宜。

学生运动员既不同于专业运动员，也不同于普通学生。因此在管理上需要有系统的管理方式，既保证日常训练，又符合在校生的日常要求，就需要在学校和教练之间建立管理模式作为信息纽带和沟通桥梁。北京市第八十中学以"有理想、强体魄、会学习、善合作"为培养目标，所以进行科学严谨的管理必不可少。

田径项目不同于其他运动，田径项目分为多种竞赛项目，且区分度较大。根据学生的专项运动特点、学校师资情况以及场地情况，北京市第八十中学学生金奥运动队分为六组，统一由竞训组长进行管理。竞训组长负责训练总体方向的把握，竞赛相关安排和本学年度训练计划、竞赛要求分析。按时组织各组项目组长开会，总结阶段性训练经验，总结问题及处理相关事务。各组由项目组长总负责，制定总体训练计划和目标要求，组织本组教练员进行例会、总结。

场地器材：我校现有 400 米标准塑胶田径场一个，占地 20000 平方米；300 米塑胶田径场一个，占地 7000 平方米；标准平面塑胶篮球场六个，占地 3000 平方米；排球场三个，占地 700 平方米；室内跑廊占地 2000 平方米，内有多项田径训练素质练习器材。

俱乐部经营：坚持"立足北京，面向全国，走向世界"的战略思想，田径组将在上级领导下，与各部门同志一道，以"精诚团结、密切协作、求实奋进"的姿态，把握机遇，迎接挑战，赢得未来。同时将我校俱乐部办成"立足业余训练、创造专业的训练水平"的特色俱乐部。为了使我校的田径运动队能够培养出高水平的运动员，训练工作能够正常进行，俱乐部领导在场地经营方面进行了多方面细致的谋划，如足球场地的对外开放，承接各种运动会等，有效地保证了运动队的训练、竞赛、奖励和营养等方面的经费支持。

（三）近两年训练及竞赛情况

1. 两地训练、后勤保障问题

因为我校现阶段分初高中两所校址，高中部地址望京。为解决初高中运动员的训练问题，学校为此专门制定运动员的作息时间，确保运动员的训练时间。并为运动员训练后能吃上营养可口的饭菜，我校食堂工作人员每天为运动员单独加班，单独开伙，以保障运动员的伙食。

2. 请专家来校指导训练工作

为进一步提高我校田径训练水平和教练员执教能力，继续聘请了首都体育学院教练（国家田径队体能教练）、理工大学田径队教练、八一队投掷教练、朝阳区体校教练担任我校训练组教练，在校进行训练指导，并对训练中所出现的问题进行指点和帮助。

北京市第八十中学教练员由两部分组成，一部分为八十中本校教师，兼职进行田径训练工作，除训练之外还担任学校体育教学工作，另外 3 名为朝阳第一少儿业余体校外聘教练员。中央全面深化改革委员会第十三次会议审议通过了《关于深化体教融合促进青少年健康发展的意见》，会议指出，"深化体教融合促进青少年健康发展，要树立健康第一的教育理念，推动青少年文化学习和体育锻炼协调发展，加强学校体育工作，完善青少年体育赛事体系，帮助学生在体育锻炼中享受乐趣、增强体质、健全人格、锻炼意志，培养德智体美劳全面发展的社会主义建设者和接班人"。在北京市教委、朝阳教委的领导下，北京市第八十中学深化"体教融合"聘请高水平体校教练员进校指导训练。教练员拥有明确的分工、科学的管理，才能够取得良好的成绩。

近几年，我校加大了科技投入，强化了科研管理，使科研更好地为训练服务。教练员们针对训练开展研讨并积极撰写论文，同时，对内对外宣传示范校和田径俱乐部的发展，扩大我校体育工作的影响和知名度。在我校田径俱乐部运作中，得到了市体育局和教育局体卫处领导及我区体委、教委的重视和关心。田径训练组教练员们将在校领导的带领下，精诚团结，协调奋进，认真研究田径训练计划，共同学习先进的训练理论和手段，通过科学有效的训练方法，我校田径训练成绩将再创辉煌！

3. 例会制度

俱乐部主要功能是培养中学生田径高水平运动员，培养高水平运动员应该具有一支业务水平过硬的教练员队伍，应不断提高教练员的业务水平，因此每周日下午1：30—3：30作为训练组例会时间，总教练讲课；教练员共同研讨重点队员训练、比赛、教育管理等诸多问题。

4. 近年竞赛成绩

在近几年的比赛中，我校金奥运动队保持了良好的竞技状态和水准。在2018年四年一届的北京市运动会中，我校金奥运动队学生吴云飞同学两次打破保持12年的市运会纪录，并被北京林业大学免试录取；2019年7月举办的全国中学生田径锦标赛中，我校金奥运动队学生谭馨获得初中女子跳高全国第一名，并打破全国纪录。2020年受疫情影响我校金奥运动队练习一度中断，开学后恢复训练。在2020年仅有的两场比赛中，北京市第八十中学金奥运动队依旧保持了高水准。在2020年10月举行的青少年田径锦标赛中，7人次获北京市前三名，9人次获北京市前六名；在2020年10月举行的第58届北京市中学生田径运动会中，4人次获北京市前三名，9人次获北京市前八名。

5. 输送

北京市第八十中学金奥运动队不仅在田径运动水平上保持应有的水准，也时刻本着以学生发展为本的理念，不断督促学生的学习和指导学生升学。学校田径队高中学生以免试、提前录取或签分数线等方式被众多"985""211"大学录取。其中田径队贾子楠同学以优异的成绩被北京大学录取。

在近几年中，2019届高三金奥运动队学生也以优异的成绩与中国人民大学、北京交通大学、北京农业大学、北京林业大学、北京体育大学等优秀大学签约。其中2019届吴云飞同学以优异的体育成绩被林业大学免试录取，2020届金奥运动队毕业生也以优异的成绩被天津南开大学、北京航空航天大学、北京工业大学录取。

（四）金奥田径运动队赛场风采

图 6 - 1　田树林校长与 2011 年金帆奖获得者，世界中学生 100 米及跳远冠军吴诗晨合影

图 6 - 2　2012 年全国中学生冠军，银帆奖获得者金奥运动队学生孟诗涵
与八十中体育特级教师教练员贵斌老师合影

图6-3　2012年伦敦奥运会组委会主席塞巴斯蒂安科指导金奥运动队学生训练

图6-4　金奥运动队达到运动健将等级及一级运动员代表：贾子楠、
张洪宾、姚鑫，其中贾子楠同学被北京大学录取，张洪宾被北京理工大学录取

图 6-5 2018 届金奥运动队学生一级运动员吴云飞

北京市第十五届田径运动会中打破保持 12 年的三级跳远纪录，并被林业大学免试录取

图 6-6 田径训练组组长邢文泽与 2018 级金奥运动队学生谭馨合影

谭馨——2019 年全国冠军，并打破中学生田径锦标赛女子跳高纪录

二、北京市第八十中学篮球队

北京市第八十中学于 2003 年被认定为北京市示范性普通高中，培养"有理

想、强体魄、会学习、善合作"的阳光学子是八十中的办学目标。田树林校长在我校的培养目标中特别强调了"强体魄",可见校领导对我校体育工作及师生身体健康的重视,这也积极响应了国家对积极发展体育事业的号召。在我校的办学规划中特别制定了传统体育项目的三年规划,对篮球项目的发展制定了明确的目标,包含日常训练、运动员培养输送、教练员个人发展、经费投入、管理机制、取得成绩等方面。

2011 年 6 月我校初中女子篮球队成功组建,翌年组建高中女子篮球队,这是朝阳教委、体育局、学校各级领导对于我校篮球项目的大力支持。为了不负众望,本着对每一名篮球队员负责的态度,教练组制定了严格的管理、赏罚机制。在田树林校长的带领下设立组织机构,主管校长为刘强书记,工作组长为徐永陵,工作组成员由张学坤、甄雪晶、闫晓飞、李滨、吴桐组成,制定三大原则:第一条,北京市第八十中学篮球社团的目标:成为一支组织严密、能打胜仗的正规篮球社团。第二条,篮球社团成员的基本素质:团结、进取、自律,不做有损社团形象的事。第三条,遵章守纪,服从管理,行使应尽的义务。制定八条纪律,其中涵盖训练考勤、行为习惯、思想工作、情绪管理等。同时规定了组织成员的权利与义务,将篮球队的工作宗旨、建设目标、培养目标、未来发展先落实在制度上,为我校篮球项目的良性持续发展保驾护航,防止出现人治情况。时至今日我们的工作仍旧坚持初衷,有条不紊、持之以恒地送走了一批又一批的队员,以八十中为平台,篮球运动为助力,为他们勾勒出了飞翔的翅膀,飞向了更美好的明天。

2013 年北京市第八十中学加入中学生体育运动协会篮球分会,2016 年北京市第八十中学被评为全国篮球传统校,2019 年被全国校园篮球特色校。近十年来,我们一直在努力工作,一步一个脚印地向前进,以培养篮球人才为己任,在全国、全市的比赛中拼搏进取,为更高级别的比赛输送人才,也为队员搭建自己的平台。经过多年的征战,我们共培养了 4 名一级运动员、20 余名二级运动员。

(一) 学校篮球队的历史

我校篮球队的历史可以追溯到望京校区建成的 2003 年,徐永陵老师对于篮球运动有着自己的信念,希望为这所北京市示范校组建一支属于自己的篮球队,发展学校篮球文化,让篮球运动能够在这片肥沃的土地上生根发芽,最终成为参天大树。2003 年望京校区刚刚落成,便组建了北京市第八十中学高中男子篮球队,彼时的朝阳区有多所篮球强队,我校作为后起球队,在开始的征战中是充满艰辛的，在强敌环伺的比赛中，八十中篮球队稳扎稳打，步步为营，打出了自己的特色，杀出了一片属于自己的天地，在没有特长的前提下在朝阳区站稳了脚跟，成为朝阳区篮球项目中的强队，于2008年取得朝阳区阳光杯篮球联赛亚军。经过多年的沉浮，借助政策扶持，以及朝阳区教委、体育局的信任，在田树林校长的带领下我校大力发展篮球项目，201□年开始招收女子篮球特长生，同年组建初中女子篮球队，翌年组建高中女子篮球队。2012年我校女子篮球队经过一年的刻苦训练，在朝阳区"阳光杯篮球比赛"中取得了两个冠军，时至今日，我校初高中女子篮球队蝉联了多年朝阳区篮球比赛冠军。

（二）教练组建设

打造一支优秀的队伍不是一蹴而就的，需要的是长期的磨砺、良好基因的传承、严格的管理制度，以及优秀的教练员保障。为了帮助那些热爱篮球的少年能够走到更高平台参与激烈竞争的比赛，挥洒自己的青春与热血，实现自己的篮球梦。一批又一批的体育教师投入篮球队的训练工作中，徐永陵、张学坤、甄雪晶、闫晓飞、李滨、吴桐、韩旭等老师，陪伴着那些怀揣梦想的少年，伴随着日出日落，直至星光满天，日复一日从未停息。正是这些甘于奉献的教师的陪伴，才让那些懵懂的梦想变得有了明确的目标。用刻苦的训练坚定他们的信念，用残酷的比赛磨砺他们的意志，用细致入微的陪伴助力他们成长。

我们的教练组是一支和谐的队伍，每名教练都有自己的特点，在长期的磨合中，我们彼此互补了，自己成长了。我们同样热爱篮球，热爱八十中，我们具有相同的目标，具有奉献精神，在我们的队伍中只有"我们"，没有"我"。篮球运动是一个集体对抗项目，而这个集体不仅仅包括场上的队员，教练组与学校也是集体的一部分，一荣俱荣，一损俱损。所以和谐的教练组以及学校的全力支持是球队建设的基础保障。

（三）八十中领导的全力支持

领导机构：在田树林校长的领导下，由刘强书记主管我校体育文化工作，主管领导十分关注我校篮球队的建设工作，下基层听取教练员与运动员们对学校体育工作的意见和要求，定期组织篮球队教练组的工作汇报，明确工作重点，保障队伍发展。对于篮球队提出的要求与意见，领导组能够做出积极的响应，办事效率高，处理快，为球队建设做出了全方位的保障。在各级比赛中，主管领导亲自到现场，为球队的正常训练、比赛提供后勤保障，对学生与教练组的心理产生了积极作用。在生活中各级领导十分重视篮球队的教练员与运动员的生活与思想工作，时常与运动员、教练员进行座谈，关注篮球队的需求，了解运动员的生活、学习及心理状态，扫除后顾之忧，让教练员与运动员专心投入工作学习中。

北京市第八十中学是北京市示范校。现有学生 2785 人，学校体育设施齐全，拥有 400 米标准塑胶田径场地一块，300 米塑胶田径场一块，地下跑廊一块，室外篮球场地 10 块，室内篮球场地一块。我校拥有先进的办学理念，"坚持以科学发展观为指导，以人为本，以德治校，以质求发展，以多样性为特征，以培养创造精神和实践能力为重点，为学生的可持续发展和终身发展打下坚实的中学阶段的基础"。我校紧跟国家政策，贯彻落实相关文件，学校领导重视学生的体质健康，于 2012 年开展课程改革，其中就包括三个篮球模块，每个年级参与人数在 130 左右，为篮球文化在八十中的推广起到了积极作用。我校在编体育教师 15 人，其中篮球专项体育教师 4 人，我校领导看重教师的职业成长，积极督促体育教师参加各项教研活动，篮球专项教师能够做到每年深造一至两次，通过理论与日常训练的实践来提高我校篮球专项教师的业务能力。定期的篮球教学研究使我校教师整体的篮球水平得到了很大提升。我校现从事篮球训练工作的体育教师有 6 人，校领导关怀每一位教师的生活工作情况，加强了教师的工作积极性。我校篮球经费充足，每年都会将篮球经费纳入我校整体预算，保障我校篮球项目的开展，学校常年开展篮球比赛，做好篮球文化的普及工作。训练经费能够保障篮球队日常训练的开销，我校为篮球队员提供个人装备，提供运动员专餐，保障学生的身体发育与运动恢复。这些都是学校为篮球队建设提供的有力保障。

（四）球队日常管理及训练工作

学生运动员是一个特殊的群体，它有别于专业运动员，也不同于普通学生，他们生活中的大多数时间与精力都会放到专项训练中。针对篮球运动员的学习与训练的时间就需要采取特殊的管理方式，要做到同时保障训练与学习的效率。遵循北京市第八十中学的育人目标，做到两手抓，两手都要强。这就需要多方的协调与配合，篮球运动员的晚餐时间是七点半至八点，这个时间段其他同学早已经用餐结束，开始上晚自习课。学校考虑到学生身体成长问题，特别为运动员提供了专属晚餐，满足了运动员对营养的需求，也为他们节省了时间。饭后运动员可以直接去自习室上课，考虑到与其他同学上课时间的不同，特别安排了专职教师进行篮球运动员的晚自习管理，同时也安排了篮球运动员的班主任管理队员的生活与学习，每日严格记录考勤。如果未能遵守相关规定，将对篮球运动员进行批评教育，保障每一名队员安全的同时尽可能地人性化管理。我校与多所篮球传统校保持着紧密的联系，其中不乏职业队伍，定期会组织交流赛事，相互学习相互提高，建立起了阶段性的提升模式，低年级与高年级、女子与男子的对抗都是我们的传统训练方法，在锻炼学生竞技能力的同时也加强了学生自我保护的意识，在日常的训练中教练也会给篮球队员灌输预防运动损伤的相关知识，我们也为队员聘请了康复师，帮助队员更好地处理自己身体健康的问题，康复师也会定期给教练员及队员做运动损伤、康复训练的相关培训，这一措施大大地减少了篮球员的伤病问题，也保障了队员的竞技状态及训练状态。

篮球队的训练时间安排在每天的五点至七点，周六的上午八点至十二点，做到一周六天训练，每日训练保障两小时，每周四还安排了两小时的篮球选修课。由于我校是一校两址，分别是白家庄校区的初中部和望京校区的高中部。我们的初中队员在白家庄上学，高中队员在望京上学，所以这就给篮球队训练造成了不小的麻烦，针对这一现象，教练组积极与学校进行沟通，最终学校为篮球运动员制定了专门的作息时间，保障学生的训练与安全，同时也为队员准备了运动员专餐，以及篮球运动员的单独晚自习。每年的节假日我们也会组织篮球队员进行为期两周的封闭式训练，通过封闭训练的模式锻炼学生的自理能力，在长期的共同生活中培养感情，艰苦的训练使篮球队员们同甘苦共患难，增强队伍的凝聚力，每次集训结束后，队员们的竞技能力都能上升到一个新的台阶，教练组意在培养出一支敢打硬仗、能打硬仗、善打硬仗的团结队伍。

为了进一步提高我校篮球队在全市队伍中的竞争力，我们的教练组也在积极提高自身业务能力，与首都体育学院建立了长期的培训合作关系，保障教练员的执教能力能够与时俱进，这一措施充分避免了故步自封，同时也为我们的篮球队注入了创新的活力。与高校的合作不仅提升了教练组的执教水平，同时弥补了体育教师科研能力较弱的短板，在高校的帮助下，教练组成员积极参与科研工作，我校徐永陵老师参与了由中国篮协牵头的《中国篮球协会D级教练员培训大纲指导用书和试题库》的编制工作，也有多篇关于篮球训练的论文发表于《体育教学》期刊，还有多篇论文在北京市及全国获奖，可以说这些成果不仅可以为篮球队的科学训练保驾护航，更关系到教师的切身利益。八十中篮球队不只拥有自己的优秀教练团队，还积极与朝阳本校合作，聘请了朝阳第三少儿业余体校的教练员。这一措施为我校篮球队带来更加多元化的训练方式，同时也带来了朝阳体校的相关资源，为我校篮球项目的发展起到了推动作用，帮助我校篮球队构建了通往更高水平发展的平台，促成了适合我校发展的体校融合模式，实现互利互赢。

（五）取得成绩

北京市第八十中学女子篮球队于 2011 年正式组建。自建队以来，八十女篮蝉联朝阳区阳光杯冠军，在北京市的各项比赛中取得了傲人的成绩。2016 年，我校被评为全国篮球传统校。2018 年是我校篮球项目蓬勃发展的一年，女篮蝉联朝阳区冠军，男篮也取得了长足发展。2018 年我校女篮在北京市传统校的比赛中获得初中组第四名、高中组第五名，在北京市锦标赛中获得女子甲组第三名。在北京市运会资格赛中，女篮获得甲组、丙组第一名并成功晋级。我校女篮代表朝阳区出战北京市第十五届运动会，女篮队员奋勇拼搏，为朝阳区代表队取得了女子甲组冠军、女子丙组冠军、女子乙组第五名的优异成绩。市运会是北京市最高级别的体育赛事，每四年举办一次，各个区县政府极为重视，朝阳区建区 60 年以来，女子篮球队首夺市运会冠军，实现了朝阳区女子篮球项目零奖牌的突破。我校队员王雅菲获得了市运会十佳运动员奖，队员臧玉鑫被授予朝阳区"优秀运动员"荣誉称号，我校也获得了突出贡献奖。2019 年获得北京市冠军杯初中女子第四名，北京市传统校比赛女子篮球高中组第七名、初中组第四名，jr. nba 女子篮球初中组第四名、高中组第五名，在 2019 年北京市锦标赛中获女子篮球甲组第五名、乙组第二名、丙组第四名。三人制女子篮球赛获得甲组第三名、乙组第四名、丙组第三名。2021 年北京市传统校高中女子篮球队获得北京市第一名的成绩。我校篮球队共培养了一级运动员 4 名，二级运动员 20 余名。

（六）运动员的输送

北京市第八十中学篮球队不仅保持着应有的竞技水平，同时本着负责任的态度，教练组也为每名队员规划着他们的学业之路，在日常狠抓训练的同时，也没有放松对队员学业的要求，一届又一届的学子怀揣理想来到我们的学校，我们的篮球队，我们不能辜负他们的信任。我们成功地送走了一批又一批的优秀队员，他们通过特长走向了心仪的高校。其中包括农业大学、工业大学、四川大学、华东理工大学、交通大学等等。

（七）八十中篮球队赛场风采

图6-7　北京市 jr. nba 冠军联赛获得北京市亚军

图6-8　第十五届北京市市运会夺冠（北京市朝阳区人民政府副区长李俊杰）

图 6 - 9　第十五届北京市市运会夺冠（甲组合影）

图 6 - 10　2017 年阳光杯夺冠（初高中女篮合影）

图 6 - 11　2021 年北京市传统校高中女子篮球队夺冠合影

三、北京市第八十中学击剑队

自 1955 年击剑运动项目引入我国至今，击剑运动在我国尤其是在中小学得到了快速的普及和发展。北京市第八十中学参加了包括全国中学生击剑锦标赛、北京市青少年击剑锦标赛等一系列高水平赛事并取得了优异的成绩。2017 年北京市青少年锦标赛击剑比赛我校学生取得男子重剑乙组第二名，女子重剑乙组第二名的好成绩；2018 年北京市青少年击剑公开赛我校代表队取得女子重剑乙组个人第二名、第五名、第七名，女子重剑乙组团体第三名的好成绩；2018 年全国中学生击剑锦标赛我校取得女重初中组个人第一名、第三名、第十名，女重初中团体第一名的好成绩；2019 年北京市青少年击剑锦标赛我校学生取得男子重剑甲组第二名，女子重剑甲组第三名的好成绩；2019 年第十一届中国中学生击剑锦标赛我校取得女子重剑高中组个人第二名、第七名、第十名，女子重剑高中组团体第一名的好成绩。我校自 2013 年开展击剑选修课以来，学校击剑运动代表队连续多年参与市级、全国级别的击剑系列的赛事，并取得优异的成绩。在我校击剑运动的不断发展和运动员的培养、选拔过程中，积累了丰富的项目推广和发展经验。

　　2020 年 12 月，中体协击剑分会筹备组就在中国中学生体育协会的领导之下，紧张筹备。在田树林校长"一人一天地，一木一自然——让生命因教育而精彩"的办学指导下，秉承八十中"有理想、强体魄、会学习、善合作"的育人目标，八十中始终按照教育部确保学生每天锻炼一小时，严禁挤占体育课和体育锻炼时间的要求，以"健康第一，终身锻炼"为核心。作为传统的体育艺术示范学校，在体育教育方面先后荣获全国田径、篮球传统项目学校，中国中学生体育协会田径分会先进会员学校、北京市奥林匹克教育示范学校、北京市奥林匹克教育学校体育后备人才培养基地，北京市田径、篮球传统项目学校，北京市学生金奥运队和朝阳区皮划艇、赛艇传统项目学校等荣誉称号。也正是因为学校对体育的重视，促成了我校成为中体协击剑分会主席单位。我校田树林校长被聘任为中国中学生体育协会击剑分会主席，我校徐永陵老师被聘任为中国中学生体育协会击剑分会秘书长。

图 6 - 12　第 18 届世界中学生夏季运动会击剑选拔赛田树林校长致辞

图 6-13　中国中学生体育协会击剑分会挂牌学校校领导合影

图 6-14　我校学生杨靖真比赛图片

第七章

博古通今　携手传承

一、社团概况

（一）社团简介

博通社成立于 2013 年 4 月 19 日，历经八个寒暑。博通社理事长是田树林校长，指导教师是历史组全体教师，现在有学生社员 100 多名。历经八年的发展，已成为八十中有特色的高水平人文社团。

博通社一直秉承"博古通今，慧知中外，知行合一，立德树人"的宗旨，以学习历史、志愿服务为己任，从课内知识入手，以新颖的角度在课外延伸，让历史学习变得更加生动，更有广度和深度，为众多热爱历史的同学们提供学习、交流、实践的平台。博通社的活动多种多样，带动全校历史人文爱好者走进博物馆，开拓学习视野；在校内定期举办学生讲坛、教师及专家讲座；播放历史纪录片；成立读书俱乐部一起交流文史类的读书感想；撰写评选历史小论文；围绕着历史文化遗产，进行一系列主题研究，并在校内举办多次大中型展览；系统设置了八十中历史文博特色选修和社团课程。这样的活动有效提升了学生的综合文化素养、合作探究及创新实践能力。

博通社是 2016 年成为北京市志愿者联合会评定的北京市青少年文博志愿总队第一个中学生分队，被朝阳区教委评定为朝阳区中学生网络人气的社团。2018 年 3 月被首都精神文明建设委员会评为"首都学雷锋志愿服务示范站"，4 月在学校成功举办了《大美中国携手传承》国家非物质文化遗产走进八十中大型展览，备受校内外关注与好评。2018 年底在北京市第四届雏鹰爱心年会上，博通社社员做了《爱心·分享·服务·成长——八十中博通社在坚守中前行》的大会发言，"志愿讲解"项目获得市级优秀教育成果奖。2016 年至今在四届北京大学主办的燕园杯全国历史征文比赛中，博通社社员连续多次获得全国一、

二、三等奖；2018 年华东师范大学历史系主办的"青史杯"历史剧本大赛也有多名社员获全国奖；2018 年至今北京师范大学历史学院主办的三届"少年历史论坛"中均有多名社员获得优秀论文奖，并做全国展示。

博通社历任社长是 2011 级 13 班吴思博、2012 级 12 班程则明、2013 级 11 班于波、2014 级 13 班张岩、2015 级 11 班何景鸿、2016 级 12 班吴雨桐、2017 级 1 班陈宇辉、2018 级 5 班司钰萱和 2019 级 6 班李其玺。历任博通社骨干成员相继考入国际关系学院、华盛顿大学西雅图校区、北京大学、清华大学、美国加州大学伯克利分校、北京外国语大学、中国传媒大学、波士顿学院等高校。

与此同时，博通社也是朝阳区教育工会"最具影响力教职工社团"之一。博通社旨在将工会活动与历史学科课程建设有机结合，带动广大教职工利用社团活动时间，参观各大博物场馆和文化古迹，开展高端讲座和师生论坛，提升教职工的美学修养、传统文化修养，陶冶情操，积淀人文素养；同时积极投身社会实践及公益讲解服务，服务学校、服务社会、服务博物馆，传承中华优秀传统文化。

二、社团课程

（一）课程目标

近几年来，学校教育对博物馆教育资源的需求极其迫切。2020 年天坛地砖、《步辇图》、敦煌壁画、大运河等都相继出现在中考、高考试卷中。无论是一线教师还是广大学子都迫切希望"让文物活起来"，走过学校，走进课堂。

教育部在《普通高中历史课程标准》中将核心素养的培养确定为基础教育改革的方向，明确学生应具备的适应终身发展和社会发展需要的必备品格和关键能力，突出强调个人修养、社会关爱、家国情怀，更加注重自主发展、合作参与、创新实践。中学阶段作为青少年人格养成的重要时期，博闻择善才能成为"有教养的人""完整的人"，才能培养出合格的公民。

2020 年教育部发布了《关于利用博物馆资源开展中小学教育教学的意见》，鼓励中小学利用课后时间开设校内博物馆系列课程，利用博物馆资源开展专题教育活动；同时也鼓励各地中小学校和博物馆联合开展"六个一"活动，围绕一个中小学教育主题、策划一系列原创展览、开展一系列教育活动、设计一系列教育课程、开发一系列文创产品、建立一个优秀博物馆青少年教育品牌。

我们认为，博物馆教育是公共教育的组成，具有：终身性。连接不同的阶段；开放性。连接不同的领域；拓展性。连接不同的应用。

博物馆教育是跨领域的教育，我们以历史学科为主：跨学科。不同专业学科的融合；跨观念。不同观念思想的碰撞；跨时空。不同时间空间的交错。博物馆里收集着人类的记忆，珍藏着民族的灵魂，抵御着岁月的剥蚀，记录着时代的变迁。博物馆是我们终生学习的场所，应该让这份历史文化在我们身上传承、延续。历史沉积在古迹的恢宏与精致之中，文化充实于影像的华彩和光影背后，师者学生，成人少年，为好奇而学，为兴致而聚，为志愿而同。

1. 博通社是历史学习的社团

翻阅史书，漫步博物馆，徜徉于人类历史的长河，领略古今中外优秀作品，在厚重的历史中探寻人类文明的足迹，耳濡目染大家品格。学历史就是学做人。读史，可以使人受到信仰的鼓舞，可以使人受到思想的启迪，可以使人受到道德的感染，可以使人受到智慧的熏陶。浩瀚的历史中有着无穷的记忆和无尽的未知吸引我们去了解、去探寻，博古通今源于好奇，博古通今乐于探究，博古通今之置于追求。

2. 博通社是通识教育的社团

博古通今，慧知中外，知行合一，立德树人是博通社的宗旨。这里折射出我们的共识：通过博通社的活动润物无声地对学生开展通识教育，因为通识教育能让人通过学习人文社会自然科学三大领域的基础知识和思维方式，形成现代社会的价值和态度，能够理性思考独立判断，具有强烈的公民意识和社会责任感。有了通识教育的基础，一个人才能走得更远，而这又取决于两点：服务社会的意愿；对所从事的事业的喜爱程度，这两点都提供了一种东西——热忱。

3. 博通社是志愿服务的社团

在志愿讲解中培养学生关爱他人、服务社会的情怀，在社团活动中培养学生合作意识。在一次次志愿讲解的培训中充分调动志愿者内在的积极性和主动性，引导他们在实践中自我体悟、自我教育、自我管理和自我提升，同时还能够使他们在为社会和他人的奉献中更好体悟到人生的价值和意义，并内化为自身的一种精神追求，进而形成社会责任感的持久动力。学生在参与志愿工作过程中，强化了人与人之间的关怀和帮助，增强了成员之间的信任、团结和互助，是学生参与社会生活的一种重要方式，是个人对人生、生命价值、社会的一种积极态度，真正实践着知行合一。

（二）课程架构

由此，建设博物馆教育体系既是趋势所向，又是教育改革之需。体系建设并非一朝一夕，在"立德树人"的视域下盘资源、找路径，并进行实践，通过"对标"探索原点，在博物馆与学校之间建立起互通的桥梁，为构建博物馆教育体系找到一条切实可行的路径。我们从顶层设计层面，与"核心素养"进行对标，具体案例详见表 7 - 1。

表 7 - 1 将博物馆教育体系与核心素养对标

主题核心素养			中轴线文化	运河文化	长城文化	燕赵文化	燕赵遗址	奥运主题	文勤中医史	文物世界史	博物馆馆长讲座	海上丝绸之路	非遗	劳动
文化基础	人文底蕴	人文积淀												
		人文情怀												
		审美情趣												
	科学精神	理性思维												
		批判质疑												
		勇于探究												
自主发展	学会学习	乐学善学												
		勤于反思												
		信息意识												
	健康生活	珍爱生命												
		健全人格												
		自我管理												
社会参与	责任担当	社会责任												
		国家认同												
		国际理解												
	实践创新	劳动意识												
		问题解决												
		技术运动												

（三）课程内容

1.学科教学层面

博物馆主题课程一：中轴线文化

中轴线，这条世界上现存规模最长的城市中轴线，是北京城的脊梁和灵魂，汇集了中国古代建筑的精髓，承载着中华文明的记忆。无论是作为对本地历史文化的了解，还是作为认识中国古代文化底蕴的切入点，中轴线无疑都是非常值得开发的教育资源。

本课程分别从历史背景、城市生活、古代建筑、城市规划和文化保护这5大主题开启北京中轴线的探究。

序号	课时主题	主题学习任务	
1	古代中国的中轴线	古代中国的城市规划	"中轴线"文化与中国
2	北京城的中轴线	北京城的中轴线变迁	中轴线的"中心"点
3	中轴线上的皇家生活	中轴线上的皇家建筑	皇家建筑串联起的生活图景
4	中轴线上的百姓生活	中轴线上的生活格局	中轴线上百姓的生活图景
5	中轴线的消失与新生	中轴线上消失的建筑	中轴线的新生和保护

博物馆主题课程二：大运河文化

悠悠大运河，水韵北京城。700多年前全线贯通以后，京杭大运河为元、明、清三代北京城带来了赖以生存的粮米，留下了如今一脉相承的水岸景观与文化遗迹。透过水系，可以带领学生走进另一条探索北京城乃至运河沿线八省市的路径，在跨学科融合的综合实践中，为学生构建更具体系的学习体验。本课程分别从北京段的大运河、中国的大运河和世界看运河三大维度、六大主题开启大运河文化的探究。

表7-3　大运河文化课程

序号	课时主题	主题学习任务	
1	郭守敬与大运河	天上有星、月球有山的科学全才	千里运河终贯通
2	大运河和北京城	为什么要修运河	水上漂来的北京城

续表

序号	课时主题	主题学习任务	
3	大运河航行日志	航行路线我来定	漕船奇遇记
4	文物中的大运河	文物演绎运河故事	运河边的博物馆
5	运河上的美妙生活	运河经过我的家	厨房里的运河味道
6	放眼世界游运河	运河与城市	世界各地的运河

博物馆主题课程三：中国文物

新高考改革要求我们知识是联系的，思维是理性的，视野是宽广的，要求我们走进博物馆学习。本课程设计是博物馆进课堂，以高中历史教材为依托，以国家博物馆古代中国陈列为基本内容，辅以其他博物馆文物和极具思考性的课题讨论、研学。通过文物使历史教材立体、生动，引起同学们对于中国历史的广泛兴趣，让同学们形象化地理解历史教材中的博物馆文物，串联中国历史的脉络，初步构建博物馆学习的思维方式，落实历史学科核心素养。

本系列我们将历史时代划分为八个时期，涵盖从史前时期到明清的整段中国古代史。

表7-4　中国文物课程

序号	课时主题	主题学习任务
1	远古时期	①人类起源假说②旧石器、新石器时代命名③文化与文明的区别④远古时期的艺术
2	夏商周	①信史"二重证据法"②青铜器冶炼原理、铸造方法、成器③瓷器与陶器的区别④分封与礼乐制度⑤汉字的发展及在世界文字中的地位⑥同时期周边少数民族文明与中原文明
3	春秋战国	①春秋战国特征——礼崩乐坏、百家争鸣、诸侯争霸②春秋时期的战争方式③曾侯乙墓④先秦乐器⑤度量衡
4	秦汉	①统一的中央集权制王朝②汉武帝③汉代的丧葬习俗④造纸术⑤汉代艺术风格的转变⑥丝绸之路
5	主题讨论	①结合我国汉字的发展，论述文字是否是人类社会进入文明的必要条件②化学、物理学在陶器及青铜器制作中的体现③通过妇好墓玉人、秦汉兵马俑等雕塑、浮雕总计这一时期中国雕塑特点及与希腊雕塑的区别④通过青铜器文物，阐述一下我国古人的餐饮习惯与今人的不同，及其形成原因

续表

序号	课时主题	主题学习任务
6	魏晋南北朝	①对外交往②服饰变化③多民族融合的过程④人物绘画、雕塑的变化⑤民族大融合
7	隋唐	①隋的政治遗产②陶瓷器发展（含唐三彩）③对外交流（马、乐器、动植物等）④唐与吐蕃关系
8	辽宋夏金元	①瓷器工艺②宋代经济③科技史④民族大融合
9	明清	①清维护祖国领土完整②明清瓷器③清代对于世界的认知
10	主题讨论	①衣裳在现代汉语与古汉语中的区别，并简述从衣裳到衣裤的发展过程②五胡十六国及五代十国时期，北方动荡对于长江流域发展的影响③宋代经济与海上丝绸之路④从明代皇帝与康乾对西方科技的态度，比较明代末年与康乾时期，西方科学对于我国的影响

博物馆主题课程四：世界文物

世界文明的普及教育应从青少年开始，古今贯中，中西融汇，也是我们要通过博物馆学习传达给学生们的"世界眼光"。世界文明启蒙的系列学习，我们从文明关键词、代表文物和历史遗迹作为切入点，以《大英博物馆的100件文物》和《罗浮宫中的世界史》帮助学生在串联文明发展脉络的同时，理解发展的核心逻辑以及初步形成关注文明发展延续的意识。

本系列我们分别从两河文明、古印度文明、古埃及文明、古希腊文明和古代美洲文明这五大维度、十个主题开启世界文明的学习。

表 7-5　世界文物课程

序号	课时主题	主题学习任务
1	苏美尔人	文明最早的"创客"
2	王权与法律	口说无凭，立字为据
3	小国林立	恒河和印度河文明
4	森严的等级	延续至今的种姓制度
5	尼罗河	孕育文明的河
6	金字塔与法老	谁是最伟大的"王"
7	希腊的神	神在"商店"

序号	课时主题	主题学习任务
8	哲学与思考	你想做谁的学生？
9	阿兹特克人	探索阿兹特克帝国
10	玛雅文明	他们后来发生了什么

博物馆讲座课程：博物馆馆长走进八十中

博物馆资源作为见证中华文明的有力证据，是培养学生科学精神、家国情怀的重要教育资源，是落实立德树人任务的有力依托。多年以来，多位博物馆馆长相继走进八十中，按照博通社主题教育所需，开设讲座课程。

表 7 - 6　博物馆馆长讲座

序号	主讲人	讲座主题
1	首都博物馆馆长郭小凌	古希腊文明和雅典民主制度
2	中国人民抗日战争纪念馆副馆长于延俊	捍卫英雄 报效祖国
3	观复博物馆执行馆长姚方	《红楼梦》中的家具
4	故宫博物院院长单霁翔	匠者仁心——让故宫文化遗产资源"活起来"
5	耳朵里的博物馆馆长、郭守敬纪念馆执行馆长张鹏	博物馆里的中国史
		历史教科书中的文物
		这样奇妙的博物馆

2. 综合实践层面

博物馆综合实践一：从"北京人"到北京城（中国古代史）

博物馆综合实践二：圆明园中学历史（中国古代、近代史）

博物馆综合实践三：从"一二·九运动"到"进京赶考"（"四史"）

博物馆综合实践四：金山岭·古北口（中国近代史）

博物馆综合实践五：故宫课程实践（中国古代史）

博物馆综合实践六：国博古代中国课程实践（中国古代史）

博物馆综合实践七：山西人文历史实践（中国古代、近代史）

博物馆综合实践八：陕西历史考古实践（中国古代史）

博物馆志愿讲解课程：博通社社团课和外出讲解

非物质文化遗产走进八十中：校内举办国际展览

（四）课程实施

1. 社团大事

2016.2.17　张韬老师、金岷老师、石岩老师带队博通社张岩、胡鑫涛、周泽昊、胡泊、靳逸萱、富星媛六名骨干社员赴首博，面对听众首次义务讲解了读城和老北京民俗展。

2016.3.4　北京市第八十中学博通社张韬老师和廖克伟主任带领博通社张岩部长、周泽昊部长、何渝佳副部长赴北京国际会议中心出席了"爱满京城——北京市 2016 年学雷锋志愿服务推动日"活动及"北京市青少年文博志愿服务总队成立仪式"。会上，北京市第八十中学被授予北京市中学第一个青少年文博志愿服务分队。

2016.3.8　北京市志愿者协会青少年文博志愿服务总队北京市第八十中学分队授牌仪式在北京市第八十中学报告厅举行。北京志愿服务指导中心副主任王赢同志授予八十中北京市青少年文博志愿服务总队八十中服务分队称号，北京市第八十中学校长、八十中博通社理事长田树林对博通社文博志愿服务实践活动做了总结，肯定了八十中历史组教师的辛苦付出，希望同学们在青少年文博志愿服务活动中成长为有理想、负责任、会学习、善合作的创新型人才。田树林校长给全国青联委员、北京市青联委员、北京青少年文博志愿服务总队发起人、著名义务讲解员张鹏老师颁发北京青少年文博志愿八十中服务分队辅导员和北京市八十中博通社课外指导教师聘书。朋朋哥哥（张鹏）给同学们做了极为精彩的讲座《和北京八十中的同学们分享——博物馆中的中国记忆》，作为总队成立后第一场正式的分队培训讲座，为八十中博通社的师生们带来了志愿精神和对博物馆的浓厚兴趣。与会师生接受多家媒体采访和报道。

2016.3.19　李宝辛书记、廖克伟主任、张韬、金岷、闫竞、石岩、李英杰、朱彬、王俊梅、王建为、金燕慧带队到故宫博物院进行志愿讲解服务活动，博通社讲解部黄文、胡鑫涛、何景鸿、刘美琪、顾晨汐、黄天阳、唐朋家贝、胡晨、张玺、李子轩、邢天一、院龙琪、修嘉麟、缪嘉汇同学承担了大巴车上的组织活动、东西六宫及中轴线上的义务讲解工作，经过一周左右的自学、朋朋哥哥微课堂指导和历史教师的指导，同学们的讲解非常精彩，得到了师生的一致好评，践行了博通社服务师生、服务社会的志愿服务精神。博通社活动部、技术部、文创部也为本次活动付出很多努力。

　　2016.4.8　张韬老师、石岩老师带队博通社义务讲解队黄文、胡鑫涛、胡晨、刘美琪、赵君川、司钰萱等同学赴白小望京校区做了一堂别开生面的"中国饮食文化"的义务历史讲座。

　　2016.4.12　国家博物馆首位名誉馆长周娅老师做了精彩的讲座《启蒙时代与艺术博物馆的诞生》，这是博通社文博分队的第二次博物馆志愿讲解培训。

　　2016.4.15　石岩老师带队博通社义务讲解队周泽昊、段婉琪同学赴白小望京校区做了一堂"北京建城史"的义务历史讲座。

　　2016.4.29　张韬老师带队，博通社讲解部黄文、刘美琪、胡晨、刘璇参加望京初中部故宫博物院志愿讲解服务活动，承担了大巴车上的组织活动、东西六宫及中轴线上的义务讲解工作，践行了博通社服务师生、服务社会的志愿服务精神。

　　2016.5.20　著名史学家、首都博物馆馆长郭小凌教授来我校为博通社社员做了世界史讲座《漫谈古希腊民主政治和人文精神的起源》，作为首博馆长、高中历史教材编写者，郭教授此次讲座对我社师生意义重大。

　　2016.5.29　博通社在张韬老师带领下参加朝阳区中学生社团嘉年华，并获得"中学生网络人气奖"。在社团嘉年华上为其他参与者举办了有奖问答环节，组织并参与了活动的有何景鸿、胡鑫涛、黄文、胡晨、院龙琪、邢天一等同学。

　　2016.6.6　博通社在张韬老师带领下组织参观首都博物馆"五色炫曜——南昌汉代海昏侯国考古成果"特展和妇好墓展。

　　2016.8.13　博通社组织社员参观讲解了孔庙国子监博物馆，组织并参与了讲解的有何景鸿、胡晨、付海浒、鲁聪、吴雨桐等同学。

　　2016.9.6　换届选举，何景鸿同学当选为博通社第五任社长，社团招新。

　　2016.10.14　博通社出席了八十中校庆60周年办学成果展，赠送技术部部长芦山设计制作的明信片2000张，并开设剪纸文化传承师生作品展。

　　2016.11.25　博通社再次邀请鹏鹏哥哥来我校演讲《古代中国》。

　　2017.1.25　博通社组织社员前往首都博物馆参观义务讲解"金鸡唱晓——博物馆里过大年"春节特展。

　　2017.3　博通社受邀参加首都博物馆"读城"展览的筹划组，文论部副部长姜汉参加会议。

　　2017.4.8　张韬老师带队，博通社组织社员参观了植物园的曹雪芹先生故居和卧佛寺"永远的怀念——孙中山先生纪念特展"。

　　2017.5　博通社组织社员参观讲解西周青铜器博物馆、周口店北京人遗址博物馆、云居寺。

2017.9.6　换届选举，吴雨桐同学当选为博通社第六任社长。

2017.9.10　周娅老师来校讲座

2017.9.14　社团招新

2017.9.18　抗战馆馆长于延俊专题讲座

2017.9.20　骨干竞选

2017.9.21　午间讲坛：学长李泰祺讲西班牙Ⅰ

2017.9.23　博通社金岷老师、石岩老师组织社员观看故宫"千里江山图"、钟表馆，并组织讲解部义务讲解，偶遇单霁翔院长和王津。

2017.10.6　博通社组织社员参观新文化运动纪念馆

2017.10.25　午间讲坛：学长李泰祺讲西班牙Ⅱ

2017.11.14　社团嘉年华：知识竞赛

2017.11.23　午间讲坛：学长李泰祺讲西班牙Ⅲ

2017.12.21　午间讲坛：许靖雯同学讲马萨达

2017.12.27　午间讲坛：学长李泰祺讲西班牙Ⅳ

2017.12　博通社获得第一届"燕园杯"全国历史征文比赛最佳组织奖，多名同学获得全国一、二、三奖。

2018.3　观复博物馆姚方馆长讲座，博通社被授予"首都学雷锋志愿服务示范站"并成立教工社团，博通社组织社员参观讲解观复博物馆。

2018.3.29　午间讲坛：张韬老师浅谈中外建筑。

2018.4.17—6月　博通社举办"大美中国，匠心独运，携手传承——国家级非物质文化遗产走进八十中"展览。

2018.6.7　博通社组织社员参观讲解古观象台、中国海关博物馆

2018.9　换届选举，陈宇辉当选为博通社第七任社长，社团招新。

2018.10　博通社组织社员参观讲解中国邮政邮票博物馆

2018.10　博通社17名同学历史论文在北师大"少年历史论坛"展示

2018.11　博通社参观清华艺术博物馆，闫竞老师讲解

2018.12.1　博通社参观讲解郭守敬纪念馆、德胜门箭楼、古代钱币博物馆、什刹海。

2018.12.11　"匠者仁心——让故宫里的文物活起来"故宫博物院单霁翔院长走进八十中。

2018.12.16　博通社参加第四届少年慈善论坛暨雏鹰爱心行动年会做精彩展示。

2018.12 博通社获得第二届"燕园杯"全国历史征文比赛最佳组织奖，多名同学获得全国一、二、三奖。

2018.12 博通社成为朝阳区教育工会最具影响力教工社团

2019.1.30—2.1 黄佳羽、司钰萱、韩禹君、姬沛萱同学代表博通社参加由总队发起的"中国重要农业文化遗产展"主题展览义务讲解活动。

2019.1.31 张韬、石岩老师带队组织博通社师生来到全国农展馆，参观展览、聆听讲解。

2019.3.8 博通社社员刘宇呈秋同学参加中国大百科全书出版社主办的"让经典活起来"主题分享活动。

2019.3.30 博通社组织参观古建筑博物馆和天坛公园，张诗琪、尹伊静、陈宇辉、孟星扬、刘一峤等同学志愿讲解。

2019.4.11 4.18 午间讲坛：冯焕祥同学《商君之法》

2019.5.4 博通社组织参观师生中央美术学院美术馆："达·芬奇的艺术：不可能的相遇"，陈宇辉、杨坤雨、朱广晟、黄佳羽、张津铭、张佳祺、满鑫欣、雷靖怡、姬沛萱等9名社员做义务讲解。

2019.5.16—5.23 午间讲坛：侯履中同学《印象派的前世今生》

2019.5.30 午间讲坛：赵益健同学《谍光秘影》

2019.6.2 博通社组织参观讲解中国国家博物馆《古代中国》陈列

2019.6.12 午间讲坛：李英杰老师《激情雷鬼》

2019.6.13 午间讲坛：宛栩宁《话书场》

2019.8 石岩老师在北师大历史学院做指导中学生历史阅读写作策略分享，学生论文展示。

2019.9 换届选举，司钰萱当选博通社第八任社长，社团招新。

2019.11.2 博通社四位社员参加第二届"少年历史论坛"社团做分会场、社员做主会场展示。

2019.11.9 组织参观颐和园，为我校藏部学生做讲解。

2019.11 石岩老师在"首师论坛"做主题报告《在坚守中前行，在传承中创新——八十中博通社的创建与实践探索》。

2019.12 博通社社员在第三届"燕园杯"全国历史征文比赛多名同学获得全国二、三等奖。

2020.12.15 博通社走进清艺博，闫竞老师全程讲解"与天久长——周秦汉唐文化与艺术特展"。

2020.1.14 张韬老师带队，博通社社员参观讲解家具馆、扎实伦布寺特展、三大殿、殿塑展和陶俑展。

2020.3.2 博通社组织"青山一道，风雨共担"疫情专题线上分享课程

2020.5.24 起博通社线上分享历史学习资料

2020.6.3 博通社组织疫情期间 6 月主题课程

2020.8 石岩老师带队博通社社员赴首都博物馆探秘"北京中轴线"展，此行由赵益健同学做义务讲解。

2020.9 换届选举，李其钰同学当选博通社第九任社长，社团招新。

2020.10.5 博通社迎新会

2020.10.25 博通社社员苏胤丞、杨璐瑶、刘涵、李妍、安禹恬、钱欣雨、李其钰、刘宇轩、范祖铭等 9 名同学在第三届"少年历史论坛"主会场宣读历史论文。

2020.10.28 午间讲坛：张韬老师《中国古代建筑》

2020.11.8 博通社组织参观讲解"六百年故宫，丹宸永固"展，活动由石岩老师带队。

2020.11.9 午间讲坛：张庆彬同学《庆历新政与熙宁变法》

2020.11.28 博通社课外指导教师张鹏老师讲座《这样奇妙的博物馆》

2020.12.01 午间讲坛：鞠成英同学《北京中轴线》

2020.12.15 博通社邀请北师大历史学院李凯副教授做专家讲座《历史学是什么》。

2020.12.17 午间讲坛：赵依洋同学《红山文化》

2020.12 博通社社员再次参加北京市第六届"雏鹰爱心论坛"展示，讲述自己的志愿讲解故事。

2020.12 博通社社员在第四届"燕园杯"历史征文大赛中获得全国一等奖

2021.05.04 博通社李其钰、鞠成英、杨璐瑶同学代表博通社参加由总队发起的中国古代钱币博物馆志愿讲解。

2. 课程实施

博物馆与学校的关系应是互为支撑，不能割裂开来。在具体的实践过程中可以从三个层面去深化分解：从国家层面来看，统编教材里已应用了大量博物馆资源，尤其是历史教材，但应用的深度和方式还有很大的提升空间，如何让教材中的知识点除了"有用"，还可以"有趣"，适用于不同学段孩子们的认知需求，让他们主动探索，这种能力的提升，将是他们受益终生的；在地区层面，鼓励区域文化融入学生们的地方课程或校本课程中，区域文化最大的资源，当然就可以来源于博物馆；在内容层面，从博物馆资源中的历史内容，进而衍生

出科技、艺术、自然、人文等教育内容，对体育、美育、劳动等课程也可以释放丰富的教育资源。而且，与学校教材课程相比，最新的考古发掘和研究成果转化会以博物馆展览或教育活动的形式及时呈现，更新速度快。博物馆要运用好自身的场景阵地以及学校的场域，讲好"文物背后的故事"，讲清楚源远流长、博大精深的中华文明，这恰恰也是学校教育的内容之源。

博通社将博物馆独有资源融入国家教育体系，在共同服务全民终身学习的现代教育的视阈下，基于"立德树人"的教育目的，以"核心素养"为基础，运用科学方法，打通科学传播的有效路径，构建博物馆教育体系任重而道远。

（五）课程成果

1. 社团展示

爱心·分享·服务·成长

——八十中博通社在坚守中前行

博通社师生 2018.12.16

地点：北京四中

陈：亲爱的老师、同学们，上午好！我们是（齐卖）北京市第八十中学博通社。（四人出列）

陈：我们是 2013 年成立的八十中学生历史社团。韩：我们很荣幸是北京市青少年文博志愿总队第一个中学生分队（举牌）。孟：我们凭努力成为首都学雷锋志愿服务示范站（举牌）。黄：我们还是朝阳区中学生网络人气的社团。我们向故宫学习，有自己设计的备受八十学子喜爱的文剜产品（举牌和明信片）。陈：我是博通社第七任社长陈宇辉。黄：我是博通社现任讲解部长黄佳羽。韩：我是博通社现任文论部长韩思然。孟：我是博通社现任技术部长孟星扬。

陈：当我们还在及笄弱冠之年，便有幸参与到公益志愿服务中，认识了如此多的同道中人。我们理应珍惜这份来之不易的乳会。

黄：我曾在博通社两周一次的"学生讲坛"上、在"非物质文化遗产走进八十中"活动中进行志愿讲解，服务时长近千小时。

陈：分享的乐趣在于传播快乐，服务的真谛在于充实内心，爱心的伟大在于无疆。下面请博通社赴白家庄小学义务讲解团队代表汇报。（陈黄回队列，换白小讲解汇报单元出列）

白小讲解汇报单元：

司：我是讲解部司钰萱。在我上初一的时侯，就开始参加博通社的义务讲解活动。2016年4月，我和高中的学长学姐一起去白家庄小学给二年级学生讲解中国饮食文化。直到现在，三年已经过去，我依然能讲出四千年前面条的故事，依然忘不了那一双双聚精会神的眼睛，依然忘不了那些高高举起的小手，依然忘不了初为人师的成就感。读高中后，我竞选上讲解部副部长，继续参与志愿讲解活动，因为我相信——知识需要传递才更有力量。

乔：我是讲解部黄幼乔。未曾想到，五年之后重返母校，我竟站上了那仰望多年的讲台。我并不擅长与小朋友打交道，但在不到四十分钟的交流分享中，我被孩子们强烈的求知欲望所震撼。作为艺术生，我精心准备的古希腊神话与艺术得到了孩子们热烈的反馈。这对我不仅是莫大的鼓励，更让我意识到，孩子们对新事物的包容性、对知识的吸收能力是如此之强。而作为知识的受益者，我们有责任去把人类文明中的精粹，用激情与行动传递下去。（回队列，换博物馆讲解汇报单元出列）

陈：下面请博物馆义务讲解团队代表汇报。

博物馆讲解汇报单元：

冯：我是讲解部冯焕祥，我2017年11月我们在国家博物馆讲解《秦汉文明》展。我发现来观展的大多数人都不了解这些展品，连精美绝伦的错金编钟前也没有多少人停留。然而，错金技艺早已失传。我想我们这些热爱历史的人应当将这些文物背后的故事讲给他们听，这样才能使文物活起来，活得更有价值与尊严，我们的出发点很简单，只是因为我们对历史的学习和热爱。我理解的公益就是在自己热爱的领域再多做那么一点，分享知识，服务他人，最后也能促进自己和社团的成长。

黄：在农展馆的讲解活动是讲解部最近即将展开的志愿活动。这次活动将于12月31日正式展开。我们将为来自全国各地的游客详细地讲解全国各个地区的农业文化遗产。游客可以通过我们的讲解，了解我国几千年的农业文明、先进的农业技术，同时也能明晰各个地域的文化，了解我们的国家。

司：本次活动充分综合了生物、地理、历史三科的知识，不仅会使游客感悟良多，我们在讲解的同时也会受益匪浅。相信这一定会是一次十分难忘的活动，届时欢迎大家在假期来到农展馆聆听我们的讲解。请记下我们的服务时间。

乔：刚刚修缮完毕的郭守敬纪念馆由我们部课外指导教师朋朋哥哥担任执行馆长。下周起我将正式成为郭守敬纪念馆的志愿讲解员，欢迎在座的老师同学前来参观，"风里雨里，守敬等你"。（回队列，换非遗走进八十中汇报单元出列）

陈：下面请非遗走进八十中义务讲解团队代表汇报。

非遗走进八十中讲解汇报单元：

刘：大家好，我是讲解部刘畅。我校于 2018 年 4 月举办了非物质文化遗产走进八十中展览活动，十几位国际级非遗传承人带来了他们的代表作，其中还有将被国博收藏的珍品。这一场美的巡礼带给我们的是一份对坚守与传承的感动。感动于点点滴滴的文化精华在一代代沉默的匠人手中传承至今，感动于每一位匠人毕生的坚守。我们——义务讲解员们便是怀揣这样一腔热诚，将一波又一波的观众带入非遗的展览，带入贯穿古今的时空隧道，共同了解非遗文化之美和它背后的故事。

严：我是讲解部严晓萱。我将为诸位现场讲解本次展览中即将被国博收藏的剪纸珍品。我们面前的这幅《水浒一百单八将英雄群谱》是中国剪纸艺术家协会副会长李翠敏大师的作品。27 年呕心沥血，创造水泊梁山众生相；35 米恢宏巨制，栩栩如生，用剪刀演绎出天下英雄侠义情。

黄：我负责讲解的是雕漆部分，展品均由非遗传承人李志刚大师所做。雕漆是燕京八绝之一，其工艺流程极为精细复杂，李老师的作品曾被习主席作为国礼送给外国元首，所以我负责这部分讲解倍感荣幸！展览时，我开始十分紧张，虽然对展品都能一一介绍，但自己还想讲得更为生动，于是我一遍一遍观看大国工匠李志刚的纪录片，越看越被感动，越讲也越兴奋，之后当参观的初中学弟学妹们纷纷和我说"讲得真好"时，我特别高兴。国之重器的雕漆，因为我和同学们的分享而更加美丽！

张：我是讲解部张嘉仪。本次展览的参观讲解使我们懂得了应该心怀对传统技艺的温情与虔敬，在生活中去做非功利的省视，在实践中净化情感，使生活本身进益为审美意味的领悟和创作。用安静之心做好现在的你，用工匠精神做好眼前的事，用感恩之心善待身边的人。让非遗传承人的背影不再孤单，让非遗的涓流能源源汇入中华历史的长河，奔流不息……

（陈、黄、韩、孟出列）陈：我们的汇报本现了八十学子们对公益志愿服务事业的热心，我们会将这份关爱社会的责任牢记于心，也将平等、尊重、互爱、互助的现代慈善精神发扬出去。

黄：义务讲解，志愿服务，传承历史，传播文化，八十中博通社在坚守中前行，在传承中创新！

黄：爱心。陈：分享。韩：服务。孟：成长。（齐读）：文化需要传承才更有温度，知识需要传递才更有力量！

博古·通今
——北京市第八十中学博通社社团简介

司钰萱 2019.11.02

地点：北京师范大学

一、博通社概况

博通社一直秉承"博古通今，慧知中外，知行合一，立德树人"的宗旨，以学习历史、志愿服务为己任，为热爱历史的同学们提供学习、交流、实践的平台。目前博通社的主要部门为活动部、讲解部、技术部、文论部，历史组的各位老师作为博通社的指导老师全力支持博通社的各项活动并给予指导，是博通社一路前行的坚实后盾。

二、博通社主要活动板块（具体活动大致以去年为例介绍）

1. 探访名胜古迹

外出参观是博通社的主体活动之一，老师和同学们会在活动部的策划与组织下参与活动，具体活动地点以博物馆、文化古迹为主。过去一年，我们走访了九座博物馆及展览馆，参观了有关邮政、艺术、建筑、饮食、农业、文史的主题展览。外出参观旨在通过"行万里路"拓宽同学们的眼界，以亲身实践加深对书本上知识的理解。以上学期规模最大的中国国家博物馆参观活动为例，这次活动为处于不同学习阶段的高一到高三同学提供了丰富的史料，当再次面对书本上的知识点时，会引发新的思考和更深的认识。

2. 专家讲座

博通社定期会由历史组老师邀请校外专家为同学们带来讲座，目的在于拓宽同学们的知识面，同时使同学们对所学知识的认识更加理论化、系统化。去年年底，八十中有幸邀请到前故宫博物院院长单霁翔先生为我们同学带来了一场长达近三小时的精彩讲座，单霁翔先生以故宫看门人的身份、以风趣幽默的语言介绍故宫近些年来的改革与创新。同学们听完讲座过后对故宫文物保护工作之历程感到无限赞叹，同时对单院长的敬意油然而生。

3. 义务讲解

2016 年，博通社正式成为北京市志愿者协会青少年文博志愿服务总队的一员。一代代八十中博通社人，在跟随于延俊老师、朋朋哥哥、周娅老师、于江老师、农展馆社教部进行专业学习培训后，曾经在故宫博物院、国家博物馆、首都博物馆、北京农业展览馆、清华艺术博物馆、郭守敬纪念馆等做过文博义务讲解，在学校附近的白家庄小学分享历史文化，我也是其中的一员。我在上初一时，和高中部的学长学姐到白小为二年级的小同学讲述"面条里的大中华"。时至今日，我依然积极参与志愿讲解，因为就像玥朋哥哥曾对我们说的"知识需要传递才更有力量。"

4. 午间讲坛

午间讲坛作为博通社近年来开展的全新模块深受老师和同学们的喜爱。午间讲坛为每一位乐于将自己感兴趣的历史或研究成果分享给大家的同学提供了广阔的展示平台，这些同学利用课余时间阅读书籍、查找论文、分析资料、准备讲稿，在经过与老师同学的一系列讨论和商定后最终站在讲台上向大家进行成果展示。现今已高三的赵东杰学长上一学期一共开展了六期午间讲坛，为同学们分别带来了《欧洲战争五百年》和《亚洲战争两千年》，获得了同学们的一致好评，而赵东杰学长也自称在准备讲坛的过程中，为挑选具有代表性的战争，查阅了大量相关历史文献资料，同时在不断开展课堂的过程中完善讲述的内容和方式。放弃一些一二手史料，转而加以图片等途径让同学们更直观地理解。这不仅使听者开阔了眼界，从枯燥乏味的书本中脱离出来去接触灵动的丰富的感兴趣的历史，并且从讲课者的角度来说更是一次锻炼自身表达能力与逻辑思维能力的难得机会。

5. 课程建设

八十中一直开设"文物中国"这门选修课，中国国家博物馆于江老师作为主讲教师，以文物为线索，用丰富的历史素材为我们讲述中国古代历史，同学们在听课期间认真听讲、记笔记，在临近结课时老师会布置课题任务，同学们结成小组撰写论文、进行课题研究，最后进行小组汇报展示。通过这门选修课，同学们对历史产生了浓厚的兴趣，并且更加了解历史课题研究的内容和方法。使学习历史更加系统化、专业化。

6. 博通·中国

博通中国是博通社本学期全新开设的模块，它由来自八十中国际部的外国友人组成，他们都对中国历史文化有着浓厚的兴趣，并且认为只有来到中国、走访名胜古迹、参观博物馆才能真正了解中国文化。本学期他们将完全参与博通社的各项活动，和我们共同感受中国传统文化的博大精深。

三、博通社的社团影响力

同学们通过参加博通社，不仅拓展学习的深度与广度，而且锻炼了组织和语言表达能力，更重要的是我们同学在参加志愿服务的同时，对传播文化贡献了自己的力量，更是在参与各种社团活动的过程中，培养正确的历史观，让我们在丰富的活动中不断认识自我、提升自我。一代代博通人与博通社共成长，我有幸亲历其中的六年时光，接下来博通社将不忘初心，作为所有热爱历史的同学的舞台，继续砥砺前行。

在坚守中前行，在传承中创新
——八十中博通社的创建与实践探索
石岩老师　2019.11.22

地点：首都师范大学

尊敬的各位嘉宾、各位师长、各位同仁、各位同学：

下午好！

我是北京市第八十中学历史组教师石岩。今天我向各位老师汇报的题目是《在坚守中前行，在传承中创新——八十中博通社的创建与实践探索》。

我介绍一下八十中博通社。顾名思义，含义是"博古通今"，社训是"博古通今，慧知中外，知行合一，立德树人"。我们是 2013 年成立的八十中学生、教职工历史文博社团，也是朝阳区教委评定的朝阳区中学生网络人气社团，至今已坚守 7 年。我们有自己社团的专业教室和文创产品，今天我带来的是明信片。关于走出去，7 年以来，我们坚持每月做一次拓展"博物馆、文化遗产中的历史课堂"。2016 年我们成为北京青少年文博志愿总队第一个中学生分队，2018 年首都文明办授予我们首都学雷锋志愿服务示范站称号。利用好高校和北京市教委搭建的平台给学生争取展示分享的机会。走进来方面，从创立伊始到现在，开办过"历史文博专家、展览走进八十中"，非遗文博课程开发等。

博通社的创建与发展过程是这样：构想创建——2013 年 3—4 月；实践初探——2013.4—2016.2；传承创新——2016.2—至今。回想起来，博通社的创建有其丰厚的传统积淀：历史教师、学生在博物馆中学历史。这是我们组老师 2010 年 7 月在观复博物馆学历史，因为请到了执行馆长姚方老师讲解，还特意邀请了李晓风老师一起参加。2012 年我们老师在大英博物馆、牛津大学学历史。2013 年 1 月我们组织高二学生（文理科）赴国博参观，国博社教部为我们做专家讲座《佛罗伦萨与文艺复兴》这样先讲课再参观，博物馆中上历史课的方式深深吸引了我们师生。

从国博回来后，感触颇多。这届高二文科班有很多历史爱好者，历史研究水平很高。新高一年级也涌现出很多历史爱好者。我们的学科教学如何拓展？优秀的孩子怎么教，怎么能够给他们搭建历史研习的平台？新高一这么多热爱历史的学生，能不能发挥我们的学科魅力，把他们留下来学文科？

2013 年 3 月，一次教研组会，全组探讨这个问题，老师们各抒己见。讨论结果就是成立一个历史文博社团，最后决定取博古迵今之意，就叫博通社。我们虽然决定做得很快，但是目标明确，显然是有基础，经过认真思考、设计和讨论的。计划和分工也很明确，全组动员，组内各位老师发挥所长，各司其职，为共同目标努力。重要的是，博通社的酝酿过程民主、高效，结果有生命力。当场表决，立刻落实，传承至今。就这样，八十中历史组"坚持理性，面对现实，同时不失理想与激情"的老师们发起了博通社。

2013 年 4 月 19 日，博通社项目立项，开社招新。邀请北京师范大学博士生导师汪高鑫教授给高一高二年级做中国思想史系列报告之一《儒学"独尊"地位的确立》，张韬老师主持讲座，并宣布社团成立，招新填表。博通社已经初见雏形，并且在此后的岁月中，计划方案大部分都实现了。

虽然在学生眼中，博通社开始是一个草创的学生社团平台。作为八十中博通社首任社长，吴思博 2014 年考入国际关系学院，现就职于中央电视台，高中阶段写作了历史论文集《博曰》，致力于研究巴尔干半岛史。已经计划好重回午间讲坛。

一开始办展览，还是因为历史积淀。2011 年 9 月至今我们多次开展剪纸非遗课程走进八十中活动，邀请中国民协剪纸委员会副主席李翠敏大师为同学们讲课。除此以外，2013 年 4—6 月共开设午间讲坛 6 次，历史整本书阅读 2 次，播放历史纪录片 2 次。

纪念两个第一次：2013 年 5 月 19 日博通社首次外出，选择在首博、世纪坛学历史——拓展历史课堂。这天是 2013 年世界博物馆日的第二天，初高中基础年级 50 多位社员参加，指导教师设计了参观学习报告，世纪坛讲解志愿者是朋朋哥哥，初一男生何景鸿后来成为第五任社长。

2013 年 7 月博通社在山西文化遗产、博物馆学历史——首次出京。学生：高二文科班（新高三）；教师：文科班历史、语文、英语、地理教师积极报名参加（原来，我们一开始就不仅仅是学生社团）；研习地点：学生走访山西籍校领导后选择了云冈石窟、应县木塔、恒山悬空寺、阎锡山故居、太原晋祠、山西省博、常家庄园、平遥古城等人文景点（草创平台需要主动寻求学校支持）；研习讲解：聘请讲解、学生分工。返校开学后，各班总结分享。

第一届学生骨干升入高三，换届招新。这是第二任社长程则明的任期活动。2013 年 12 月 2 日，圆明园研究专家、清华附中历史特级教师颜家珍老师来校做专家讲座《圆明园的历史》。2013 年 12 月 7 日，博通社圆明园参观讲解活动。创建伊始，我们不仅请了大学教授进校园，也有幸请到了我们历史学科基础教育的前辈学者专家。

程则明社长觉得博通社将会是一个良好的文史交流平台，并在高中阶段就用史料实证的研究方法做历史研究。我们可以看到，他把博通社作为历史研习者研究历史的初衷发扬光大了，师生讨论主要围绕近现代世界革命史和东亚古代史展开。结果他 2015 年考入美国华盛顿大学西雅图校区东亚历史系，师从著名宋史汉学家伊佩霞（Patricia Ebrey）教授研究东亚历史。

2014 年 2 月，博通社换届后组织参加了北京电视台青年频道主办《SK 状元榜》节目，社长于波代表我校赢得了第一名，取得博通社团体第二名的好成绩。2014 年 11 月 5 日实习教师姚涵之老师在午间讲坛中讲解观复历史、知名馆藏。2014 年 11 月 7 日张韬老师、闫竞老师带队博通社员研习观复博物馆，观复博物馆执行馆长姚方先生亲自接待了大家。

于波同学加入博通社就协助开展组织工作，扩大影响。他既对历史研究有心得，又擅长组织活动。最后考上了北京大学，现在仍在辅修两岸关系史。

时隔一年半，再次换届。博通社迎来了第一位女社长，张岩。张岩组织能力超强，有号召力。2015 年国庆节期间"逼着"我带队去史家胡同博物馆、卢森堡大使馆、人艺博物馆研习。别担心，我们都是有孩子就带孩子。

2015.10—12 月张韬老师和我开设了《博物与读史》历史文博社团课程，另外博通社开设了"中国剪纸文化传承"非遗社团课程至今。

概括一下，八十中博通社实践初探时期特点：在历史积淀的基础上探索实践；以教师为主导，学生为主体，努力去拓展历史课堂；立足北京乡土史和文博资源，寻求领导、师友和社会支持，盘活各方面资源；不忘建社和历史教育的初心，满含激情，坚守信念。

下一阶段：传承创新，2016 年 2 月至今。这里有几个关键节点：2016 年 2 月，张韬老师、金岷老师和我带队博通社六名骨干社员赴首博，面对社会听众首次义务讲解了读城和老北京民俗展。开学后就在学校官网发了新闻，结果 3 月 4 日被北京市志愿者联合会邀请到北京国际会议中心开会，博通社成为北京青少年文博志愿服务总队第一个中学分队。3 月 8 日，北京志联特意来我校授牌。我们田校长给全国青联委员、著名义务讲解员张鹏颁发北京市八十中博通社课外指导教师聘书。朋朋哥哥（张鹏）给同学们做了极为精彩的讲座《博物馆中的中国记忆》，作为总队成立后第一场正式的分队培训讲座，与会师生接受多家媒体采访和报道。当场很多师生要求加入博通社，一年之内被迫两次招新，博通社变成全校最大社团，当时社员超过 300 人。

从此，八十中博通社这个学科社团逐渐变成了学校的招牌。博通社没有骄傲，深知自己做得还不够，正式成立了讲解部，并重新完善了组织架构。合全组之智慧，全社讨论制订了经得起历史考验的博通社学生社团章程。

2016年4月8日张韬老师和我带队博通社讲解部5名同学赴白小望京校区做了一堂别开生面的"中国饮食文化"的义务历史讲座，这是认真培训、几轮筛选后利用社团选修课时间组织的活动，为社区服务。

正如时任社长张岩所说，她是幸运的。历史的积淀、时代的契机，有了博通社模式的创新和扶摇直上的发展。在我心中，她也是努力和有智慧的。

2016年5月博通社换届，何景鸿担任社长后，迎来时任首博馆长郭小凌馆长讲座《漫谈古希腊民主政治和人文精神的起源》。外出研习活动中我印象最深刻的是房山之行，八十中六十年校庆时把博通社的社史写入校史出版。何景鸿说，他与博通社的结缘是参加了2013年建社后的首次外出，参加了多次午间讲坛。考入美国大学后，仍在辅修历史，享受博通社经验带给他的帮助。

2017年9月换届，吴雨桐担任社长，曾邀请我校校友来开设讲座《古瓷器鉴赏》，邀请张韬老师开设讲座《北京建筑史》。有一次，金岷老师和我带队在故宫《千山江山图》展区偶遇了故宫男神王津和单霁翔院长，这次偶遇促成了单院长一年后走进八十中。吴雨桐说老师们很关心博通社社员的学业，还会单独辅导。给社团工作充分试错的机会，了解了老师们的勤奋敬业、正直理性、激情与热爱，将来要做一个这样的普通人。

博通社的接力棒代代相传，第八任社长司钰萱就是当年白小讲座的那个初一小女生。我们今年新开通了"博通中国"项目，国际部学生积极加入博通社学习中国历史文化。

简单总结一下，这一阶段，我们坚守和传承的仍是历史研习的初心，历史课堂、课程的拓展。发展和创新也比较明显，从学历史自主研习到承担社会责任，学生阅读写作从午间讲坛到校外分享，从学生成长到教师发展，教师也在思考总结。学校对我们从大力支持到全力保障，博通社逐步制度化、规范化、常态化、国际化。

博通社传承创新阶段特点传承坚守，模式创新，承担社会责任；整体平台提升、学校全力保障、师生教学相长；坚持朴素的教育理想，要求孩子做到的自己首先要做到，言传身教；通过历史教育，培养能够解决实际问题的人，实现学科核心素养落地，培养孩子的家国情怀和终身学习的能力。

阎步克先生说过："割断了数千年的深厚文明，只有'当代'而无'历史'，我们所生活的世界就只是个单薄贫乏的平面。但人类不是这样，人类的生活有一个千万年的纵深。"如何更直接、深刻地体验中华民族五千年历史文化和灿烂的人类文明？博通社为八十中学学生和教职工提供了这样一个平台。在文博主题系列讲座上，与大师对话，提升文化素养；在参观博物馆、探访文化古迹时，触摸真实鲜活的历史，思考一砖一瓦背后所蕴含的文化，感受古人寄托其中的情怀；在志愿服务中，播撒知识和思想的种子，将家国情怀和光辉灿烂的历史文明传递给更多人！

八十中博通社在坚守中前行，在传承中创新！

2. 学生自编校本读本——《教科书中的文物》

《清明上河图》文物解说词

撰稿：陈皓元　审定：黄爱婷

《清明上河图》的作者是宋徽宗时期宫廷画家张择端，绢本设色风俗画。它生动描绘了北宋晚期都城汴京城市面貌和各阶层人民的生活状况，是北宋城市经济繁荣之写照。

画面中一方面，城内四河流贯，陆路交通发达，房屋鳞次栉比，商船来往，体现了当时的城市格局、交通系统与商业发展。另一方面，缺乏防御系统的城楼，酒铺里的军卒，驿站外懒散的公差队伍，繁华的城市盛景掩盖了社会危机的日益显著，社会矛盾激化。

《清明上河图》因为画中所绘为当时社会实录，为后世了解研究宋朝城市社会生活提供了重要的历史资料，具有极大的考史价值。此后历代绘制的都市风俗画，亦受其影响。

3. 学生论文

借力打力

——浅析昭宣时的西域经营

2019 级　周子元　苏胤丞　刘宇轩

摘　要

昭宣中兴，是西汉历史的独特时期，也是西汉王朝的鼎盛时期。这个阶段，中原地区的经济、军事实力均得到了极大的发展。同时期，匈奴正在经历内乱与分裂，实力大大削弱，而西域以乌孙为首的诸国也具有了一定的军事实力。故而此时期西域的局势不再是两强相争，而朝着三足鼎立的局面发展。汉匈之争，一直是汉朝民族关系的重要一环，是西汉重要行政落脚点。以往人们对于此时西域的研究，多注重政策的出台和实际行动，本篇论文旨在通过背景的分析以及史实的解读对该时期的西域格局进行阐释。全文分成以下部分：

第一部分：阐述选题意义，介绍研究方法。

第二部分：昭宣时期西域局面和背景，由以下几个部分组成：

一、西汉国内的实际情况和以往的作战经验；

二、匈奴实力的变化；

三、西域诸国的实力变化。

第三部分：分析昭宣时期经营西域采取的措施，归纳总结联系、当代效果与历史影响。

关键词：昭宣、西汉、西域、匈奴

第一章　绪论

先对题目的借力打力进行一个阐释。借力我所指的是西域诸国的力量，尤其是乌孙、莎车、于阗、鄯善等国。而打击原因很显然是匈奴对西域的入侵。西汉不直接发动战争，而是通过西域合纵连横打击匈奴。

我希望从昭宣时期的西域经营入手，研究特定时期的民族关系和历史格局。通过对已有史料和著作的解读，多方面多角度对这样一种历史现象进行研究。因个人能力有限，在运用材料和点明观点时难免有误，希望予以包涵，并不吝赐教。

第一节　选题意义

民族关系是贯穿中国历史的一个问题。几千年来中国这片土地上先后生活着无数群体，努力拓展各自的政治、经济和文化交往范围。在历史的迫切需要下，民族之间的交往成为古代中国之重大事件。对于西汉来说，汉高祖刘邦白登之围，冒顿单于去信吕后，文帝时火烧回中宫等等，决定了汉匈百年之争这样一个历史大局面。而把握历史中民族关系的大势，就不得不抓住矛盾的特殊性。因而研究在西汉乃至两汉、古代历史中一个重要代表——昭宣时期的西域经营，对于局部研究汉朝民族关系和整体研究古代中国民族关系来说，都是有其积极意义的。

第二节　研究背景与方法

我在观看纪录片《河西走廊》时，产生了极大的震撼。一代代的汉家儿女前赴后继，让黄沙漫天的西域绽放出别样的生机。无论是被人们所熟知的张骞、卫青、霍去病，还是鲜有人知的傅介子、常惠、冯奉世，他们带领一个个年轻人，踏上了一条光辉而伟大的路。而昭宣中兴，是一个承前启后继往开来的时代，看似波澜不惊，却蕴含一个王朝的辉煌往事。正是这种对厚重历史的钦佩与尊重，让我开始研究起了这个问题。

本文主要采用文献研究法以及个案研究法，对该时期的历史局面进行解读。

第二章 昭宣时期的历史背景和西域局势

第一节 西汉国内情况

一、人口状况与社会经济

先看这样两段材料：

"承孝武奢侈余敝师旅之后，海内虚耗，户口减半。"——《汉书·昭帝纪》

"历兵马以攘戎狄，廓地遐广，征伐不休，十数年间，天下之众亦减半矣。"——《通典》

这是汉代之人以及后世之人对于汉武帝在位中后期由于连年战争对人口影响的认识。相关的、类似的看法我们也可以在《汉书·匈奴传》与《后汉书·南匈奴传》中得见。我得出这样一个结论，汉武后期中原民生凋敝，以及很难有大规模地对匈作战，对于西域的大规模经营也难以维持。故而汉武帝晚年有一道《轮台诏》，从扩张转向了守文。

来到了昭帝时期，此时的朝政主要由霍光把持，从昭帝一朝的政令中，我判断霍光的政策依旧是以守成为主，尽管打，却也次数不多、战果不大。根据《汉书》中的考证，昭帝一朝，多是几万军队的被动还击与救援，还有傅介子刺杀楼兰王之类的外交活动。自轮台诏后，汉朝在西域的威慑力略有下降。所以此时的西域经营，不再是武帝前期的十余万军队远征，而是在西域开启了借力打力的方针。

"至昭帝时，流民稍还，田野益辟，颇有蓄积。"——《汉书》

宣帝即位前期，依旧延续了这种不打、少打的经营形式，对西域的军事管控较少，多采用昭帝时期借力打力的方针，这一局面直至本始三年才予以改善。

二、武帝末年起对匈奴及西域的作战结果

汉武帝太初元年，李广利伐大宛，兵败；

汉武帝太初二年，赵破奴进军匈奴，被匈奴所围，全军覆没；

汉武帝天汉二年，李广利进攻匈奴，惨败；

汉武帝天汉四年，李广利、公孙敖击匈奴，战不利，引还；

汉武帝征和三年，李广利击匈奴，全军覆没；

汉昭帝始元二年，范明友出塞，得胜；

汉昭帝元凤元年，韩增、田广明、范明友出塞，得胜；

汉昭帝元凤三年，范明友出兵，得胜；

汉昭帝元风六年，击退乌桓；

汉宣帝本始三年，发兵十五万，合兵乌孙共二十一万，大胜匈奴。

我们不难发现，武帝后期起对匈奴、西域作战屡败 得胜时也战损颇大。这使得从军事实力上，西汉在昭帝及宣帝前期之时难以对西域进行有效的大规模用兵。而昭帝年间和宣帝年间的大规模出兵，实际上战损不多，但大军难以碰到匈奴主力，投入与收入不成正比。大军出塞的实际效益颇低。另外，匈奴在这一时期所采用的战略方针同样杜绝了几万兵力小规模作战的可能性。根据《汉书》的记载，匈奴壶衍鞮单于初立，对汉朝采取守势，并且做好战略转移的准备。此时汉朝若是小规模出征，在匈奴有所准备的情况下，那么战果必定不会显著，这决定了西汉若不完全放弃西域，那便只能在西域进行合纵连横，通过借力打力的方式巩固汉朝地位。

三、国内的主和之风

西汉自汉武帝《轮台诏》以后，对以往的主战方针有了很大怀疑。这其中不得不提到的就是盐铁之议。为了保证与民休息政策的实行，始元六年，召集郡国所举贤良文学，召开盐铁之议。贤良文学与桑弘羊的交锋中就有着对匈奴政策的不同意见。而掌管大权的霍光秉持了轮台诏，采取与民休息，与匈奴保持友好关系，恢复和亲。宣帝一朝前期，霍光依旧把持朝政，基本上继续延续了这一方针。从国内的形势来看，对于西域的经营只得放弃大规模征伐而采用借力打力。

第二节　匈奴实力的衰弱

一、匈奴人口的变化

根据《史记·匈奴列传》的记载，匈奴在冒顿时期控弦三十余万，五户出一兵，人口当在二百万上下。袁祖亮的《中国古代边疆民族人口研究》一书中，认为冒顿时期匈奴人口应在一百四十万左右。这之后，匈奴经历若干年发展，到了汉武帝时期，连续经历多场损失极大的战争。根据《史记》以及《汉书》的相关记载，武帝年间汉军杀、虏匈奴十九万余。加上其他战争损耗非战斗减员，我判断匈奴的战争损失当在二十万至二十五万左右。袁祖亮先生在《史学月刊》中有一篇文章探讨西汉的人口自然增长率当在1%上下。这是农耕文明的人口增长，游牧民族的自然增长率当远低于此。所以经历过汉武帝的打击之后，不难计算匈奴的人口是有所下降的。另外，匈奴不断有小王反叛而转投西汉，最为显著的例子便是匈奴休屠部，史料记载休屠部王子引众四万余入汉。诸如此类的事件时有发生。这使得匈奴比较难组织起大量的兵力在昭宣之时入寇汉朝和大规模进犯西域。这是有助于此时汉朝在西域实行的借力打力的方针的。

二、天灾的影响

根据《汉书》中的描述"会天大雨雪，一日深丈余，人民畜产冻死，还者不能什一。"宣帝本始三年匈奴进攻乌孙，遭逢恶劣天气，减员严重，之后复攻乌孙，再遇大雪，减员颇多，旋即丁零、乌桓、乌孙又进攻匈奴，折损当在数万人左右。这之后连续的不稳定天气使得匈奴粮食短缺"又重以饿死，人民死者什三"与"是岁也，匈奴饥，人民畜产死十六七"连续两次的饥荒使匈奴元气大伤。极端天气对本就不稳定的游牧民族是一个极大的考验。据学者估计，这几次极端天气使匈奴人口削减十万上下。这使得宣帝一朝匈奴实力极大衰弱，汉朝不必大规模出兵也可抵御匈奴。

三、匈奴内部分裂

匈奴的内部分裂是一直存在的。冒顿单于时匈奴控制着林胡、白羊等部落，之后在汉朝的作战中逐渐丧失了控制权。而在武帝朝，匈奴休屠部兵败投降汉朝。此后匈奴小王投降汉朝做个归义侯之事屡有发生。而据《汉纪》的记载，狐鹿姑单于死，遗嘱立其弟为单于，其阏氏与卫律诈为单于令，立壶衍鞮单于。由此左贤王、右谷蠡王不服，不复与会龙城。我们可以看到这时候匈奴内部的分裂已经存在了。匈奴直接威胁西域的右地在征战之下和内部斗争之下实力逐渐削弱。再之后，宣帝神爵二年，就是我们所熟悉的五单于争立，直至五凤二年，五单于分裂的局面才得以结束。这种混乱且连年征战的局面，使得匈奴实力进一步削弱，对汉朝和西域的威胁更小了。

第三节　西域诸国的实力变化

一、人口

西域的人口史书记载较少，我能搜寻到的资料在《汉书·西域传》中。根据现有的研究数据，结合《西域传》中的记载，自昭宣以后，西域诸国总计应有人口122万余，兵力总计在30万上下。昭宣以前的武帝时期史料记载不够，但仅从昭宣时期的人口来看，西域的城郭兵是有相当一部分规模的。自匈奴元气大伤后鲜有极大量兵力的进犯，此时汉朝在此实施借力打力的方针，是有一定成效的。匈奴原本驻扎在西域的屯田兵和使者，在昭帝一朝通过傅介子出使之类的手段，基本被扫清了。明面上西域诸国均服从大汉，兵力是比较好集中的。对于乌孙、龟兹之类的大国匈奴很少进犯，多劫掠小邦小国。而汉朝在西域的不多兵力结合周围诸国的援军，是有能力抵抗的。故而，此时用西域城郭兵维护汉朝在西域的成果是一种有效且投入较少的方式。冯奉世平定莎车叛乱的例子就很好证明了这一点。莎车人叛乱，恰逢使者冯奉世途经，冯奉世立刻通告周围未叛乱的城邦，合兵一万五千迅速平定莎车叛乱。汉朝借力打力的效果从中的以窥见。

二、乌孙、龟兹、鄯善

我之所以把这三个国家拿出来单说，在于它们的特殊性。

自博望侯凿空起，汉朝一直将西域南北道的顶尖大国乌孙作为自己抗击匈奴的盟友，先后嫁细君、解忧公主与乌孙昆弥。乌孙人口数十万，可得兵十余万，毫无疑问是西域极为强大的国家。联合乌孙对抗匈奴，是一种非常合理的行为。另外乌孙的地理位置决定了其难以受到匈奴小规模骚扰，并且其在西域诸国的威慑力是极大的。联合乌孙，有益于汉朝在西域地位的巩固。

龟兹这个国家人口八万，可征兵过万。相比乌孙的确人数很少，但抛去乌孙大月氏之类的国家，龟兹已经是西域一等一的大国。解忧公主嫁到乌孙后有一女弟史，在龟兹和龟兹王子降宾产生情感，嫁予降宾。这使得龟兹这种一等一的西域大国，也投入了汉朝与乌孙的联盟。诸如此类，西域国家不断分化加入这个大联盟。汉朝在西域的地位得到巩固。

鄯善这个国家同样特殊，它本身是楼兰的一座城。但楼兰王伏诛以后就被大汉分离出去作为独立国家，而楼兰也变成了一个大汉的治县。就像此类的分化在西域经常进行，西域国家对汉朝的依赖性更强，大汉在这里的地位就更巩固，实行借力打力遏制匈奴的手段就愈加有效。

第三章　具体的经营措施

第一节　汉乌联盟

大汉的西北，有这样一个郡——张掖郡。这是汉武帝赋予其的含义：断匈奴之右臂，张中国之臂掖。这是张骞第一次联盟大月氏无果以后向武帝提出的一个重大设想。与西域的强国乌孙结盟，联合抗击匈奴，使匈奴不能再一心一意攻汉，使其左右逢敌，拉长战线从而找到突破口。不得不说这个战略是有其前瞻性的，但历史上实施却经历了很大的困难。汉武帝首先嫁了细君、解忧两位公主到乌孙，之后的昭宣时期又多次加强与乌孙的联系，但断匈奴右臂的战略始终未成功，直到宣帝本始三年合兵二十余万才彻底实现这一战略。此后的汉乌关系得到巩固，并确立了汉朝在西域的绝对地位。

第二节　西域都护府

神爵二年，汉宣帝在轮台设置西域都护府，郑吉任首位都护，秩比二千石。西域都护府统管大宛以东、乌孙以南各国，维护地方秩序，防止外来势力侵扰，确保丝路开通。西域都护府并无多少驻军，其延续了以往在西域借力打力的模式。通过汉朝的绝对威望来统管西域，调度西域兵马以抵抗匈奴等。西域都护府的设立在于将这种延续数十年的模式具体化、职业化了，而且都护的任免、秩序管理的建立以及多官员的制衡保证了这里行政的稳定性以及中央对西域的有效控制，防止了权力过大造成的割据等现象。所以说这种有效机构的设立，是借力打力方针的体现，也是对西域经营的合理模式。

第四章　对后世的影响

第一节　政策与思想的延续

根据汉书的记载，我们不难发现自昭宣开始，这种借力打力的方针延续到了元帝、成帝时期，直到王莽建立新朝以后才有所改变。但是在光武帝刘秀建立东汉以后，确实由于客观实际，使得光武帝依旧沿用了昭宣时期的这一制度。之后等到和帝时期窦宪大军出塞刻石燕然又有所改变。纵观之后的中国历史，我们发现这种借力打力的方针在中国历史上还是相当常见且密集的。而昭宣时期的特殊性就在于其开创性。等到华夷大防在秦汉之际稍有缓解时，联合民族政权团结大多数打击一小撮的策略的实施变得可能了起来。另外，汉朝是为之后朝代使用这种策略奠定了相当深厚的基础的。自鄯善以西直至乌孙、大宛、康居等国，在呼韩邪单于投奔西汉以后，整个西域的尊汉趋势日益明显。因而以后朝代对于这种政策的实施就相对容易了一些。

第二节　统一多民族国家的发展

自从昭宣时期对西域实施借力打力的策略以后，原本的武力征服转变为文化输出与渗透，中原地区先进文化对西域文明的影响逐渐确立了起来。多个民族通过长期的共同性增长逐渐交融，民族间的共同性逐渐增多。这其中典型的例子就是上文提过的鄯善，与汉民族逐渐交融，这里不再阐述。再之后西域的国家经过中原文明的不断渗透，部分国家融入了华夏文明当中。这是一个历史的必然趋势。在昭宣实施借力打力策略后，中原与西域的民族交融逐渐加深，这十分有利于处理汉族和少数民族的民族关系，促进各民族的发展。同时，联合抗击这样的形式是十分有助于巩固民族之间的纽带的，有利于长期稳定的和平发展和统一多民族国家的发展。

结　论

这是一种开创性的、具有进步意义的、影响深远的经营策略。

在西域实行借力打力的经营策略，既是无奈之举，又是合理之举。

无奈在于西汉国内的社会现实、以往大规模作战的经验以及作战目标的具体地理情况，这都使得西汉征发大军远征的实际效益不大。

合理之举更在于此，从唯物史观的观点来看，这种策略正符合实际的社会经济状况和生产力水平。联合西域大国，巩固大汉地位，合西域诸国之力抵抗匈奴的策略与举动是合理且有效的。通过硬实力和软实力对西域诸国的不断分化并转化为西汉属国，节省了在西域的投资，又达到了预期的目标，是一种符合历史要求和发展趋势的举措。

参考文献

[1] 司马迁. 史记 [M]. 北京：中华书局.

[2] 班固. 汉书 [M]. 北京：中华书局.

[3] 范晔. 后汉书 [M]. 北京：中华书局.

[4] 杜佑. 通典 [M]. 北京：中华书局.

[5] 桓宽. 盐铁论 [M]. 北京：中华书局.

[6] 林幹. 匈奴史 [M]. 呼和浩特：内蒙古人民出版社.

[7] 华喆. 阴山呜镝——匈奴在北方草原上的兴衰 [M]. 兰州：兰州大学出版社，2011.

[8] 马戎. 中国民族关系现状与前景 [M]. 北京：社会科学文献出版社，2014.

[9] 莲悦. 胡马北风啸汉关：汉匈百年战争 [M]. 上海：生活·读书·新知三联书店，2019.

[10] 张帆. 中国古代简史 [M]. 北京：北京大学出版社.

[11] 薛宗正. 西域史汇考 [M]. 兰州：兰州大学出版社.

[12] 高洪雷. 大写西域 [M]. 北京：人民文学出版社.

[13] 袁祖亮. 西汉时期人口自然增长率初探 [J]. 史学月刊，1981（3）.

[14] 袁祖亮. 中国古代边疆民族人口研究 [M]. 郑州：中州古籍出版社，1999.

[15] 马寿长. 论匈奴部落国家的奴隶制 [J]. 历史研究，1954（5）.

[16] 林幹. 匈奴社会制度初探.

[17] 尚新丽. 西汉人口研究 [D]. 郑州大学，2003.

（六）课程评价

1. 社会评价

博通社成立以来受到新华网、人民网、中国网、中青网、《现代教育报》、北京发布、北京卫视、朝阳有线电视台等多家媒体关注和跟踪报道。故宫博物院单霁翔院长、首都博物馆郭小凌馆长在任期间均曾到访八十中，开设讲座，与博通社师生座谈。北京市志愿者联合会王赢主任亲来授牌，博通社举办的

"大美中国，匠心独运，携手传承——国家级非物质文化遗产走进八十中"展览受到社会广泛关注。

2. 学校评价

八十中博通社被授予北京市青少年文博志愿服务分队称号

北京市第八十中学校长、博通社理事长田树林

2016年3月8日

同学们、老师们、王主任、张鹏老师，特别是各位尊敬的家长同志们：

大家下午好，今天来参加我们博通社的活动，我感到非常高兴。博通社从成立之初我就一直很关注，我很荣幸能当你们这个博通社的理事长，但是确实具体的工作我做得很少很少，都是历史组的老师们，都是博通社的同学们，是你们的努力付出才使我们的博通社有了很好的发展。虽然我做的具体的事情确实很少，但是从你们成立之初我就关注了博通社的宗旨，一下子就记在我的脑海里了，我当时就想这个博通社宗旨非常明确、正确、层次高。我们的宗旨是"博古通今，慧知中外，知行合一，立德树人"，非常切合我们八十中的培养目标。同学们都知道，我们八十中要培养有理想、负责任、会学习、善合作的创新人才，那么我觉得同学们在学校首先就是要会学习。当然了，我们有优良的学业成绩，这是会学习的表现。但是我觉得这个太不够了，会学习就要有正确的学习观，我们就要会获取更多的资源来丰富自己的学习，我们所学习的东西今天远不局限在书本知识上、我们的教材上。那么更多的我想我们还有很多的社会资源，我们的视野要放开，我们的办学、我们的课堂要开放，让我们的同学们在非常宝贵的最好的黄金年华里学到最后的东西，这就是为什么我们八十中老师们也是包括我们历史组的老师们，来努力支持丰富我们的课程。他们努力付出，就是为了让你们能够获得更广博的知识。所以我觉得我们不应该忽略北京得天独厚的条件，有那么多的博物馆、纪念馆，这是我们学习很重要的资源。同学们那么敏锐就注意到了这些资源，而且能够去主动地获取，这是让老师们非常高兴的。另外，我觉得要有正确的学习观。我们要知道，读书是学习，我们到博物馆去学习，这也是学习，是更重要的学习，是应用知识，是我们在学习中的独立思考，我们把学习的知识应用到实践中去解决实际问题。所以毛泽东同志很早就讲过，读书是学习，使用也是学习，而且是更重要的学习。我希望我们八十中的同学们都重视知识的应用，无论是在课堂上、在博物馆、在我们的日常生活中，我们要积极地应用所学的知识去解决实践中的问题。有了

这样的学习观我们的学习才会真正上档次，我们在课堂里主要学习方式有接受式的学习，也有研究性的学习。但是无论哪一种学习方式，我们都要切记要用，要应用知识，要在解决实际问题中去学习知识，去加深对知识的认识，这才会让我们真正获得知识。所以我希望我们的同学们要树立正确的学习观，我想博通社这个社团恰恰就有助于丰富我们的知识的学习方式，更重要的它能让我们在课本中学到的东西在博物馆、在纪念馆、在我们的人类历史发展长河中去分析、去应用、去让我们的学习更深刻，所以这个是非常宝贵的。

另外还有，就是我们的八十中博通社成为这个文博志愿服务总队的第一个分队，这个是让我非常为大家高兴的。因为我们不仅是学习知识、武装自己，我们更懂得用学的知识去服务社会，为社会做更多的公益活动。因此我在这里首先非常真诚地感谢我们北京市志愿者联合会和我们文博志愿总队的这些老师们、专家们，他们为青少年的成长、为同学们的成长搭建了非常好的平台，我要感谢他们，他们也是非常有社会责任感的，是我们同学的好榜样。另外呢，今天非常感谢在百忙中赶来支持帮助学校、支持孩子们的家长同志们，我想孩子们的成长离不开家庭、学校、社会的相互协调和配合。有家长同志们的支持，有王赢主任、张鹏老师他们这些热心的社会志愿者，再加我们历史组、八十中那么多老师的努力，我相信博通社的同学们、今天在座的同学们和所有八十中的同学们，一定能够健康成长，最后再次向我们博通社表示热烈的祝贺。

3. 学生评价

"出格"英雄
——故宫"看门人"单霁翔院长走进八十中
北京市第八十中学　高二 12 班 侯忍雯

从神秘庄严的宫殿到炙手可热的国民 IP，"故宫"在这个崭新的时代焕发出了它新的活力，积蓄了 600 年的文化更加绚烂地向世人展现着魅力。而这一切很大程度上都得益于单霁翔这个胖胖的新院长的努力。《国家宝藏》《上新了故宫》等节目也把"看门人"单霁翔推到了幕前，使我们得以聆听他的讲述；而昨天面对面的接触，则更为深刻地在我心中打下了"出格"英雄的烙印。

单院长昨天提及的一个高频词是"尊严"，让观众有尊严，让文物有尊严，让文化有尊严。这是单院长的"看门"之道，所以他敢为前人之不敢为。

他能一遍遍在故宫里漫步，观察观众所需，观众所急。细致到一根栏杆弯了，都能知道为什么、怎么解决；他能坚决拒绝车辆驶入故宫，对所有观众一视同仁，开放正中门洞，让想体验"做皇帝"的观众也过一过瘾；他能在卫生间门口一站一天，观察女性观众的特殊需求，再通过一两年的努力做出我们看得到、也感受得到的努力……我所列举的远不及单院长所介绍的，而单院长所介绍的恐怕也远不及他所做的。有人劝他不要做这些事情，做得越多越不好管理，越容易出错，很明显，他们都没有劝住。单院长用他"出格"的行为模糊了"游客"，却迎来了观众，这就是所谓"仁心"的力量。

对于文物，单院长亲切的孩子们，他的做法可是更加"出格"了。他把在库房沉睡的文物搬到了大庭广众之下，给受伤的文物"治疗"，甚至历史性地开放展出了仓库。"做得少错得就少""不求有功但求无过"，这些人人深谙的道理单院长自然知道，可他还是做了这么多"出格"的事情，就是为了使观众能观赏，学者能研究，这便是这些上了年纪的"小家伙"的尊严所在。

朝代更替，后世自当为前朝著史，且大多贬斥前朝以自赏，放之如今，这种情况也不少见。然而我们在故宫历任"看门人"身上看到了不同。他们用"撑伞"串联了三任院长，串联起了几十年光阴，串联起了上百年的文化。我们看到了坚守，看到了传承。如此看来，故宫的"看门人"们倒都有了"出格"的特质。

今天我们称呼单霁翔为"单院长"，绝不仅仅只是一个把姓氏和职位连在一起的称呼，更多的是对于这个人的发自心底的尊重和敬佩，是对他做人和做事的信条和准则的认同。

正是一个又一个如单霁翔院长一般的"出格"英雄，支撑起了我们文化的传播和发扬，乃至促进了我们内敛、沉稳的民族性格的突破。自信和尊严在不知不觉中贯彻进品格与文化，穿透我们的整个人生。

博通社与我
2018—2019 学年度博通社第七任社长　陈宇辉
2020.07.17

本该在一年前就写下这篇文章，却由于高三学业繁忙一直拖欠到现在，现在想来，在博通社的日子，算得上是我高中三年最快乐、最充实的时光了，故写下这篇文章，纪念我与博通社共同成长的难忘岁月。

与博通社初次相识，是在初三一次不经意的瞬间。作为 2 + 4 学制班的学生，初三时便由白家庄来到了望京校区，我还记得有一天路过历史组，偶然瞥见门上贴着那张精美的海报，上面遒劲有力的"博通社"三个大字顿时吸引了我。从小热爱历史的我，看到海报上一张张外出活动、探索历史的社团照片，一时间心驰神往，便暗下决心：等我高一时一定要加入这个社团！

高一社团招新时，我毫不犹豫地在博通社的招新登记单上写下了自己的名字，又迫不及待地找到刚刚认识的闫老师要到社团公众号，加入了社团微信群。第一次社员大会，看到上一任社长吴雨桐流利自信地介绍博通社的宗旨、细数博通社的过往，作为听众的我，向往又羡慕，向往参加博通社丰富多彩的各项活动，在历史的海洋里尽情遨游；羡慕学长学姐站在讲台上满腹经纶、落落大方，我真希望能像他们一样，博学又自信！

第一次参加博通社活动，是去故宫博物院参观"千里江山图"主题展览，还有幸见到了出现在《我在故宫修文物》里的王津男神！看着《千里江山图》这幅极长又极精致的山水画卷，禁不住为文人墨客的耐心、细心而赞叹不已，随后伴随着钟表馆讲解员老师的生动讲解，我感受到了中西文化交流的碰撞火花。故宫之旅不虚此行，我不仅体会到了名家名品的精致独特，更感受到了一种振奋人心的力量——那是深深地刻在中国文人骨子里的精神——坚毅执着、顽强不屈、傲骨迎风，那是能使中华民族伟大复兴的强大精神动力！这点认识加深了我对历史的热爱，也肯定了加入博通社的选择之正确、初心之不忘。

最后一次以普通社员身份参加博通社活动，是高一下学期参观古观象台，我清晰地记得，那天是 6 月 7 日，高考第一天，漫步在古人观星的院子里，心中也默默期望高三的学长学姐也能如群星一般，闪耀属于自己的光芒！也愿我们的博通社，能够成为那颗夜空中最亮的星！

那时我已加入社团近一年的时间，对博通社的组织结构、运行方式算是有了深入了解，虽然未担任各部骨干，但作为文论部的一员，每一次投稿、撰写文案都还算得上积极踊跃。一年来，从一个普通社员的眼光，看到博通社的光辉灿烂与美中不足，内心跃跃欲试，也想在社团旦有所作为。那时由于担任历史课代表的工作，与历史组的各位老师也算是熟识，在各位历史老师的鼓励和几位社员的支持下，我下定决心竞选社长一职，尽己所能为社团做些什么。

竞选过程十分顺利，真的特别感谢老师和社员们的支持和信任，给予我一个挑战自我的机会，也愿意把这份责任交到我的肩上。任职后马上迎来社团招新，还清楚地记得，那天中午，为了占据一个有利位置，我从篮球场旁一个人搬来一张大空桌子，搬到教学楼通向食堂的必经之路的岔路口旁，用于放置海报、明信片等宣传材料和二维码、登记表等相关资料，所幸半路有同学愿意搭把手帮忙，才抢到了"战略要地"。看着一双双好奇的眼睛望向我们的海报，一个个新生进入我们的大群，桌子上一摞摞海报逐渐变少，表格上一个个名字逐渐增多，内心的快乐和充盈难以言表，付出的努力都是值得的！

当我将部门介绍和竞聘启事发到群里，几位高一新加入的社员跃跃欲试，不仅想要加入各个部门，甚至也想竞选骨干，我欣喜若狂，忙鼓励他们大胆尝试、勇敢挑战自我。

第一次社员大会，第一次作为社长站上讲台，内心难免有些紧张，不过一讲起博通社的灿烂辉煌，一看到那一双双满含期待的眼睛，自豪感便油然而生。是的，博通社已经注入新鲜血液，一个更加光明的未来正等待我们去创造！

第一次组织社团活动，经由活动部讨论，我们决定前往中国邮政邮票博物馆参观，跟随讲解员的步伐，我们从小小邮票中感受沧桑巨变，从邮政变迁中体会时代发展。十一期间大家都有各自的安排，故第一次活动虽然人数不多，但也算顺利完成。

第二次活动算是比较大型的外出了，清华艺术博物馆的"西方绘画五百年"特展正吸引着八方来客，而我们的历史闫老师也恰好是清艺博的义务讲解员，和闫老师一商量，我们决定组织这次参观活动。大概是闫老师的个人魅力以及活动内容的吸引力，这次活动引来38名同学的关注。闫老师出色的口才和深厚知识功底深深地吸引了同学们，大家从始至终都不觉得疲惫，跟随闫老师两个小时的讲解，漫步在西方五百年绘画长廊，感悟艺术背后的时代变迁。这次活动的成功举办，给予我较大的自信，让我相信，经过我们社团骨干的大力宣传，博通社原来真的可以吸引这么多愿意自发参加活动的同学们呀！

紧接着，郭守敬纪念馆、德胜门箭楼、古代钱币博物馆、什刹海西海湿地，以感受京味儿文化为主题的外出参观活动顺利开展，大家走进小众博物馆，感受身边的历史、真实的历史，品味北京风情。

12月，博通社迎来最大的一次讲座活动和外出展示活动：故宫"看门人"单霁翔院长来到八十中，作以"匠者仁心"为主题的大型讲座，全校师生有幸聆听这位院长细数故宫近几年的种种"华丽变身"，为国宝守护人的工匠精神而感动，为文化传承者的历史使命而震撼。讲座前，我们几位博通社社员有幸近距离接触这位"看门人"，向他介绍我们的博通社，还获得了亲笔签名呢！

几天后，我们来到北京四中，作为博通社代表，参加第四届少年慈善论坛暨"天下益家 慈善童行"雏鹰爱心行动年会，我们几位骨干和讲解部社员生动形象地向大家介绍了博通社在义务讲解和志愿服务方面所做出的努力，赢得了观众经久不息的掌声。年会上，我们感受到更多人对于慈善事业的热心，大家的热情激励我们今后在志愿服务的道路上永不停息、一路向前！

一直苦于没有机会参与对外志愿服务的我们，终于迎来了本学年第一个机会！在全国农业展览馆，北京市青少年文博志愿服务总队发起了"中国重要农业文化遗产展"主题展览义务讲解活动，黄佳羽、司钰萱、韩禹君、姬沛萱四位社员踊跃报名，经过培训后正式上岗，开始了为期3天的服务工作。1月31日，我组织社团成员来到农展馆参观，她们绘声绘色的讲解，带领我们领略中华上下五千年农业文明奇迹。活动结束后，张韬老师和石岩老师语重心长地耐心指导讲解员们，如何更加生动、更加完美地完成讲解任务，字字话语进入心房，我们受益匪浅。

时光转瞬即逝，下学期悄然而至。同骨干策划后，我们决定重启中断已久的午间讲坛，给同学们搭建展示自我的广阔平台。担心了许久的无人问津的状况并没有出现，同学们渴望走上讲台的积极性着实令我惊喜不已！对战争史小有研究的赵东杰率先自告奋勇，希望能和大家分享"欧洲战争五百年"的历史。闻讯后，我连夜通知技术部制作海报、公众号宣传推广，力求第一场打个漂亮仗！个人魅力和宣传得当，第一次讲坛就吸引了不少同学和老师，赵东杰的准备十分充足，内容充实、课件精美，同学们收获颇多。

第一次的成功给予了我们极大的自信，一个个讲坛接踵而至：冯焕祥带来《商君之法》，讲解透彻、逻辑清晰，带我们认识一个比课本上更加立体的商鞅；侯履中带来《印象派的前世今生》，语言风趣、内容翔实，带我们饱览印象派名家名作；赵东杰再次登台，带来《亚洲战争两千年》，滔滔不绝、旁征博引，带我们纵横古今、穿越东西；赵益健带来《谍光秘影》，题材新颖、别出心裁，带我们走进神秘的代码世界；李英杰老师带来《激情雷鬼》，激情澎湃、如数家珍，带我们领略雷鬼乐的独特魅力；宛栩宁带来《话书场》，讲解自然、贴近生活，带我们重回说书现场……讲坛上妙语连珠，观众席掌声雷动，老师们交口称赞，同学们开阔眼界，见到此情此景，自豪感和成就感油然而生。

与此同时，外出参观活动也在火热进行中。我们走进古建筑博物馆，跟随讲解员的步伐，了解中国古建筑的结构特点、建造方法，感悟中国古代劳动人民的智慧和才干。各自用过午餐后，我们徒步来到天坛公园，穿行古树之间，清新空气沁入心脾，名胜古迹映入眼帘。走至祈年殿、圜丘、回音壁等著名景点附近，张诗琪、尹伊静、陈宇辉、孟星扬、刘一峤等同学为社员讲解相关历史，让同学们游有所获、行有所得。

从同学口中得知，中央美术学院美术馆正在举办"达·芬奇的艺术：不可能的相遇"主题展览，于是心生组织社员参观的想法。活动一经宣传，立即吸引了许多爱好艺术的同学乃至老师。这一次，我们再次组织了义务讲解小分队，张佳祺、满鑫欣、杨坤雨、陈宇辉、黄佳羽、朱广晟、姬沛萱、张津铭、雷靖怡等同学在查阅资料、精心准备后，绘声绘色地为大家娓娓道来每一幅作品背后的历史。其间吸引了不少一同参观的观众，行至《最后的晚餐》面前，我们的讲解员周围聚集了不少的人，不仅是博通社社员，还有很多大人孩子停住脚步，好奇倾听，频频点头。那一刻，看到社员自信流利的详细讲解、博通社服务社会的良好效果，自豪感和成就感涌上心头，这才是博通社的初衷！走进历史，开阔眼界、提升素养；走出历史，展示自我、服务社会！

作为社长组织的最后一次外出活动，算得上是本学年规模最大的一次活动了——博通社赴中国国家博物馆参观古代中国陈列。讲解员于老师和周老师各自带领二十几个同学，漫步历史长河，穿越上下五千年。老师讲解引人入胜，参观同学紧紧跟随，神情专注，积极回应，收获颇丰。看着群里一张张活动照片，大合影、小特写，内心无比满足，作为社长，这次活动的圆满成功算是给我的社长生涯画上了圆满的句号。不，或许不是句号，是感叹号、是分号、是省略号。在历史组老师的指导下、由社团骨干自发组织策划的外出活动的成功举办，着实反响热烈；博通社本学年外出参观系列活动圆满落幕，而午间讲坛仍在如火如荼地进行着；外出参观告一段落，博通社探索历史的脚步、薪火相传的精神永无止境、代代延续……

如今，一年过去了，那些在博通社度过的日日夜夜，那些参加组织社团活动的点点滴滴，仿佛发生在昨日，仍历历在目。还记得第一次站在竞选讲台上的紧张、期待，最后一次站上换届讲台上的感慨、欣慰；还记得第一次作为社长招新站在展台前的激动、期盼，换届后再次路过招新展台时的感动、骄傲；还记得每一次在微信群里发布消息、在朋友圈宣传活动时的殷切盼望，等待感兴趣的同学加入活动群聊、进入 427 教室时的忐忑和煎熬；还记得每一次活动宣传时期，历史组所有老师的大力支持；还记得每一次活动鲜有人问津时的失落、自责，闫老师的默默安慰；还记得每一次活动成功举办后的欣喜、快乐，石老师的真诚鼓励；还记得每一次活动散场后的回味、反思，张老师的谆谆教导；还记得每一次午间讲坛前，与讲解人、技术部骨干讨论宣传海报制作时的争论不休；还记得每一次活动结束后，与文论部、技术部的骨干、部员一个字一个字地校正公众号文案、一张一张地筛选活动照片、一次又一次地检查、修改；还记得每一次谈及、讲起博通社，内心涌出难以言表的骄傲、自豪……

7 次外出参观，8 张宣传海报，12 期午间讲坛，18 期微信公众号……任社长一年来，一直在不断摸索：如何举办更多丰富多彩的活动，吸引更多的同学、老师；如何让参加的社员们、同学们、老师们，每一次都有所感悟、有所收获；如何打造博通社的品牌，不仅在八十与众不同、赫赫有名，更要让校外人士、社会公众了解博通社、认可博通社；如何给热爱历史的同学创造更多样的机会、搭建更广阔的平台，让同学们充分表达见解、展示自我，在交流和分享中，感悟历史的无限魅力，勇敢站上讲台、走出校门，服务学生、老师，服务八十、服务社会……也一直在不断努力、不断完善：延续社团传统活动形式，力求高质量、高效益；充分利用网络平台，加强宣传推广，无论是前期准备，还是后期总结，宣传工作紧跟活动，坚持做到有始有终；加强社团内各部门间的联系，共同完成策划、组织、宣传、总结工作，充分调动部门内骨干、部员的积极性，增强社团凝聚力……也许我不是那个最优秀、最完美的社长，但我大概算得上是最用心、最努力的社长之一了吧。

每一次活动的成功，都离不开学校领导的大力支持，历史老师的悉心指导，社团骨干的组织策划、宣传推广、默默付出，社团成员的积极响应，同学老师的踊跃参加……在这里，真的要特别感谢所有支持博通社、支持我的老师们、同学们和家长们，谢谢你们的热情，谢谢你们的鼓励，给予我勇气和信心；谢谢你们积极活跃的身影，谢谢你们背后的无私奉献，帮助社团走得更稳、走得更好、走得更远，真的谢谢你们！

"岁月不居，时节如流。"与博通社同行的时光，过得很充实、走得很坚定，穿越古今中外，漫步历史长河，我们开阔眼界，走进历史；收获知识，传播文化；提升自我，服务社会。博通社的接力棒代代相传，一届又一届老社员的暂别，心中仍存丝丝牵挂；一届又一届新社员的加入，心中充满种种向往。而我相信，在老师们和同学们的共同努力下，博通社的明天一定会更加美好！守正创新，光芒万丈！

永远爱你，我们的博通社！

不说再见，就一定会再见！

第八章

晨光彻林，曙色葱茏

一、社团简介

世界是你们的，也是我们的，但归根结底是你们的！你们青年人朝气蓬勃，正在兴旺时期，好像早晨八九点钟的太阳。希望寄托在你们身上。

晨光，一个美丽的阳光部落，一个可以做梦的诗意港湾！

晨光，一个重塑理想的地方，一个可以坚持信仰的祭坛！

在美丽的八十，有这样一个社团，她的名字叫晨光文学社。成立于 2004 年 12 月 26 日，毛泽东诞辰 111 周年之际，是北京和全国拥有最大规模和影响力的综合性社团之一，下设行政部、编辑部、阅览部、诗社、朗诵协会和模拟联合国协会等数十个部门和协会，初高中现有社员 400 多人。

2021 年元旦，晨光人度过他 16 周岁的生日。十六年来，晨光文学社以文学为土壤，以尊德崇礼为根本，以素质教育为方向，以综合能力、人文精神、国际情怀为三大教育目标，以会做人、有思想、能做事、成领袖为培养目标，坚定秉承"健康 仁爱 和谐 进步"宗旨，以"世界属于我们"作为社团口号，编辑报纸，开办书屋，推出午间讲坛，主办新年诗会，参加北大创新作文大赛和模拟联合国大会，组织国际研学采风、北京残奥会采访、北京伦敦奥运连线等一系列综合社会实践活动，培养了一大批允公允能德才兼备的优秀社员和学生干部。同时，许多干部和社员进入清华、北大、港大、加拿大 UBC、拉夫堡大学、爱丁堡大学、伦敦大学、加州大学洛杉矶分校、弗吉尼亚大学、华盛顿大学、芝加哥大学、宾夕法尼亚大学、哈佛、麻省理工等国内外知名学府攻读本科或硕士和博士。

十六年来，每一代晨光人都怀着对文学和青春的梦想与追求，怀着"世界属于我们"的理想和希冀，践行着读万卷书行万里路的大文学思想，一步一个脚印，执着坚持，天道酬勤，努力换来了收获，汗水赢得了赞誉。晨光文学社先后正式出版了《晨光点亮我们的心灵》《青春飘扬——中国十大杰出青年采访集》《晨光·诗·远方》十年文集和《晨光·念·岁月》画册及英国北欧文学采风文集等。晨光文学社曾先后获得"全国十佳99优秀文学社社团""全国最佳社团报一等奖""全国少年儿童校外教育优秀文学社""2015全国十佳文学社""全国创新作文大赛基地校暨优秀文学社"等荣誉称号。

晨钟鸣响，晨光已走过一十六年，晨光人将不断努力，继续踏上新的征程！

二、社团发展阶段

2004年12月26日—2007年12月26日，社团初创阶段：社团成立，制定社团章程，初选社团学生干部管理集体和辅导教师团队，创建晨光宣传和活动阵地，建立和完善编辑部、阅览部和秘书处等日常管理机构、活动部门和系列协会。

2007年12月26日—2010年12月26日，社团起飞阶段：走出校园，闻名北京，走向全国。人民文学出版社座谈、参观新华社、采访30名中国十大杰出青年，出版五周年文集并在获得团中央领导授权下出版十大杰出青年采访集。带领18名社员正式注册北京奥运记者，参加北京冬奥会采访工作，并编辑出版4期奥运冬奥会报。

2010年12月26日—2014年12月26日，社团辉煌阶段：走出国门，晨光照耀世界。连续三年赴美参加联合国和哈佛大学举办的世界中学生模拟联合国大会，而后和北京移动传媒组织伦敦奥运采访记者团，进行北京和伦敦奥运连线，并拉开了英国和欧洲文学采风的序幕，又迎来了文学社成立10周年庆典，出版10周年文集和画册。

2014年12月26日—2019年12月26日，厚积薄发，反思调整阶段。至此整整15周年，继续坚持采访编辑、模联、诗会等经典活动，继续锻炼阅读写作、沟通交流和管理能力。同时，根据现阶段学校和学生条件，重视线上活动。

2019年12月26日—2024年12月26日，社团修炼创新，再创辉煌阶段。创新发展，迎接社团成立20周年。

三、社团课程体系

综合社会实践类课程

1. 欧美国家进行文学和文化系列采风和交流

2. 晨光杯诗歌朗诵大赛暨新年诗会

3. 一系列的中外模拟联合国会议

4. 根芽爱心和公益实践活动

5. 阅览部书屋的管理和经营实践

6. 晨光微信和《晨光报》的编辑与采访活动

7. 动漫展示、表演

8. 影视片的拍摄剪辑

9. 话剧的排练和表演

10. 英语角

学生自主发展类课程

1. 诗歌鉴赏与创作

2. 商业和公益项目策划和实践

3. 品读、欣赏和争鸣

4. 电子媒体宣传和制作研究与实践

5. 文学素养和文学美的培养与研究

6. 新闻采访和纸媒编辑研究与实践

7. 社团管理与研究

8. 未来公民和领袖培养

9. 中美文化交流研究

10. 模联综合能力和国际视野培养

11. 英语角形式和内容的研究

12. 影视创作评论拍摄和表演

13. 青少年中国动漫之路

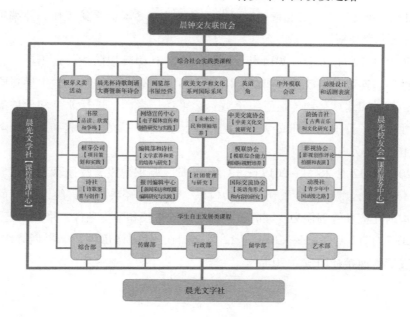

图 8-1　晨光课程结构表

四、社团管理模式

三级管理模式：
一级管理：学校教育处团委
二级管理：辅导教师和学生管理集体
三级管理：各部门干部管理

五、社团学生成果

1. 萱草情深（校庆寄语）

诗三首

杏坛春雨

作者：高一 1 班　黄煜然

芳华生古木，空余岁月痕。
水映幽泉碧，花落杏坛春。
繁星连沧海，玉叶作红尘。
一任东风后，微雨黯黄昏。

建党百年（另一首）

东方红遍井冈山，笑看苍茫不畏寒。
红旗漫卷开天地，要将晴日换人间。
山河锦缎惊风远，四海苍凉世事难。
还与诸君多努力，共此家国世平安！

七绝·八十校庆礼赞

作者：高二8班　佟泽重

六十五载育鸿鹄，
勤奋树人英乂出。
更看长嬴开凤榜，
燕飞雀矗总亡如。

四月·杨花·校园

作者：初一4班　王朗聿

走在校园
夏日的那条林荫道上
风过树梢
小路旁的杨树轻摆
那棵高高的杨树
总把花儿送到我这边
杨花不拘泥于方寸之地
有晨风托着它们看山高水远
我忘了自己
我没了自己
像化在了那点
晨风与阳的微光中
教室里老师讲课的话语声
伴着琅琅书声
越传越远

愿言兴学校 庶奉成晨光

作者：高一8班　梁方逊

　　转眼间，这已经是我与八十中结缘的第五个年头。带着求学进取的梦想，我有幸能一次次在八十中的舞台上展示风采，绽放青春。在学校成立65周年之际，展望来时路，对学校、对晨光文学社，我有话要说。

感激学校，通过多姿多彩的实践活动给我们拓宽视野看世界的广阔窗口，给了我很多展示自我的平台。初一时的王选院士舞台剧和事迹参观活动让我们充满向榜样学习的动力，作为话剧老年王选表演者，我从身心感受王选精神给学校注入的不竭发展动力；年度体育文化节、红五月歌咏比赛上我舒展身心，团结进取；美丽如画的徽州研学让我感受到了祖国美好河山及传统文化的魅力。此外，学校也非常鼓励在科技、艺术、体育方面的特长，我先后参加了数学等级竞赛、模拟政协、工程科技、海洋地图等比赛，发挥自己的一技之长，提升能力，为学校添彩。这些多姿多彩的活动使我们收获了友情，增长了知识，心胸更加开阔。

感恩老师，我在校园里的每一天，学校的每一位老师，包括保洁员、食堂阿姨，或许我们不认识很少见面，但都在为我们默默付出着，都用他们的行动践行"一人一天地，一木一自然"的办学理念，呵护我们的成长，让我更快乐、有序地在美丽的校园学习。在去年的居家学习中，我们的老师既要在区里完成教研、随时调整教学目标等任务，同时他们也是父母亲，有家庭和小孩需要照顾，但每一次给我们呈现的都是高质量的课程，竭尽全力为我们备考复习。正是因为八十校园里每个辛勤园丁的付出，才有我们取得的各项成绩。老师们不仅承担了教书育人的使命，还是我们精神成长的引路人。将来无论前方的路多么坎坷，我也要保持老师教给我们的八十中讲礼仪、懂吃苦的优秀品质。

感谢和我朝夕相处的同学们，我们一起成长，一起面对难题和挑战，一起取得团队成绩，一起拼搏。

最后，更要感谢晨光文学社对我的培养。受晨光文学社的推荐，在初高中我参加了曹文轩文学研讨，运动会、开学典礼等多项采访任务，更有幸在初一时采访了八十优秀校友徐静蕾，这些活动开拓了我的视野，也让我有了一次次历练和表现的机会。此外，晨光拥有的国学教室、图书馆等资源也深受同学们的好评，为我们提供了良好的学习和读书氛围。

今后，我也会继续发扬老师同学们的优秀品质，努力为学校服务、为晨光服务。祝晨光文学社以及八十中越来越好！

校庆寄语：感恩学校，感谢老师和同学们对我的帮助，我将不负期望，披荆斩棘。今日我以八十为荣，明日八十必将以我为傲！

感恩最美的年华，遇上最美的八十
作者：高一8班　余钰

今年，八十迎来了它六十五周年的生日，我在八十也已度过了幸福的四年。

回想刚入学的那天，怀着忐忑和欣喜迈入校园，一切场景都仿佛历历在目。我与八十的记忆，也从那时说起。

我初中在白家庄校区。校园不大，却处处是风景，盈满校园的花朵沁人心脾，高低的树木错落有致。校园里的那片柿子树，春天初吐嫩芽，夏天绿意盎然，秋天结满了大柿子，冬天下雪之后，柿子的顶部卧着一圈白雪，周围的叶子、枝丫上也满是白雪，黄澄澄的大柿子变成了明亮显眼的大灯笼。在这样的环境中学习、玩乐，都是一番享受。

学校的老师为这份美景更添上一抹颜色。有为我们准备晚自习小零食的班主任李老师，下雪日带我们到楼下看雪景的屈老师，用糖果"引诱"我们改错和刷新难题的郑老师。还有耐心又幽默的刘老师、段老师，严格却温柔的体育邢老师、张老师，气质优雅的心理刘老师、美术丁老师，每一位老师我都格外思念，都是我青春中最暖心的陪伴。

在学校的日子里到处是温暖与感动。初三有一回我肚子疼得厉害，是同学见我难受，主动把我送到医务室。医务室的老师给我冲了一杯温暖的糖水，轻轻摇晃把水晾凉，班主任老师一直陪伴着我，还细心为我披上一件干爽温暖的外套。回家路上，我笼罩在外套的芬芳和温暖之中，这份暖意是同学和老师带给我的，是八十带给我的。

到了高中，新的校园，新的老师，新的同学，唯一不变的是温暖与关怀，还有那片欢声笑语。高一的生活丰富多彩，辩论赛、歌舞比赛、新年诗会、足球比赛，我记得赛场上惊心动魄的每一瞬，记得占座时的争分夺秒，记得熬夜写稿时键盘敲击的声音，记得完美呈现后的激动雀跃，每一次欢呼都记在了我的青春之歌上。

八十承载了我初中和高中几乎全部的记忆，承载了我青春的最好年华。从过去到未来，我很幸运来到了八十，感恩这里的同学、这里的老师，感恩我的母校，在我最美的年华，遇见了最美的你。

八十之韵，历久弥新
高二7班 张珈熙

今年是八十建校65周年，我很荣幸可以与八十共同见证这一重要时刻。遥想漫漫岁月，峥嵘做伴，风雨兼程，八十送走了一批又一批有理想的学子，始终在教书育人之路上前行。

2016年，我邂逅了八十，走进了一个书香四溢的校园，从此无知懵懂的少年走向了一个崭新的世界。想来这三年，有不同的感受。如果说初一是薄荷味的：懵懂飒爽；那么初二便是青草味的：让人气爽神清；而初三是巧克力味的：苦中带涩、涩中伴甜。在白家庄校区的这三年，我得到了许多良师的指点，收获了很多珍贵的友谊。他们教会了我如何学习、如何做人，让我懂得了努力读书是为了什么，让我找到了人生的方向。

2019 年，我顺利从初中部毕业，来到了位于望京校区的高中部。在这里，我遇到了很多学业上和生活上的坎坷，我常常跌倒、四处碰壁，可当踏在八十的土地上，望着静蕴在微风中的教学楼宇，听着同学们的读书声、喧闹声，那一刻我又充满了力量，勇敢地去克服一个又一个困难。或许我曾会有失意彷徨，可心中的光从未扑灭，是我的老师们灌输着高尚的价值追求，教导我们要静心自律、大胆向前；是我的同学们感染着我，让我不再迷茫，一次次振作起来，去完成心中所想。

无论是什么样的中学生活，都让我深爱其中，让我心驰神往。在八十的这五年，我的心不再浮躁，人生观与世界观不断被完善，我拥有了勇气与胆量，想在这青春的年岁里肆意徜徉，追寻心中所谓理想。这些改变是八十送给我的一片甘露，不仅浸润了这五年，更是影响了我一生的抉择和人生。

2021 年，我作为准高三学子，即将走到人生极其重要的时刻，身上背负着自己的目标与更多人的期望。若说青春是热血无畏的代名词，那八十便是我们实现理想的道路与平台。新时代的我辈，正值年少、风华正茂，更应该有俯视群峰之巅、生来本是人杰的鸿鹄之志，有千磨万击还坚劲的贞毅心性，不辱使命，振我中华！

明媚的朝阳打在课桌上，晨光照亮了通往前方的路，八十孕育的一届届读书人，在这条路上接踵前行。不灭的八十精神，历久弥新。在此，我祝八十中建校 65 周年快乐，永远朝气蓬勃，越办越好！

八十人 晨光梦

作者：高二 13 班　王湛翔

今年是我在八十中学习生活的第五年，也是我加入晨光文学社的第二年。着眼过去，是那中秋月下之问，是那一年一度的诗会，是那模联场上的合作竞争……我在八十中的精彩生活与我的"晨光梦"息息相关。

初入高一，在我知道晨光文学社后，便加入了其中的诗社部门，那时的我只是希望自己在八十拥有一份诗性生活。

在第一次例会，北石老师给我们讲述创社的艰辛以及社团往日的辉煌。"我们以一位伟人的诞辰作为开社日，希望晨光人成为对国有用之才！之前我们有自己的报纸以及秘书处……"这一番慷慨激昂的话让我在热血沸腾的同时感到少许落寞。当时我想在我们这届重振晨光的威名。从那时起，我便有了一个以文学为载体，以责任担当为实质的晨光梦。

在诗社的这两年，我的"文学梦"得以实现。在诗社，我们曾中秋问月，也曾国庆庆生。我们每年都会举办新年诗会，与高一师生共庆新年。近来这两届新年诗会，我都以幕后工作者的身份参与其中。

高一下，我加入了晨光模联社。模联即是模拟联合国协会的简称，是MUN，也是梦开始的另一个地方。

刚入模联社没多久，我在申请后便被任命为外联总监，负责模联社对外联系事宜。这个职位对我是荣誉，也是责任；是机会，也是挑战。担任外联时，我积极联络外校，旨在举办校际会时能招募到优秀的学团、主席。

刚步入高二不久，我临危受命成为新一届的社长。就职期间，我组建了充满新鲜血液的管理层，与伙伴们一起参加了北大模联，协助社员申请了外院模联会议……担任社长一职，我承担了更大的责任，我的晨光梦进一步充实。

转眼又要到换届的时候了，希望学弟学妹们能继续发扬晨光人的精神，也希望越来越多的八十人能有属于自己的晨光梦。

我最亲爱的八十，如今到了您第六十五个生日。无数个在你怀抱中长大的孩子，愿意用未曾改变的热情拥抱你，而晨光依然是最爱你的那个。

岁月不居，春秋代序，我们一直没有让您失望！一节节课堂，一张张笑脸，我们永远相连！祝全校师生在新的一年中再创辉煌，祝八十中在新的一年中蒸蒸日上！

却道苍松依旧

作者：高二7班　张庆彬

白云谦逊地站在天之一隅，把天边的夕阳酿成了酡红，黄昏一寸一寸地爬上校门挺立的雪松，夜像半透明的油纸，一点一点铺展开来。初夏的风夹杂着未到先觉的暑气，混合这芳草佳木的新鲜，又如白纸画卷的笔墨晕染着自然水墨兰亭。

我喜欢在校园里静坐，穿着五年未曾变化的校服，默享着美好。从白家庄到望京，从初中到高中，从8班到1班再到7班，园中的桃花三三两两，开了又谢，窗外的流云映衬的夕阳，舒舒卷卷，似乎就是昨天。我穿上崭新的校服，系着火焰般明艳的红领巾，带着三分希望、两分彷徨，经过那繁茂的雪松。但又仿佛是很久很久以前，我离开了白家庄已经两年了，我重回校园，课间还是熟悉的音乐，还是有些狭窄的走廊，那曾经寄托了我和同学们欢声的"开心农场"，一切似乎又回到从前，那记忆中的曾经，那不知何时萦绕的梦中。

那曾经在我看来无比广阔的300米的操场，在望京的400米面前显得有些小了，我才发现原来白家庄的球筐也比望京的矮上些许。榆荫下，光影横斜，我忽然明白，不是白家庄的天地小了，而是我长大了。我怆然地行走在教学楼，看着曾经"久居"的班级，像是一个陌生人，穿着同样的校服却显得格格不入，像是一个异邦人回到了久别的故土。学弟们怯生生的眼神令我有些心酸，我多么想振臂高呼："就在几年前我也曾在这里，和你们一样读书啊，和你们一样啊。"

综合楼，我看到了空空的教室，他们在上体活，忽然一股紧张的气息涌上心头，或许是自己刻骨奋战的一年在此度过，也或许是中考的倒计时和无人的寂静唤醒了尘封的记忆。多少日夜，多少悲欢，多少次紧张，多少次坚持都在这里挥洒，还有那陪我一路走来的老师们、同学们，纵离散离离愁离别，亦如归如念如当年，不是吗？

豁然间，我发现我又融入了这里，像是少时顺流远去的鱼儿，又溯洄而上了一般，这终究还是在水中。无论是白家庄还是望京，他们都有一个共同的名字，一个可爱的、温柔的、崇高的、牵挂的名字——北京市第八十中学。我是幸运的，六年的八十人，我有千言万语，或许都化成了今晚十五的圆月和璀璨的星辰了吧。

唯希望校园的雪松风貌依然，为莘莘学子遮风挡雨，因为这里是八十。

于八十遇见自己
——八十中六十五周年校庆有感
作者：高二8班 黄钰涵

在八十中，不知不觉已走过将近五载。穿着被岁月浸染发白的蓝灰运动装站在校园里，想象着秋天盛大热烈的金色银杏，想象着冬天轻盈的白雪，落在去年落过的位置上。

从白家庄到望京，一切都变了，又好像没变。可敬的老师和优秀的同学一路陪伴，在舞蹈教室的地板上留下过稚嫩的汗渍，在胶粒跑道上飞跃过一段段时光，在板报壁报上贮藏过云霄奋翼的回响。

"今天我以八十为荣，明天八十为我而自豪。"至今还能回想起那个刚升入初一的盛夏，阳光的碎片洒在橙黄色、火红色的领操台上，全体新生高昂的宣誓声。从入学的那一刻起，我就感受到了八十扑面而来的快活生动的空气，之后学校举办的一系列厚重难忘的活动和提供的优质平台让我更加热爱这里，为它雀跃、自豪。高一的新年诗会让我有幸加入了晨光文学社团，也让我的归属感和责任感有了更明晰的载体，看到社员们恣意挥毫泼墨，评说朗诵，文学的醇厚芬芳包裹着每一个人。我想，在这样的团体、这样的校园度过美好的高中时代，何其有幸。

转眼间，高二下学期已过半，我们与青春的故事，与八十的故事也将画上句号。感谢八十带给我的宝贵的回忆与经验，浇灌我的梦想和未来，我想未来不管走到哪里我都不会忘记这里的一切。

将近五载，追风赶月不曾停，感谢八十，带给我太多太多，祝八十65岁生日快乐！愿明天八十能为我们而自豪！

八十的雨

作者：高二1班　丁申申

记得初一时上语文课，外面下着淅淅沥沥的小雨，透过国际部的落地窗，后花园娇艳的花、素雅的叶、生机勃勃的草就在朦胧的雾里融成一片。美景因为新奇而难以忘却的日子，转眼间已经过去了五年。

初一的那年，刚好是学校的六十周年校庆。那时我是江天书画社一个小小的社员，但机缘巧合下，也参与到了校庆之中。依旧是一个雨天，不过雨很小很小，有时几乎是停下了，我们就在淡淡的雾气里写了一幅又一幅书法，送给前来参加校庆的八十校友。

我从前以为校庆之类的庆典活动，无非是为了欢庆，但今天看来，又多了一点对时间流逝的感叹。对我而言是五年无忧无虑的时光，对八十中则是又五年新人来、旧人走的岁月。我是八十中校园里多么平淡的一笔，但八十却占据了我少年时期几乎全部的记忆。

八十的春天的雨，直到今年才感到了它真正的美。花开在最好的时候，雨也下起来，后院的松枝上还挂着去年的松果。篮球场成了一面镜子，但还是有冒雨打球的同学。小时候多么憧憬的高中时代，但其实真正体验了，倒也并没有发生轰轰烈烈的事情，不过是按部就班地学习、生活。从前我觉得青春就应该像万里无云的晴天，明媚而充满活力。但或许春天的雨才更像青春的模样，从容而平淡地享受着一年的朝气，即使有苦恼，也不过一场淡淡的雨，回忆起来仍然是青涩的美好。

世界上美好的景色有很多，但八十雨中的校园永远是我心中最特殊的存在，因为有记忆，因为有我们。

2. 大家采访

让生命自然生长
——北大常务副校长柯杨采访
晨光记者：高一1班 曲铭昊 姚苏元 高一2班 张梓萌

柯杨，北京大学教授、博士生导师，全国政协委员，北京大学原常务副校长，美国医学科学院外籍院士。

记者：感谢您能在百忙之中来到我们学校参加2017—2018学年开学典礼，那么您现在的心情是怎样的？

答：激动、高兴、兴奋，也有点惶惶不安，不要以为我资历这么高了，我什么都见过，本次的场面也非常特殊，因为呢，我与成年人、大学生、研究生接触得多，但是跟你们这种特别小的学生接触得少，这个代沟，因为现在这个时代进步得太快了，也许我说的话你们不一定能接受。还有一个呢，我特别在乎你们，因为八十中肯定会有特别优秀的师生，我希望能产生一些好的影响，所以反而倒惶惶不安了（笑）如果是我与成年人接触，我就知道说什么他们能听得懂，说什么他们能接受。

记者：如今您十分成功，那您幼时的梦想是什么呢？现在是否实现了呢？

答：这个年代差距太远了，我今年是62（岁），所以是四五十年前的时候像你们这么大，我肯定没有你们这么能干，因为年代的特殊性，学生孩子们的理想十分单一——向上向善，要努力得到一个将来能够为人民服务的机会，你就会觉得挺可笑的，但那个年代就是这么单一。要是大家能够说出来的理想，也就只有这么一个了。其实，不见得每个人都理解怎么做，也不见得这真的是每个人心中的理想，但是对我来说，真的是只有努力，将来才有机会为人民服务，才能有出息，就这么简单的，并没有觉得自己将来一定要做什么，我不知道。但是后来随着时代的发展就有了很多想法，我今天也会在待会儿的讲座里大概讲这个过程。

记者：您60多年走过来也是风雨兼程，在您工作之后教过很多学生，肯定也是硕果累累。您从您优秀学生的一些事例中，是否有对于我们学习与生活的指导与建议呢？

答：在今天的讲座中，我也会试图往这方面引导。但是我觉得这么多人，这么短暂的时间，我不可能讲得这么具体，但是我会给予一些大方向的指引。虽然我与你们接触比较少，但每年我在北大也给学生们讲开学第一课，我绝对不讲理论性的知识，因为我是学医的，而是讲"怎么看待医学？""怎样度过大学生活？""今后怎么发展？"。因为跟他们的这种接触，我们在学校里要搞教改的，我就体会到现在的年轻人跟我们那时候相比，甚至是跟世界上与你们的同龄人相比，你们的优势就是你们的知识特别多，学得多，书本知识多，但是你们的劣势就是对社会、对人的了解相对来说少，因为中国现在的应试教育，虽然也有不少素质教育，但还是缺少不少成长当中对社会与人的理解。没有办法，这不是教育本身的问题，也不是你们自己的问题，那就应该在把你们的优势保留好的情况下，再发展一些社交方面的技能。

记者：是不是还得多关注一些时事？

答：（笑）对，多关注一些社会与人方面的事不会浪费太多时间。

记者：我们有一些学生对于医学也感兴趣，比如我小的时候也特别想学医，然后如果想报考的话，您在北大推荐些什么专业，或者推荐我们向哪个方向发展，可以了解些什么知识？

答：现在不用了解什么知识，你已经拥有很多知识了。你们就考完高考，知识到医学院可以再学。这个问题我一会在会上还会再讲。学医呢，也有一些不一定人人都适合的地方，所以我觉得你们现在比过去有了更多选择，要对各个方面都有点了解，然后再做决定。但是呢我觉得，如果你学了医，发现你真的不适合或不喜欢，你还有别的选择。你学了专业的东西可以不做，但如果没学想做的话就很难。而且学医其实也不是说只有医生这一条路，医学是一个特别大的综合学科，里面还有很多比如公共卫生专业这种不为人知的专业。

记者：那您觉得一个优秀的学生应该具备哪些素质呢？

答：我相信你们其实心里也知道，只不过停留在概念层面上。其实也不用非得说一个学生，就是任何一个人，成长的过程当中，始终应该瞄着一个目标，就是要有本领，所以你们要学知识肯定是没得说的。但是你们不能忽略，你们将来在社会上立足光有知识是不行的，还是应该是一个身心特别和谐的人，被大家接受的，可以推广自己正确理念的，可以发挥自己潜力的人。要考虑别人的感受，和大家关系处得特别好才能成为这样的人，无论是作为团队的成员，还是作为领袖。在你一路成长的过程当中，在你念书的时候，就要开始注意这些。一个是视野要开，还有一个是要和同学搞好关系，要想到别人，要帮助别人，要理解别人。

记者：老师最近几年您对北京市报考医学院学生的比例是否有了解？现在是正在上升的趋势还是怎样？

答：我就说北大的医学院吧。北大的医学部在全国肯定是顶尖的，我在这做管理工作做了16年。医学部从来都是高分录取，从来没有下降，也没有因为招不满而降低门槛。因为现在可能想要学医的会少一点，尤其是最优秀的那些同学，还有想要学医的人的出身可能有所改变。比如说原来大夫的孩子不一定学了，也是咱们这个社会过渡阶段暂时的一个困难，但是对我们来说我们没看到这个现象。原因呢一个就是因为中国人口基数大，优秀学生多，好学校就那么几个，所以还是有很多人愿意报考。因为我们医学不可能扩招多招，它对资源的要求特别高，所以这样的情况下还是有很多人进来。但为什么有人说学医的人少呢，就是因为有人说大夫的孩子不学医了，还有一个方面就是像协和那样的，一年就招90个人。医学在教学改革过程中遇到了很多挑战。我觉得像我们北医，我们是一直在遵守国情的情况下，让这些想当医生的孩子最后能够当上医生。但协和呢觉得我反正就招这么少，它在学习美国的做法，所以它的学生毕业以后不能马上当医生，吸引力降下来了。其实学医还是在于你是不是喜欢。我们那年当初，我学医的时候，就不是喜欢就是为了生存。哪个学校到你那里招生，你就能上哪个（笑）。那医学院到你那里招生，但我也是正好，是义无反顾想去学医，因为我父母是学医的，对医也了解一点，不觉得有陌生感。

记者：老师您听说过现在高考改革的一些政策吗？您对新的政策有哪些见解呢？

答：特别难！你们要没有硬指标，最后就变成人际关系的东西了。你怎么判断一个人？用软指标？一个是成本太高，还一个是呢，有的时候会不客观，所以是一个漫长的过程。我其实现在呢也没有关心具体的进展。今年，好像南方有几个城市在搞试点，也不知道效果怎么样。

记者（笑）：我们也是第一届开始高考改革。就是"三加三"，语数英是必选，其他六科选三科。

答：应该是越改越好吧？所以你们就关注那个吧。还有一个呢，学校的确是一个特别重要的事。但是人的成功是特别复杂的，好多因素在其中。我也知道很多不是北大清华毕业的非常成功的人有的是。所以放松一点，放松一点。把自己该尽的努力尽了，就会好。

记者：我很喜欢北大，我的理想就是北大。就想问您一下，关于北大的教育教学，就是教学理念是怎样的？

答：我觉得北大教学理念还是确实好。医学不要说，因为医学有它特别严格的地方，你不要把它"戳破"。但是在北大，尤其是那些文科还有老师普遍的观念，就是学术独立、人格独立、自由、包容，它不会说特别死的知识去背。虽然也有很严格的考试，但总的来说，这种自由和包容的氛围呢，就会一代代往下传，从老师到学生。所以北大人就有一种气质，就是那种"范儿"。（笑）有好有坏。但是总的来说，我觉得如果要说和清华比，就这个区别。清华也是精英汇集，但是他们比较专注专业，北大人呢，比较潇洒一点。所以这个实际上是一种氛围，学校的一种文化和传统。在那熏陶了以后，北大人气质和清华人不一样，都很好，各有各色。你如果喜欢这个，可以到我们这来。从我看，其实我原来不是北大毕业的。我是北京医学院（编者注：北京医科大学）的，我们是零零年融进去的。但是我父母是北大的，所以我觉得我还有点天然的亲和力，所以我就对北大的了解和我们再重新融进去，成年以后作为管理者共同的有关系。

记者：感谢您接受我们的采访！

张青松：中国南极科考奠基人

晨光文学社记者 高一 1 班　丁申申　高一 2 班　崔景欣

提起南极，同学们可能会想到冰川、极光和企鹅，也会想到中国南极长城科学考察站。有这样一位科学家，他曾先后四次赴南极考察，是中国南极考察先行者，也是在南极大陆越冬的第一位中国科学家。

他就是中国科学院地理资源研究所的研究员张青松教授。1985 年 2 月，他参与选址和建设的长城站正式建立。这是我国第一个南极科学考察站，五星红旗从此飘扬在地球最南端的那片白色大陆上。

2019 年 5 月 11 日下午，我两名晨光报记者丁申申（高一 1 班）崔景欣（高一 2 班）采访了这位耄耋之年的科学家——张青松研究员。

01 生死未卜的南极之旅

年逾八旬的张青松爷爷非常平易近人。他笑着对我们说："第一次去南极，谁说我不害怕?!"回忆起当时首次去南极科考的历程，张青松爷爷历历在目。1979 年 12 月 19 日，张爷爷正在青岛进行青藏高原科学考察的总结，突然收到加急电报："火速归京，有出国任务。"他当时就愣住了，要去哪里呢？

在当时看来，去南极考察就是探险。半个月准备时间，实在太短。在收集资料过程中，张爷爷获悉：1979 年 11 月 28 日，新西兰飞往南极的一架 DC－10 客机在罗斯岛上空坠毁，机上 214 名乘客和机组人员无一生还。南极大陆风大，气候恶劣，飞机失事率高。张爷爷没有把这些信息告诉妻子和家人，只是在给党支部的信里写下了这样一段话："此次南极之行，我一定努力争取最好的结果，顺利归来。万一我回不来，请不要把我的遗体运回，就让我永远留在那里，作为我国科学工作者第一次考察南极的标记！"这段话，颇有点儿"风萧萧兮易水寒"的悲壮。

张青松爷爷和另一位科学家董兆乾临时受命、匆忙上阵，但组织并没有给他们交代特别的科研任务。在大家的头脑中，南极考察等同于探险，而张青松恰是一个敢于冒险的人。

1980 年 1 月 12 日，在澳大利亚南极局的安排下，两位"中国探险者"从新西兰的基督城乘坐"大力神"运输机飞抵"南极第一城"麦克默多。

张爷爷对我们说："作为南极考察的先行者，我们很幸运，但也深深感受到，当时的中国是南极考察的迟到者。"

回忆首次南极之旅，张青松爷爷最难忘的还是归途中遭遇南大洋风暴的航行。考察完法国站，他随队登上 3000 吨的"塔拉顿"号运输船返航，不久便遇上低气压强气旋。狂风巨浪中，"塔拉顿"号好像汪洋中一片飘零的树叶，只能听任命运的摆布。

巨浪滔天，船只颠簸得很厉害，张青松爷爷只能用双手紧紧抓住扶手，躺在床上随船体颠簸摇晃，背部皮肉都给磨烂了。无法饮食，又不断呕吐，他对我们说："那种感觉真是生不如死，我当时心想，再也不来南极了！"经过一天一夜折磨之后，"塔拉顿"几乎原地未动。原来，船只不能侧风向北，必须向西顶风开进，否则船体会遭遇倾覆之灾。

"塔拉顿"终于顺利穿越西风带，驶抵澳大利亚的塔斯曼尼亚霍巴特港。至此，张青松爷爷的第一次南极"探险之旅"落下帷幕。

1980 年 12 月 15 日，张爷爷第二次去南极，并驻扎南极戴维斯站，开始了在那里长达 11 个半月的工作生活。这一次，他有明确的目标和任务：独立研究戴维斯站地区的地貌与第四纪环境变化；学习建站和管理经验，为我国建设南极考察站做准备。

张爷爷"以累不死为原则"拼命干活，外出考察、开挖剖面、采集标本、布设冰缘地貌测阵……3 个月的时间，张青松采集的 8 箱标本和样品乘着末班运输船运回了澳大利亚。正是这些标本和样品，成了我国最早的南极科学考察成果。

02 艰难的南极建站

1982 年 8 月，第四届国际南极地学讨论会在澳大利亚阿德雷德举行，张青松爷爷宣读了两篇论文，介绍自己在戴维斯站的越冬考察工作，引起国际学界高度重视。然而与会学者均将其视为"张青松的个人行为"，并不代表中国在南极的科学成就。要想加入南极条约，在国际上得到认可，必须要有两个条件，一是建立科学考察站，二是要有国家独立自主的科学考察计划。

南极建站势在必行。1984 年 10 月，张爷爷和董兆乾被任命为中国首次南极考察队副队长，再次同赴南极，协助建设中国南极长城站。

考察队高歌猛进，向着建站首选地南极半岛一路前行。然而抵达南极海域不久，就遇到了未曾预料的阻碍。由"向阳红 10 号"远洋考察船和"J121"打捞救生船组成的考察编队，完全没有破冰能力，无法在前往南极半岛的海冰区航行。考察队决定，改在乔治王岛选址，建立长城站。

船队驶抵乔治王岛麦克斯韦尔湾，却发现预选的站址已经被乌拉圭考察队"捷足先登"。事实上，这个地方登陆困难、地质地貌条件差、架设通信网和气象站观测困难，从各方面条件来看，并非理想的建站点。

张爷爷通过判读航空照片、实地考察、取样分析，发现菲尔德斯半岛东岸条件更优越，经过争论，领导才同意将菲尔德斯半岛东岸的站址上报国家南极考察委员会批准。

经过科考队艰苦不懈地努力，1985 年 2 月 20 日，长城站落成，中国正式迈入了南极科学考察的国际俱乐部，开辟了我国南极科考新时代。

03 南极科考的意义重大

张爷爷给我们介绍说，之后的十年，我国南极中山站、昆仑站、泰山站陆续建成。如今我国正在计划建设第五个南极考察站。现在，我国南极考察已经进入了快速发展阶段。"为什么我们要开展南极科考？一是能推动基础科学研究。像我们研究磁场、提取冰芯研究等等。二是能了解南极现有的资源，比如说南极的磷虾，那就是生物资源啊，还有石油和天然气等资源。三是要'占地盘'。人类对极地的探险考察活动，是探索未知世界的伟大实践，我国的南极考察活动是祖国日益强盛的体现。虽然在南极这片纯洁的土地上存在着国与国之间的相互竞争，但是科学考察、科学研究需要国与国之间相互合作、相互帮助。"

俄罗斯的"绍卡利斯基院士"号曾在南极冰区受困，正在执行南极科考任务的我国"雪龙号"接到求救信号后，以最大航速跨越 600 海里抄近路，火速驰援。完成救援后的雪龙号自己却被困冰海，凭着坚忍不拔的精神，雪龙号数天之后终于冲出浮冰包围，最终成功脱困。这次大营救成为国际极地救援史上的一段佳话，广受颂扬。

张爷爷还跟我们讲了他和其他科考队员去救援法国的破冰船时，曾大喊了一声："我们是科学家，中国的！"说到这里，张爷爷脸上洋溢着自豪的神情。

04 寄语中学生

在采访的最后，我们问张爷爷对我们这些当代中学生，有什么样的期望和寄语？张爷爷慈爱地对我们说："人要一代比一代强，要为社会做贡献。本事有大有小，但只要是做出贡献，就是好样的。你们要全面发展，要经受得起挫折。我当年学地质是为养家，孝敬父母。但你们要有更大的志向，科学考察需要人才，只要目标明确，埋头苦干，就能成功。"

健康 + 中国 = 最美中国梦
——2019 年开学典礼韩德民院士专访
晨光记者：高二 2 班　林姝宜　高二 1 班　亓美智

韩德民，男，1951 年 5 月出生，中国工程院院士，原北京同仁医院院长、主任医师、博士生导师、中华医学会耳鼻咽喉头颈外科分会主任委员、中国医师协会耳鼻咽喉科分会会长、世界华人耳鼻咽喉头颈外科学会会长、世界卫生组织（WHO）防聋合作中心主任，是我国耳鼻咽喉头颈外科学领军人物。

关于"健康中国"

小记者：韩院士，非常感谢您接受我们的采访！刚才在讲座中，您不仅提到了关于健康问题我们应该注意些什么以及未来的医疗我们可能要用到一些人工智能的技术。同时您还提出了一个"健康中国"的概念。想请问一下您，如何理解"健康中国"？

韩院士："健康中国"是一个大概念，它不仅是医疗卫生领域的事情，"健康中国"是全社会、整个国家的一个发展目标；健康不仅是人的健康，还有全社会各个方面都要健康。包括社会意识形态健康，像弘扬正能量，还有坚持文化自信，这是社会健康的一个体现。那么医疗卫生就讲到每一个人的健康，我们强调身心健康。

小记者：身体和心理都要健康。

韩院士：嗯，身体要健康，心理也要健康。只有身心健康了，你表达出来的才真正属于健康的范围。包括写字方式要好，腰要挺直，不然久而久之脊柱容易变形。所以健康是个大概念，随时随地都能发现。还有呢口腔的护理，牙齿健康、视力健康；还有听力健康，很多的随身听放的声音很大、没有多久坏了，听力就不行了。所以健康是个大概念。

关于"少年梦想"

小记者：您是医科大学毕业的，您的职业是一位医生，请问您少年时候的梦想是当一名医生吗？

韩院士：少年时代其实没有那么多梦想，少年时候其实比较困难。我赶上了大炼钢铁时代，还赶上了1962年自然灾害，饿死好多人，你们都不知道。还有上山下乡。所以你看我们那个时代真正幸福的时间很短，很多社会变动，经历了很多。

小记者：我们比较幸福，生活在和平的年代。

小记者：那您当初为什么选择去医科大学上学？

韩院士：当年我是下乡青年，我1968年下乡做知青啊，当农民去了，根本没有想过哪天进城上大学，也没有选择机会。你们理解不了也永远无法理解那个年代。就像我们刚才讲到长征的故事，爬雪山你们理解不了，但是没有这个过程哪有新中国啊，哪有今天的幸福生活啊，都没有。所以为什么习主席提出来要"不忘初心，牢记使命"，是有道理的。

小记者：哦，历史是有一段时间的艰难，才能走到现在的繁荣。

韩院士：所以今天我讲到了历史，我们是要珍惜美好的生活，来之不易啊。多少人为了今天的幸福生活付出那么大的代价，可是我们在这个过程中往往都忘掉了。可以吗？这显然是不对的。人不能忘本，不能忘了传承。那个时候是我很难有想法，后来因为下乡表现好，在艰苦生活当中又很好地经过一些历练，后来就被选中招工、招生。我是被选送上大学的。

小记者：您应该是成绩很好，比较会学习吧。

韩院士：是劳动表现很好，考试也不错。在农村那么艰苦的条件下，我就努力学习，背单词，自学高中课程，要准备考试。所以当年考试我整个在农村知青当中是考得最好的。如果没有这种奋斗精神，是很难成功的。今天时间太短了，我应该把我的奋斗历程……

关于职业选择

小记者：很激励我们啊！我们很多同学有想当医生的想法，那他们在高中阶段应该选择什么课程，您对他们在高中阶段有什么建议吗？

韩院士：想当医生就要学理科吧，选科很重要。

小记者：现在北京实行一个新高考的政策，我们在六个学科中可以任选三科。请问对于将来当医生来说，哪几科您认为是很重要的？

韩院士：嗯，化学、物理、生物。但是语文啊、数学啊，基础学科也很重要。你看今天我讲了很多人工智能大数据，都是以数学为基础的。数学学习，不需要你记住多少公式，需要你的逻辑思维能力、判断能力，训练你大脑的思维能力。高中之前的学习是一个筛选的过程，基础教育，筛选出哪些人能学习，哪些人学得不好。不是所有人都适合学习，有些人可能学习不太好，但是手工特别好，做技术工作挺好。这是社会分工和筛选，不能千军万马都一条路。如果千军万马都一条路，那坏了，都是科学家，那谁给科学家服务啊？所以社会分工是多方面的。

小记者：我们很多同学可能会觉得学医这条路比较苦，当一名医生比较辛苦，您在工作中遇到过一些困难吗？

韩院士：凡是学医一定要立志，要有追求，为了一个目标，锲而不舍。我今天没有太谈我自己，将来我会有自传，我会把书写好，太多故事了……任何一件事，如果没有这些历练，就很难实现。我当时为了考试过关，下了很多功夫，我在全校考试中，总是前几名。上大学时把英语单词全部都背下来了。背单词不够了就背字典。在中国医科大学，英语成绩满分。其他功课也是（很努力），所以考试的时候名列前茅，前一二名吧。别人玩时你在看书啊，别人睡觉时你在锻炼身体啊，体格也很重要啊。

小记者：我感到您今天给我带来的最大收获就是您提到前面历史那一部分，让我感觉很震撼，您讲到不同年龄段的人可能会有隔阂，但是这样一段历史能让我们的文化一直传承下来。非常感谢您今天的讲座，感谢您接受我们的采访。

"深海之吻"爱国情深
——专访港珠澳大桥总工程师林鸣
○北京晨光文学社记者　武荟怡　朴贞雅

2019年9月29日下午，港珠澳大桥总工程师林鸣伯伯走进北京市第八十中学的校园，和中学生们近距离交流互动。2009年12月15日，在林伯伯的带领下，数千建设大军奔赴珠江口伶仃洋，开始攀登世界桥梁建造史上的技术巅峰。历时9年，一座宛若巨龙的大桥横跨港珠澳三地，带动了周边地区交通业和经济的发展。这座桥，就是被人们誉为世界上难度最大的"深海之吻"港珠澳大桥。

在林伯伯给同学们做专题报告前，本报学生记者对他进行了专访。一见面，林伯伯便笑着让同学们坐下，说："我一听说要来北京市第八十中学做讲座，就有些紧张。"略显拘谨的氛围，一下子就被林伯伯和蔼的笑容和风趣的语言带动得活跃起来。

采访正式开始，林伯伯细致地回答了本社学生记者提出的问题，并举出许多学习、生活中的例子，帮助他们理解。一句暖心的"能听得懂吧？"时常挂在林伯伯嘴边，这句话令学生记者在逐渐放松的同时，更加认真仔细地倾听、理解和思考。

不断探索，胸有成竹

对于如何预防和解决建设过程中遇到的问题，林伯伯从人力和技术两方面予以解答。

港珠澳大桥创下多项世界之最，铸就了世界工程奇迹。在建设过程中，许多技术都需要中国人自己去探索、去创造。人与人之间难免会出现争论。林伯伯作为项目的总经理、总工程师，需要及时做出调整和裁决，协调人与人之间的关系，这样才能让全体建设人员齐心协力地做好一件事。林伯伯举了一个例子："我们希望大家认真嘛！就像老师希望你们天天努力学习一样，我就希望他们每天好好工作。"

从技术方面来看，大桥在获得 300 余项专利的背后，隐藏着建设人员如履薄冰般地不断探索，林伯伯回忆道："自己好几次都被吓出一身冷汗，幸好之前做了万全的准备，才避免了一些问题的发生。"林伯伯认为：做事前，要胸有成竹，一定要把它想明白，想透彻，然后再动手去做，做的时候还要如履薄冰，反复推敲，最后一定要反省，总结，吸取教训，如此才有可能做好一件事。"因为你对问题的认知不是一下子就能透彻的，就像你没有尝那个梨，就不知道它是酸的，还是甜的。"林伯伯补充说。

这样的做事和思考方法同样适用于当代中学生，只有培养好自己思考问题和解决问题的能力，在今后遇到大事的时候，才能做到胸有成竹、有条不紊。

塞翁失马，焉知非福

当意外真正发生的时候，考验的既是人们的应变能力，也是人们的心理素质。林伯伯曾被誉为"定海神针"，他不仅是整个建设项目的中心人物，也是团队精神中的主心骨。

林伯伯和他的团队在安装第一截沉管隧道时出现了失误，当时整个团队连续工作了 96 个小时，在安装第八节沉管隧道的时候，又出现了同样的意外。林伯伯坦言："失误会给我们带来巨大的恐惧感。失误意味着我们可能浪费了重要的材料，失去自信，甚至前功尽弃。"面对失误，林伯伯也承受着巨大的压力。"就像同学们考试不及格一样。总是出现失误时，人家就会说你这个主将无能，跟你离心离德，这对于一个团队来说是十分可怕的。'因此，林伯伯需要引导团队在挫折中看到希望。他形容遇到困难，自己觉得就像"塞翁得马，焉知非祸。塞翁失马，焉知非福"。

良好的心理素质是林伯伯取得成功的关键，他用温和的语气对我们说："事物都是两方面的，好的事情未必见得一帆风顺，在遭遇挫折的时候不要丧失信心，在胜利的时候也不要盲目乐观。"林伯伯作为一个优秀的领导者，在承受巨大压力的同时，依旧让自己充满信心，并把信心传递给团队。面对困难"要坚持再坚持"是他的人生信条。

健体魄，学有所用

当被问到对于我们这些青年学生来说，有什么期望和寄语时，林伯伯笑着说："很简单！就是身体、梦想、学习。"

林伯伯坚持长跑已有十余年，在港珠澳大桥竣工后，更是以跑完全程的方式庆祝竣工，这不仅体现出林伯伯的自律，更体现出他身上的工匠精神。据了解，在安装沉管隧道期间，林伯伯做了两次手术。回忆起那段时光，林伯伯表现出一些感慨，语重心长地说："没有身体是万万不行的，没有身体力不从心啊。"这次生病使林伯伯更加认识到身体健康的重要性。因此，他愿意多花费一些时间来跑步。"工作越是紧张就越要跑步锻炼，这样才能让自己在工作的时候更加投入，更加有效率，而且可以一边跑步，一边思考，两不耽误。"林伯伯说。

强健体魄是一方面，林伯伯还强调了学习和梦想。他表示："不学是不行的，但是一定要学有用的东西。"在"学"的过程中，林伯伯认为，要乐于思考问题，敢于解决问题，最后要善于总结和表达。学习时，还需要有一个明确的奋斗目标，也就是梦想，更要敢于去实现梦想。

在林伯伯年轻的时候"工作都是服从安排的，是国家分配的，"林伯伯带着追忆的口吻说，"其实我是想当医生的，但是没当成。"所以他更加明白梦想的重要和宝贵。如今，林伯伯深深地热爱着现在这份工作，他的心中有一份责任，不然也不可能将这份工作做得这样好。相比于林伯伯，如今的中学生面对未来有更多的选择，与此同时，也有了更多的困惑，尽早给自己树立一个明确的理想，是中学生们要思考的问题。

后记：通过与林伯伯的交流，我们受益匪浅，明白了更多的人生道理，了解了更高效的思考和做事的方法，也感受到了那种大国工匠的精神。我们向林伯伯致敬，向建设者们致敬，向中国梦致敬，在将来也要为祖国做出自己的贡献。

3. 逆行颂歌

疫情诗歌三行诗欣赏：

我想拥抱每一个你
哪怕相隔万里
然后在不远的未来成为你
作者：高二 1 班　乔诗钰

我在等一场春暖花开
等轻柔的春风
吹进我的心怀
作者：高二 1 班　亓美智

你于深夜坚守于岗位
救死扶伤，不辞劳累
回首间朝阳欲升，遍野光辉
作者：高一 5 班　张育萌

有时抬头望向天 湛蓝湛蓝的
有时又瞥见钟表 滴答滴答的
身在笼中 心却在希望的草原上飞翔
作者：高一 2 班　刘艺嘉

武汉的樱花开满一树又一树
一如我们的心绪
同往一处
作者：10B2 班　杨实越

这个冬天好长
太阳来不及融化积雪
悲伤难融太阳
作者：高一 6 班　薛泽钰

口罩留下的印痕告诉我
你也是个凡人
等待凯旋
作者：11A3　赵红雅

生活的确幸
不仅仅是对视时的会心一笑
还有在口罩下藏着的最温暖的祝福
作者：高二6班　武荟怡

深夜闪烁的屏幕
微光犹如烛火
春天在心底慢慢抽芽
作者：高一1班　丁申申

（辅导教师：晨光文学社侯贵平）

致逆行者

高二9班　丛菁

"为天地立心，为生民立命，为往圣继绝学，为万世开太平。"

——【北宋】张载

黑暗的羽衣悄悄降临人间
名为恐惧的细线将人们紧紧相连
不断增加的病例
接连而来的封城
如绽放于薄冰上的未来
究竟该何去何从
世间子民渴望庇佑
朝圣着神明
真正的英雄
却早已点亮希望寻找光明

夕阳能映照出的
只有那逆行的坚毅背影
纵然知晓即将奔赴的是
地狱深渊
啊啊
他们从未停止前进
即使日夜不息地劳作
即使与家人分隔两地
因为心中仍有要守护的人
啊啊
他们从未停止前进
即使是年过八旬的老者
即使是有着无限可能的少年
因为心中仍有要贯彻的信念
不计报酬 无论生死
这是无数逆行者的呐喊
不过
请相信吧
无数双手凝结之弓矢
必将以烈焰冲破黄昏
请前进吧
真正该祭奠的拂晓还未到来
我们必将成为你们坚实的后盾
请微笑吧
向着重新沐浴人间的三月暖阳
向着挥手离去的人们
请举目吧
朝这万丈山河 国泰民安
朝波涛的另一端
朝这尚未西沉的太阳

（辅导教师：晨光文学社侯贵平）

雪花落下白衣重现

作者：王朗聿

二零二零的寒冬夜

我漫步在街道

孤寂而清冷的夜

有血色的天空

纷扬的雪花

那在异乡的父亲母亲

会听到雪花下落之声吗

他们身披白衣是天使也是凡人

你说

一个逆行者又能做什么

只是个披风戴雨的凡人

太碌碌无闻

悄然度晨昏

你说

一滴雨露能掀起多大波澜

只是个迷失方向的顽童

太肆无忌惮

自由闯四方

我看向血色的天空

他们怎能独自撑起苍穹

天空之上群星开始陨落

飘零的雪花诉说生命更替

冬的脚步声有春的笑语

当雪花挥手告别

新绿望向生命的第一缕光辉时

你们会归家吧

难道凡人插上羽翼身披白衣

就再看不清家的方向

你定然会说

救死扶伤无非就是

一个灵魂牵着另一个灵魂走向重生

雪花片片渺茫

银装素裹的高山是它们的杰作

无数勇敢的中国人

扛起天穹

为国　为你　为我们

父母常说

学医这条路充满挑战

走向这条不归途的人皆为勇者

你看不到他的脸

却听到他坚定的步伐

为你阻挡一切洪流

我想把人生经验传授给你

在顺境和逆境都能时刻伴你左右

可我愿在熙攘的人群中看你长大

看你成为逆行者

看你在飞雪中身披白衣

傲然屹立

寒风袭人

我不再畏缩

不再孤独

愿逆行者

待风恬日暖之时

你等我笑对寒风静待春

我等你护山河无恙平安来

古诗二首

（一）

七律·朔雪

高一 7 班　佟泽重

三番朔雪一番晴，
几度梨花染蓟城。
晓雾依微弥沆砀，
曾云溃碎落瑶英。
持笺有意惟空寄，
举盏无言强自倾。
两月风烟功未勒，
酣春可与赴珠樱？

（二）

虚响

高一 7 班　佟泽重

深居敝庐里，
冬暖入寒春。
四海同风月，
九州共征尘。
红日徒雪迹，
晨星黯洞沦。
此中存幽意，
闻者自伤神。

（作者来自晨光文学社．辅导教师侯贵平）

吾与国

高一1班　宋沛霖

迷茫，我是病毒手里的羔羊
彷徨，我看不清脚下路的方向
沧桑，我被凛冽的寒风刺痛了脸庞……

庚子寒冬，硝烟四起
看我中华儿女援四方，家国胸怀国韵扬！

千百年前
你是杜甫庇天下寒士的茅屋草房
狂风暴雨
却仍如山般屹立一方
千百年前
你是王昌龄身着金甲驻守的孤城
战鼓雷鸣
看玉门楼兰海青云长

细细编织历史的渔网
百年前
你是范仲淹记报国之志的岳阳楼
是忧在天下先，乐在天下后
百年前
你是文天祥留取丹心的零丁洋
纵惶恐不安也未能阻挡万古流芳

慢慢蜗行时空的隧洞
往日
你是毛泽东阅尽人间春色的昆仑
看太平世界环球同此凉热
是百万雄师横渡的长江
经历正道沧桑

是万山红遍的橘子洲头
中流击水，汇成爱的洪流

突然我不再迷茫、彷徨
因为今岁同往日一样
在华夏960万平方千米的土地上
你们用坚持塑造着中国脊梁

你们是学生，看春天樱花盛开的武大
你们是物流人员，在夏日奔跑进出一座座大厦
你们是志愿者，秋日里看片片金黄坐上返程的大巴
你们是我们，冬日里用14亿双手撑起中国上下

我们举国同心协力
看苍茫间生命不息
我们风月同天山川异域
更是中国儿女唇齿相依
我们仰望浩瀚星际
看群星璀璨，未来可期

一瓦顶成家，一玉口中国
我说，愿我有朝一日，能让您君临天下
国说，愿我有朝一日，能护你一世安康

光 亮

高一八班 张淏琳

火神的身躯鼎立着
在某个人影憧憧的午夜
灯光点亮了云海
壁上燃着红烛流光

这没有羌笛的夜里

战士仍思念着故土
故人也遥望着远方
明月悄悄披上霜的衣裳
躲到云后去了梦乡

梦里有炽热的骄阳
梦里有远山的家乡
梦里有昔日的大好河山
有人山人海与灯火嘹亮

可梦碎了，无情地被摔在地上
口罩下的男孩扬起头
抬眼望不见星河
却见红灯骤亮 警铃乍响
他挺直腰板
奔向属于他的沙场

忐忑着，不安着，踱步着
他脸上写着的疲惫像一本旧书
任凭冷汗从耳边默默滑落
可有什么东西在他身周闪亮
点亮昏暗的手术室与淡淡的月光
是口罩上方的那双瞳
仿佛在炽热的眼中燃烧着灿烂着
闪着烈火燃烧的光芒

在那熊熊烈火中窥探
我看到爱与勇气
我看到希望填满心房
我看到炎黄子民不甘言败
我看到华夏民族重燃希望
仿佛呼喊着咆哮着宣告着
你看那万里江山灯火未央

你看那旭日东升 红旗飞扬

（辅导教师：晨光文学社侯贵平）

六、社团教师成果

　　侯贵平，笔名北石，晨光文学社组织和辅导教师，也坚持创作。曾辅导无数文学社员的文学作品在《北京日报》《中国中学生报》《语文报》《大学指南》《课堂内外》《中国校园文学》等报纸杂志上刊登发表，并辅导文学社社员张子午和李法然的长篇小说和诗歌散文著作在人民文学出版社正式出版。同时先后主编出版了《晨光点亮我们的心灵》《青春飘扬——中国十大杰出青年采访集》《英国奥运和文学采风文集》《晨光·诗·远方》十年文集、《晨光·念·岁月》画册、《冰与火的童话之旅——2015—2016 年北欧采风文集》等著作。2016 年北大全国中学生模联大会上，晨光模联社员万彦麟荣获最佳代表奖，王照林荣获最佳立场文件奖。八十中和晨光文学社也多次获得北大中文系、中小学文学社研究中心、重庆课堂内外杂志社授予"全国创新作文大赛基地校暨优秀文学社"称号。北石老师也多次获得"全国校园文学社团优秀辅导教师""全国少年儿童校外教育文学写作名师"及"十佳卓越成就教师奖"等荣誉称号。北石老师先后被《课堂内外》杂志和《中国中学生报》特聘为全国中学社团指导专家和特约顾问。

附北石（侯贵平）老师最新作品：
词二首
作者：北石老师

如梦令/贺八十中 65 岁华诞

（一）

六十五载悠悠，抒写辉煌春秋。

桃李满天下，高歌少年风流。

知否，知否，挺立时代潮头。

（二）

杏坛春晖雨露，苍穹北斗六度。

桃李海棠红，一年年朝暮。

依旧，依旧，无怨无悔无故。

琐窗寒·抗击疫情冬春
○北石

千年武汉，两江三镇，黄鹤楼望。

英雄城市，悠悠九派莽莽。

犹记得、十月辛亥，武昌革命枪声响。

到亥末庚子，愁云惨雾，毒侵魔降。

悲怆。集结号，看八方援兵，龟蛇浩荡。

晴川芳草，泪洒长江绝唱。

抗病毒、众人拾柴，雷火二神焚妖王。

愿人间、只此一回，春暖花开灯未央。

七律·驱疫送瘟神（三首）
○北石

（一）

岁末幽灵虐江城，

九州疫情一夜临。

云愁雨潇鬼翩舞，

街冷人稀毒狰狞。

慈母音容梦里见，

同胞玩耍幼时逢。

冤魂难瞑青烟起，

长歌当哭痛煞人。

（二）

庚子冬春病魔狂，
荆楚大地染冰霜。
雨雪霏霏长江咽，
杨柳凄凄东海殇。
祸乱才思吹哨者，
灾侵总遇逆行人。
南山钟鸣警报响，
兰娟怒放凌寒香。

（三）

黄鹤楼上怅目凝，
楚江汉水铸精魂。
寸寸山河愁万缕，
殷殷思念泪千倾。
山川异域同携手，
与子同裳出图圄。
英雄武汉齐铆起，
华夏儿女天柱擎。

庚子年正月感怀二首

○北石

（一）

元宵灯火惊蛰早，
碧云青燕不喧嚣。
单等春风一夜来，
唤得杨柳尽妖娆！

（二）

长安街上万灯明，
正月疫情动帝京。
十四亿人同祈祷，

婵娟万里寄苍生。

一个坚强的声音

你的声音穿透了我的肺腑
仿佛我们穿行在茫茫迷雾
听得见却看不清楚
更不能拥抱相处
等待春天的阳光
照亮前方的路

不忍回眸
我嗷嗷待哺的孩子白发苍苍的慈母
我望穿窗口的爱人背影孑然的丈夫
流着坚强的泪走向寒风冷雨泪眼模糊
闻着街巷传来那无奈的哭声
只希望天堂安好再无痛楚

当年的伤口又被撕开
殷红的鲜血渗出
谣言谎言流言
让空气变得更加寒冷阴郁
不要轻信青蛙的自由之歌语
狐狸的狡猾欺骗秃鹰的凶残屠戮
看他们尽情在地狱之门如蛇狂舞

在这城市的丛林深处
善良和贪婪的人性
被天道来拷问和救赎
你的灵魂是高尚还是扭曲
你的良心是正义还是放逐

让我们放下傲慢和偏见

手与手相牵心与心相连
众志成城栉风沐雨
与武汉和祖国一起
同舟共渡

这是一场没有硝烟的战争
不要抱怨不要怒目
深藏悲伤拥抱大爱
同仇敌忾一起战胜
这残暴的幽灵魍魅

武汉加油，中国加油
一个坚强的声音回响在华夏寰宇
天道轮回浴火涅槃威武不屈的民族
昆仑巍峨九嶷屹立
流淌着炎黄血泪的千年长江啊
人民卫士白衣天使
再一次把疯狂的病毒俘虏
把民族的灾难又一次摆渡

英雄的人民英雄的城市
英雄的战士英雄的天使
是他们为我们负重前行风雨无惧
他们又一次伸出擎天的臂膀
在历史的天空定格
凝固为不朽的创举
似黄河似长江
似长城似泰山
把我华夏的芸芸众生
紧紧拥抱佑护

心怀一颗感恩的心
深思敬畏铭记反哺

英雄的故事英雄的壮举
那一个个面孔
不令你心生敬意感怀想哭？
那一个个瞬间
不让你泪流满面动容醒悟？
那一个个长眠的灵魂
不让你心痛难过泪洒南浦？
面对这纷扰的人心
我的诗歌碎了
长歌当哭

擦干眼泪
让手与手相牵，心与心相连
一起为这英雄的城市祈福
为伟大的祖国勇敢的人民祈福
为你、我、他每一个善良的人们祈福
相信冬去春来樱花盛开时节
你的笑容灿烂
祖国的未来
一路褴褛
一路坦途